法学学科新发展丛书
New Development of Legal Studies

比较法的新发展

冉昊 刘承韪 冉井富 / 著

中国社会科学出版社

图书在版编目（CIP）数据

比较法的新发展／冉昊、刘承韪、冉井富著．—北京：中国社会科学出版社，2010.10
　　ISBN 978－7－5004－8888－0

　　Ⅰ.①比… Ⅱ.①冉…②刘…③冉… Ⅲ.①比较法学
Ⅳ.①D908

中国版本图书馆 CIP 数据核字（2009）第 125514 号

出版策划　任　明
责任编辑　王半牧
责任校对　张　青
技术编辑　李　建

出版发行	中国社会科学出版社		
社　　址	北京鼓楼西大街甲 158 号	邮　编	100720
电　　话	010－84029450（邮购）		
网　　址	http://www.csspw.cn		
经　　销	新华书店		
印　　刷	北京奥隆印刷厂	装　订	广增装订厂
版　　次	2010 年 10 月第 1 版	印　次	2010 年 10 月第 1 次印刷
开　　本	710×1000　1/16		
印　　张	18.75	插　页	2
字　　数	334 千字		
定　　价	36.00 元		

凡购买中国社会科学出版社图书，如有质量问题请与本社发行部联系调换
版权所有　侵权必究

目　录

第一篇　比较法总论：私法侧面

第一章　为什么强调比较法的"私法"侧面 …………………… (3)
第二章　比较（私）法近年得以快速发展的原因分析 ………… (20)
第三章　从法律普适主义倾向到努力实现外国私法的本土化和
　　　　地方化 …………………………………………………… (44)
第四章　法典法与判例法的交融与依赖：两大法系私法渊源的
　　　　发展趋势 ………………………………………………… (67)
第五章　社会法帝国主义：比较法结构和重心的位移 ………… (94)
第六章　欧洲私法一体化进程：比较法学的璀璨明珠 ………… (140)

第二篇　比较法社会学：方法论侧面

第七章　便利与陷阱：法律指标在比较法中的运用 …………… (175)
第八章　当前中国的司法救济水平——一个比较法社会学的考察 … (190)

第三篇　法律全球化：实践个案侧面

第九章　全球化条件下的法律与法学 …………………………… (229)
第十章　全球化条件下的法治实践——以传染病控制为例的研究 … (267)

第一篇　比较法总论：私法侧面

第一章　为什么强调比较法的"私法"侧面

比较法产生于19世纪中期的欧洲。但就比较法的发展历史而言，它经历了一波三折的跨国发展历程。

首先，17世纪以前，比较法几乎是没有国界的。因为当时存在一种所谓的欧洲共同法。"欧洲共同法"（ius commune europaeum）是个法学概念。在欧洲各国间，尤其是从15世纪到18世纪之间出现和发展起来的国家间，法律都具有一致性。这种一致性来源于那个时期各国共有的各种封建法、教会法、罗马法、商法和国际法。在此意义上，形成了"欧洲共同法学"。这些法律也成为西欧各国共同的法律渊源。[①] 如果可以夸张地说，那么1789年法国大革命之前，欧洲大陆的法学家均是比较法学家。这个结论是日本著名比较法学者大木雅夫通过以下两点理由作出的：其一，他发现这些法学家那时均教授罗马法、教会法或自然法为主的基础法学；其二，他们均使用拉丁文。除了大学学科的普遍一致外，当时拉丁语被看作为是大学极有智能的人的通用语言。[②] 即使是民族文化性很强的亲属法领域也常常在体系上服从这样的普遍性法学。大木雅夫大概是强调人们在那时可以通过拉丁语与共同的基础课程了解各国的法律，可以比较其中的相同与不同，从而成为比较法学家。实际上，在民族法典形成之前，人们可以在法国、德国、意大利、葡萄牙、荷兰学习法律，其差别不大，因为它们那时，与自然科学一样，以规律为主要判断标准，其本国的语言掌握与否不会影响重要的法学科学标准的发展。即使有差别，在罗马法为共同基础、以宗教法原则为亲属法与继承法的适用标准的情况下，这种差别也微不足道。这种跨国的统一法学，很像国际商法初期发展，那时商事活动就是国际性的活动。古时在中国、印度、波斯、阿拉伯、腓尼基、希腊和罗马的商人之间发展起来的"古丝绸之路"

[①] Markku Kiikeri, Comparative Legal Reasoning and European Law, Kluwer Academic Publishers, 2001, p. 15. 何勤华：《20世纪外国民商法的变革》，法律出版社2004年版，第180页。

[②] [日]大木雅夫：《比较法》，范愉译，法律出版社1999年版，第13页。

的贸易就是一种世界性的贸易。①

其次，到了17世纪，欧洲法律的统一性日益衰退，尤其是由于欧洲民族独立国家的纷纷兴起，从而使比较法的跨国性受到挫折。18世纪以后，法学科学的视野在国家和地区主权思想和维护法律独立利益理念的支配下，越来越狭窄。随着各国形形色色法典的出现，以民族主义为基础的多样的实定法律秩序的形成，法律走向了国家化，"共同法"最终遭到了破坏。② 此时兴起的这些独立的民族国家，把过去形成的国际性的习惯法纳入本国制定的国内法之中。各国都纷纷制定本国的国内民商法典。具有原创性的法国与德国的民法典，成为法典民族化与完美化的典范，也引发了欧洲大陆法系分为法国分支与德国分支。法国在路易十四统治时期，在J. B. 科尔贝尔的主持下，颁布了《商事敕令》和《海商敕令》，成为最早的商事单行立法，为大陆法国家的商法典奠定了基础。近代资本主义第一部商法法典，是拿破仑于1807年颁布的《法国商法典》，受其影响，荷兰、比利时、希腊、土耳其、西班牙、葡萄牙等国相继颁布了商法典。德国在1861年和1897年制定的新旧《商法典》，把商人习惯法纳入国内法；在1897年制定、1900年1月1日起生效的《德国商法典》对许多国家的商法有很大影响，如奥地利商法、日本商法。这时，法官必须受立法者所制定的法律的约束，学者尤其是民法典确立时的法国学者，大多数均以注释法典为潮流（也即注释学派"école exégétique"）。那时，一国法典的实定法捆住了其本国法学家、实务家的跨国的科学视野。一国的实定法居然覆盖了法的全部。德国著名的法学家耶林（Rudolf von Jhering）说过："（法律）科学被贬为了一个国家境内的法学，科学的界限与政治的界限互相融合了，这实在是一种不符合科学，让科学蒙羞的形式。"③ 达维德（René David，1906—1990）说得更为具体："在所有科学中，只有法学错误地认为可以成为纯粹民族的东西，神学家、医学家、科学家、天文学家以及其他所有学者，都为自己不了解国外在本专业领域内所取得的进步而感到羞愧，但是只有法学家将自己封闭在本国的研究中。"因而，当法律失去了科学所固有的普遍性时，那么了解欧洲大陆

---

① 相关内容引自范剑虹《论比较法的真实内涵》，载北大法律信息网，http://article.chinalawinfo.com/article/user/article_display.asp? ArticleID = 33302。

② [日] 大木雅夫：《比较法》，范愉译，法律出版社1999年版，第9—13页。

③ 耶林（Jhering）：《罗马法精神在其不同发展阶段》第一部分，1852年，第15页。转引自范剑虹《论比较法的真实内涵》，载北大法律信息网，http://article.chinalawinfo.com/article/user/article_display.asp? ArticleID = 33302。

法，就必须精通德语、法语、葡萄牙语等语言，以便可以学习一国的实定法，各国语言成为这种学习的障碍。①

再次，第三阶段是比较法回复跨国性的阶段。欧洲统一法和欧盟法的出现，在一定意义上，正是为了克服各国法学的特殊性和民族主义的狭隘性，重新实现欧洲法学的普遍性和统一性。同时也力图推动欧洲法走向统一，再次复兴"欧洲共同法"。② 在这一阶段，各国的学者互相对立的观点仍然存在。主要的反对意见如下：

第一种反对比较法的观点是：不懂外国法，无法进行比较法。即使是本国法，不少东西甚至都无法完全理解，而目前许多国家的立法之频繁和繁多，已经使不少法律工作者疲于应付，所以我们根本无法、也没必要去研究比较法；

第二种反对的观点是：许多人对外国法的真正内涵缺乏精确的了解，对外国法背后的真正的政治与经济的动机常常作出错误的判断，对借鉴的概念及借鉴的历史一无所知，加上急于移植外国法，无时间作本地化研究，因而有时其引入的法律与实际情况不相符合，或者造成法律体系的规则之间的矛盾，将来再修法也会浪费不少资源，而这些都是比较法造成的；

第三种反对意见是：部分受到萨维尼（Friedrich Karl von Savigny，1770—1831）影响，因而认为法是具有民族性的，是民族的财富，因而应该坚持它的独立性，借鉴外国法应该与民族性有矛盾，反对通过比较法而使民族性的法律受其他法的影响。③

一、比较法学家眼中的"比较法学科的新方向之一"：比较法能否超越传统的私法范围

我国著名比较法学家和法理学家沈宗灵先生在《美国比较法现状和改进建议》一文中以问题形式归纳美国加州大学黑斯廷法学院马太（V. Mattei）教授与德国德里尔大学法学教授赖曼（M. Reimann）发表在《美国比

---

① 范剑虹：《论比较法的真实内涵》，载北大法律信息网，http://article.chinalawinfo.com/article/user/article_ display.asp? ArticleID = 33302。

② Anne Peter & Heiner Schwenke, "Comparative Law Beyond Post – Modernist", vol. 49, International and Comparative Law Quarterly (2000), p. 803.

③ 范剑虹：《论比较法的真实内涵》，载北大法律信息网，http://article.chinalawinfo.com/article/user/article_ display.asp? ArticleID = 33302。

较法季刊》1998 年第 4 期上的《比较法学科的新方向》的内容如下：

1. 比较法是否是一个独立学科。它是否仅是了解本国法和外国法的一种工具？
2. 比较法能否超越传统的私法范围？
3. 比较法可否成为比较法理学；它与国际法有什么关系？
4. 比较法是否是一门"多学科性"学问？
5. 比较法的理论基础是什么？
6. 对比较法作品作出评价的标准是哪些？
7. 比较法研究是否不应是实证主义和民族主义的，而应是超国家和功能主义的？
8. 比较法是否应走出传统的欧洲阴影？
9. 比较法是研究法律本身的一种学术手段还是一种实际技能的教导？
10. 比较法学家对其他法律文化是否应保持一种容忍态度？
11. 对人类法律文化的差别采取什么态度，歧视还是包容？
12. 比较法是否应像 17 世纪英国政治思想斗争那样，成为一种向既定制度挑战的学科？
13. 比较法是否应像法理学中现实主义法学、经济分析或批判法学那样成为反传统的主流法学的学科？
14. 比较法是否应超脱"书本上的法律"或"行动中的法律"，而首先研究"思想上的法律"，即研究法律文化中基本观念或价值体系？
15. 比较法对大肆宣扬的"法律全球化"应抱什么态度？
16. 比较法是否应着重研究法律制度之间的差别而不是它们的共性？
17. 比较法是否应抛弃两个缺点：即以规则作为中心，以及仅提供支离破碎的知识？它的研究方法是否应采取系统及动态学？
18. 比较法对法律的理解是否不应限于规则和原则，而应包括法律工作者、体制、程序等等，总之，应对法律作动态了解。
19. 比较法对国际人权有什么影响？
20. 比较法是否负有超出法律之外为全人类服务的功能？

其中第 2 项内容便是关于比较法在传统上的私法范围能否超越的问题。私法是比较法主要领域的问题看来早就是国外比较法的共识，现在要做的是：能否超越比较私法的主要倾向，使得比较法向公法和一般法理学扩展迈进。这对于任何一位研究比较法的学者来说都是一个重大的首要问题。

其实，公法与私法的划分是大陆法系国家所公认的基本法律分类。它源于罗马法，为罗马法学家乌尔比安所首创。他以法律维护的利益为标准，把法律分为公法和私法，认为"公法规定的是罗马国家状况（如国家机构、宗教机构及其事务，涉及国家的稳定）"，"私法是有关个人利益的规定"。[①]这种划分反映着国家与个人对立的认识，体现了以法律来维护个人利益空间的用心。这一观念影响了罗马法并强化了私法的发展。优士丁尼《法学总论》中指出："法律学习分为两部分，即公法与私法。公法涉及罗马帝国的政体，私法则涉及个人利益。"[②]

就中国的情况来看，我国直到清末法制改革之前，法律制度并没有公法和私法二分，而是采取诸法一体体制，国家观念非常强大，私人的自决性受到压抑，私人主体性和私权得不到应有尊重。清末法制改革，放弃诸法合体模式，学习西方法律制度，承认私法，承认公法和私法的二分，在此基础上重塑法律制度。这种改革不只是一种法律形式上的变化，而也是一种法律思想上的变化。新中国成立后，由于不久即在经济生活领域全面推行公有制和计划经济，否认公法和私法二分，民法名存实亡，这一时期的法律主要表现为以绝对国家主义或集体主义为观念基础的公法。1979年以后，我国吸取历史教训，推行改革开放，在社会经济生活中表现为逐渐推进市场经济和市民社会，在法律生活中表现为逐渐恢复私法建设，不断出台有关民事单行法，1986年还颁布了《民法通则》，逐步孕育了公法和私法分立的雏形。[③]而现在的中国法也已经普遍承认了公私法的分类和不同适用规则。

或许，这也是因为从法系归属上来说，中国是大陆法系国家。因此在中国这样一个大陆法系国家研究比较法，也必然涉及区分公法和私法的论题，比较法也需要我们从比较公法和比较私法两个侧面加以观察和分析。

当然，要确定比较法应以比较私法还是比较公法为主要内容，首先我们需要了解的是：比较法的功能和目的何为？了解比较法的功能和目的之后，我们才能具体分析是比较私法还是比较公法更能契合比较法的功能，实现比较法的目的。因此，我们需要了解比较法的功能和目的是什么。

通常来说，比较法的功能如下：一是了解外国法。二是促进对本国法的了解和改进。尤其是在立法方面。比较法从欧洲兴起，特别是从比较立法兴

[①] 江平、米健：《罗马法基础》，中国政法大学出版社1991年版，第9页。
[②] ［意］优士丁尼：《法学总论》，张企泰译，商务印书馆1993年版，第5页。
[③] 龙卫球：《公法和私法的关系》，载法天下，http://www.fatianxia.com/paper_list.asp?id=21482。

起，在立法方面作用巨大。自古至今的立法都表明，开展比较法的研究有利于立法工作。公元前6世纪古希腊政治家梭伦（约公元前635—约前560年）在为雅典立法时，和公元前5世纪中叶古罗马共和国十人团在制定《十二铜表法》时，都曾对其他国家或地区的法律进行比较研究。19世纪以来近代资本主义各国立法和比较法的发展更是联系密切。即使就资本主义和社会主义两种不同社会制度的法律来说，虽然具有本质区别，也同样存在可以相互借鉴之处。三是促进法律统一①并有助于各国外交和贸易等关系的发展。一个合格的外交官或从事外贸工作的人员的条件之一，是熟知有关国家的有关法律。在16世纪，英国国王亨利八世（1509—1547年在位）在大学设立罗马法讲座，以培训英国派往欧洲大陆各国的外交官；1920年法国里昂设立第一个比较法研究所，旨在培养法国对外贸易的法律顾问。四是促进对国际公法和国际私法的了解和发展。1945年《国际法院规约》第38条规定，法院所运用的国际法包括"一般法律原则为文明各国所承认者"。这种一般法律原则的确定，显然需要借助于比较法的研究；它也有助于国际协议（条约、公约等）的达成。五是推动法律思想、法制史的研究。孟德斯鸠对东西方国家法制的研究，目的就在于论证他所说的"法的精神"。19世纪英国古代法制史学家H. J. S.梅恩对古代法的研究就是通过比较研究进行的。

  由此可见，比较法的主要功能在于了解外国法、改进本国法和促进法律统一。而要实现上述比较法的功能和目的，比较私法似乎要比比较公法更容易和可行。

二、为什么说比较法的主要研究领域是比较私法

（一）历史原因：比较法的发端和最初发展都主要是私法比较

  如果说比较法发端于古希腊和古罗马时期的话，由于当时法律主要还是古罗马的私法为中心，私法的利用和发达程度要远远超过公法，因此人们对于私法的研究和关注程度也远高于公法。及至后来出现了比较法，自然而然的，私法也就成为比较法的主要研究领域。而后，欧洲各国的比较法研究也是比较罗马私法与本国的习惯法的异同并实现外国法本土化的问题，因此毫

---

① ［德］K. 茨威格特、H. 克茨：《比较法总论》，潘汉典、米健、高鸿钧、贺卫方译，法律出版社2003年版，第4页。

无疑问也是以比较私法为中心。

比较法主要领域在传统上是私法的另外一个原因，是因为近代比较法的历史起源和中心就主要来自法国和德国对以民法典为代表的法律规范的比较等法律理论和思潮。在对法的认识上，由于深受实证主义法学和概念法学的影响，近代的比较法学在研究对象、方法以及研究范围上都带有主流法理学的烙印。受实证主义法学影响，这时期的研究对象是制定法，比较法就是对不同国家的法律规范体系或具体法律规范进行比较。另外，在法律实践中，德国法学者曾在19世纪最后20年致力于准备《德国民法典》的制定，又在20世纪头15年对他们亲手缔造的民法典进行彻底的检查和研究，这就进一步强化了其根深蒂固的以法律文本为中心的思考习惯。而在制定法中，比较范围又进一步局限于私法领域，其中原因是：自中世纪罗马法继受以来法学研究的一般趋向如此，而且《德国民法典》又理所当然地成为研究焦点。[1]

以德国民法典的制定为例，其本身就是一个比较私法的结晶。

中世纪末期以来，德国在继受罗马法、教会法的基础上，逐渐形成一种在全德国境内适用的法，称为普通法（Gemeines Recht）。与普通法相对的是地方特别法（Partikularreckt）。起初，普通法只居于补充地方法的地位。在普通法里，以罗马法为基础的私法占主要部分。由于这一部分主要来自罗马法大全（Corpus juris Civilis）中的《学说汇纂》，于是普通法中的私法部分又特称为潘德克顿。1495年，德国设立了帝国宫廷法院（Reichskammeryericht），作为帝国最高法院。法院中法官依普通法裁判案件，于是构成潘德克顿的内容的罗马法，在德国取得了越来越重要的地位，这种情况，北德在15世纪末，南德在16世纪中完成。为了克服法律的分散状态，德国各邦从17世纪末期就开始编纂法典，其主要目的是要统一在各邦同时存在的地方法与普通法。法典编纂的成果就是前面所说的各种法典，这些法典都以"普通的"（Allgemeine）命名，表明其为施行于该邦的"通用的"法律。在普通法（Gemeines Recht）的编纂过程中，民法学者逐渐增多，民法理论也有了很大的提高，并形成了普通法学。[2]

而从实证法基础上来看，德国民法典也是在比较和统合此前各种法典、

---

[1] 朱淑丽：《德国比较法学的发展脉络》，载法制现代化网，http://www.todolaw.com/bbs/viewthread.php?tid=10965。

[2] 谢怀栻：《大陆法国家民法典研究》，原载《外国法译评》1994年第4期。

立法和习惯法的基础上而得出的结晶。

1. 巴伐利亚民法典。作为欧洲启蒙时期最早的一部民法典,其制定目的是统一巴伐利亚境内的法律(诸如地方法、都市法、采邑法)。巴伐利亚民法典全称为《巴伐利亚马克希米里安民法典》(Codex Maximinaneus Bavaricus Civilis),于1756年公布。该法典以优士丁尼的《法学阶梯》为蓝本,分为4编。第1编8章,依次为:自然法与正义、法的分类、与人的身份有关的权利与义务、家庭身份、父权、婚姻、监护、奴役。第2编有11章,包括所有权、时效、占有、抵押、地役权、用益权等。第3编是继承法。第4编有18章,包括各种合同、无名合同、准合同等。由于法典的内容仅限于民法,其开近代民法先河。

2. 普鲁士普通邦法。这是德意志境内最大国家的法典,全名为《普鲁士国家的普通邦法》(Allgemeines Landrecht fur die Preussischen Sttaten, ALR)。普鲁士各邦的统一基本法是腓特烈大帝(Friedrich II, 1740—1786)当政之时,励行开明专制,采取一系列社会改革措施,其中包括统一各邦法律,编纂一部法典。然而这项工作直到他死后多年,才由其侄子威廉二世(Friedrich Withelm II, 1786—1797年)于1794年颁布实施。其力图在社会关系的各个方面都为臣民提供明确的行为规范,依法维护其利益;注意维护社会安全和社会福利;承认宗教与信仰自由和在于预防犯罪而不是惩罚犯罪等等,使得法典超出了一般民法典的规范领域,而包括了宪法、行政法及刑法的一些规定,实际上是一部法律全书。篇幅浩繁,达17000条之多。但仍然以私法规范内容为主体。作为基本法,在普鲁士优于各邦地方法适用。普鲁士统一德意志后成为整个德意志帝国的基本法,一直沿用到1900年《德国民法典》生效实施为止。

3. 奥地利普通民法典。18世纪中期,奥地利也开始制定各种法典的统一境内的法律。在几个关于私法的小法典之后,1811年6月1日终于公布了《奥地利普通民法典》(Allgemeine Buergerliches Gesetzbuch fuer die gesamten Erblander der osterreichischen Monarchie, ABGB),于1812年1月1日施行。由于以后奥地利未加入德意志帝国,这个法典一直在奥地利施行到现在。但是在德国民法典制定当时,这部法典对德国民法典的形成,也是有影响的。这部法典也是当时启蒙思想的产物,但也有天主教的影响(例如不许离婚)。法典中不乏一些有特色的条文。例如第7条规定,倘若一诉讼案件,既不能依法律的既有的文字规定也不能依法律的自然含义予以裁判时,法官应参照法律对类似案件的规定来处理,如仍无法解决,应考虑案件的全面情况，按自然法原则予以裁判。又如第 16 条规定，每个"人"生来就因理性而获得天赋的权利，故得作为人而受到对待。后一条的规定显然已超出了法国民法典的"法国人"的范围了。

4. 撒克逊民法。撒克逊王国也很早就开始制定民法典的工作，在 1851 年就有草案出世。1863 年 1 月 2 日终于公布《撒克逊王国民法典》(Buergerliches Gesetzbuch fuer das Konigreich sachsen)，于 1865 年 3 月 1 日施行。这个法典是以德国普通法与撒克逊法为基础制定的，共 2620 条。这个法典的一个特点就是有《总则》编。在民法里设置总则编，在德国的学术著作中早已提出，而在法典中正式设置，则自撒克逊法典始。

5. 票据法和普通商法典。1848 年的《德国普通票据法》(Allgemeine Deutsche Wechselordnung)、1861 年的《纽伦堡修正法》(Nuernberger Novellen) 及 1861 年的《德国普通商法典》(Allgemeine Deutsche Handelsgesetzbuch, ADHGB)。这两个法典后都成为北德意志联邦（1866 年成立）的法律。前一法律并成为德意志帝国（1871 年成立）和德意志共和国（1918 年）的法律，直到 1933 年才因德国依日内瓦统一票据法制定新的票据法而废止。商法典则在帝国制定了新商法典（1897 年）后失效。① 此外，德国民法典也毫无疑问借鉴了法国民法典的很多内容。

此外，法国比较法学家兰伯特（Lambert）是 1900 年在巴黎举行的"比较法国际大会"的两位发起人之一，他认为："比较法的主要领域即比较私法，在大学课程中必须放在优先的地位。"② 也就是说，私法比较应当是比较法的主要内容，也是最有意义的比较。按照兰伯特的说法，比较法应当逐步地消除那些使文明阶级和经济形态相同的各民族彼此乖背的各种立法上的偶然性的差异。比较法应当减少那些不是基于各民族的政治、道德或者社会特性而是由于历史上的偶然性、暂时的存在或者不是必要的原因所产生的法律上的差异。③ 很显然，公法由于涉及意识形态、政治体制和公共道德等相对复杂而非偶然的原因，在比较方面的实效并不好，因此也不适宜进行比

---

① 谢怀栻：《大陆法国家民法典研究》，原载《外国法译评》1994 年第 4 期。
② [德] K. 茨威格特、H. 克茨：《比较法总论》，潘汉典、米健、高鸿钧、贺卫方译，法律出版社 2003 年版，第 5 页。
③ [德] K. 茨威格特、H. 克茨：《比较法总论》，潘汉典、米健、高鸿钧、贺卫方译，法律出版社 2003 年版，第 4 页。第一次比较法大会为比较法设定的目标是：从各种法律中寻找共同基础或近似点，以发现和创立"人类社会的共同法"，并以此为模式使各种不同的法律制度互相接近，逐渐达到世界法律的统一。

较。可见，第一次比较法国际大会本身也将比较私法定位为比较法的核心和主要领域，当然这一次同样有着欧洲比较法历史传统的深刻影响。

（二）文化差异与意识形态的阻隔导致公法比较的难度：比较法律文化的视角

自20世纪70年代以来，西方比较法学领域出现了一批以比较法律文化为研究主题和研究思路的论著。美国比较法学家埃尔曼的《比较法律文化》①是将比较法研究引向法律文化研究的最早努力之一。但他不过是将比较的对象从作为制度的法转变为作为文化的法，扩大了比较的范围，而没有从根本上扭转比较法学的传统格局。德国比较法学家格罗斯菲尔德认为，"将比较法看作法律文化的比较"是"处理比较法的唯一可行的方式"。②他的《比较法的力量与弱点》一书试图打破法系（法律体系）比较的传统格局，从比较的角度揭示法律与文化、自然、语言等因素的普遍联系。虽然格罗斯菲尔德已经表现出理论建构的努力，但他并未能建立起一种关于法律文化比较的系统的理论模式。他甚至都没有明确解释他所说的"文化"和"法律文化"究竟指什么。比利时学者霍克等人明确提出将法律文化的研究思路作为比较法研究的新范式。他们认识到传统的比较法在理论和方法论上的缺陷，试图引入法律文化概念及其理论为区分和比较不同法系提供一种坚实的理论和方法论基础。显然，他们仍然是把法律文化理论作为服务于法系比较的工具，而不是认为比较法就是研究世界的各种法律文化。③

法律文化比较为我们研究比较法开创了一种新的范式，让我们能够在看待本国法与外国法以及进行相应比较时采取一种文化的视角，从文化的角度来理解比较法的内涵和使命。同样，文化比较也有利于我们对比较法在私法比较和公法比较的不同领域中的差异有着更为清晰的认识。

下面我将以两个实例来说明一下私法与公法的域外移植实践的难易差别：

例1：甲是R国人并居住在R国，生前是美国纽约州一公司在R国的代理人。在其生前所立的遗嘱中声明，在他死后，全部财产由其女儿继承。

---

① Henry Ehrmann, "Comparative Legal Cultures", Prentice - Hall Inc., 1976. 中译本见［美］埃尔曼《比较法律文化》，贺卫方、高鸿钧译，三联书店1990年版。

② Bernhard Grossfeld, "The Strength and Weakness of Comparative Law", Clarendon Press, 1990, p. 8.

③ 黄文艺：《比较法：批判与重构》，载《法制与社会发展》2002年第1期。

其女也是R国公民,已成年,居住在R国。根据R国的法律,这一遗嘱是有法律效力的。R国的法律属于西方国家的民法法系。甲死后,其女在纽约州法院向该公司起诉,要求后者支付其所欠甲的薪金和佣金。被告的律师提出,根据纽约州的法律,遗嘱的效力必须经过遗嘱检验法院的证明,而且,遗产应首先由遗嘱执行人管理并作为遗产的代理人,由遗产执行人提起诉讼。而本案中,遗嘱未经遗嘱检验法院的证明,甲的女儿也不是遗嘱执行人,因而,甲的女儿无权起诉,请求法院撤销其起诉。在这种情况下,如果甲的女儿按纽约州的条件重新提起诉讼,容易导致时间、金钱的浪费,还可能发生过期的问题。这时原告的律师以R国的法律进行抗辩,他提出,本案应适用R国法律。而按R国法律,遗嘱的效力无需经遗嘱检验法院的证明;甲死后,其财产所有权即行转移给其继承人而无需遗产执行人。因而,甲的女儿有权根据所有权起诉。最终,甲的女儿胜诉。

在这个案例中我们可以看到:对纽约州法院来说,遗嘱要由遗嘱检验法院证明,遗产的处分需要遗嘱执行人,这是本国法。原告方提出适用R国的法律,这是外国法。本国法与外国法发生冲突怎么办?这里又涉及国际私法或者说冲突法。根据纽约州的冲突法,涉外遗产案件适用法院地法(即纽约州法)或死者住所地法(即R国法);动产继承案件,应适用死者住所地法。我们看到,该案件涉及本国法、外国法、国际私法等,我们不可能熟悉所有外国的法律,但通过比较法的学习,大致了解两个法系间的冲突法,我们面对这些问题的时候就能游刃有余。这时比较法学的价值也就体现出来了。[①]

同时,这一案例也表明,比较私法相对来说更容易被不同国家的人们所认可和援用,更容易融通和统一。因为私法涉及的问题主要是有关债权债务关系等交易规则问题、财产归属和变动问题、财产继承问题和侵犯人身和财产的问题等,这些内容没有过于明显的意识形态色彩和文化殊异的烙印,容易被不同国家当成普遍的法律规则所接受。所以,比较私法应当是比较法的核心。

例2:洛阳种子案与司法审查制度的比较。2001年5月22日,洛阳市汝阳县种子公司委托伊川县种子公司代为繁殖一种玉米杂交种子,双方约定了收购种子的价格等具体内容,并约定无论种子市场形势好坏,伊川公司生

[①] 参见沈宗灵于2001年5月17日下午在清华法学院进行的一场题为《什么是比较法》的讲座内容。

产的合格种子必须无条件全部供给汝阳公司,汝阳公司也必须全部接收。2003年初,汝阳县种子公司向洛阳市中级人民法院提起诉讼,称伊川县种子公司没有履行双方签订的代繁种子的合同,将繁殖的种子卖给了别人,给他们造成巨大经济损失,请求法院判令伊川公司赔偿。洛阳市中级人民法院依法对此案进行了审理。在审理过程中,伊川公司同意赔偿,但在赔偿损失的计算方法上却与汝阳公司存在巨大差异。汝阳公司认为,玉米种子的销售价格应依照国家《种子法》的相关规定,按市场价执行;伊川公司则认为,应当依据《河南省农作物种子管理条例》及省物价局、农业厅根据该《条例》制定的《河南省主要农作物种子价格管理办法的通知》的相关规定,按政府指导价进行赔偿。"市场价""政府指导价"两者差距甚大,因此依据不同的法律法规算出的损失相差60多万元。

今年30岁、拥有刑法学硕士学位的法官李慧娟担任该案的审判长。因为涉及法律适用的问题,合议庭将此案的审理意见提交洛阳中院审委会讨论,没有遭到异议。有关领导委托经济庭副庭长赵广云签发了判决书。2003年5月27日,洛阳中院对此案作出一审判决,基本支持原告汝阳公司的诉讼请求,判令被告伊川公司赔偿原告汝阳公司经济损失近60万元及其他费用。后双方均不服一审判决,上诉至河南省高级人民法院。

关于适用法律的问题,法官李慧娟在判决书中解释说:"《种子法》实施后,玉米种子的价格已由市场调节,《河南省农作物种子管理条例》作为法律阶位较低的地方性法规,其与《种子法》相冲突的条款自然无效,而河南省物价局、农业厅联合下发的《通知》又是依据该条例制定的一般性规范性文件,其与《种子法》相冲突的条款亦为无效条款。因此伊川公司关于应按《通知》中规定方法计收可得利益损失的辩解于法无据,本院不予支持。"

就是这几句解释,给李慧娟和洛阳中院带来了不小的麻烦。

2003年7月15日,洛阳市人大常委会向河南省人大常委会就该案种子经营价格问题发出一份请示。10月13日,河南省人大常委会法制室发文答复表示,经省人大主任会议研究认为,《河南省农作物种子管理条例》第36条关于种子经营价格的规定与《种子法》没有抵触,应继续适用。同时,该答复还指出:"洛阳中院在其民事判决书中宣告地方性法规有关内容无效,这种行为的实质是对省人大常委会通过的地方性法规的违法审查,违背了我国的人民代表大会制度,侵犯了权力机关的职权,是严重违法行为",要求洛阳市人大常委会"依法行使监督权,纠正洛阳中院的违法行为,对直接负责人员和主管领导依法作出处理,通报洛阳市有关单位,并将处理结果报告省人大常委会。同一天,河南省人大常委会办公厅还向河南省高级法院发出通报,称:"1998年省高级法院已就沁阳市人民法院在审理一起案件中错误地审查地方性法规的问题通报全省各级法院,洛阳中院却明知故犯","请省法院对洛阳中院的严重违法行为作出认真、严肃的处理","并将处理结果报告省人大常委会"。

11月7日,根据省、市人大常委提出的处理要求,洛阳中院党组拟出一份书面决定,准备撤销赵广云的副庭长职务和李慧娟的审判长职务,免去李慧娟的助理审判员资格。

本案涉及的一个值得我们反思的问题,即当下位法与上位法发生冲突时应当由何种机关来行使违法乃至违宪的审查问题。这是一个典型的公法问题。而由于美国法对世界各国的影响巨大,其由马歇尔法官所创设的违宪司法审查制度又是如此的知名,因此本案的出现便引起了国内法律界人士的广泛兴趣和普遍遐想:中国能不能实行美国的司法审查制度呢?

首先,我们需要来看一下中国有没有存在西方尤其是美国司法审查制度的需要或必要。从本案的情况来看,我们似乎很容易得出肯定的答案。因为,本案中所涉及的问题是典型的下级法与上级法或上位法冲突的情况下的具体审查权限问题。由于人大的立法机关色彩、在中国所处地位的微妙性和其权力的"名不副实"的弱点,因此寄希望于人大主动进行对其自身通过的法律法规的违宪或违法性审查,那毫无疑问是一种不切实际的幻想。其实,在笔者看来,李慧娟法官当时也并不一定是为了对我国违宪违法审查体制进行挑战,即使她知道人大主导的违法审查体制的存在,她也未必有勇气去这么做。而她通过判决书宣布《河南省农作物种子管理条例》第36条关于种子经营价格的规定因与《种子法》相违背而无效的行为与其说是进行主动的违法司法审查,毋宁说是司法机关对于法律和事实问题的一种自然反应和具体审查、判断行为。说明中国的确存在违法和违宪审查制度的必要。但不管怎么说,李慧娟法官都成为一个人物,她至少提出了对违背上位法和宪法的法律法规应否和如何进行审查的问题?

其次,中国有没有实行美国司法审查制度的可能。在承认中国存在对西方违法审查制度的必要之后,就要看我们有否实行美国司法审查制度的可能性。我们现在也存在由人大来监督和审查下级法违反上级法的体制,但是这种体制存在的问题显而易见,那么以美国比较发达先进的司法审查模式和制度来取代现行违法审查制度是否可能呢?这就需要我们进行很多具体论证和实践经验的验证。美国的司法审查制度是以三权分立的基本政治体制为基础的,司法是独立存在的权力形态。但在中国,我们没有实行三权分立制度,没有独立的司法权,更谈不上独立的司法审查问题。要建立美国式的司法审查制度势必会影响到权力在不同国家机关间的分配问题,人大的地位如何界定?人大与法院之间是什么关系?政府与法院之间是什么关系?这些都需要重新的界定甚至是权力洗牌。而这样一项工程又是非常巨大但却容易导致社会不稳定的。因此,尽管我们知道美国违宪审查制度是一项效率高的好制度,我们也可以对美国、欧洲以及中国的违宪审查制度进行比较法上的研究,但在中国实行美国违宪审查制度的可能性几乎不存在。

原因就在于,违法审查制度等公法问题涉及国家政治体制、不同政党制度、法院制度等问题,即使容易比较但也是不容易移植和统一的,因为公法问题涉及的不仅是法律问题,还有人大权力、党派受监督的权力、法院的地位和权力以及三权分立命题的真实与虚假等与文化和意识形态密切相关的问题,不像私法那样比较容易融合与统一,也不像比较私法那样更容易展现出具体的比较法的效果和价值。因此,我们才说,比较法的主要领域还是私法。

(三) 公私法与一国政治的关联度大小不同:法社会学的分析

如上文所说,比较法的主要功能在于了解外国法、提高本国法和促进法律统一。而这些功能的实质还在于对外国先进法律制度和法律理念进行移植。法律移植在一定程度上能展现比较法的实质。

德国法学家图依布纳结合社会系统论的观点来观察法律移植现象。在他看来,所谓"移植",是指一个规则在新的法律系统中能与其原来的角色保持同一性。如果基于某个规则的"移植"使得该法律体系发生了不可预料的变化,这就意味着法律的"连带性安排"(binding arrangement)被破坏了。因为这时不仅作为输入方的法律体系被重新建构,而且被移植的规则本身也发生了变化,英国为了贯彻欧盟93/13号关于消费者合同的指令而在其合同法中引入的"善意"(good faith)制度就是这类移植失败的例证。但图依布纳也反对莱格兰德关于法律移植的极端观点,后者认为:在当今世界,民族不再是作为一种独特的、不同于其他文化传统体现的法律的主要单位。民族法与民族经济一样,已经脱离了一国固有文化的综合性的体现,全球化的进程创造出了一个"世界范围内的法律沟通网络",这一网络使民族法从民族国家法均降格为网络整体中的一个组成部分。在这样的大背景下,法律的移植就不再是一个跨越民族社会之间联系的现象,也不再承担整个固有民族文化的重负,而只是作为全球法律话语范围中法律秩序的直接联系而发生的。这就可以解释为什么法律制度可以经常性地、轻易地从一个法律秩序转移到另外一个法律秩序。但这并不意味着法律制度与民族生活之间的联系不复存在了。它们之间的联系依然以另外一种形式存在,只不过相对松散。①

图依布纳沿袭了奥托(Otto Kahn-Freund)在二十多年前提出的关于法律制度类型化的观点。奥托将法律制度区分为"植根于文化传统中的"和"与社会文化绝缘的"两类,而且还将它们沿着一个从移植相对容易的"机械性"的(mechanical)到移植相对困难的"组织体性的"(organic)谱系加以排列。在奥托看来,"组织体性"的法律的含义也有所变化,传统上认为组织体意义上的法律意指法律是综合性的社会体现,而这里的"组织体性"则是指法律与社会之间存在着一种"选择性的联系"(selective connectivity)。法律制度在整体意义上不再与社会与文化的网络交织在一起,现代法律与文化之间的相互依赖主要集中于政治。因此,组织体类型的制度转移主要依赖于它们与相关社会的特殊权力结构之间的相互锁定关系。图依布纳进一步发展了奥托的理论。他首先提出了法律与社会之间存在的"连带安排"(binding arrangements),认为法律不再与社会整体相联系,而是与社会的不同部分(diverse fragments)相联系。② 现代的法律不再是社会与文化的表达,即社会不再以民族、语言、文化和社会的整体这种不可捉摸的形式呈现于法律之中,现代的法律通常只关涉到社会的若干具体情势以及不同的社会"切面"。图依布纳进一步指出,这里就存在着一个关于法律移植的暗示。某些法律制度与特定社会的政治文化之间的联系是如此紧密,以至于对它们进行移植必须伴随有深刻的政治制度的变迁,才能使其在新的社会环境中良性运行,这也解释了为什么美国的集体劳动法移植到英国后会遭到严厉地批判,奥托则直接称这一移植为"比较法在政治刺激下的误用"。但其他法律制度,尤其是私法制度,由于与政治之间的联系相对松散,但却与经济

---

① 宁红丽:《统一还是多元——私法统一背景中的"欧洲物权法"》,载《民商法论丛》第35卷,法律出版社2006年版。

② Gunther Teubner, The Two Faces of Janus: Rethinking Legal Pluralism, 13 Cardozo Law Review (1992), p. 1443.

秩序密切结合在一起。① 概括而言，图依布纳认为，制度移植在新的环境中产生了双重效果：在对制度进行移植的同时也实现了对法律与社会之间的连带安排的移植。②

图依布纳关于法律移植与法律跟政治关联度大小的观点毫无疑问是非常有启发意义的。他认为，私法制度只与经济秩序紧密相关，而与政治的关联度很小，联系非常松散，因此是容易移植的。而与此相对应，公法制度毫无疑问涉及政治因素较多，与特定社会的政治文化关系紧密，而"对其移植必须伴随有深刻的政治制度的变迁"，因此相对于私法制度来说，公法制度是较难移植的。这也从法律与社会关系的角度解析了比较法的主要领域应当是私法而非公法。

当然，针对民族道德在法律移植中的影响，图依布纳进一步提出了"社会经济环境"的概念。他认为，合同法之所以能取得今天的统一成果，其主要原因是，虽然在这一领域也存在着许多民族因素的影响，但还有一些其他跨国界的因素在发挥作用，这些因素被他称为"社会经济环境"（socio-economic fragment）。跨国界的"社会经济环境"的形成是法律移植成功必须具备的前提，合同法的成功统一主要应归功于这一环境的存在，而物权法欲获得成功的统一，也取决于这种社会经济环境的形成。③

此外，我们还应当注意的一个问题是：并不是所有的私法都丝毫不存在法律外部移植的困难，因为私法本身也包括了不同的内容。例如，同为私法的合同法和物权法在规范性质、理论内涵、与政治制度的关联度等方面都存在很大的差别。所以，我们也不能将私法移植和比较私法相对于公法移植方面的容易程度绝对化。其实，一般认为，输出的法律规则的威信、效率、国家精英的角色、机会、实际效用、文化强力以及强迫接受都是解释为什么能进行移植以及移植为什么不十分成功的因素。不过，在图依布纳看来，要评价到底是何种因素影响到法律的成功移植，还需要适用其他标准，这一标准就是道德中立。也就是说，如果输出的规则要想发挥其在"母国"中同样的效果，它在"民族道德"方面就必须是中立的。然而，与合同法相比，

---

① Gunther Teubner, Legal Irritants: Good Faith in British Law or How Unifying Law Ends Up in New Divergences, 61 Modern Law Review (1998), p. 22.
② 宁红丽：《统一还是多元——私法统一背景中的"欧洲物权法"》，载《民商法论丛》第35卷，法律出版社2006年版。
③ 同上。

物权法自始就不曾疏远过"民族道德",就如甘巴罗(Antonio Gambaro)在对欧洲物权法统一的现状进行考察时指出的那样,"如果对财产权制度的本质进行考察,如相邻关系、河岸权、共有法、地上权、役权等,可以发现,物权制度明显是植根于本地的法律传统之中的"。①

---

① Antonio Gambaro, Perspective on the Codification of the law of property: An Overview, European Review of Private Law 5 (1997), p. 497. 详细内容参见宁红丽《统一还是多元——私法统一背景中的"欧洲物权法"》,载《民商法论丛》第35卷,法律出版社2006年版。

第二章　比较（私）法近年得以快速发展的原因分析

比较法学19世纪在欧洲大陆兴起。第二次世界大战后获得了巨大的发展。研究的内容也从大陆法系扩展到英美法系，还包括了第二次世界大战后大批新独立国家法律的研究。90年代以来比较法尤其是比较私法研究取得了更为巨大的发展，我认为其原因主要有以下一些因素。

一、美国优势和新型法律制度和思想的主导作用

19世纪上半期是法国占主导地位，19世纪下半期是德国占主导地位，第二次世界大战后，美国获得了主导地位。这主要表现为以下的美国法律思想、制度的盛行：

（一）美国意义上的司法审查制度

美国由最高法院负责违宪审查，并非出于宪法规定。由司法机关实施对宪法的审查是美国司法实践的结果，它的政治哲学基础是三权分立，它的直接渊源则是马伯里诉麦迪逊案（Marbury v. Madison）判例。这个判例的诞生则有着深刻的政治背景。它在美国宪法史上极为重要，在全世界范围而言，这个判例也是开创违宪审查的先河，后来成为宪法学者经久不衰的研究课题，成为宪法史上一个重大事件。[1]

马伯里诉麦迪逊案发生于1801年初，当时美国的党派竞争非常激烈。以亚当斯为首的联邦党与以杰弗逊为首的共和党之间的政治角逐白热化。在1800年底举行的总统大选中，亚当斯未获连任，杰弗逊获胜，成为美国第三任总统。在总统权力交接之前，亚当斯利用手中的总统权力及其由联邦党所控制的国会，对司法机构作了重大调整，并且迅速委任联邦党人出任联邦法官。其目的是"为了使以后的联邦党人长期控制司法机关，以此制约国

---

[1] 徐炳：《美国司法审查制度的起源——马伯里诉麦迪逊案述评》，载《外国法译评》1995年第1期。

会和行政"。① 正好在 1800 年 12 月，美国最高法院首席大法官埃尔斯沃思辞职，亚当斯即提名当时任亚当斯政府国务卿的联邦党的重要领导人之一的马歇尔继任首席大法官。这一提名立即获得国会批准。但是马歇尔并未立即就任，而是根据亚当斯的要求，续任国务卿至换届为止。与此同时，亚当斯抓紧提名由联邦党人出任新调整的法官职位，这些新提名的法官在杰弗逊就任总统前两天获得由联邦党人控制的国会批准。因而这些法官被人们称之为"午夜法官"。在亚当斯任职总统的最后一天，即 1801 年 3 月 3 日，他正式签署了 42 名哥伦比亚和亚历山大地区的法官的委任书，并盖了国印。这些委任状都由国务卿马歇尔颁发给法官本人。作为国务卿的马歇尔于 3 月 3 日抓紧送发委任状，但是由于当时的交通和通讯条件，仍有几位法官的委任状未能送出。其中一位就是马伯里。3 月 4 日，杰弗逊就任总统任命麦迪逊为国务卿。杰弗逊对亚当斯卸任前的这些做法十分恼火，决心采取措施纠正。第一个办法就是停发尚未发出的法官委任状。马伯里等几位已得到法官任命，但未接到委任状的人对此当然不满，因此向最高法院提起诉讼，请求最高法院对国务卿麦迪逊下达法院强制令，强制他向马伯里等人发出委任状，故此案列名为马伯里诉麦迪逊。马伯里等人的这一请求的法律依据是美国 1789 年 9 月 24 日通过的《司法法》第 13 条。它规定，美国最高法院具有受理针对美国官员的排他管辖权，可以针对美国政府官员下达强制令。联邦最高法院首席大法官马歇尔觉得，"如果驳回马伯里的请求，显然是向杰弗逊的民主党屈服；如果颁发令状，杰弗逊和麦迪逊显然不会执行，从而贻笑全国"。②

因此，针对上述案件事实，马歇尔开始了自己的分析过程：

马歇尔认为首先必须弄清马伯里的权利是否受到伤害，这一问题若不清楚就谈不到法律救济；如他的权利确实受到伤害，那么才有可能讨论司法救济。马歇尔对这个问题作了肯定的回答。他说："委任状已经由总统签署，说明委任已经作出，国务卿已经在委任状上盖上了美国国玺，而得到了正式任命。法律设定了这一官职，给他任期 5 年的权利，并且独立于行政部门，这一任命因而是不可撤销的。马伯里的法律权利是受美国法律保护的。最高法院认为，阻碍他的任命的行为是没有法律依据的，而且是侵犯法律权利的行为。"这个分析指明了马伯里就任法官是法律赋予他的权利。

---

① 龚祥瑞：《比较宪法与行政法》，法律出版社 1985 年版，第 116 页。
② 同上。

接着马歇尔又提出并回答了第二问题,这就是,如果他就任法官的权利受到侵犯,那么法律应当对他给予什么救济?他说:"公民权利的精髓在于公民受到侵害时,每个公民都有权请求法律保护。政府的第一职责也就在于给予这种保护。人们强调美国政府是法治政府,而不是人治政府。如果法律不对侵犯权利的行为给予救济,也就不再能享受这一美称了。"马歇尔对第二个问题同样做了肯定的回答,认为马伯里就任法官的权利受到了侵犯,他有权请求法律救济。法律也应当对他给予救济。

最后马歇尔提出并回答了第三个问题:如果法律应当给他以救济,那么应当如何救济呢?是否应当是由最高法院向国务卿发出原告所请求的强制令?对此,马歇尔作出了否定的回答。

马歇尔接着提出了一个极有价值的宪法问题:一部违宪的国会立法是否成为国家的法律?他认为,宪法是由人民制定的。他说:"宪法要么是优先的、最高的法律,不能以普通方法加以改变;要么宪法就如同普通立法一样,立法机关想怎么变就怎么变。此外别无他途。如果是前一种的话,立法机关所立的与宪法相违背的法就不是法律;如果是后一种的话,那么成文宪法就是荒谬的企图,对于公民来说,限制权力的企图本身就是不可限制的。"他说:"显然,制定宪法的人们都意在使宪法成为国家的根本法、最高的法,因此,任何政府理论都必然是,立法机关制定的法律若与宪法相违背就无效的。"他认为,这是一条最基本的原则,必须坚守。[1]

既然违背宪法的法律无效,法官就不能适用它,那么这又必然涉及另一个基本问题,谁有权认定什么是法律?什么是违宪的法律?马歇尔认为这一权力属于司法机关。他说:"将既定规则适用于特定案件的人必然要解释这种规则。如果两个法律相互抵触,法院必须决定适用其中哪个法律。如果一部法律是违宪的,而该法与宪法都适用于同一案件,那么法院必然要么无视宪法,适用该法,要么无视该法,适用宪法。"他认为这是司法的本质所在。显然,他认为宪法是至高无上的、是受人崇敬的,法院只能、只应当服从宪法,适用宪法,而且法官受命时是要对宪法宣誓效忠的。由此他得出结论,《1789 年司法法》是违宪的,无效的,不能适用于本案,因而驳回了马伯里的请求。

尽管马伯里输掉了这个案子,也尽管它早已判结了,但是,它的影响不

---

[1] 徐炳:《美国司法审查制度的起源——马伯里诉麦迪逊案述评》,载《外国法译评》1995 年第 1 期。

但没有随着时间的消逝而消逝，反而随着时间的推移越来越深远。因为这个判例开创了司法机关审查违宪立法的先河。马歇尔在判决此案时，虽然考虑了党争的因素，但是他的判词有着实实在在的宪法理论依据，他所阐述的宪法理论思想影响了美国宪法的全部发展史。正如大法官弗兰福特在1955年所说："自马歇尔时代开始，并且主要因为他创立的经验，在讲英语的法院里都认为马伯里诉麦迪逊判例是成文宪法的不可缺少的固有特色。"① 现在，除了美国联邦最高法院有权审查联邦法律和各州宪法、法律是否违背联邦宪法之外，法国有宪法委员会，德国和俄罗斯联邦有宪法法院，而日本直接仿效美国由普通法院行使司法审查权，深深地受到了美国司法制度的影响。

（二）法律教育中的判例教学法的优势及其流行

美国最早的法律教育模式是"判例教学法"。19世纪70年代哈佛大学法学院院长兰德尔，为将奥斯丁的分析法学理论介绍到美国，在继承英国判例法主义传统基础上，1871年哈佛法学院的兰德尔首创判例教学法，通过研究判例来掌握法律，为法官行使自由裁量权来创制法律提供了广阔的天地。② 由于美国的法律是以判例实践为主，再加上行业性管理对教育的指导作用，使美国的法律教育具有极强的实践性。因此，法学院的课程就是按职业律师应具备的基本技能要求来设置，强调实践的重要性而不注重抽象的理论教学。教学内容除了基本的法律知识外，更加重视综合职业能力的培养，综合职业能力包括了三大能力，即法律知识能力、职业思维能力和驾驭法律信息资源能力。基于这三种能力的培养，美国法学院普遍采用"判例教学法"。该方法一般在课堂上没有像概论、定义等这类理论性的教学，而是通过实际的判例分析讨论来理解法律理论和原则，整个的教学都旨在提高综合职业能力。

在该教学法中，教师首先应根据教学内容收集整理一些相关的判例，并作为教学资料发给学生，选编出来的判例通常都是具有代表性的，它们是曾经确立过或影响过某一重要法律理论和原则的判例。这些事实推理性强，文字精练的判例一般要求学生在课前仔细阅读，认真分析并作出判断。除了这些判例资料，教师鼓励学生主动去查找更多的一些相关判例，尽可能地全面

---

① 徐炳：《美国司法审查制度的起源——马伯里诉麦迪逊案述评》，载《外国法译评》1995年第1期。

② 这段时间也是美国法学的形成期，标志着美国抛弃取法大陆法的想法而承继英国法传统。

阅读和比较分析，准确理解该判例法原则的法律精神。教师会在课前提供广泛的参考文献目录，如法规、判例、法学文献目录以及有关的电子资源目录包括法律计算机数据库，法律光盘和法律网络资源站点等。课堂上，教师组织引导学生分析和讨论判例，去发现和理解判例中的法律观念和法律规范。整个教学活动中，教师始终扮演的是经验丰富的"引导者"角色，而不是纯粹"教师"角色。因为"判例教学法"要达到的目的不仅仅是要得出一个在法律社会中被普遍接受的某一项法律理念或法律原则，更重要的是要让受训者去感受获得这些法律知识的过程，去体验法律职业的思维方法和解决实际问题能力的具体运用，这种职业的体验更多地需要来自学生自己的主动探索和主动发现的精神，而不是依靠"填鸭式"的灌输。美国的教师总能够在教学中为学生创造出更多自由发挥的空间，他们一般不轻易地就某一问题下结论，而是通过各种巧妙提问，引导学生展开讨论，他们如同会议的主持人那样能够有效地控制好讨论的主题和节奏，有机地组织和串联每个发言者的意见，最后才进行点评和终结，对整个讨论的组织能够充分体现出教师的学术水平。当然，课后教师还要安排大量的时间，预约个别辅导，学生可以通过这种机会获得更多的来自教师自身经验的一些知识。实际上，"判例教学法"就是给受训人员提供一种认识分析和解决实际法律问题的模拟实战机会，判例学习的最后结果往往是要找到解决法律问题的一个或一套方案，学生为了得到这样的答案，他们会像职业律师或是法官那样认真分析案由、找到法律上的争议点，从海量的法规判例资料中搜索出相关的法规判例，在认真分析比较其效力的范围和权威的大小后，确定适用的法律，最后对判例作出终结性的判断，并概括提炼出自己的基本意见。课堂讨论中，学生如同律师在法庭上那样，陈述自己的观点。通过教师的循循善诱和集体讨论的相互碰撞，个人的见解逐步形成了统一意见，除了达成对基本法律理念和法律原则的共识外，还产生出了新的法律思维和视野，使受训者在获得知识的同时，得到了充分职业化的思维操练和技能的训练。[①]

"判例教学法"在美国经久不衰的另一个重要原因是受美国实用法律主义思想的影响，如美国人在对适用判例法优越性的评价中，其中的一条便是："遵循判例法可以节省时间和精力，在工作紧迫的情况更是如此……"（Morris Cohen 语），这种实用思想体现在法律教学上就是"利用最少的时

---

① 参见邹育理《从美国的法律教育谈"判例教学法"》，载《现代法学》2000年第2期。

间,掌握最多最实用的东西"。① 三年时间很有限,不可能教给学生所有的法律知识,因此,抽象的法学理论教学始终被认为是浪费时间又不切合实际的一种方法,既不利于学生知识能力的开发,也无助于法律实际能力的提高,即便是采用最直接、最省时的"判例教学法",也不试图要求学生掌握在他们今后的职业生涯中可能会用到的所有的法律,主要强调那些最基本的法律知识。因为法律总是在不断地变化和发展,任何权威的原始法律资源都可能随时代的发展而失去权威,但长期法律演变中逐渐发展成熟的那些基本法律理念和法律原则,却能持久地适用,以其相对稳定的权威性来规范和影响社会的法律秩序和法律的创新,这些基本的法律知识往往能够帮助律师从容地应付处理在今后的可能遇见的各种复杂的法律问题。②

当然,判例教学法在美国也并非完全的权威,也有反对的声音。例如,社科法学的先行者波斯纳教授就提出了质疑,他认为:随着社会研究中以"法律与[ ]"为题的研究成果急剧增加,如今,越来越多的学校,有越来越多的课程采用了讲授、分析、论证的方法,数学公式普遍侵入教室,判例教学法在法学教育中的普遍使用性不仅受到质疑,他在法学院的实际地位逐渐受到压缩和部分替代。③

美国的法律渊源复杂,数量繁多,其原始资料来源于联邦和 50 个州的司法机构、立法机构和行政机构,内容广泛、卷帙浩繁是世界上任何国家所不可比的,据多年前的统计,美国仅纽约一个州的制定法条文的数量就超过了欧洲大陆任何一个国家。美国立法机关(联邦和州)每年新的制定法大约 15000 个,而每年新公布的判例约为 55000 个,加上原来可继续适用的制定法和判例法,超过百万之多。如此庞大的原始法律资源体系无疑奠定了美国法制社会的基础,为维护社会公平和秩序的法律活动提供了丰富的依据,但几乎泛滥的数量,使法律更加复杂,适用的难度日益加大,即使是最优秀的职业律师对法律规定的了解也是有限的。因此实际的职业能力在美国的法律实践中显得格外重要,知识能力只是律师职业能力的一个方面,同时还必须具备职业的思维能力和信息获取能力,这两种能力可以笼统地理解为"获取法律"的能力,这种能力是在知识与实践的相互作用中获得。一般来

---

① 参见邹育理《从美国的法律教育谈"判例教学法"》,载《现代法学》2000 年第 2 期。
② 同上。
③ 钱成:《法律全球化的中国应对——读何美欢〈论当代中国的普通法教育〉》,载北大法律信息网,http://article.chinalawinfo.com/article/user/article_display.asp?ArticleID=35681。

讲，法律知识是经验的总结，而"获取法律"的能力则表现为认识法律经验的手段和方法，实际上后者是人的一种潜在认知能力（TACIT-KNOWL-EDGE），这种能力的特点表现为人对社会实践活动所具有的预测性，应变性和创新性。随社会的高速发展，法律的内容，法律的形式甚至它的操作方式都在发生着深刻的变化，职业律师需要不断的知识更新，提高应变能力和创新能力，才能适应复杂多变的法律社会的需要。美国的判例教学法最大的优越性也在于：通过重点性的判例教学，把律师职业中必须具备的知识能力、思维能力和获取信息能力有机的融合在整个的教学过程中，加强了能力的训练，通过学生对判例法知识的深化处理，如实际操作，独立思考，共同交流等，最大限度地使知识本身转化为一种认识法律的能力，这种能力赋予了知识的无限创造性，能够使知识本身不断地增值，以保持律师职业生涯对知识创新连续性的需要。①

"判例教学法"始终强调实践能力也是因为法律的实际需要。长期以来，以复杂的判例法为基础的美国法律实践活动，逐渐形成了一套较为完整的实用操作技巧和方法，这些技能既有科学性又有经验性，既复杂又简单，但必须通过实践去掌握。② 律师的三大职业能力中的"信息获取能力"，强调的就是实际法律检索技能。法律检索是律师的核心工作之一，美国律师协会（ABA）把它明确规定在律师的工作规范和职业道德中。因为在大多数情况下，律师工作都是要先从法律检索入手，迅速准确查找到解决有关问题的法律依据是律师职业的基本技能，这种基本技能关系到适用法律的准确性、严肃性以及被代理人利益等，因此也作为律师的职业道德标准，要求律师在检索中做到恪守职责，重视如薛普德数据库（SHEPARD）引文法等较为精确的检索方法来保证法律检索的准确。如史密斯诉刘易斯（Smith v. Lewis）一案中，被告律师由于检索时的疏忽，适用了不在最佳有效状态下的法律，而使原告获得了10万美元赔偿。③ 在美国，律师能否胜诉的关键往往取决于是否能从相关的法律中找到最有利于被代理人的有效法律，其该法律的有效性表现出它的最佳适用性和权威性。美国的法律渊源关系从理论上讲，立法优于判例法，但法院的司法审查权可以否定立法，司法解释权可以限定和改变立法效力，而立法机关可以通过修改或制定新的立法推翻法院

---

① 邹育理：《从美国的法律教育谈"判例教学法"》，载《现代法学》2000年第2期。
② 同上。
③ 同上。

的解释……总之，立法和判例法总是相互制约、相互补充来达到法律统一。这里我们不难看出，美国法律复杂性不仅仅是数目众多和渊源多重，更多地则表现为法律分权原则下法律渊源纵横交错的复杂关系。实践中，经常会遇到下列的情况，如制定法和判例法不在一致的效力状态之下；法律虽未被取消，但其对司法的影响力已经逐渐地丧失，因为法官在处理被他们认为不合理的法规判例时除了违宪法律采用直接推翻外，通常是搁置不用；还有就是法官对判决意见表决不统一，如全票通过、多数通过或是少数赞成等，类似这些情况会不同程度地影响到法律的实际效力和权威，而美国的法律总是处在这样的不断变迁和发展的状态下。如何分析判断法律的实际效力和权威的大小，正确选择和适用法律，其中就需要涉及许多的实用性技能来处理这一复杂的过程。这里值得一提的是，美国长期形成的门类齐全、内容完备的法律工具文献体系在促进实用技能的发展方面发挥了巨大的作用。如薛普德数据库（SHEPARD）引文集、韦斯特（WEST）钥匙号摘要等就是这类工具书的优秀代表，如薛普德数据库引文集通过科学的记录标准和方法来报道法规、判例以及辅助性权威文献引用状况的历史记录，记录中提供的各种依据为分析评价法律判例等的效力和权威性提供了客观、量化的参数，在法律实践中价值极高。但这种工具编制的技术比较复杂，利用该工具书来检索法律被称为薛普德数据库检索技能，是律师必须掌握的基本检索技能之一。除了这些传统的检索技能以外，随着信息技术的不断发展，以西法数据库（Westlaw）和律商联讯（Lexis & Nexis）为首的大型商业法律数据库资源的极大丰富和检索功能日益强大，以及基于网上的免费使用的法律数据库的不断发展，计算机法律检索技术已经成为律师不可缺少的基本技能。[①]

总之，美国的判例教学法使得美国法律教育与法律实践的相关程度非常之高，并促成了美国法治的进展。因此判例教学法也受到其他各国越来越多的关注和模仿，中国的课堂教学也开始出现越来越多的判例教学法的尝试。

（三）对抗制的庭审模式的发扬

在美国，对抗制是整个诉讼制度的基础。"美国的程序法从出发点到归宿、从观念到制度、从程序到行为、从法院到当事人、从裁判到执行，都一以贯之地体现着对抗制的要求，绝无例外"。基于这种法律制度衍生出的一种对抗文化，已在美国人思维中打上了深深烙印，并广泛影响到美国生活的

[①] 邹育理：《从美国的法律教育谈"判例教学法"》，载《现代法学》2000年第2期。

方方面面。

对抗制理论认为,"对抗制通过允许当事人自由决定是否将案件起诉到法院,最好地保证了当事人的自治性。只有让诉讼当事人的意见得到最充分的表达,个人的尊严才可能得到维护"。基于这样的认识,对抗制呈现出其独有的基本特征:(1) 裁判者必须是中立的、被动的或消极的,而且对案件的解决独立负责;(2) 裁判所依赖的证据和观点都应当由当事人自己主张和提供;(3) 审判必须集中、不间断地持续进行,而且诉讼程序的设计应强调当事人举证和辩论的对抗性或对立性;(4) 当事人应当有均等的机会向裁判制作者提出案件事实并为其辩论。[①]

支撑对抗制运行的基本理念包括两个方面:程序正义和个人主义。程序正义是一种非人格化的、规则主义的伦理。在对抗制的审判中,它被认为至少应该包括以下几个要素:

一是中立的裁判者必须不偏不倚。为达此要求,裁判者一方面不能与诉讼结果有利害关系或其他可能导致不公的因素,另一方面应该在审判中保持消极。对抗制理论认为,如果法官在案件进程中扮演积极的角色,那么他有意识或无意识地就会形成预断,从而阻碍他再去探寻与其决断相左的证据或辩论意见;而且,社会大众会认为他是非中立的,从而削弱司法的社会公信度。二是法院判决必须有合理的基础,亦即必须具有可预见性(Predictability)。所谓可预见性,就是指法官运用实体规则和程序规则作出的判决结果,能够如人们所期待的一样,让同样情形下的当事人能够得到同样的对待。它要求法院的判决基于法庭上公开提交和争议的事实和法律作出。三是争议当事人在审判程序中能够充分表达自己的观点。

个人主义则是美国社会一个基本的价值理念,强调的是个人的权利和尊严。个人主义反映到诉讼之中,则强调当事人对诉讼的个人发动权和控制权。美国人之所以有这种强烈的个人权利观念,一方面与他们的建国历史有密切关系,"美国人是在一片空白的新大陆建立他们的国家的,他们自下而上地建立了自己的政治社会,他们除了将他们觉得有必要交出的权利交出外,其余的权利都被视作天赋人权保留下来";另一方面民主原则和制度的产生和推广,极大地推动美国人个人权利观念的发展,进而影响了对抗制,

---

① 肖建华、杨兵:《对抗制与调解制度的冲突与融合——美国调解制度对我国的启示》,载《比较法研究》2006年第4期。

"没有民主思想赋予的个人尊严和自治,对抗制将无法运转"。①

尽管解决纠纷被视作对抗制的首要目标,但纠纷最终解决得如何,还得受制于对抗制的其他价值目标,其中最主要的就是发现真相(truth)目标。对抗制的支持者认为,对抗制是最好的发现事实真相的制度,"因为对抗制本质地要求诉讼过程中提出来的事实主张越多越好,越对立越好"。"当每一方当事人最好地陈述了各自的案件事实之后,裁判者就已经拥有了可以使其作出公正决定的全部信息"。可见,对抗制寻求真相的逻辑预设是真理越辩越明。而对抗制对这种逻辑的演绎,一方面是利用了当事人内心想赢得诉讼的利益驱动,另一方面则给当事人规定了证明责任(burden of proof)。证明责任的存在,使得每一方当事人都必须尽力去说服事实的审判者其对事实(fact)的叙述是符合真相的,而且总有一方会承担不能说服的风险。当事人不能说服事实审判者,并不必然意味着他所说的不是真实情况;它仅仅意味着他没能使法庭相信他所说的是真相。这也表明,在对抗制下法庭所认定的真相,也并非总是过去的事实,因为"真相是难以捉摸的"(elusive):证人所想的和他所见的可能不尽一致;也可能在一些重大问题上证人证言缺失,以至对过去的重构(reconstructing)不得不依靠间接证据;甚至在一些案件中,证人故意撒谎;更何况,陈述证据需要通过语言表达,这又为不确定性留下了更大空间。②

总之,源自英国的对抗制诉讼模式在美国的发扬也是使得美国法律成为全球法律重要因素的制度原因。

(四)美国商事规则成为全球商人的"圣经"

法律全球化已经成为我们这个时代法律人所无法回避的现实课题。而关于法律全球化问题,清华大学法学院何美欢教授就给出了一个让我们心理上难以接受的判断——法律全球化等于美国化,对此断言,何教授列举了四个事实来向我们证明:其一,美国律师事务所遍布全球,这不仅表现在美国律所的势力范围已经侵入了欧洲大部分地区及亚洲的一些重点城市,更重要的是,包括大型跨国公司在内的这些重要客户对美国律师的法律服务极为信赖;其二,美国法学教育传播到世界各重要地点。文中提到,在今天的欧

---

① 肖建华、杨兵:《对抗制与调解制度的冲突与融合——美国调解制度对我国的启示》,载《比较法研究》2006 年第 4 期。

② 同上。

洲、拉丁美洲和亚洲的各主要商业城市里年满 40 岁以下的律师几乎全部在美国接受过至少一年的法学教育;其三,美国式法律文件及做法的传播,鉴于美国的经济实力及在国际贸易中的主导作用,美式法律文件及做法的对外传播几乎成了一种必然;其四,美国法律的传播,文中逐一列举说明美国商法、公司法、证券法及银行法、民事侵权法、产品责任法、医疗失误法等法律对欧洲相关法律的生成都产生了重大影响。[①] 由于上述事实说服力强劲,所以笔者也赞同她的观点。

由于国际贸易规则是在经济强势国家主导下构建的规则,美国作为第一经济强国,这一规则自然就融入了更多的美国风格。与此相应,在法律服务上,美国律师、美国做法就能更好的应用这一规则。跨国公司选择美国律师(美国式律师)正是看重这一点——他们能更好的帮助客户在这一规则中获利。至此,我们也就可以比较好的理解何教授所描述的美国律师全球扩张和美式做法的全球信赖以及更深层次的认识到我们在这方面的不足。[②]

并且,不容置疑的另外一点事实是,欧洲各国包括大陆法系的代表德国和法国也大量借鉴美国的公司证券等商法规范,因为最发达的规则毫无疑问是产生于世界上最发达的经济金融中心。美国的商事规则也直接影响和造就国际商事规则(CISG)和国际贸易,主导国际贸易立法权,与美国商事贸易的增多也使得各国都需要尽可能的了解和学习美国法,美国商事规则也促进了近些年以来各国比较私法的大幅度发展。

(五) 有关隐私权的法律的开创和扩展

隐私权这个概念应该说是在美国发展起来,并且成为美国法律中一项非常重要的制度。按照很多美国学者的看法,隐私权法实际上是一个跨部门的法律领域,并且是一个新型的法律领域。说它是跨部门,是因为它跨越了宪法、行政法,甚至刑法、家庭法等各个领域中的一些制度,是这些制度的组合。说它是一个新型的法律,是因为隐私权本身是近百年来发展起来的一个概念。尽管人们在数百年前就已提出类似的概念,但隐私权概念作为一个明确的法律概念真正得以确立是在 1890 年,由美国著名学者沃伦(Warren)和布兰戴思(Brandeis)在《哈佛法律评论》上发表了一篇题为《论隐私

[①] 何美欢:《论当代中国的普通法教育》,中国政法大学出版社 2005 年版,"前言"部分。
[②] 钱成:《法律全球化的中国应对——读何美欢〈论当代中国的普通法教育〉》,载北大法律信息网, http://article.chinalawinfo.com/article/user/article_display.asp? ArticleID = 35681。

权》（The Right to Privacy）的文章。从这个时候开始，隐私概念逐渐被判例和学说所采纳。自从沃伦和布兰戴思等人提出隐私的概念之后，在1902年的一个案例中，法庭拒绝承认隐私权，但法官格雷提出反对意见，认为应当采纳隐私权的概念，并对隐私权进行保护。在1905年的一个案例中，法官科布明确提出应当采纳隐私权。① 尽管以后，在学界，关于隐私的概念产生了争议，但隐私权在美国逐渐被立法和司法广泛接受，并将其理论和实务影响扩大到了全球。

（六）有关反性骚扰的法律的创制

性骚扰也可以归类为作为私法的侵权法的规范范围之内，是一种侵权行为。提出性骚扰概念的第一人美国女权主义者麦金农教授这样给其定义："性骚扰最概括的定义是指处于权力不平等关系下强加的讨厌的性要求……其中包括言语的性暗示或戏弄，不断送秋波或做媚眼，强行接吻，用使雇工失去工作的威胁作后盾，提出下流的要求并强迫发生性关系。"② 如果只就性骚扰的表象意思来理解，性骚扰主要分两类：一类是工作环境中的性骚扰，另一类是公共场所的性骚扰。但从立法者的角度，性骚扰特指的是利用工作中的不平等地位进行的违背受害人性意愿的不受欢迎的性侵扰行为。美国是最早将工作环境中的性骚扰通过立法确定为违法行为的国家，由于美国普遍存在工作场所性骚扰（Sexual harassment in the workplace），这被立法者视为对劳动者就业平等的一种歧视，因此特别对工作环境中的性骚扰予以禁止。受害者可以通过向EEOC（Equal Employment Opportunity Commission），即平等就业机会委员会投诉，经法律程序要求雇主进行补偿性和惩罚性赔偿。而EEOC则对性骚扰案件的雇主责任进行了详尽的规定，这使得性骚扰一旦成立，企业就将面临巨额的赔偿，而且媒体的跟进炒作会使企业名声在外。雇主责任得到强调，企业为了避免经济赔偿、声誉损失、客户流失、士气损失、员工流动等一系列负面后果，不得不对工作场所性骚扰给予重视，对自己的员工，包括管理层在内以及自己的代理商进行禁止工作场所性骚扰的培训甚至警告，并根据法律的要求在企业内部建立有效的性骚扰投诉机制，及时迅速有效地对投诉进行处理，否则便会在法庭上因为自己没有这些

---

① 王利明：《美国隐私权制度的发展及其对我国立法的启示》，载中国民商法网，http：//www.civillaw.com.cn/article/default.asp？id=20227。

② 李银河：《制裁性骚扰》，2002年3月7日，新浪网"职业女性"。

法律要求的必要防范措施而无法免责,被认定应负雇主责任,从而承担巨额的补偿和赔偿数目。有了这一借鉴,各国也纷纷对于性骚扰进行立法禁止,在劳动法中对保护劳动者,尤其是女性劳动者在劳动过程当中免受性骚扰予以规定。①

其实,美国的性骚扰立法经历了一个比较漫长的过程,从1964年的公民权利法案开始一直到1991年安妮塔希尔状告最高法院院长候选人克拉伦斯托马斯性骚扰一案的听证会通过电视转播,性骚扰才引起了全社会的关注,随后一年在EEOC的性骚扰投诉便激增了50%。历经近30年的时间,美国性骚扰的立法才算完善稳定下来。以时间为线索,美国性骚扰立法进程大致分为三个阶段:②

1. 关于性骚扰的违法性,在美国最先起源于1964年公民权利法案第七编(Title VII of the Civil Rights Act of 1964)禁止基于种族、宗教、性别和国别的就业歧视。但直到1976年美国才援引公民权利法案中禁止基于性别的就业歧视作为裁决性骚扰案件的法律依据。同年,根据一本叫做REDBOOK的杂志的民意调查显示,约有90%的女性表示在工作中遇到过不愉快的类似经历。1980年美国联邦政府对自己的员工进行调查发现,有42%的女性和15%的男性表示经历了某些与工作相关的性骚扰。若干年后联邦政府再次的调查数据显示没有明显变化,在社会各私人企业当中的比例也差不多。基于这些调查数据,真正诉诸法律的性骚扰控诉却少之又少。因为受害人如果提起性骚扰诉讼,只能得到报酬损失的补偿,如果因此被解雇可以恢复工作。但同时却要面对三重困境(trilemma):即要么在以后的工作中继续忍受性骚扰;要么进行反抗,得来的可能是更坏的境地;要么只能辞掉工作。而且,由于性骚扰案件侵权行为的隐蔽性,即只发生在侵权人与受害人之间,即使是基于敌意工作环境的集体性骚扰,例如多数男工对少数女工的性骚扰,由于很难找到第三方作为人证,也很难有具体的物证,这使得性骚扰案件的有效举证在当时的诉讼程序要求下显得十分困难,许多受害人因此望而却步。胜诉希望的渺茫,也使利益驱动的律师们无法热衷于性骚扰的侵权赔偿案件。作为另一个不得已的选择,受害人宁愿以侵害人攻击、殴打、错误拘禁,并且/或者施加精神痛苦的民事侵权向州法院提起诉讼。

---

① 易菲:《美国性骚扰立法及中国之借鉴》,载法天下,http://www.fatianxia.com/paper_list.asp?id=17047。

② 同上。

2. 针对这一不利于受害人的法律救济，随后 1991 年的公民权利修正案为性骚扰受害者，提供了获得补偿性和惩罚性的赔偿的规定（provide for the recovery of compensatory and punitive damages in cases of intentional violations of Title VII,），即如果企业是故意的违反公民权利法案第七编，则受害人不仅仅可以获得工资劳务等相关实际发生的损失的赔偿，还可以要求企业承担补偿和惩罚性的赔偿金。补偿性赔偿包括未来的金钱上的损失，感情痛苦，身体上的痛苦，因侵权造成的不便利，精神痛苦，生活乐趣的丧失，以及其他非金钱上的损失。而如果原告能够举证证明雇主出于恶意或不计后果的冷漠，则还可以请求获得惩罚性的赔偿。但同时法律又限制了补偿和惩罚性赔偿的总额，这要根据雇主具体的雇员数量，也就是说由雇主企业的规模大小来决定。例如 15—100 人的企业对于一宗性骚扰案件的补偿与赔偿金上限为 5 万美元，101—200 人的企业上限为 10 万美元，200—500 人的企业上限为 20 万美元，而 500 人以上的企业上限为 30 万美元。

联邦法律确认了两种性骚扰类型，一种是 quid pro quo，译为交换型性骚扰，即享有权威的上级，如主管对下属提出"性"趣要求，以保留或获得工作上的利益为交换，则下属有权对企业提出性骚扰赔偿。这一原则出自 1982 年美国第十一巡回法庭对 Henson v. City of Dundee 案件中对雇主的严格责任的判例，即使在雇主不知情的情况下，雇主雇佣的主管（高级雇员）或者代理（非雇员）利用雇主赋予的权力，以聘用、解雇、训诫、升职等方式对下属进行性骚扰，则雇主当然应对此类性骚扰负责。另一种是 Hostile Work Environment，译为敌意的工作环境，即员工、主管对某些员工基于性别的不恰当、不受欢迎的行为导致工作氛围胁迫、充满敌意或者攻击性。1986 年美国最高法院在 Meritor Savings Bank v. Vinson 案件中确认了敌意的工作环境的判例，这一判例扩充了性骚扰定义的内涵，同时也解决了两个问题：多大程度的谩骂虐待构成对受害人工作环境的敌意？在敌意的工作环境下雇主责任的本质是什么，负多大责任？判例要求敌意工作环境的成立有三个条件：行为不受欢迎，以性为出发点，严厉或普遍深入的影响。现在，敌意的工作环境包括了性建议、色情书刊、极端的污言秽语、性接触、贬损的言论、令人尴尬的问题或笑话。

3. 关于敌意工作环境的成立标准，各州法院尚拿捏不定，在 1993 年 Harris v. Forklift Systems, Inc. 案例中，最高法院进一步扩展了敌意工作环境性骚扰的行为标准，即并未给受害人造成精神伤害的行为也可以成立性骚扰。最高法院重申：公民权利法案第七编的违反，只需证明受害人的工作环境充满歧视的不受欢迎的胁迫、奚落、侮辱已经十分严峻和普遍而工作环境的改变达到的程度已经影响到其正常的工作既可。法案当然禁止造成受害人心理伤害的行为，但也包括尚未给受害人造成心理伤害的行为。法案要在受害人精神崩溃之前就起到积极的作用。虽然最高法院承认这一标准很难量化衡量，但强调工作环境是否是敌意的取决于所有的情况，并提供了一些具体的情况类型，如歧视行为的发生次数（频率）、行为的严重性、是否为身体威胁或口头冒犯、是否不合理地妨碍了受害人的工作等。这使得性骚扰受害人很容易基于敌意工作环境的举证而胜诉。[1]

二、欧洲统一法的兴起与拓展

在历史上，欧洲人为欧洲的联合和统一作出了长期的努力。1952 年由法国、联邦德国、意大利、荷兰、比利时和卢森堡六国组建了欧洲煤钢共同体，1958 年又建立了欧洲经济共同体和欧洲原子能共同体。1965 年 4 月，上述六国签署的《布鲁塞尔条约》决定将上述三个共同体合并，统称欧洲共同体。1991 年 12 月 11 日，欧共体马斯特里赫特首脑会议通过了以建立欧洲经济货币联盟和欧洲政治联盟为标志的《欧洲联盟条约》。该条约于 1993 年 11 月 1 日生效，欧洲联盟成立，也标志着欧共体从经济实体向经济政治实体过渡。1997 年 10 月 2 日欧盟成员国签署了《阿姆斯特丹条约》，该条约通过修改《欧洲联盟条约》等欧盟法律，就欧盟的自由、安全和司法以及建立一套行之有效和协调一致的对外政策等方面作出规定。2000 年 12 月 11 日欧盟首脑会议通过了旨在改革欧盟机构、为欧盟东扩铺平道路的《尼斯条约》草案。该条约目的就是奠定欧盟未来的运行机制框架，为欧洲一体化建设注入新的动力。[2]

欧洲一体化过程是政治、经济、法律、社会、文化的一种全面互动过程。由于它涉及的是主权实体间的相互融合，并将最终成为一个在世界上具有主权资格的单一实体，因而它不同于一般意义上的国家间合作。欧盟作为一个新型的、独特的区域性国际组织，与一般的政府间的国际组织不同，它有超越国家的特征。作为一种主权融合的过程，它主要是一种成员国之间政

---

[1] 易菲：《美国性骚扰立法及中国之借鉴》，载法天下，http://www.fatianxia.com/paper_list.asp?id=17047。

[2] 张彤：《欧洲一体化进程中的法律趋同》，载《法制日报》2005 年 1 月 13 日，理论版。

治上讨价还价、相互妥协以及法律上逐渐趋同的过程。在这一过程中制度化和法律化就成为实现一体化的基本前提和保障。① 法律也再次成为社会和国家统合中的重要力量。

其实，欧共体建立之初，目的是为了建立一个共同市场和一个经济和货币联盟，实施共同的商业政策，实现货物、人员、服务、资本这四大要素在欧共体内自由流动。为了共同市场的有效运作，必须统一各成员国的相关法律，或是这些法律趋同化，这是各成员国的共同立场。一方面，在货物、人员、服务、资本的流动中出现争议是不可避免的，争议能否得到完满的解决，这种解决方式是否具有确定性，能否为当事人所预见，直接关系到当事人利益，也直接影响到上述自由化进程。因此，欧共体的四大要素流动的自由化程度取决于各国有关四大流动方面法律的趋同化程度，取决于影响上述自由流动的法律是否统一，取决于一国法院所作的判决能否在另一成员国内得到承认和执行，从而使由四大自由流动所产生的各项争议得到及时有效的解决；另一方面，欧共体从成员国多元化法律体系的生命力中，从共同的司法传统中吸取力量，创设法律权威，有助于在共同体内实施统一的政策，使市场运转能够更为有效地运转。《欧共体条约》第三条规定："为了达到本条约第二条所确立的目标，按照本条约所规定的条件和时间表，共同体的活动应包括：在共同市场发挥作用的必要限度内，成员国法律趋于近似。"在此基础上，欧洲共同体逐渐实现了统一的各项共同政策，建立起了协调一致的经济法律秩序。这种协调一致的经济法律秩序的基本方式是：制定统一的共同体法，协调成员国法律，使其趋向一致和成员国之间彼此承认对方法律的效力。②

欧共体/欧盟已经制定了大量的指令、规则，涉及税收、竞争政策、公司法、产品责任等各方面，以便使足以影响共同市场建立的法律逐渐趋同。20世纪50年代以来，欧共体机构的法律权限日益增长，欧共体法以及现在的欧洲联盟法所涉及的范围不断扩大。目前，尽管欧洲联盟法的核心仍然是有关欧洲共同市场的法律，但是它已不仅仅只涉及经济一体化，它还涉及基本人权、男女平等、教育、第三国的移民工人、社会和文化方面的事项、公共卫生和环境保护等方面的问题。也就是说，欧洲联盟法所涉及的范围同国内法所涉及的范围比较起来已没有明显的不同了。欧洲联

---

① 张彤：《欧洲一体化进程中的法律趋同》，载《法制日报》2005年1月13日，理论版。
② 同上。

盟法事实上已经形成了一个全新的法律体系,既不同于国际公法,也不同于一个国家的国内法,可以称为自成一类的法律体系。它们规定了欧共体/欧盟的立法机构、行政机构和司法机构,俨然建立了一套完整的国家机关。它们规定的欧共体/欧盟内部的行为规则遍及经济、政治、文化和一般社会生活的很多方面,实际上已经建立起了一种社会秩序。除规定欧共体/欧盟成员国的有关权利和义务外,还直接规定成员国公民的基本权利和义务。欧盟的基本文件和一般的政府间国际组织的文件不同,形成共同体的内部法,几乎相当于国内法,对成员国有直接的法律效力。总的来说,欧洲联盟法的效力优于欧盟成员国国内法。欧洲联盟法主要包括基本立法和次级立法两大部分。其中基本立法包括欧洲一体化历史上的各条约和法令、欧共体/欧盟及成员国签订的国际协定与公约、成员国之间的协定以及成员国首脑或政府形成的决议与签署的宣言、普遍的法律原则;而次级立法是由欧盟机构制定的法律与法令,即由基本立法派生的立法,主要有规则、指令、决定、建议和意见等。就欧洲联盟法的遵守来说,欧洲法院发挥着重要作用,它在条约规定的范围内行使独立的司法权,审理成员国、欧盟机构的违约诉讼,并就欧洲联盟法的理解作出初步裁决。欧盟制宪也是欧洲一体化进一步深化和扩大的实际需要。2003年6月20日在希腊萨洛尼卡欧盟首脑会议上《欧盟宪法草案》终于出台。其目的在于对欧盟以往众多条约进行整合、简化和修改,对欧盟复杂的决策机制和运行机制进行改革,从而理顺欧盟机构和成员国之间的关系,界定欧盟与成员国之间的职权范围,以便使欧盟在2004年5月从15个成员国扩大为25个成员国后仍能有效运转。2004年10月29日,欧盟25个成员国的首脑在意大利首都罗马正式签署了《欧洲宪法条约》。《欧洲宪法条约》将在获得25个成员国的批准后于2006年正式生效。《欧洲宪法条约》的诞生标志着欧盟迈向了政治一体化的道路,为欧盟的发展翻开了新的一页。[①]

欧盟法律的特点是:(1)它不是独立的法律,其效力比成员国法律要高;(2)它不仅适用于成员国国家,还直接适用于成员国的公民。所以,有人称欧盟的法律不是联邦法,也不是国际法,而是超国家的法律。但不管怎么说,欧盟法的兴起还是为世界范围内的比较法的发展提供了更为广阔的视域和新的发展模式,从而也带来了比较法的新生。

[①] 张彤:《欧洲一体化进程中的法律趋同》,载《法制日报》2005年1月13日,理论版。

三、两大法系融合的加强

比较私法近些年得到长足发展的另外一个原因是两大法系的融合趋势越来越强。现在，大陆法系也更多地使用判例，这与欧盟的发展有关。欧盟原来是以法国、德国为中心的，70年代后英国的加入，加强了两个法系的融合。而与此相应的，英美国家的制定法也层出不穷，越来越多，所起的功能和作用也越来越大。具体内容参见本书第四章"两大法系私法渊源进一步融合：制定法和判例的交融与依赖"的论述，在此不再展开。

四、当代中国民商事私法的巨变及一国两制的实现

当然，除了上述美国法的强势地位的影响、欧盟私法的兴起和统一潮流以及两大法系愈加融合的原因之外，作为世界重要经济和政治力量的当代中国法的巨大发展变化也是比较私法得以快速发展的重要原因。中国处于较长时间的社会转型期，因此需要大量借鉴、学习乃至模仿西方各国的法律文明，选择大陆法和英美法的精华加以吸收。其若干年之内的法律继受、理论研究和法律实践都将成为比较法和西方法律实现中国本土化的重要素材，为理论和实践的比较法提供经验样本。

中国在经历十年"文化大革命"之后实行"改革开放"，从计划经济体制向市场经济体制转轨，民商法等私法的地位和作用开始受到重视。在本部分中，我们将以中国民法的立法发展为例，来说明中国私法和以私法为基础的比较法的快速发展。

中国之继受外国民法，迄今已逾百年。此百年继受过程，可划分为三期：从20世纪初至40年代末为第一期，其继受目标是大陆法系的德国民法，其立法成就是《中华民国民法》。从20世纪50年代初至70年代末为第二期，因为政治经济体制和意识形态的原因，将继受目标转向苏联民法，两次民法起草均以失败告终。从20世纪70年代末开始为第三期，可进一步区分为前期（80年代）和后期（90年代以来）。前期仍主要继受苏联民法和东欧社会主义国家民法，其立法成就是《经济合同法》和《民法通则》；后期主动调整继受目标，转向主要继受市场经济发达国家

和地区民法，其立法成就是统一《合同法》和《物权法》。① 其最近的私法立法进程如下：

(一) 改革开放初期的民商事私法立法

中国立法机关采纳中国社会科学院法学研究所关于制定中国民法典的建议，于1979年11月在法制委员会下成立主要由民法学者组成的"民法起草小组"，开始新中国第三次民法起草，至1982年5月起草了《民法草案（一至四稿）》，其编制体例和内容，主要参考1962年的苏联民事立法纲要、1964年的苏俄民法典和1978年修订的匈牙利民法典。此后立法机关考虑到经济体制改革刚刚开始，社会生活处在变动之中，一时难以制定一部完善的民法典，决定解散民法起草小组，暂停民法典起草工作，改采先分别制定单行法，待条件具备时再制定民法典的方针。当时许多民法学者对立法机关暂停民法起草和解散民法起草小组的决定，持不赞成的态度。现在看来，当时如果真的制定了一部民法典，则该民法典必定主要参考苏联和东欧民法，不可能符合改革开放和发展社会主义市场经济的要求。②

1981年颁布的《经济合同法》，是由与"民法起草小组"同时成立的、主要由经济法学者组成的"经济合同法起草小组"起草的。从"经济合同"名称的采用，到关于强调按照国家计划订立、履行合同，赋予经济合同管理机关确认合同无效的权力，及行政性经济合同仲裁的规定，可以看出经济合同法深受苏联经济法学理论的影响。

为了适应对外开放和发展国际商事贸易的需要，于1985年制定了《涉外经济合同法》(《涉外经济合同法》包括7章：第1章总则；第2章合同的订立；第3章合同的履行和违反合同的责任；第4章合同的转让；第5章合同的变更、解除和终止；第6章争议的解决；第7章附则。共43条)。该法是由外经贸部牵头组织起草的，更由于对外经济贸易关系的特殊性质，决定了该法不可能以苏联经济法学理论为根据。除法律名称保留了"经济合同"概念，留有一点苏联经济法理论的痕迹外，整部法律的结构、基本原则和内容，主要是参考英美契约法和《联

---

① 梁慧星：《中国民法：从何处来、向何处去？——驳所谓"奴隶般抄袭资产阶级的法律"》，载中国法学网，http://www.iolaw.org.cn/showarticle.asp?id=1726。

② 梁慧星：《中国民法学的历史回顾与展望》，2007年5月15日在中国社会科学院学术报告厅为庆祝中国社会科学院成立30周年的学术讲演稿。

合国国际货物销售合同公约》（CISG）。是中国民法立法继受英美法和国际公约的滥觞。①

1986年的《民法通则》，是在《民法草案（第四稿）》第一编总则的基础上制定的，参与起草民法通则的主要是民法学者。由于是以《民法草案（第四稿）》的总则编为基础，因此主要受1962年的苏联民事立法纲要、1964年的苏俄民法典和1978年修订的匈牙利民法典的影响。

这一时期的民事立法，尤其以经济合同法和民法通则为代表，仍然以苏联和东欧社会主义国家立法和理论为继受对象。这与国门刚打开，政治禁忌依然存在，民法学者对于继受西方法律和理论心有余悸有关。②

（二）90年代以来的民事私法立法

随着时间的推移，苏联和东欧国家的经验不能满足中国改革开放和发展社会主义商品经济实践的要求。尤其进入90年代，社会主义市场经济体制被确定为经济体制改革的目标，政治禁区渐次被打破，民法学者开始参考民国时期的民法著作、我国台湾地区的民法著作及西方资本主义发达国家的民法和判例学说，导致这一时期的民事立法从继受苏联东欧民法转向继受市场经济发达国家和地区的民法。

为了适应发展现代化市场经济的要求，实现交易规则的统一和与国际接轨，1993年开始起草统一合同法，于1999年3月15日通过。统一合同法包括总则8章、分则15章，共23章428条。这部法律采用了典型的德国民法的概念体系，许多原则、制度和条文，直接采自德国民法、日本民法和中国台湾地区民法，一些重要的制度直接采自《国际商事合同通则》（PICC）、《联合国国际货物销售合同公约》（CISG）、《欧洲合同法原则》（PECL）和英美契约法。合同法的立法方案首先拟定了制定合同法的指导思想，其中，第一项是："从中国改革开放和发展社会主义市场经济，建立全国统一的大市场及与国际市场接轨的实际出发，总结中国合同立法、司法实践经验和理论研究成果，广泛参考借鉴市场经济发达国家和地区立法的成功经验和判例学说，尽量采用反映现代市场经济客观规律的共同规则，并与国际公约和国际惯例协调一致。"此项立法指导思想，将继受目标"锁定"在"市场经济

---

① 梁慧星：《中国民法学的历史回顾与展望》，2007年5月15日在中国社会科学院学术报告厅为庆祝中国社会科学院成立30周年的学术讲演稿。

② 同上。

发达国家和地区",而将苏联东欧前社会主义国家排除在外,足以表明中国民法学决心挣脱苏联民法理论和苏联经济法理论的羁绊,回归于以大陆法系德国民法学的概念体系为基础的中国民法学。[①] 从而确立了新的面向全世界最优秀立法的开放的比较法观念。

为了实现有形财产归属和利用关系的基本规则的现代化,完善市场经济体制的法制基础,1998年开始起草物权法,经过全国人大常委会先后七次审议,于2007年3月16日经第十届全国人大第五次会议通过。物权法采用了典型的德国民法的概念体系,其物权变动模式采法国民法"债权合意主义"与德国民法"登记生效主义"相结合的折中主义,主要内容参考借鉴德国民法、法国民法、日本民法和中国台湾地区民法、中国澳门地区民法,也有继受英美财产法的制度,如建筑物区分所有权等。从学者受立法机关委托起草的物权法草案,可以看到以下的立法指导思想:(1)贯彻个人利益与社会公益协调发展的所有权思想;(2)坚持对合法财产的一体保护原则;(3)严格限定公益目的,重构国家征收制度;(4)建立统一的、与行政管理脱钩的不动产登记制度;(5)总结农村改革的经验,实现农地使用关系的物权化。起草物权法的指导思想足以表明,中国民法学在挣脱苏联民法学和苏联经济法学羁绊之后,力求将继受而来的民法理论与中国改革开放和发展社会主义市场经济的伟大实践相结合,勇于除旧布新、推动社会进步、维护公平正义和创建新的民法制度和民法理论。[②] 也是外国私法在中国开花结果的一种新的试验,是外国法本土化的必然步骤和趋向,展现了比较法的另一方面的内涵。

90年代以来的立法表明,中国民法学对外国民法的继受,已呈现出继受目标"多元化"的现象。即在维持大陆法系的德国民法概念体系的基础上,广泛参考借鉴发达国家和地区成功的立法经验和判例学说,兼采英美法系的灵活制度,并着重与国际公约和国际惯例协调一致。从"单一继受"转向"多元继受",表明中国民法学进入了一个新的发展阶段。[③]

总之,由于立法机关考虑到经济体制改革刚刚开始,社会生活处在变动之中,一时难以制定一部完善的民法典,决定改采先分别制定单行法,待条

[①] 梁慧星:《中国民法学的历史回顾与展望》,2007年5月15日在中国社会科学院学术报告厅为庆祝中国社会科学院成立30周年的学术讲演稿。

[②] 同上。

[③] 同上。

件具备时再制定民法典的方针，也就是所谓的"step by step"的渐进式立法方式。这一点与我国经济领域的发展改革思路一脉相承，即强调社会发展的渐进和稳定，是一种典型的"保守主义"改革路数。在此立法思路的引导之下，迄今为止，中国也已经形成了以民法通则统率合同法、担保法、婚姻法、收养法、继承法等民事单行法及公司法、票据法、海商法、保险法、证券法等商事单行法的民法体系。随着物权法创纪录的第八次审议和最终通过（2007年3月）以及侵权法逐渐被纳入相应立法规划，新中国的第一部以比较法为基础的民法典也似乎初露端倪。[①]

当然，中国商法发展也同样符合了国际化和比较法的倾向，首先是传统的五大商法在中国得以通过和实施，例如破产法、海商法、票据法、保险法和公司法，为中国商事私法制度的确立奠定了良好的规范基础。随后，中国又通过了证券法等最新商事立法，完成了破产法、公司法、证券法的修改，抓住了国际商事私法的最前沿形态。

（三）一国两制的实现以及大中华地区经济一体化所引发的法律统一运动

另外，在大中华地区所体现的一种独具特色的比较法试验田就是港澳台与内地的经济和法律一体化所带来的比较法理论和实践。这也成为中国比较法研究的新领域，即社会主义中国内地法制与资本主义中国香港、澳门、台湾地区法制的比较研究。[②]

在中国，比较法研究正在向着更广阔领域和新的对象扩大。在"一国两制"的构思下，中国面临一个具有不同法律体系或"法族"为背景的多种法律和政治制度并存的局面，这就出现如何调整和协调这些不同法律体系的诸种关系问题，以及如何解决不可避免的法律冲突问题，这种法律冲突包括属于社会主义的中国内地法律，同属于资本主义范畴的普通法系的中国香港地区的法律和属于资本主义范畴的大陆法系的中国澳门地区的法律之间的冲突问题，还有一个互相借鉴、取长补短的问题。这是一个比较复杂的课题。但是由于中国内地和中国港澳台地区的中国人民有着悠久

[①] 刘承韪：《建构中国民法典的宏观样态：以社会变迁为考察维度》（未刊稿），中国政法大学校级人文社科项目成果。

[②] 潘汉典：《比较法在中国：回顾与展望》，载3edu教育网，http://www.3edu.net/lw/flx/lw_95191.html。

的历史、文化传统和实现统一谋求富强的共同愿望，而且维护和平和社会发展是举国一致的要求，这些都是有助于解决问题的有利条件，特别是香港特别行政区基本法的制定为今后妥善协调法律关系提供了一项重要的法律根据。①

从经济层面上来说，包括中国港澳台地区和中国内地在内的大中华地区经济开始出现一体化的趋向，这一点也大大影响到了法律的统一运动和中国比较法的新趋势。北京大学张维迎教授认为，大中华地区的经济一体化就是海峡两岸及港澳地区资源，包括资本、人才、技术和产品都无障碍流动，形成了资源和人才在大中华地区的合理配置，进而推动了经济的全球化。为此我们可能要做到，在大中华地区内首先应该取消关税、贸易税，应该全面实行"三通"，应该按照 WTO 的原则，统一市场规则。在海峡两岸及港澳地区的法律当中，中国香港地区的法律是最具先进性，最有利于市场发展的。所以，我们有必要按照中国香港地区法律的精神去改变，改造中国内地的一些法律规则，以及中国台湾地区的一些法律规则，这样，我们有了一个统一的游戏规则，我们才能谈得上经济的一体化。②

因此，我国法学者包括中国内地和中国港澳台地区的同行们，共同开展这一领域的比较研究，是刻不容缓的一项历史任务。现在中国政法大学比较法研究所下属的一个研究室，就是以中国港澳台地区的法律研究为其任务。还有中国社会科学院法学研究所以及其他一些政法院校也设立了相应的机构。已有一些关于中国香港法律的论述和专著等书籍出版，这只是一个开端。对各地区法的比较研究必须建立在坚实的调查研究的基础之上，对各地区法制和法律秩序必须掌握第一手的基础资料（法律文献中译、法律实践和历史发展以及社会现实等），同时必须对普通法大陆法有一定的、系统的整体的知识。对于某一项法律或法律制度（legal institution）的研究如果同其他有关的法律机制（Legal mechanism）和法律体系割裂开来是不能获得比较全面和正确的认识的，特别是法律的实施与执行方面，是不容忽视的。我们愿意和包括中国台湾和中国港澳在内的全国同行们在这方面通力合作，作出具体的规划和贡献。

---

① 潘汉典：《比较法在中国：回顾与展望》，载 3edu 教育网，http://www.3edu.net/lw/flx/lw_95191.html。饶艾、张洪涛：《比较法在社会主义法系的崛起与发展趋势——兼谈中国比较法研究现状及面临的新课题》，载《求索》1996 年第 2 期。

② 张维迎：《大中华区域的经济一体化与产业整合》，载新浪财经，http://finance.sina.com.cn/roll/20050827/10551921931.shtml。

近些年比较私法得以快速发展的其他原因还包括：苏联法律的解体、俄罗斯联邦的兴起；德意志民主共和国的法律由联邦德国的法律所替代；伊斯兰法的改革（主要朝向两个方向，一个是逐步向传统西方法律靠拢的方向，一个是更为宗教化的方向）等等。[①]

[①] 参见沈宗灵先生于 2001 年 5 月 17 日下午在清华法学院进行的一场题为《什么是比较法》讲座的内容。

第三章 从法律普适主义倾向到努力实现外国私法的本土化和地方化

一、法律的可移植性和私法的普适性：支持与反对声音并存

从世界法律发展史来看，法律移植是法律发展的一个基本历史现象。所谓法律移植，就是一国对他国法律的借鉴、引入和吸收的问题。就移植一词而言，它原本并非法律词汇，而是植物学和医学中的词汇。人们在将其引入法学中时，并未很好地加以区分。从植物学术语的角度看，移植意味着整株植物的移地栽培，因而有整体移入而非部分移入的意思。但是，如果从医学术语的角度看，器官的移植显然是指部分的移入而非整体的移入。而且器官移植还可使人想到人体的排他性等一系列复杂的生理活动的过程，从而更能准确地反映法律移入后的复杂情况。在古代和中世纪社会，虽然国与国之间的交通不甚方便，但法律移植已经非常普遍。比如，古代腓尼基及地中海诸国，曾经较为系统地移植了古巴比伦的商法。这种移植，已经为大量出土的法律文献所证明。[①] 在移植古巴比伦商法之基础上建立起来的腓尼基商法，后来又为其殖民地罗得岛的海商法所吸收，而罗得岛的海商法后来则为古希腊法和古罗马法所移植。如在罗马《学说汇纂》中，就记载了罗得岛法的一些内容，并演变成为《罗得弃货损失分担规则》。[②] 在希伯来法律中，有一条规定，即若自由人之间彼此争斗，发生了伤害，"就要以命偿命，以眼还眼，以牙还牙，以手还手，以脚还脚，以烙还烙，以伤还伤，以打还打"。这一被认为著名的同态复仇的格律，其实是移植了古巴比伦的法律规定。在《汉穆拉比法典》中，就有了较为系统的同态复仇的内容，如"倘自由民损毁任何自由民之子之眼，则应毁其眼"（第196条）；"倘彼折断自由民（之子）之骨，则应折其骨"（第197条）；"倘自由民击落与之同等之

[①] 冯卓慧：《法律移植问题探讨》，载何勤华主编《法的移植与法的本土化》，法律出版社2001年版，第19—20页。

[②] 同上。

自由民之齿,则应击落其齿"(第 200 条);"倘自由民打自由民之女,……倘此妇死亡,则应杀其女"(第 209、210 条)。① 同样,希伯来犹太教法中的许多内容,也为后来其他中世纪法律所移植。如中世纪的教会法,就移植了犹太教法中的整个《摩西律法》;伊斯兰教法,也移植了犹太教法中的独尊一神、净身、禁止收取利息、禁食不洁净食物、土地为"安拉"(阿拉伯民族之神,也叫"真主")所有、教徒须捐献自己财产的百分之十作为宗教施舍(类似"什一税")等。② 近代以后,法律移植的现象更为普遍,如法国移植古代罗马的法律,近代德国移植法国的法律,近代美国移植英国的法律,近代日本移植法国和德国的法律,近代亚洲国家移植日本以及西欧的法律,第二次世界大战以后日本移植美国的法律,广大亚非拉发展中国家移植西方两大法系国家的法律,等等。③ 可见,法律移植是人类世界发展的一个基本历史现象,并且至今还是当今世界比较法学的一个重要课题,尽管其研究的视角和侧重点可能发生了这样那样的变化,但仍然值得我们长期的关注。

至于法律移植产生的原因和背景,正如王晨光教授所言,当代大规模法律移植问题的提出并非纯粹的理论思维的结果,而是有其历史原因的。尤其是在第二次世界大战之后到 60 年代初期,世界上殖民地国家纷纷独立。独立后的国家采取何种法律制度,成为一时的热门题目。以美国一批法学家为主而开展起来的法律与社会、法律与发展及法律与文化运动对这些新兴国家的法律改革和社会经济发展予以关注。他们从法律的作用在于改变社会从而推动社会前进的功能理论出发,认为只要把现代的文明法律输入落后地区,就能实现上述目的。④ 与这种思想动向相伴随,一些西方学者便主张"法律制度从一种文化向另一种文化的迁移是经常的";"法律移植是大量发生的"。法学家艾伦沃森对于法律移植就采取非常积极的支持观点,他认为:法律具有自治性,因此法律规则的继受不需要具备任何初始的社会、经济、地理或者政治背景,即法律规则与民族环境之间基本上是"绝缘的",因此,法律制度的演化也不会影响到法律制度或者法律文化的一致性。正因如此,"在许多地方,许多时候法律移植都是最富有成果的法律变革的手段"。

---

① 阿兰·沃森:《法律移植论》,贺卫方译,载《比较法研究》1989 年第 1 期。
② 何勤华:《法律文化史论》,法律出版社 1998 年版,第 56 页。
③ 相关详细内容参见何勤华《法的移植与法的本土化》,法律出版社 2001 年版。
④ 王晨光:《不同国家法律间的相互借鉴与吸收——比较法研究中的一项重要课题》,载《中国法学》1992 年第 4 期。

在沃森看来，法律移植曾经在过去取得了巨大的成就，因此也会在"最近之将来有助于欧洲共同法的形成"。在法律移植对法律统一的作用上，沃森认为，法律与其他技术一样，都是人们经验的产物。由少数人或少数国家创制出来的法律规则同样也能满足不同国家的需要。因此，要构建一个统一的区域私法法典，只要各国对自身的法律作出部分调整，就能在短期内实现这一目标。① 可见，沃森主义对法律可移植性和普适性持有非常乐观的态度。

当然，支持法律的可移植性和普适性确实是早期比较法学的一个主旋律。因为在比较法的发展过程中，早期的比较法学家大都具有强烈的普遍主义倾向。在1900年法国巴黎举行的第一届比较法国际大会上，这种普遍主义情绪达到了顶点。在这次大会上，很多学者都认为，比较法的目的是"从各种法制中寻求共同基础或近似点，以便从各种不同的形式中找出世界法律生活的根本性质"，比较法的任务在于发现或创立"文明社会的共同法"。直到近年来，一些比较法学家才开始对比较法中盛行的普遍主义倾向提出了质疑，强调法律的多元性、特殊性和地方性。

其实，关于法律移植，也一直存在诸多反对的声音。反对者认为，土壤和气候等自然条件的不同会导致移植的整株树木的死亡。同样，社会环境（并不限于孟德斯鸠所讲的自然环境）特别是社会根本制度的不同肯定会导致它与全盘移入的法律在整体上的不相容，从而很难给社会带来稳定和繁荣。如果是在这种意义上谈论移植，那这种移植则是不可取的，同时在实践上也是不可行的。一些否认法律移植性的学者正是在这一意义上主张其观点。在历史上，土耳其于1922年照抄了法国法典，埃塞俄比亚于1962年以瑞士民法典为蓝本制定了其民法，加纳于1874年照抄中国香港法律。但是，它们的实验并未收到令人满意的结果。②

并且，随着人们对越战的普遍不满和对世界霸权外交的怀疑，反对法律移植运动特别是它的方法论和主导思想很快就遭到了来自内部和外部两方面的夹击。弗里德曼称之为"法律帝国主义"，杜鲁贝克称之为"种族中心论"，是一种"失败"。塞德曼教授从法律是调整具体行为模式的观点出发，认为一种在特定的时间和环境中可以引导出特定的行为的法律在另外一种时

---

① Alan Watson, Legal Transplants: An Approach to Comparative Law, University of Georgia Press 1993, pp. 100—101.
② 王晨光：《不同国家法律间的相互借鉴与吸收——比较法研究中的一项重要课题》，载《中国法学》1992年第4期。

间和环境中则不可能引导出同样的行为。特别是在不同社会制度和不同历史和文化传统的国家之间，法律在时间和环境上的特定性使法律不具有移植性。①

同样，在作为比较法样本的欧盟民法制定过程中，法国学者莱格兰德是反对法律移植和欧盟制定统一民法典的代言人物。他主张"法律整体"和"社会整体"之间存在着关联性，认为私法在一定程度上不只意味着规则，而且还意味着法律文化。这便进一步提出法律移植的文化限度和法律文化比较的视角，笔者将在其他部分中论述。由于所有的法律规则都是民族环境的体现，而每一个制度在产生时都具有完全不同的意义，而且这种"本地意义"本身就是该规则不可缺少的组成部分，因此，法律规则基本上不能移植。② 不过，莱格兰德并不否认历史上法律"借用"的广泛存在，但他对其效果表示怀疑。在他看来，如果不兼顾法律规则的"输出环境"和"输入环境"，就很难评价移植能在多大程度上获得成功，如移植的规则本身能否很快就适应新的法律环境、移植是否会导致输入国法律制度之间的不一致等。莱格兰德强调法律规则的地方性知识的特征，是更多地受到了法律人类学研究的影响。而他的观点则反映了自孟德斯鸠以来法律移植中的"镜子理论"的主张。在欧洲法律史上，由于所有的封建法都有一个共同的基础，法律的民族性特征的观念并不为人所了解，因而中世纪几乎不存在纯粹的"民族"法律制度。但到19世纪之后，"民族精神"的概念到处可见，尤其是德国，在因法国的入侵而导致民族主义情绪高涨之后，这一趋势就更加明显，③萨维尼、耶林等法学家所提出的法律是民族精神体现的思想就是明证。而莱格兰德作为这一学派的后学，更将法之民族精神的观念发展到了极致。莱格兰德还列举了大陆法系与普通法系在法律文化与法律传统方面的截然不同来反对私法统一。④ 他认为，法系之间存在的不可消弭的分歧使得它们之间不存在任何趋同的可能。如法国民法与普通法分别是法律的两种模

---

① 王晨光：《不同国家法律间的相互借鉴与吸收——比较法研究中的一项重要课题》，载《中国法学》1992 年第 4 期。

② Pierre Legrand, The Impossibility of Legal Transplants, Maastricht Journal of European and Comparative Law (1997, 4), p. 117. 转引自宁红丽《统一还是多元——私法统一背景中的"欧洲物权法"》，载《民商法论丛》第 35 卷，法律出版社 2006 年版。

③ R. C. Van Caenegem, An Historical Introduction to Private Law, translated by D. E. L. Johnston, Cambridge University Press, 1992. p. 178.

④ Pierre Legrand, Against a European Civil Code, 60 Mod. L. Rev. 44 (1997), 45—51.

式，它们在对事实、规则和法律的理解上都不相同。正是由于与物权法相关的法律文化的差异，使得虽然欧洲各国物权制度领域中那种"沃森式"的移植非常普遍，但与合同法相比，这些移植在整体上并不十分成功。①

总之，除了上述从法律文化角度或历史论证上得出的结论之外，我们也应当注意，此种结论对于当代中国具有可行性或在多大程度上具有可行性也是值得认真研究的。应当承认，这些学者在不同程度上也提出了社会需求和社会文化条件的问题。但是从整体上说，他们所说的迁移和移植的经常性和必然性淡化了这些需求和条件的重要性。他们所举的例证多是西方国家法律制度之间的迁移或是历史上欧洲国家对罗马法的移植。这就很自然地带来一个进一步的问题，（特别是在中国健全社会主义法制的过程中，这一问题更为突出）即他们所说的在社会制度、经济和政治结构、文化和历史传统大体一致或有历史渊源的国家间的法律的迁移和移植是否能在不属于同类型的国家间进行？是否可以说，上述两种不同的观点所研究的对象的类别不同，因而它们的结论也就不同？② 因此，下面我们需要来看一下中国法律移植的现象及相关比较法进展。

二、中国的（私）法移植：历史考察与现实提醒

从中国近现代法的发展来看，自从清末修律以来的一百年，也是中国学习、移植外国法的时代。中国法的近现代化，与外国法律的移植密不可分，这已是一个不争的事实。

就法律观念和法律体系而言，中国近现代法上的一系列观念，如公法与私法的观念，部门法划分的观念，法律面前人人平等的观念，审判独立或司法独立的观念，三权分立或孙中山先生提出的五权独立的观念，在中国传统社会中是找不到的，它们完全是移植西方社会法律观念的产物；就法律体系而言，无论是将中国整个法律分为宪法、行政法、民商法、刑法、民事诉讼法、刑事诉讼法、国际法等各个部门法的体系，还是在各个部门法内部，再分成若干个部分，如将民法领域分成总则、债权、物权、亲属、继承等的做

---

① 宁红丽：《统一还是多元——私法统一背景中的"欧洲物权法"》，载《民商法论丛》第35卷，法律出版社2006年版。
② 王晨光：《不同国家法律间的相互借鉴与吸收——比较法研究中的一项重要课题》，载《中国法学》1992年第4期。

法，都是外来的，而不是中国本土的。就法律制度而言，中国近现代宪法上曾经出现过的总统制、内阁制、选举制、政党政治、代议制，民商法上的法人制度、物权制度、侵权行为制度、时效制度、代理制度、监护制度、亲属制度、继承制度、财产担保制度，刑事法律上的定罪量刑制度，诉讼法上的审级制度、辩护制度、陪审制度、证据制度、律师制度，以及经济法、知识产权法等各个法域中的制度，应当说是移植了外国的法律制度。就法律原则而言，中国近现代宪法上的民主原则、平等原则、国民主权原则、公民的各项权利受到严格的法律保护原则，民商法上的公民个人民事权利平等原则、私有财产所有权应当受到严格保护原则、契约自由原则、过失责任与无过失责任相结合原则，刑法上的罪刑法定原则、罪刑相适应原则、法不溯及既往原则，刑事诉讼法上的无罪推定原则、一事不再理原则、不告不理原则，等等，也都是移植了外国的法律制度。就法律的概念与术语等而言，中国近现代法上的法律专业名词，几乎都是经由日本而从西方传入的，如法律、法学、法医学、法律行为、仲裁、宪法、民法、刑法、公法、私法、主权、公民、权利、自然人、法人、成文法、动产、不动产、不当得利、无因管理等。这些概念和用语，至目前事实上已经完全本土化了，已经成为现代中国法律文化的一个组成部分。①

就立法内容而言，中国的民商事私法更是进行了大规模的法律移植。以改革开放之后的民商事立法为例：20 世纪 80 年代初期，在制定中外合资经营企业法、几个涉外税法中关于税目和税率的规定，民事诉讼法（试行）中对涉外案件的规定，海洋环境保护法等，这些法律如不参照外国法，不研究国际私法，关起门来立法，肯定会行不通。1985 年在制定《继承法》时，涉及涉外继承问题，王汉斌同志指出："草案参考了一些国家的规定，为了便于实施，规定中国公民在继承中华人民共和国境外的遗产或者继承在中华人民共和国境外的外国人的遗产，动产适用被继承人住所地的法律，不动产适用不动产所在地的法律。" 1986 年在制定《民法通则》时，王汉斌同志指出："草案总结了我国处理这些问题的实践经验，参考《民法通则》第一百四十二、一百四十七、一百四十八、一百五十条和最高人民法院的有关司法解释，对涉外婚姻家庭关系的法律适用和准据法作出了专门规定：（1）中国公民同外国人结婚使用婚姻缔结地的法律，即涉外婚姻以结婚行为地法为准据法；（2）中国公民同外国人离婚使用受理案件的法院所在地的法律，

---

① 何勤华：《法的移植与法的本土化》，载《中国法学》2002 年第 3 期。

即涉外离婚以法院地法为准据法；(3)抚养适用与被抚养人有最密切联系的国家的法律，抚养人和被抚养人的国籍、住所以及供养被抚养人财产所在地，均可以视为与被抚养人有最密切的联系。这些规定所依据的原则显然也属于国际私法的通行做法。

后来，为了适应发展现代化市场经济的要求，实现交易规则的统一和与国际接轨，1993年开始起草统一合同法，于1999年3月15日通过。统一合同法包括总则8章、分则15章，共23章428条。这部法律采用了典型的德国民法的概念体系，许多原则、制度和条文，直接采自德国民法、日本民法和中国台湾地区民法，一些重要的制度直接采自《国际商事合同通则》(PICC)、《联合国国际货物销售合同公约》(CISG)、《欧洲合同法原则》(PECL)和英美契约法。再后来，为了实现有形财产归属和利用关系的基本规则的现代化，完善市场经济体制的法制基础，1998年开始起草物权法，经过全国人大常委会先后七次审议，于2007年3月16日经第十届全国人大第五次会议通过。物权法采用了典型的德国民法的概念体系，其物权变动模式采法国民法"债权合意主义"与德国民法"登记生效主义"相结合的折中主义，主要内容参考借鉴德国民法、法国民法、日本民法和我国台湾地区民法、我国澳门地区民法，也有继受英美财产法的制度，如建筑物区分所有权等。[①] 这些立法都体现出了中国民商事私法立法在法律移植和法律普适性基础上所取得的巨大法律理论和社会实践进展。

就法律教育模式和法律职业来说，中国的相应制度设置也完全是从西方移植而来。中国从清末立法改革起，就仿照西方先进国家的做法，建立起西洋式的法律教育体制。1895年10月，中国第一所近代型的大学天津中西学堂开学，其所设学科和修业期限，均系美国人丁家立以美国哈佛、耶鲁大学为蓝本设计的。1898年开办的京师大学堂，其章程明确规定："仿日本例，定为大纲分列于下：政治科第一，文学科第二，格致科第三，农业科第四，工艺科第五，商务科第六，医术科第七。"科下设目，"政治科之目二：一曰政治学，二曰法律学"。以后北洋政府时期中国建立的法律学堂，及至国民党统治时期创办的综合性大学中的法律院系，从学业年限、教学手段、教学体制、课程设置、教材内容、职称系列、学位授予等，基本上都是从法国、美国和日本等国家中移植而来。即使到了20世纪末，中国在创建法律

[①] 梁慧星：《中国民法学的历史回顾与展望》，2007年5月15日在中国社会科学院学术报告厅为庆祝中国社会科学院成立30周年的学术讲演稿。

硕士教育体制时,我们仍然移植了美国法学院 JD 培养模式,规定法律硕士必须从非法律专业的本科毕业生中招收,然后学习三年的法律知识,毕业后获法律硕士学位。当时(1996 年)从美国引进该制度时,我们曾结合中国的国情有所改良,即不仅非法律专业,而且法律专业的本科毕业生也可以报考法律硕士。但至 1999 年,经过三年时间的实践后,我们进一步向美国的体制靠拢,取消了法律专业本科毕业生报考法律硕士的资格,从而基本上与美国的制度接轨了。就法律职业而言,中国古代没有专业的法官,也没有检察官,更没有律师。中国近代型的法官、检察官和律师制度,都是在清末修律以后,从西方移植而来的。1949 年新中国建立后,随着对国民党政府法制传统的否定,我们中断了移植西方资本主义国家法律职业的进程,但与此同时,我们却全方位地移植了苏联的司法体制,如法院组织和系统、检察体制和律师制度,以及民事诉讼和刑事诉讼的各种程序等。2001 年,中国司法界在移植外国司法体制方面又迈出了重要的一步,即宣告从 2002 年开始,取消已经在中国实行了十多年的律师考试,而改为统一的国家司法考试,即法官、检察官和律师的考试合在一起,一并进行,一起选拔。很明显,这一体制就是移植了日本统一司法考试的模式。综上所述,我们可以这么说,没有一百年来对外国法律的移植,也就没有近现代中国法。中国近现代法的基干,并不是中国传统社会的法律,而是外国法,主要是西方法。法律移植是中国近现代法发展的一个基本历史现象。[①]

我们应当注意的问题是,在中国进行法律移植时,应当进行两方面的分析。既要承认法律移植的普遍性和必要性,也要看到中国自身的特殊性。

我们承认,在人类社会的发展过程中,其共性大于个性,普遍性超越特殊性。这也就是不同社会制度的国家的法律的相互移植的可能性的问题。在生产力发展方面,其许多因素是相同的。比如,在当今市场经济背景之下,商品生产和商品交换以及其中的规律,在各个国家之间是相同的,即使意识形态相异的国家,除非不搞市场经济,否则,就必然有一个平等参与竞争的问题,而为了能够在竞争中生存和发展,受市场经济内在的经济规律约束,大家就必须遵循一个统一的游戏规则,遵守统一的法律规范。不论是哪一个国家,意识形态是相同还是相异,如果它国内还没有这一套统一的游戏规则和法律规范,那么,它就不得不去移植这些规则和规范。在这种情况下,法律移植可以不受意识形态的约束,变成一种独立的因素。意识形态不同国家

[①] 相关内容引自何勤华《法的移植与法的本土化》,载《中国法学》2002 年第 3 期。

之间的法律可以相互移植，还在于法律本身的属性。法律是国家的意志，它既要表达和反映意识形态的要求，更要表达和反映社会生产力乃至生产关系的发展变化。因此，如上所述，法律本身是由多种因素构成的，它的有些内容本身就是意识形态的组成部分，有些内容是意识形态的具体体现，有些内容则是生产力发展水平和科学技术成果的总结，前两者带有明显意识形态色彩，在阶级社会中，并带有明显的阶级属性，在意识形态不同的国家间移植起来阻力要大一些；后者则是人类文明发展的成果，是各市场经济国家相通的、超越国界的，不管意识形态相同与否，都是可以移植的。因此，符合本国国情的、与意识形态不冲突的法律制度移植，不仅不会损害意识形态，恰恰相反，这种移植，如果符合生产力的发展要求，符合其经济的发展，符合该国人民的最大利益，符合综合国力的提高，那么也是必要的和正常的。假如在这种情况下，它与意识形态的主体还发生冲突，那么，这种意识形态也已经到了必须变革的时候了。①

此外，当代法治发展的国际化趋势和法律移植自身具有的优势，也决定了法律移植的必要性。在当代，全球日益被联合成了一个有机的整体，随着资本、商品、劳务等经济要素的跨国转移，各国在经济交往中的矛盾日益增多。因为当今世界市场机制是统合世界的最重要机制，尽管在不同的社会制度下市场经济会有一些不同的特点，但它运行的基本规律和资源配置的原则都是相同的，这就决定了有产生共同解决这些纠纷法律的可能。此外，全球性的生态、政治问题也日益突出，这些矛盾同样也需要共同的法律来解决。因此，缔结或加入国际公约、条约、尊重和遵守国际惯例成为处理国与国之间各种纠纷的重要方式，国际公约、条约、惯例已逐渐成为处理国与国之间各种纠纷的重要手段，国际公约、条约、惯例已逐渐成为各国主要法律渊源之一，法律文化无国界将成为一股不可逆转的时代潮流。这种法律国际化的潮流是"世界各国在基于本国现实社会条件发展要求的基础上为适应国际交往合作需要而作出的自主理性的选择"。我国作为一个发展中的大国，改革开放是我国的基本国策，为更好地融入世界政治、经济体系中，不能抗拒法治发展国际化的趋势。至于法律移植自身具有的优势决定的法律移植的必要性主要体现在：首先，与来自实践中的立法相比，法律移植的试验成本低、周期短、见效快，具有明显的优势。其次，适时地移植相关的法律，有助于及时调整改革发展带来的新的社会关系，防止改革中法制的滞后。再

---

① 参见何勤华《法的移植与法的本土化》，载《中国法学》2002年第3期。

次,法律移植能最大限度地参考国际惯例和各国普遍做法,避免了国际间不必要的个性差异而人为地增加交易成本。因为法律移植自身所具有的上述优势,决定了我们在我国法制现代化进程中必须大力移植西方发达国家的法律,尤其是这些发达国家制度中反映市场经济和社会发展共同规律和时代精神的法律概念和法律原则。那种把自己封闭起来,弃西方发达国家几百年乃至上千年积累的法制文明于不顾,一切从头做起,或故意另起炉灶以追求所谓的"中国特色"的做法,只能使我们在发达国家后面爬行,拉大与发达国家的差距,延缓我国法制现代化的进程,以至丧失法制现代化的机会。①

从理论上讲,无论是资本主义社会还是社会主义社会都处于同一个"地球村"中,它们都没有超越商品经济的阶段,都面临者一些同样的社会问题。因此,相互借鉴和吸收对方调整同一种社会关系的法律是可能的。要做到这一点,应当区分"法律条文的政治目的"和"法律条文的功能"。也就是说,在一定程度上,法律的政治目的的不同不能抹杀其具体功能上的一致性,更不能以政治体制的不同否认不同法律制度间的相互影响、借鉴和吸收的事实及其可行性和必要性。从功能的角度出发,借鉴和吸收不仅可行,而且很有必要。同时,从法律是一种人类共同的文化遗产的角度看,不论是处于何种社会的国家,吸收这一遗产中的精华也是题中应有之意。总之,在借鉴和吸收中不能简单地以姓"资"和姓"社"为判断可否借鉴和吸收的标准,而应以这种借鉴和吸收能否达到促进我国社会主义的体制改革和经济发展为标准。②

对于这一问题,王晨光先生回答的很好。他说,法律是否具有可移植性?要回答这一问题就不能不首先考察一下法律的特征及作用。比较法学的鼻祖孟德斯鸠说:"为某一国人民而制定的法律,应该是非常适合于该国的人民的;所以如果一个国家的法律竟能适合于另外一个国家的话,那只是非常凑巧的事。"如此而言,除偶然巧合外,受到特定自然地理环境、风俗习惯等种种因素制约的具体法律当然也就无所谓移植的问题了。萨维尼在谈论法的"民族精神"时,似乎也排除了法律移植的可能性。然而,他提出民族精神的政治意图恰恰在于对抗当时成席卷欧洲之势的法典化的浪潮。与这

---

① 高军:《论中国法制现代化进程中的法律移植》,载 http://www.lesun.org/thesis/html/2005-01/13996.htm。

② 王晨光:《不同国家法律间的相互借鉴与吸收——比较法研究中的一项重要课题》,载《中国法学》1992年第4期。

种强调法律特殊性的观念相对立，甚至早在它出现之前，西方法理学中主张存在一种高于人为法的自然法的观念就已经广为流传、影响深远。这种观念所倡导的则是法律的共同性。正是这种法律的共同性与特殊性的矛盾构成了法律移植研究中不可回避的理论症结。如果我们强调共同性，那么法律的移植性则是必然的。反之，法律的不可移植性则是合乎逻辑的选择。①

三、从制度透视背景：私法移植中的"事实与规则"之争

在法学领域存在一对很有意义的范畴，叫做"规则与事实"。规则与事实的关系包括如下两点内涵：法律规则可以塑造社会事实；社会事实孕育法律规则并又限制法律规则的实施效果。

（一）我们首先来看规则与事实关系的第一点，即法律规则能够塑造社会事实

正是基于法律规则具有对社会事实的塑造作用的信仰，因此我们在此强调对法律制度进行研究时，鼓励大家多一些"拿来主义"的劲头，因为学习和借鉴他人的长处是发展自我、强大自我的捷径。但这并不意味着所有的西方法律制度都可以为我所用。我们必须明确，任何国家法律制度的建立与发展都有其特定的历史文化及社会背景条件。在异域文化土壤上生成的法律制度，有时可径直拿来为我所用，有时可加以改造为我所用，有时则可从中获取经验或借鉴，总之，有多种可能性。什么是正确判断径直拿来、加以改造和奉为借鉴的标准，这就是特定制度得以生成发展的社会和文化背景。不顾我们的社会条件和文化传统，仅凭理论的判断就去移植一种制度，结果肯定是成问题的。在我看来，对某一制度进行研究只是比较法学的第一步，而对该制度生成背景或存在条件的研究是第二步，而且是较高层次的研究。拿来的目的是要用之于社会实践，不是作摆设或作鼓动，如果拿来了不能用，那么拿来的价值就会大打折扣。将拿来的法律规则用到社会实践之后就会产生塑造特定社会事实的作用。总之，信守规则塑造事实的国家和人们在私法继受方面采取一种非常开放的拿来主义和普适主义思想，认为那些与一国传统文化、意识形态和政治制度关联度很小的私法制度完全可以先从国外移植

---

① 王晨光：《不同国家法律间的相互借鉴与吸收——比较法研究中的一项重要课题》，载《中国法学》1992 年第 4 期。

过来再说，因为私法有共同的规律和价值，并且私法规则可以补中国私法制度和私法文化之缺，塑造中国新形势下的私法文化和私法社会事实。

当然，强调以规则塑造社会事实的拿来主义之后必须要注意两点，只有做到这两点，才能真正实现从了解制度到透视背景的目的：第一，从简单介绍到深入研究。当代中国法律制度以大陆法系法制为模式建立，又不断受到英美法系法制影响渗透的事实，决定了我们必然要不断深入认识西方法律制度。正因如此，翻译介绍西方法学理论和法律文献便成为法学领域，尤其是比较法学领域长期以来投入甚多的一项工作。可以说，我们在这方面已经取得了相当丰硕的成果。所以在新的世纪中，尝试以既有翻译介绍为基础对西方法律制度展开全面的深入研究，并将这种研究同解决我国现实问题结合起来，应是比较法学进一步发展的现实任务。近些年来，翻译的书不少，从翻译文献中引出的新概念也不少，但对此作相应的深入、具体和系统研究的并不多。所以，新概念满目，但却往往让读者不知其究竟。这一方面反映了学界的活跃和对新知识的需求和渴望，但另一方面，却也多少表明了学界的一种浮躁之风。第二，应从单纯理论到注重实际。如前所述，比较法学和法学其他领域不同，它是一门内涵广泛、视野广阔、着眼长远的学科。所以，它具有超乎一般法学领域的方法和境界。但是，比较法学断不能因此而脱离社会现实，成为只关心理论的元理论，只谈论理想的准清谈。比较法学同样必须脚踏实地，要了解社会现实需要，并为解决社会现实问题拿出科学的方案和建议。仅仅用拿来的理论去批评现实是容易的，但这只是比较法学工作的一小部分，更重要的是能从现实中得出新的理论，并用这种生成于现实的理论去指引和改变现实。随着我国社会经济和生活的变化发展，随着国际社会之间的交往和联系日益加强，我国法律制度必然要有相应的创建与发展，以解决社会现实提出的法律问题。对此，比较法学者应一如既往地承担历史和社会责任。总而言之，比较法学既要谈理论、提问题、作批评，也要重实际、提方案、最终解决问题。①

事实上，各个历史时期的学者都非常注重比较法的实际用途，并根据时代需要把比较法应用于实践中。实践性使比较法学逐渐摆脱了学科的边缘性地位，为它取得了令人瞩目的成绩。然而，利之所在，弊亦随之。我们也应当充分认识到：一百多年来，德国等国家的比较法学者的实践活动，尤其是

---

① 江平：《新世纪、新视角、新境界——寄语新世纪的中国比较法学》，载《比较法研究》2001年第1期。

对欧洲共同私法的追求，使他们更多地把比较法作为主要的工具，专注于如何为欧洲法奠定共同基础，而忽视了对比较法作为一门学科的关心。因此，尽管他们已经积累起大量丰富的知识，但这些知识却没有酝酿成现代、明确和有连贯性的学科体系，结果导致比较法从整体上缺乏一个合理的理论框架；对法律秩序的结构和发展，对法律、社会和文化之间的关系，它也缺乏广博而深入的洞察力。这一缺陷在德国比较法学中体现较为明显。

（二）我们来看事实与规则关系之第二点：即社会事实孕育法律规则并限制法律规则的实施效果

对于社会事实孕育法律规则的法理，美国著名法官卡多佐阐释道："始终贯穿了整个法律的一个恒定的假设就是，习性的自然且自发的演化确定了正确与错误的界限。如果对习惯略加延伸，就会将习惯与习惯性道德、流行的关于正确行为的标准、时代风气等同起来。这就是传统的方法和社会学方法之间的接触点。它们都扎根在同一土地上。各自都维护着行为和秩序之间、生活与法律之间的互动。生活塑造了行为的模子，而后者在某一天又会变得如同法律那样固定起来。法律维护的就是这些从生活中获得其形式和形状的模子。"[①]

而对于事实对规则之限制反作用的例证，许章润先生曾经在其名篇《法意阑珊，不得不然》中道出百年来中国法律生活出现的四大悖论之一：即不得不以规则委屈事实。

在许先生看来，本来，法制礼俗等等构成人世规则与人间秩序的一切制度设置，如梁漱溟先生所述，都是随着各项事实产生，"而使这些社会事实走得通的一个法子"，故必须事实到了那一步之后，才能产生那新制度新规则，而要想一个新制度新规则成功，非先从造成新的事实着手不可。事实子虚乌有，而期求新制度新规则横空出世，犹譬没有高速公路，却希望凭空制定一纸高速公路规则并具有法的效力，实在是白日做梦。但是，近代中国的许多事情，包括以西方法制为摹本的新法制的铺设，都恰恰属于这类横空出世白日梦，求于"有意识地根据可得预见的社会目的所为之全盘人为重新改造中"，或拾级而上，或一蹴而就。这一历史进程，一定意义上，实为无中生有的创造过程。鸦片战争以降，中国固有的典章文物乃至审美情趣，都处于通盘改造、重组、更新和试验的状况，既无成例可供援引，便只有向摹

---

① ［美］本杰明·N. 卡多佐：《司法过程的性质》，苏力译，商务印书馆1998年版，第38页。

本看齐，先从规则入手，不管有无事实。当事人的盘算或是先将规则铺设开来，自上而下，笼罩过去，用（外来）规则对（既有）事实进行人为裁制，期求以规则创造事实，改变旧社会，建造"新中国"。犹譬眼下尽管有法不依，却依然不得不继续凭借立法打开现实的僵局，以向现实作个交代，予现实以正在改革的明示，并由此获致从而改善的暗示，在安抚现实的同时，进求导引现实向前迈步的出路；或是不辨事实与规则的参差分合，将社会视同白纸，染黄则黄，着苍则苍，而就凭一纸法律规定喝令现实低头就范。具体动机和预期或有出入，但从社会转型的意义来看，均为经由规则来对事实进行人为的裁制，以求对事实进行重组、改造和更新，实际上即为一种"无中生有"的创造过程。虽然这一过程在进路上不免倒果为因，以被模仿者的终点为自家模仿活动的起点，类如仿制一部宪法而期求达成宪政，却无遑历验此前的种种预为铺垫的长时段的工夫，但以模仿、移植为特征的法制建设本身，许多亚非人文类型的法制史业已证实，多数情形下本不遑预为铺垫，乃不得不作此颠倒，以颠倒带动铺垫工夫的长进，最终求得事实与规则的切合无悖。正如出洋考察宪政"五大臣"之一的端方所言，宪法的施行，需上有制度，下有习惯，两相配合拢来始见成效。上下皆无，则需慢慢培植，以期于缓，而事缓则圆。否则，"一旦得此（宪法），则举国上下扰乱无章，如群而之戏舞，国事紊乱不治，且有甚于今日，是立宪不足以自安，而或反以得危矣"。但当日的中国，各种情势逼仄，千钧一发，已到不立宪则政统、道统皆危亡立现的地步，客观上无转圜余地，也只得"俯从多数希望立宪之人心"，"贸然从事仿各国宪法制定而颁布之"，正是这样的一个"不得不然"![1]

职是之故，出现了这样一种现象，即不少立法，特别是涉及经济社会生活领域的，虽冠以"中国"打头的名称，但论其内容，则与当时中国社会现实不甚扣合，甚至恰相抵牾，而之所以形成如此规则的社会历史背景，更非当时的中国社会所无，或非其一时所能具备。凡此为百年中国立法史上之常例。蔡枢衡先生在梳理清末以还 30 年间中国法意与法制发展轨迹时即曾揭橥，当时诸多立法的事实基础不是中国的农业社会，毋宁乃西方发达的工商社会形态和生活方式。而此社会形态和生活方式，如汤因比所言，乃是西方自中世纪以来，几经折腾，人头滚滚、血流成河中于漫长时光里一点一滴逐渐涵育、生成的。中国社会无此事实基础，却以此基础之上形成的规则横

---

[1] 许章润：《法意阑珊，不得不然》，载《读书》2001 年第 6 期。

空压向这个社会，对此社会进行削足适履的强力裁制和伤筋动骨的剧烈重组，则规则与事实的扞格不凿势无可免，作为既定事实的社会本身由此惨遭挤压和曲解不说，就规则本身的命运而言，一定时期内，"有法不依"为其必然结果。但是，正如前所述及，尽管有法不依，却依然不得不靠立法打开现实的僵局，以向现实作个交代，从而渐求拨转事实，"使这些社会事实走得通"，最终达成规则与事实的协调不悖。这是一个以世纪为计算单位的历史，一直延续至今，今日许多"有法不依"现象，都可由此深层原因中获得解释。①

可见，中国继受外国私法和比较法的发展过程中所存在的事实与规则之争其实是贯穿始终的一个重大问题。值得任何一位关心中国比较法和法律发展的学人认真思考。

四、吉尔兹的地方性知识与中国的本土资源论：私法移植中的新趋势

(一) 地方性知识概念和理论的兴起：法律的特殊性、普适性

如前所述，在比较法的发展过程中，早期的比较法学家大都具有强烈的普遍主义倾向。在1900年法国巴黎举行的第一届比较法国际大会上，这种普遍主义情绪达到了顶点。在这次大会上，很多学者都认为，比较法的目的是"从各种法制中寻求共同基础或近似点，以便从各种不同的形式中找出世界法律生活的根本性质"，比较法的任务在于发现或创立"文明社会的共同法"。近年来，一些比较法学家开始对比较法中盛行的普遍主义倾向提出了质疑，强调法律的多元性、特殊性和地方性。②

对法律普适性提出批评的最为著名的人莫过于吉尔兹。吉尔兹所理解的所谓的地方性知识并不仅仅是一种知识类型或知识体系，而在更大的意义上是一种知识观念或对知识的认识方式。它不是单单的特定时空下或阶级下的知识分类，毋宁说作为一种伴随20世纪中后期的知识观念的变革的产物，地方性知识表达了这样一种意义——由于知识总是在特定的地域和文化情境中产生并得到辩护的，那么我们对知识的考察与其关注其普遍的准则，不如着眼于分析和重视形成知识的具体情境。

---

① 许章润：《法意阑珊，不得不然》，载《读书》2001年第6期。
② 黄文艺：《论当代西方比较法学的发展》，载《比较法研究》2002年第1期。

在论者看来，吉尔兹的地方性知识理论包含有两层意思。

第一层意思是，法律是具有特殊性的地方性知识，不同地域和文化情境中的法律是不同的。用吉尔兹自己的话来说就是："法律就是地方性知识；地方在此处不只是指空间、时间、阶级和各种问题，而且也指特色（accent），即把对所发生的事件的本地认识与对于可能发生的事件的本地想象联系在一起。这种认识与想象的复合体，以及隐含于对原则的形象化描述中的事件叙述，便是我所谓的法律认识。"① 在这里，吉尔兹的这种观点很给人一种"似曾相识"的感觉——当年历史法学派所强调的法律之"民族精神"属性不正是这种"地方性"么？可以说，在这一点上，吉尔兹的观点与历史法学派的关于法律是民族精神之体现的观点并没有本质不同：它们都强调法律的"地方性"。②

吉尔兹地方性知识的第二层意思是，"法律是一种建构性知识"。其实，吉尔兹的"法律是一种地方性知识"的论断与历史法学派观点本质上并无不同，然而，作为一个富有创造性和影响力的学者，吉尔兹肯定不应只是炒前人理论现饭之辈——事实正是这样，在该文中，他接着指出，"法律，即使高度技术化如我们社会中的法律，仍然是，一言以蔽之，建设性的；换言之，它是构造性的；再换句话说，它是组织性的"。那么何谓建设性？所谓建构性，用吉尔兹的话来讲，即"法律具有着将所发生的特定事情置于某种框架之中的力量"，"法律不仅反映地方性知识……法律还是一种赋予特定地方事务以特定意义的方式"。从这些话可以看出，在吉尔兹看来，地方性知识与法律之间其实主要应是一种互动的关系：地方性知识可以导生法律，但法律亦可反作用于地方性知识。换句话说，虽然法律源自地方知识，但法律并不只是消极地随地方性知识的演变而演变，相反，它能构造、型塑地方性知识从而达到一种两者积极共融的态势。③

尽管吉尔兹主要是在一种方法论意义上——作为沟通法学与人类学之方法意义上——阐述他的地方性知识理论，但他的这一理论给法学尤其是比较法学科所带来的冲击和影响是十分巨大的。

当然，比较法中的此种特殊主义思想与后现代主义思潮有着密切的关

---

① ［美］吉尔兹：《地方性知识：事实与法律的比较透视》，邓正来译，载梁治平主编《法律的文化解释（增订本）》，生活·读书·新知三联书店 1994 年版，第 126 页。

② 黄金兰：《从吉尔兹的地方性知识理论说起——关于民族国家法制本土化的几点再思考》，载《山东大学学报（哲社版）》2006 年第 1 期。

③ 同上。

系。后现代主义强调文化和社会领域的差异性、多元性、异质性。特殊主义虽然在一定程度上能够克服普遍主义的缺陷，但它在理论上和实践上都存在着一些难以解决的困难：首先是同法律的可比性问题。与此相关的另一个问题是世界法律的协调和统一问题。事实上，无论是在全球的范围内，还是在某些区域（如欧洲）内，法律协调或统一的趋势表现得越来越明显、强劲。

但其实，作为法律普遍主义观念的对立面的法律特殊主义观念，曾为19世纪被英国约翰·麦克唐奈尔爵士（John Macdonell）誉为"欧洲所养育的最伟大的法学家"的萨维尼所代表的历史法学派竭力主张过。由于在当时一直占有重要地位、持非历史态度的自然法学派相信，法律可由立法者在任何既定时刻任意制定。而萨维尼创立的历史法学则训喻法的内容必然为国族的全部历史所决定，因而不可随意改变。职是之故，如同一个国族的语言、行为方式和基本社会组织结构（constitution），一切法律均决定于该国族特有的个性，决定于后来所说的Volksgeist（民族精神）。如同一个国族的语言、行为方式和基本社会组织结构，法律没有什么自我存在，毋宁为该国族全部生活的某一功用或者某一方面。在人类的早期，民众的共同裁判就是法律的起源。随着文明的发展，法律的发展如同其他一切活动，渐成一项独立的功能，现在则由法律从业者来行使。因此，在每一个较高的文明中，法学家代表人民创制法律。职是之故，法律与社会生活永远保持有机的联系。它源于默默无声、未曾名状之处，并非受到任意而明晰的意旨的指导，毋宁按照习惯法的方式运行。立法超越了正趋衰落而尚年轻的国族的能力，而处于初始状态的国族既不关心也不需要立法；唯一可行的，是要么以具体令状的形式，要么借诸纯粹的政治立法，将既有的习惯法或者所争议的问题的裁决誊写下来。严格适用历史方法乃是对于德国法的诸般缺陷的真正弥补，由此，由现代的傲慢和无知加诸纯正的罗马法的玷污，将被一扫而净。仅仅是历史，萨维尼宣称，才是通达对于我们当下情境的理解之途。[①]

今天法律的特殊性又为后现代主义者以另一种方式再次提倡。只不过他们各自产生的影响截然不同——如果说，德国历史法学派对法律的特殊主义主张一度阻碍了比较法的发展，那么在欧洲统一化和全球化的进程中，后现代主义者关于法律文化"差异性"的呐喊相形之下要微弱得多。但不管怎么说，这在一定程度上引发了法律的文化比较运动和理论，其与地方性知识

---

① ［德］赫尔曼·康特罗维茨：《萨维尼与历史法学派》，许章润译，载《清华法学》第3辑，清华大学出版社2003年版，第9页。

一样也同样强调法律的特殊性。

　　法律的文化比较产生的背景是：20世纪最后十几年来，由于后社会主义国家的转型和欧洲的统一在区域范围内产生的影响，以及全球化的形成在世界范围内带来的推动作用，不同法律体系和文化在走向融合的同时难免发生碰撞，并必然相互作用和影响。这引起一系列涉及道德和法律标准的适用等新问题的产生。另外，随着文化研究的升温，对法律进行文化解释逐渐成为法律研究的主导范式。在这种法律观看来，法律不仅仅是解决社会问题或满足社会需要的工具，它也是一种文化现象，是表达或传递意义的符号。而要理解一种法律体系，必须深入把握其文化底蕴。这种法律观进一步深化了人们对法律的认识。

　　或者说，由于一些有见识的西方比较法学家已经清醒地认识到比较法存在的严重缺陷，并且正在积极地探求摆脱困境的发展新思路、新方向。其中，最引人注目的一种新思路也是以法律文化研究为导向的思路。自20世纪70年代以来，西方比较法学领域出现了一批以比较法律文化为研究主题和研究思路的论著。美国比较法学家埃尔曼的《比较法律文化》是将比较法研究引向法律文化研究的最早努力之一。但他不过是将比较的对象从作为制度的法转变为作为文化的法，扩大了比较的范围，而没有从根本上扭转比较法学的传统格局。德国比较法学家格罗斯菲尔德认为，"将比较法看作法律文化的比较"是"处理比较法的唯一可行的方式"。他的《比较法的力量与弱点》一书试图打破法系（法律体系）比较的传统格局，从比较的角度揭示法律与文化、自然、语言等因素的普遍联系。虽然格罗斯菲尔德已经表现出理论建构的努力，但他并未能建立起一种关于法律文化比较的系统的理论模式。他甚至都没有明确解释他所说的"文化"和"法律文化"究竟指什么。比利时学者霍克等人明确提出将法律文化的研究思路作为比较法研究的新范式。他们认识到传统的比较法在理论和方法论上的缺陷，试图引入法律文化概念及其理论为区分和比较不同法系提供一种坚实的理论和方法论基础。显然，他们仍然是把法律文化理论作为服务于法系比较的工具，而不是认为比较法就是研究世界的各种法律文化。[①] 法律文化的研究思路可能并不是重构比较法的唯一出路，但也许是最有成功希望的出路。

　　既然我们坚信法律是一种文化现象，知识和理解受制于种种结构，后现代主义者在对传统比较法展开批判之后，也就自然而然地试图将比较法研究

[①] 黄文艺：《比较法：批判与重构》，载《法制与社会发展》2002年第1期。

导向一个新方向。这个新方向着力于探寻潜藏在法律文本背后的目的、意义和主题思想,简言之,就是要揭示这些法律文本各自的结构。比较法的研究焦点也就由单纯的法律转向研究对象自身的历史、认识论和政治学等。这种新方法虽然名目不一,有"文化渗透"、"批判性比较"等,但被笼统地概括"文化比较"。其特点是:第一,强调从内在参与者的立场理解外域法律文化,认为只有这样,才能把握隐藏在外域法律体系背后的法律思想,才能真正理解这种法律体系;第二,注重不同法律体系的文化差异,要求比较法学者不要惑于法律体系间表面上的类似性,更不能随意抹杀不同法律体系的深刻差异。比如,格罗斯菲尔德认为,比较法学者若想对某一法律体系进行富有成效的研究,就必须进行深入的跨学科研究,考察其背后的历史、文化、政治、语言和社会学等因素的作用,比较法分析因而要进一步将其研究范围扩展到诸如人类学、地理学和认知科学等领域。他的研究就广泛涉及地理、时间和空间、绘画、神学、人类学、语言学、认知心理学、哲学、历史、文学,甚至数字理论等领域。他的著作通过无数实例,试图说明比较分析要克服的障碍所在,也试图证明其比较法理论:越能充分地预想法律,从文化内在的视角观察法律,就越能充分地了解法律的复杂性,它与文化之间多姿多彩的相互作用,以及它在社会生活中所扮演的角色。只有这样,比较法学者才能培养起对秩序的新意识,才能合格地成为社会的委托人,将技术专长和文化认识结合在一起,才能充满希望地在新信息时代为其他文化架起相互沟通的桥梁。[①]

(二) 中国的本土资源论:私法移植的特殊性

在吉尔兹的地方性知识以及后现代法学和法律文化比较运动的影响之下,中国法学界也兴起了一股强调中国地方性知识的法律观念和理论。在这股"地方性知识"的学术洪流中,最为著名的应属北京大学苏力教授首创的"法治及其本土资源"的学说了。苏力先生在《法治及其本土资源》中提出的"本土资源说"主张中国的法治建设走一条"经验演进式"的道路,挖掘法治的本土化资源,建设有本民族特色的法治国家。在论及其所谓的本土资源时,苏力指出:"寻求本土资源、注重本国传统,往往容易被理解为从历史中去寻找,特别是从历史典籍规章中去寻找。这种资源固然是重要

[①] 朱淑丽:《德国比较法学的发展脉络》,载法制现代化网,http://www.todolaw.com/bbs/viewthread.php?tid=10965。

的，但更重要的是要从社会生活中的各种非正式制度中去寻找。研究历史只是借助本土资源的一种方式。但本土资源并非只存在于历史中，当代人的社会实践中已经形成或正在萌芽发展的各种非正式的制度是更重要的本土资源。"苏力在这里至少指明了他所认同的"本土资源"的两个基本构成，即与历史的实践相联系的传统文化以及与现实的实践相联系的非正式制度。①尽管苏力本身对于"本土资源"这个概念并不太看重，并且认为谁要是追究这一概念的精确定义，就太没意思了。但是无论如何，"本土资源"已经进入了中国法学乃至中国法治的核心话语圈，成为我们讨论转型期中国法治问题的一个重要的概念。

自此以后，中国法学界也就开始热烈讨论法律的本土资源、法律移植的特殊性和外国法的本土化问题。在论者看来，讨论法律移植与法的本土资源，说的是外国法与本国法如何相处、结合的关系问题。其实，从古至今，凡是法律移植都不可避免地要遇上这个问题。换言之，移植进来的法律，假如未能处理好与本国国情的关系，未能处理好与本国法的关系，未能与本国法融为一体，这种法律移植就不能认为是成功的。而要说明这个问题，非常重要的就是要认识清楚法的本土资源。何勤华教授认为，法律上的"本土资源"，按照字面的意义，是指在本国土生土长的法律、习惯等。一般而言，法律移植往往会与"本土资源"发生冲突、矛盾，假如移植进来的外国法律，未能和"本土资源"相融合，那么，这种外来法律就很难生根发芽，成长起来。因此，在进行法律移植过程中，处理好两者的关系，就是非常重要的事情。②

当然，何勤华先生也指出，"本土资源"不是绝对的，而是一种相对的概念，它不是静止的，而是处在不断的发展变化过程之中。在这一过程中，有些"本土资源"因不符合社会的新发展而消亡了，有些"本土资源"适应社会新的生产力的发展、经济关系的成长而产生了。比如，在古代印度，原有的"本土资源"婆罗门教法，随着婆罗门教的衰败而逐步消失，出现了新的"本土资源"佛教法。而在英国，至20世纪初，随着封建地产制的最终消亡，封建的地产法律也开始退出历史舞台，而让位于现代资本主义的商业土地法，后者成为新的英国"法的本土资源"。不仅法律是这样，宗教也是这样。佛教产生于印度，是印度的本土资源，但它传入中国以后，在中

---

① 苏力：《法治及其本土资源》，中国政法大学出版社2004年修订版，第14—15页。
② 参见何勤华《法的移植与法的本土化》，载《中国法学》2002年第3期。

国得到了广泛的传播，并日益本土化，而在印度却日益消亡。至现代，在中国的佛教，无论在寺庙还是在影响力方面，都远远超过了印度（1997年的统计数据显示，佛教信徒在印度居民中只占1%）。现在再说佛教是印度的本土资源而非中国的本土资源，已经不合适了。当然，佛教在成为中国本土资源的过程中，也发生了一些变异，如观音菩萨在印度本是男身，在东汉时期传入中国后，为了满足大量女信徒在其闺房内供奉观音的需要，至唐代被逐步改造成了女身，成为"观音娘娘"。法律是生产力、生产关系，以及社会生活的反映，当生产力、生产关系和社会生活发生变化时，法律也会发生变化，法的本土资源也会出现迁移和消亡的情况。同样以印度为例。8世纪，当伊斯兰法入侵时，印度教法是本土资源，而伊斯兰法是外来法；而当17世纪，印度居民中的许多人已经皈依伊斯兰教，伊斯兰的法律在印度逐步生根、发芽，成长壮大，英国法入侵时，伊斯兰法就是印度的本土资源，而英国法是外来法（1997年的统计数据显示，印度的伊斯兰教信徒已达一亿多，占印度人口的11.2%）。①

再例如，在埃及，传统法律是伊斯兰法。但从1875年起，埃及开始移植法国的各项法典，如民法典、商法典和刑法典等。其中，法国民法典的三分之二内容即2281条中的1450条，被移植进了埃及民法典之中。虽然，20世纪以后埃及民法有了很大的发展，在移植外国民法方面也有过许多反复，但有些基本的制度，则已经融入埃及法律体系之内，成为埃及法的本土资源，很难再予以消除。同样的情况也发生在其他文化现象之中。比如在服饰文化方面，一百多年前，中国男人如果在正式的场合穿西装，剃短发，会被认为是奇装异服。而在今天，如果再穿中式服装，留辫子，则也会被人认为是奇装异服而不合时宜的。也就是说，经过一百多年的移植，西装和短发已经成为中国男子服饰的本土资源。同样的道理，今天，当检察官代表国家出庭公诉、法院公开审理、律师代表当事人进行辩护等这些外来法律文化已经为中国人所认同时，再将其取消，恢复中国封建时期的审判方式，人们就不会接受，因为上述检察院、法院和律师制度也已经成为中国法的本土资源。因此，法的本土资源是一个动态的概念，不是一成不变、绝对的，在当今中国，已经不能认为只有那些"私了"、"厌讼"等才是中国法的本土资源了。②

---

① 引自何勤华《法的移植与法的本土化》，载《中国法学》2002年第3期。
② 本部分内容引自何勤华《法的移植与法的本土化》，载《中国法学》2002年第3期。

而且，关于本土资源的合理性问题，也是需要分析和探讨的，对此何勤华教授有着精彩的论述：当一种外来的事物，不管是食品如蔬菜、水果等，还是文化形式如电影、电视等，明显优于中国原有的内容和形式时，我们一定仍要坚持将其排斥在外，抵制外来的植体，这难道是合理的吗？妇女被迫缠小脚、男子留长辫子、纳妾这些也都曾是中国的本土资源，但当社会发生变革时，它们存在的合理性也被历史所否定。法律文化也一样，凡是不合理的本土资源，都应当在改革之列，如有比其优秀的植体的话，都应当移植进来。应当说，本土资源往往只是对一代人的生活方式和心理结构产生较大的影响。比如，当一个人的前半生一直穿长衫马褂布鞋，后半生再让他穿西服皮鞋，确会感到不自在，不习惯，会怀念以前的"本土资源"。但对其从小就穿西服皮鞋的儿辈、孙辈而言，就没有这种不自在和不习惯了。如同父母辈从农村迁入城市，刚开始会感到生活有点不习惯，但对出生在城市、成长在城市的新一代而言，再让他回到农村倒是有点不习惯了。因此，传统是可以改革的，本土资源也是在变化的，法的本土资源的演变可能花的时间要长一点，但也绝对不是一成不变的。总之，法律移植和开发、扬弃法的本土资源并不矛盾，凡是本土资源中缺少的，移植当然是没有问题的；凡是本土资源中存在的，也要看其合理与否，是否属于改革之列，如是，则也是可以通过移植来变革不合理的本土资源的结构和成分。[①] 但不管怎么说，本土资源和本土化问题意识的提出就证明中国法学界现今已经开始从单纯注重法律的可移植性和普适性向强调法律的特殊性转变，相信这种新的比较法趋势也会有利于中国现代的法律改革进程。

在这一强调地方性知识和本土资源的法学浪潮影响之下，中国私法的比较研究和制度移植研究表现得也十分积极，所以我最后简单以民法的本土化为例来展现比较私法的此种趋势。

正如梁慧星先生所说，中国民法和民法学，是从外国民法继受而来，因此决定了中国民法学始终面对"本土化"的命题。如果说，"法律移植（继受）是法律进步、发展的永恒的主题"，则同样可以说，如何实现继受而来的法律的本土化，是中国民法学进步、发展的永恒的主题，也是中国数代民法学者最终的目标。

在继受外国法的过程中，继受的外国法与本国国情不合甚至冲突的可能性是始终存在的，因而在学界内外引发争论，是一种必然的现象。日本的法

---

① 引自何勤华《法的移植与法的本土化》，载《中国法学》2002年第3期。

典论争是一个典型的例子。中国自清末继受外国民法之始即发生过类似的争论。改革开放以来的民法立法也始终伴随着这样的争论。关键问题是如何判断所谓"国情",及对那种"国情"应持何种态度。究竟什么是"淳风美俗"?中国历史上的"一夫多妻",及"君要臣死,臣不得不死,父要子亡,子不得不亡"是否"淳风美俗"?女人缠足、男人蓄长辫、三跪九叩首,是不是"淳风美俗"?改革开放前在单一公有制和计划经济体制基础上形成的习惯做法是否"淳风美俗"?中国有几千年的封建专制和轻视个人自由和个人利益的传统,加之新中国建立后曾长期实行单一公有制和计划经济体制,究竟有多少值得保存的"遗产"、"习惯"和"本土资源"?这些问题都必须首先澄清。

谢怀栻先生指出,不论哪个国家都有自己的特点,没有特点的国家和民族是没有的。因而在继受外国法时,辨别自己的特点也是一个重要问题。机械地、盲目地照搬外国的法律,当然不一定好;强调甚至借口自己的特点,而拒绝接受先进的外国法律,也是不对的。要敢于接受,善于研究,不断修改,这是继受外国法律很重要的原则。

我们不仅继受外国法的制度、条文,还要继受制度和条文背后的民法理论。这就是日本学者北川善太郎所谓"立法继受"与"学说继受"。鉴于德国民法(包括法律和理论两方面)在成文法国家的重要地位,加上中国民法和民法学主要是继受德国民法,德国民法的影响在近期会更加扩大,在将来也会长期存在,这是不可否认的。因此,研究、探讨德国民法典,从其中取得经验教训,以促进我国的立法工作和研究工作,仍不失为中国民法学者的重要任务。当然不限于德国民法。我们一定要密切结合中国改革开放、发展社会主义市场经济、建立民主法治、公平正义的和谐社会的实际,广泛参考借鉴包括大陆法系和英美法系在内的发达国家的民法立法经验和理论研究成果,坚持参考借鉴我国台湾地区、香港地区、澳门地区的立法经验和理论研究成果,才能最终使中国民法和民法学不断发展,与时俱进![1]

---

[1] 参见梁慧星《中国民法学的历史回顾与展望》,2007年5月15日在中国社会科学院学术报告厅为庆祝中国社会科学院成立30周年的学术讲演稿。

第四章　法典法与判例法的交融与依赖：两大法系私法渊源的发展趋势

法典法或制定法和判例法的法源区分是大陆法和英美法区分的主要标志之一，但近年来两大法系在私法渊源和形式上相互接近和融合之趋势日益明显，可谓当今比较法最新发展之领域，值得研究与关注。

一、英美法系国家私法领域制定法的兴起

（一）近些年来英美国家的众多私法立法表现

尽管英美国家一直以来都主要是判例法国家，但这一点也不能否认英美国家越来越多的制定法和成文法的出现。首先体现在英国。事实上，培根（Francis Bacon，1561—1626）、海尔（Matthew Hale，1609—1676）、边沁（Jeremy Bentham，1748—1832）和奥斯丁（John Austin，1790—1859）等一大批著名的法律人逐步孕育了改革普通法、实现普通法法典化的思想，并使得英国最终掀起了普通法法典化的高潮。[①] 例如，英国19世纪的法典编纂在特定商业领域实现了法典化，如1882年《汇票法》、1890年《合伙法》、1893年《货物买卖法》和1906年《海事保险法》等"法典化制定法"的通过。在整个20世纪，英国又陆续通过了大量的制定法，在美国，其制定法也有蓬勃发展之趋势。

（二）英国的私法法典化历程[②]

1. 英国普通法法典化思想的兴起

英国在议会万能、议会至上这一点上，从昔日至今未曾改变。因此，我

[①] 刘承韪：《美国合同法重述：徘徊于法典法与判例法之间》，载《民商法论丛》第36卷，法律出版社2006年版。

[②] 这部分内容参见刘承韪《美国合同法重述：徘徊于法典法与判例法之间》，载《民商法论丛》第36卷，法律出版社2006年版。

们似乎应当很容易得出以下结论：即英国的制定法或法典法的地位和效力都应当远远高于以判例为基础的普通法和衡平法，也就是说，制定法和法典法是高于判例法的第一位的法源。但是，在英美，该结论只是得到理论上的承认，在实践中很难得到完全的遵循。因此，现今的英国法和美国法虽然受到了一些制定法的侵扰，但这些制定法却始终没有撼动英美强大的判例法传统。

当然，从今天的眼光看来，虽然英美诸国一直以来都严格坚持判例法传统，虽然大陆法才是法典化的故乡，但"实际上，在普通法法圈内，也有卷帙浩繁的制定法，不言而喻也有法典。不仅如此，甚至'codification'（法典编纂）一语本身，就是英国人边沁创造的"。① 英美法"非法典化"的现实不应否定英国曾经对普通法法典化作出过艰苦的努力。事实上，培根、海尔、边沁和奥斯丁等一大批著名的法律人逐步孕育了改革普通法、实现普通法法典化的思想，并使得英国最终掀起了普通法法典化的高潮。

曾做过大法官的著名思想家培根于 1614 年最早提出了"编辑和修正英国法"的思想，他提议应自觉认识整理普通法和使其体系化的必要性；从制定法中剔除落后于时代的规定；并在必要时进行修改立法。其后，海尔爵士在美国普通法法典化意愿逐步高涨的背景下，写下了《普通法的历史》和《有关法律修正或改变的考察》，提出了实现法典化的许多具体提案。② 但在英国，对普通法进行最为激烈的抨击并最为明确地提出对普通法全面法典化的人是边沁。边沁对立法（法典化）的实际影响可谓十分巨大，以至只有"亚当·斯密和他的门徒们对商业的影响能与之相比"。③ 同时，边沁是一位功利主义思想家，因此，其对普通法弱点的攻击也是建立在功利主义这种"非历史的合理主义思想"基础之上。边沁认为：普通法是随着历史而发展、藐视一切合理性原则、依靠处心积虑的拟制和同义反复之类的技巧性法律技术运作、混乱而无立足点的法律。法的混乱导致审判的迟延和不公正；而法的不确定性被法官和律师滥用以维护其权力和聚敛财富，带给当事人却只能是毁灭。遵循先例原则也对法官们有利，他们不是在发现法律、而是在创造法律，于是遵循先例原则便成为侵害立法权的工具。因此，应该废

---

① ［日］大木雅夫：《比较法》，范愉译，法律出版社 1999 年版，第 240 页。
② Teubner, aaO (Anm. 10), S. 50ff., S. 57f. 参见［日］大木雅夫《比较法》，范愉译，法律出版社 1999 年版，第 247 页。
③ ［美］伯纳德·施瓦茨：《美国法律史》，王军译，中国政法大学出版社 1990 年版，第 83 页。

除普通法、制定人人都可以理解的法典；这样就无需专门的法律家，从而就可以实现人人皆为法律家（Everyone's Own Lawyer）的理想。①

由于自己的法典化建议在英国没有得到其所预期的强烈响应，于是边沁便索性向俄罗斯和美国自我推荐，为它们制定法典，以实现自己的法典化思想和伟大抱负。在1811年到1817年间，他接连写信给麦迪逊总统、各州州长和"几位美利坚合众国的公民"，提议为美国起草一部完整的法典，并告诫他们："关闭我们的口岸以抵制普通法，就像我们预防瘟疫那样。"② 当然，边沁的法典化建议被婉言谢绝。但是，法国大革命和拿破仑战争的发生（当然，更为直接的因素则是伴随战争而传播于欧洲大陆的《法国民法典》的影响）改变了英国人对普通法法典化的态度，人们对法典化的思想呼声不再冷眼旁观，而是积极地参与讨论、作出呼应，普通法法典化思潮在19世纪变得逐步热烈。而在此时，曾经被冷落一旁的边沁及其批判普通法、实现普通法法典化的思想和建议，重新获得人们的认可和关注，成为他们主张改革普通法、实现法典化的坚实的思想后盾。随着普通法法典化思潮的逐步高涨，人们普遍对法典化充满了期待，期望法典化会为他们带来公正、幸福和全新的生活面貌。

2. 英国普通法法典化思想的衰退

但是，遗憾的是，英国的上述普通法法典化思潮并没有导致普通法的全面法典化。相反，在经过法典化思潮渲染下的一系列法律改革和法典编纂之后，英国19世纪的法典编纂只在特定商业领域实现了法典化，如1882年《汇票法》、1890年《合伙法》、1893年《货物买卖法》和1906年《海事保险法》等"法典化制定法"的通过。除了商法，在家庭法、继承法、合同法和侵权法等方面，19世纪的英国没有进行任何有效的法典编纂，其法典化经过多次的流产而以失败告终。

当然，普通法法典化失败的原因有多种。其中主要的原因都可以从英国法与大陆法相异的历史传统中得出。第一，在欧洲大陆，由于没有统一的中央集权王国，地方性法律相当分散，所以就必须通过法典化来实现民族和法

---

① Lawson, Further Reflections on Codification, in Lawson, Selected Essays II: Comparison, 1977, p. 90.

② [美]伯纳德·施瓦茨：《美国法律史》，王军译，中国政法大学出版社1990年版，第83页。

律制度的统一需要。① 但是统一的、中央集权的英格兰封建王国却逐步造就了统一的英国法律（一元化的普通法），于是，英国就根本没有必要通过法典编纂来实现法律和国家的统一问题。第二，欧洲大陆法典的制定（尤其是《法国民法典》）在整体上是来自自然法的法典编纂思想，其思想和概念是18世纪启蒙运动的自然法的产儿，② 是"人文主义指导下的自然法运动的直接产物"。③ 但是，作为近代大陆法法典化理论基础的自然法思想，却在英国受到怀疑，被视为过于抽象或十分危险的思想，因为他曾经是法国大革命的原动力，甚至导致了恐怖的雅各宾专政。没有对自然法的这一法典编纂基础的认同，普通法的法典化自然成为一种泡影。第三，大陆法之法典化的另一个重要目的在于法律的通俗化和平民化（如《法国民法典》通俗易懂的平民化语言风格等）。但是在英国，普通法法典化受到了法律职业者的强烈抵制，他们害怕法律的平民化。该抵制运动十分类似于当年英国坚决抵制罗马法入侵的情形，而且抵制运动中最为有力的主张者也甚为相同，那就是垄断英国法学教育的"Inns of Court"（四大律师学院，或译律师公会或协会）培养出来的法律家们。因为在他们看来，如果继受罗马法或实行法典化，他们的知识将从此失去价值。④ 他们不愿意看到他们所熟悉的探究法律的技术被法典弄得一文不值。⑤ 第四，法典化在英国失败的另一个重要原因来自政治的阻力。英国的法典化的思想不仅对英属印度的立法产生影响，而且对整个帝国的法典编纂的立法产生影响。而且，尽管许多改革事实上已经形成固定的形式，但在最后的议会通过时失败了。法典的失败有多种原因，如既没有既存的草案可以借鉴，又没有既定的规则可以吸取。尽管有很多对某个问题进行阐述的著作，但是没有一部系统性的学说体系，从判例法中也很难抽象出法典化提供原料的一般规则。但是，政治的阻力是法典失败的主要原因。学者对英国法典失败的解释为，法典编纂的失败"与其说是法律原因而不如说是政治的原因：议会的政治构造不可能为制定法典进行全面的

---

① ［英］R. C. 卡内冈：《英国普通法的诞生》，李红海译，中国政法大学出版社2003年版，第14页。
② ［德］K. 茨威格特、H. 克茨：《比较法总论》，潘汉典、米健、高鸿钧、贺卫方译，法律出版社2003年版，第136页。
③ 易继明：《私法精神与制度选择——大陆法私法古典模式的历史含义》，中国政法大学出版社2003年版，第254页。
④ ［日］大木雅夫：《比较法》，范愉译，法律出版社1999年版，第246页。
⑤ 刘承韪：《美国合同法重述：徘徊于法典法与判例法之间》，载《民商法论丛》第36卷，法律出版社2006年版。

改革；议会的诸多法律专家对任何类型的改革的保守而反对全面的改革；同时，因为当时有很多紧迫的问题需要解决，在为法典的努力的时间的准备也就存在不足；最后，他们害怕全面的法律改革可能导致难以预料的社会变革问题"。尽管法典并不必然地与激进地变革相联系，但在人们的心中，法典被认为是边沁或者法国思想中的实质上与形式上的激进的改革的工具。普通法的律师们宁愿选择从案例到案例推出法律原则而不是突然的法典编纂。美国律师害怕法典的编纂会导致一种不可预料的结果。此外，卡特等纽约律师协会的集体反对也是该法典失败的主要原因。正如 Reimann 在总结菲尔德法典编纂中的争论时所说的那样，"对萨维尼与卡特来说，他们都惧怕社会与政治的革新。二人对立法的反感最后均根源于他们的政治的保守主义"。①

（三）美国私法法典化的历程

1. 兰代尔（Langdell）的"法律科学化"观念与美国的法典化思想②

在英国抨击判例法、主张法典化的思想感染之下，同时也为了适应美国的商业发展对更加确定的交易规则的需要，1837 年，美国最高法院大法官约瑟夫·斯托里（Joseph Story）代表一个委员会向马塞诸塞州政府提出一份关于普通法法典化的报告。该委员会受命考虑"制定一部成文的、系统的马塞诸塞普通法法典的可行性和适宜性"。但斯托里法官在报告中认为，一部包罗万象的法典是"绝对有害且无效果的，因而是不足取的"。尽管斯托里否认整个合同法的法典化，但他同时认为，合同法的某些实体领域，如代理、信托、担保、保证、汇票、期票、保险和合伙等商事领域，可以作为合同法典化的主题。也就是说，他们只赞成商事契约（合同）的法典化。③当然，斯托里时代普通（合同）法法典化规划流产的一个主要原因，是法律科学化（体系化）观念和合同法一般理论的缺失。

但从 19 世纪下半叶开始，法律是一门科学的观念便已经在美国流行。

---

① 许中缘：《论普通法系国家法典的编纂》，载法学评论网，http://www.fatianxia.com/paper_list.asp?id=22207.

② 本节内容参见刘承韪《美国合同法重述：徘徊于法典法与判例法之间》，载《民商法论丛》第 36 卷，法律出版社 2006 年版。

③ 格兰特·吉尔默：《契约的死亡》，曹士兵等译，载梁慧星《为权利而斗争》，中国法制出版社 2000 年版。

人们普遍认为，法律和物理、数学等科学一样，其根本的原理是可知的。[1]承认法律为一门科学，就意味着承认法律原理的可知性，也就是可以通过对法律原理、法律规则和制度的梳理和设计来展现对法律的认知，并进而以这些设计出来的明确的、"概念化"的规则和制度代替那些普通法中的一直处于模糊状态的实体规则和推理方法。在这一思想运动中，奥斯丁被认为是英国法律科学化的奠基人，他要求他的追随者采取几何学家们所成功应用的方法来研究法律。[2]而哈佛大学法学院的首任院长、美国合同法始祖兰代尔教授则被认为是美国的法律科学化和概念法学派的杰出代表。[3]正是兰代尔的法律科学化和概念主义法学思想，为美国合同法的理论化、体系化和后来的法典化奠定了充分的思想基础，作出了卓越的贡献。

首先，在"法律是一门科学"的思想和信念启迪下，兰代尔通过其名著《合同案例》一书，不仅第一次发现了合同法这一"法学新大陆"，而且揭示了合同的一般原理、原则和学说。但兰代尔对合同理论的发现和揭示，"绝不是判例法持续发展的自然结果，也不是其发明者在大脑中凭空制造出来的（而是利用了新旧判例），事实上，它标志着对过去，甚至对不久以前的过去的强烈突破"。[4]合同法一般原理的形成意义重大，因为它促成了合同法理论和规则的体系化、系统化（在美国，合同法一般原理的系统化主要是由兰代尔的继承者霍姆斯和威灵斯顿完成的），并使得美国合同法法典化成为可能。

而当合同的一般理论和规则越来越体现出杂乱而模糊的判例法所不具有的诸多优越性时，人们希望通过对合同一般原理法典化来达致判断的明确和简约，就成为一种必然的诉求。尤其是那些金融家、工业家和投资家，都迫

---

[1] Bone, Normative Theory and Legal Doctrine in American Nuisance Law: 1850 to 1920, 59 S. Cal. L. Rev. 1101, 1113 (1986)（该文概述了 19 世纪法律科学化的观点）；Grey, Langdell's Orthodoxy, 45 University of Pittsburgh. L. Rev. 1, 16 (1983—1984)（该文描述了兰代尔的"法律科学"的概念）；Hoeflich, Law and Geometry: Legal Science from Leibniz to Langdell, 30 Am J. Legal Hist. 95, 96 (1986)（该文描述了兰代尔的基于数学原理、作为推理模型的法律理论）。

[2] Thomas C. Grey, Langdell's Orthodoxy, 45 University of Pittsburgh. L. Rev. 1, 17 (1983).

[3] Daniel J. Klau, What Price Certainty? Corbin, Williston and the Restatement of Contract, Boston University Law Review, May 1990, 515.

[4] 格兰特·吉尔默：《契约的死亡》，曹士兵等译，载梁慧星《为权利而斗争》，中国法制出版社 2000 年版。

切需要司法判决的预见性和稳定性。① 于是，在法律科学化和合同原理一般化思潮的启发和鼓舞之下，19世纪后半期的美国又开始酝酿普通法法典化思想的新高潮。在此法典化运动中的主要活动家是费尔德（David Dudley Field）。费尔德通过为纽约州担纲起草《民事诉讼法典》、《刑法典》、《民法典》和《政治法典》而在美国引领法典编纂高潮。但这些法典中最重要的《民法典》的否决，标志着费尔德实现美国法典化的努力从总体上说失败了。当然，法典化运动还是颇有收获的。纽约州通过了《民事诉讼法典》和《刑法典》；以加利福尼亚为首的5个州采用了《民法典》和《政治法典》；美国统一州法全国委员会1896年通过了所有州采纳的《流通票据法》，并在英国1893年《英国货物买卖法》的影响下，通过了由威灵斯顿起草的《统一买卖法》（Uniform Sales Act）。该法典被30多个州采纳，并成为后来《统一商法典》买卖篇的主体，其甚至被描绘成"美国第一部完全意义上的普通法法典"。② 而美国著名的霍姆斯法官当年写作《普通法》一书的初衷即是有感于普通法在各个法律领域缺乏系统性，试图将分散的判例规则构建成相对具有逻辑自恰性的美国法体系。

2. 美国法典化历程的几个阶段

至今为止，美国历史上共有过多次法典化的历程。从起源上来看，法典化运动最初根源于法典的订立活动。最早的法典要追溯到欧洲对美洲的最早征服。北美大陆原先的主人是印第安人。1692年，哥伦布在西班牙女王的资助下，航行到此发现了美洲大陆。随后，大批的西班牙人、葡萄牙人、荷兰人、法国人、英国人蜂拥而至，他们通过对印第安人的掠夺和屠杀相继在此建立了殖民地，同时制定了许多法规管理地方政务，这些法规大部分都是成文法，其中包括被西方学者称为美国政治制度两大奠基石之一的《五月花号公约》。还有《宾夕法尼亚施政大纲》、《卡罗莱纳根本法规》、《新泽西特许公约》等。由此可见，早在18世纪初期，北美大陆各殖民地就重视成文宪章，重视成文立法，以保障自身的权利，并且使法典这种法律现象在美洲大陆上扎下了根。

但真正意义上的第一次法典化运动发生于19世纪前叶。在美国司法土

---

① [德] K. 茨威格特、H. 克茨：《比较法总论》，潘汉典、米健、高鸿钧、贺卫方译，法律出版社2003年版，第357页。

② [美] 伯纳德·施瓦茨：《美国法律史》，王军译，中国政法大学出版社1990年版，第156页。

壤中滋养了近半个世纪的普通法,其判例法固有的缺陷导致了人们的失望,进而在法典中寻求法律创新之路。最初是路易斯安那州颁布了以法国法为基础制定的民法典(1808)和爱德华·利文斯通(Livingston)起草的刑法典以及刑事诉讼法典(1824);1836 年,马塞诸塞州任命了一个由大法官斯托里领导的法律委员会,但它反对制定一部整个包括马塞诸塞州普通法的法典。该委员会最后只提交了一部刑法典草案,但最终也被否决了。达德利·菲尔德(D. Dudley Field)是美国这场法典化运动的先驱者,由他领导的纽约州法典委员会起草了民事诉讼法典和刑法典,分别于 1848 年和 1882 年获得通过。1881 年该州又颁布了他们起草的刑事诉讼法典,但民法典却最终被搁置了。菲尔德在纽约州的法典编纂活动对其他州产生了巨大影响,约 30 个州采用了他的民事诉讼法典。然而,正如施瓦茨在《美国法律史》一书中所评述的那样,菲尔德的法典化运动是不成熟的。他试图通过一场轰轰烈烈的法典化运动更改美国法律传统,把"整个的普通法制定成不同的法典"而"能够被人民阅读和理解"。在已经深深扎根于美国的普通法传统面前,在对传统否定基础上的创新是苍白无力的,这便导致了菲尔德的法典化运动只是一次昙花一现的尝试。[①]

  到 19 世纪末和 20 世纪初,美国法律、法规和各种判例的数量发展使得人们难以驾驭。根据统计,法院在 1919 年存在着大约 1 万册判例,在 1923 年已经存在 18500 万册。过多的判例使法律司法成为困难。[②] 于是,法律界便产生了一种将各州法律统一化和系统化的法典编纂的强烈要求。这种要求最终形成了一股法典编纂的潮流。第一次对法典的系统编纂是在 1875 年。随后,根据社会各界反映的意见,1878 年进行了正式的法典编纂。多年来,在联邦法典编纂机关的主持下,《美国法典》和《美国联邦行政法典》成为最显著的成果。这些法典按照 50 个主题分别排列组合而成,包纳了特定立法主体(如国会、联邦政府)在一定时期内颁布的所有法律或法规的相关内容,因此美国的法典编纂也不是一个创造新法的过程,而是局限于一些纯粹技术性的分类、拆解、重新组合等工作,对美国一定时期内的法律进行系统的、形式上的变更。因此,从美国现行的法典

[①] 袁毅超:《从美国〈统一商法典〉看美国的法典化运动》,载北大法律信息网,http://article.chinalawinfo.com/article/user/article_ display. asp? ArticleID = 24111。

[②] 参见许中缘《论普通法系国家法典的编纂》,载法学评论网,http://www.fatianxia.com/paper_ list. asp? id = 22207。

编纂制度来看，这两部法典在很大程度上只相当于我们一般所认为的综合性法律汇编，它们并不涉及大陆法系部门法的划分，不是大陆法系部门法意义上的法典。除了官方的编纂，还有民间的法典化实践。普通法的日益臃肿与庞杂，许多规则不够明确，甚至相互矛盾，并且随着司法实践的发展，这种现象日益严重。为在坚持普通法的传统前提下，实现普通法的进一步优化，自 20 世纪前期开始，一些法学家极力倡导对普通法进行整理。[1]

如上所述，普通法的法典化运动意在解决判例法的复杂性、矛盾性所带来的弊端，从而为社会提供一种可预期的、具有确定性的制度。"确定性"在英美法这个历来坚持判例法的法系内掀起了不小的波澜。高度赞成法律确定性的学派是以兰代尔为首的概念主义法学派和法律科学学派。该学派主张，法律是可知的和可明确表述的，因此主张对法律确定性的要求，并认为达致该要求的手段主要是法典化。以上有关英国和美国诸多法律人对普通法法典化所作的努力就是对法律的确定性执著追求的体现，他们坚信：带来法律确定性的法典化将会助益人类生活和社会发展。法典化运动的确真真切切地展现了法律确定性的巨大诱惑力。美国法学会（American Law Institute，简称 ALI）及其各种法律重述的诞生就是这种寻求法律确定性努力的延续，它们都是在法的"确定性诱惑"之下诞生的产品。威灵斯顿起草合同法重述也是基于对法律可知性和确定性的确信，并在霍菲尔德的分析主义法学基础上对法律规则进行的理性设计。据说，科宾之所以被吸收进重述委员会的重要原因之一就是他对霍菲尔德的法律思想比较了解。[2] 比较有利于重述对法律确定性追求的实现。

对法律进行重述的计划首先于 1922 年 3 月诞生了。刘易斯（William Draper Lewis）向鲁特（Elihu Root）提交了一个计划，其目的"在于创造一个能对法律进行有序重述的组织（即后来成立的美国法学会—引者注）……以澄清并尽可能简化我们所称的美国普通法"。[3] 因为，根据当

---

[1] 袁毅超：《从美国〈统一商法典〉看美国的法典化运动》，载北大法律信息网，http：//article.chinalawinfo.com/article/user/article_display.asp？ArticleID=24111。

[2] Daniel J. Klau, What Price Certainty? Corbin, Williston and the Restatement of Contract, Boston University Law Review, May 1990, 521.

[3] Lewis, History of the American Law Institute and the First Restatement of the Law, Restatement in the Courts 1, 2 (perm. ed. 1945). Cited in James Gordley, European Codes and American Restatement: Some Difficulties, Columbia Law Review, January 1981, 145.

时的法律报告,美国法存在着不确定性(uncertainty)与复杂性(complexity)两大固有缺陷,而导致此种缺陷的原因则主要有三个:法律人在普通法的基本原理上缺乏一致意见;缺乏对普通法的系统发展;缺乏对法律术语的精确使用。① 而在美国法学会看来,克服美国法上述固有缺陷、逐步提高美国法律的水平(确定性与简洁性)的方法就在于通过法律的重述来"澄清和简化法律(clarification and simplification of the law)"。"澄清和简化法律是一个写进美国法学会章程的目标,并在 1932 年《合同法重述》诞生时再次得到休斯(Charles Evans Hughes)和威灵斯顿(Samuel Williston)的强调"。② 总之,美国法学会旨在通过法律重述的形式来减少判例法的庞杂性,形成一套容易接受的规则体。③ 从而追求法律的确定性,并实现社会正义。

美国法学会是由精选出来的执业律师(practitioners)、法官(judges)和大学教授(law professors)组成,其会员目前已超过几千人,性质上属于一个民间学术团体组织。其在 1923 年 2 月成立并获得卡内基公司(Carnegie Corporation)捐款之后,就马上开始从事法律重述工作。"针对截至当时干预较少的领域(契约、代理、国际私法、侵权行为、财产权、保证、准契约等各种法的领域),尽可能准确地重述美国共同法的体系和各种协调最佳的解决方案"。④ 最终,一共有十种法律重述诞生。⑤ 后来合同法等重述又出

---

① American Law Institute, Report of the Committee on the Establishment of a Permanent Organization for the Improvement of the Law Proposing the Establishment of an American Law Institute, 1 A. L. I. PROC. pt. 1, 8 (1923).

② James Gordley, European Codes and American Restatement: Some Difficulties, Columbia Law Review, January 1981, 145.

③ E. Allan Farnsworth, Contracts, Aspen Law Business, 3rd ed., 1999, p. 27.

④ [日] 大木雅夫:《比较法》,范愉译,法律出版社 1999 年版,第 257 页。

⑤ Farnsworth, Contracts, Aspen Law Business, 3rd ed., 1999, p. 27. 其实,美国法学会现在的重述已达到 13 种(即除了家庭和继承法,美国私法的全部重要领域都进行了重述),包括代理法重述(agency)、冲突法重述(conflict of laws)、合同法重述(contracts)、裁判法重述(judgments)、财产法重述(property)、返还法重述(restitution)、证券法重述(security)、侵权法重述(torts)、信托法重述(trusts)、对外关系法重述(foreign relations law of US)、律师管理法重述(The Law Governing Lawyers)、保证法重述(suretyship and guaranty)和不公平竞争法重述(unfair competition)。

了第二次和第三次重述，内容也越来越科学。①

尤其值得指出的是，在美国律师协会（American Bar Association）的倡导下，统一州法全国委员会对于谋求和促进各州调整某特定领域的法律的统一作了突出的贡献。在法律重述工作之外，它向各州提供了170多项法规草案，建议各州采用或按此制定法律，其中被普遍接受的有：《统一流通票据法》（1896）、《统一销售法》（1906）、《统一提单法》（1909）、《统一股票交易法》（1909）、《统一合伙法》（1914）等12个。这些法律文件不是真正意义上的法律，并不具有当然的权威性和约束力，它们仅仅是为各州的立法提供一个范式或榜样，在若干立法领域设定可供参照的标准，因此人们称其为"标准法典"或"标准（示范）法"。《美国统一商法典》就是在联邦法典编纂机关的主持下，是美国统一州法委员会（NCCUSL）和美国法学会（ALI）联合组织制定的一部示范法，现已为美国50个州所采纳，对世界各国的民商事立法及国际商事公约产生了深远的影响，其重要地位举世公认，

---

① 例如，美国《第二次合同法重述》的全部十六章内容为：
第一章　名词的含义
第二章　合同的形成——当事人与行为能力
第三章　合同的形成——相互同意
第四章　合同的形成——对价
第十七章　防止欺诈条例
第十八章　错误
第十九章　虚假陈述——胁迫与不当影响
第二十章　因公共政策原因而不可强制执行
第二十一章　合同义务的范围
第二十二章　履行与不履行
第二十三章　履行不能与履行受挫
第二十四章　因同意或更改而解除债权
第二十五章　连带允诺人和受诺人
第二十六章　合同受益人
第二十七章　权利让与与义务承担
第二十八章　违约救济

被誉为英美法系历史上最伟大的一部成文法典。① 它分为 11 章（Article），② 以总则（General Provisions）和各分则的形式，对现实中的商事规则和商事惯例进行了归纳和制度层面的架构。它基本消除了各州商法对州际交易因规定不同而造成的障碍，实现了美国商法在州际交易范围内，关于销售、票据、担保、信贷各领域规定的统一，并为各类商事交易活动提供了优良的模式，被美国国内乃至国际商事社会广泛采用和吸收，实现了商法的国际性。③

（四）应当注意的问题：英美制定法的实质地位和作用不可与大陆法同日而语

首先，美国的法典与大陆法系的法典有着根本的区别。美国的法典，如统一商法典，其英文名称也同样是 code，但它既不是大陆法系传统意义上的法典，也不仅仅限于人们所一般理解的作为普通法系法典的法律汇编，它是定位于大陆法系和普通法系法典的概念之间的一个概念。美国的法典编纂的活动，正是处于大陆法系和普通法系法典编纂的概念范畴的交叉地带，虽然在编纂法典的过程中也融入了大陆法系法典的系统性、全面性和确定性的法律精神，但它虽然更贴近于普通法系的做法，更体现了判例法的传统精神。例如，美国统一商法典在某种意义上是一部法典，但其又不是真正的大陆法系意义上法典。美国的各种法典并不等于我们所理解的真正意义上的法

---

① 参见许中缘《论普通法系国家法典的编纂》，载法学评论网，http：//www.fatianxia.com/paper_list.asp?id=22207。
② 《统一商法典》的全部十编的内容为：
第一编　总则
第二编　买卖
第二编之二　租赁
第三编　商业票据
第四编　银行存款和收款
第四编之二　基金转让
第五编　信用证
第六编　大宗转让
第七编　仓单、提单和其他所有权凭证
第八编　投资证券
第九编　担保交易；账债和动产契据的买卖
第十编　生效日期和废除效力
③ 袁毅超：《从美国〈统一商法典〉看美国的法典化运动》，载北大法律信息网，http：//article.chinalawinfo.com/article/user/article_display.asp?ArticleID=24111。

典的因为在于,"它们是用完全不同于后者的方式来解释的。在一个普通法国家,对于不是来自判例的规定总认为不是完全正常的;他们把法典看成是一种单纯的、多少获得成就的汇集工作,而不是像罗马日耳曼法系各国把法典看成是制定与发展一部新法的起点。他们认为立法者在法典中所要做的无非是重复判例先前提出的规定而已。法律未经法院解释就没有意义。判决不引用审判先例而单纯适用法律的是极少数的例外"。从美国现行的法典编纂制度来看,《美国法典》和《美国联邦行政法典》在很大程度上相当于我们一般所认为的综合性法律汇编,它们并不涉及大陆法系部门法的划分,不是大陆法系部门法法典意义上的法典。这些法典按照 50 个主题分别排列组合而成,是一种包纳特定立法主体(如国会、联邦政府)在一定时期内颁布的所有法律或法规的相关内容,类似于"法律全书"式的综合性法律文件。任何独立的法律文件一经分解,纳入法典体系之后就不再保持原有的完整状态。另外,美国的法典编纂也不是一个创造新法的过程,而是局限于一些纯粹技术性的分类、拆解、重新组合等工作。稍微涉及一些实质性内容的事项,就必须报经国会审议通过。承担美国法典编纂工作的机构和人员是立法主体内部的职能机构和专业人员,而不是大陆法系意义上的"法典起草人"。①

其次,英美国家的法典化是对大陆法典精神不断继承吸收的过程,并最终在统一商法典中得以完美化。通过近百年来美国的法典化实践活动,我们可以看出美国法学者在对待编纂法典问题上表现出了很大的灵活性和实用性。美国法与英国法都有着同样的法律渊源,但美国法与英国法有着很大的区别,那就是美国是在很大程度上引进和融合了大陆法系法典编纂传统的普通法。美国这种别具特色的法典编纂方式,不断完善和嬗变着自英国继承来的传统的普通法的传统,生动体现了美国人灵活务实的"拿来主义"作风和兼容并包的精神。他们在尊重普通法传统的基础上,大胆引入大陆法系的法典编纂理念,并巧妙地将二者结合起来运用于法典编纂实践,这样做既有效解决了普通法系判例法体系庞杂和缺乏系统性的问题,也在某些方面克服了大陆法系法典僵化和滞后的弊病。②

---

① 参见封丽霞《美国普通法的法典化——一个比较法的观察》,载北大法律信息网,http://www.chinalawinfo.com。

② 参见许中缘《论普通法系国家法典的编纂》,载法学评论网,http://www.fatianxia.com/paper_list.asp?id=22207。

美国的立法者早已意识到普通法和法典编纂不是从根本上对立的，普通法本身所固有的一些难以克服的弊病需要以法典编纂的形式对之加以改造和完善。因此，百年来几代法律人都在为实现这个目的而努力奋斗。在达德利·菲尔德的主持下，在公法领域率先实现了一定程度的法典化。虽然在民商法领域的法典化运动遭到失败，但其也开创了民商事判例法典化的开端。随后的美国法学会和统一州法全国委员会，吸收了大陆法典的精髓，并以大陆法典的形式彰显了普通法的传统，从而使国内法典化水平不断得到提高。美国统一商法典更是法典化活动登峰造极的产物。它不仅在外在上采取了大陆法系的法典形式，也内在的沿袭了普通法法系的判例法精神。它是经过系统组织的一项带有立法性的工程，是将有关其所规范的对象——商事交易行为的有关原则和规则加以组织而构成的美国最具综合性和总体性的"法典"。它的诞生，以一个能不断自我补充的完整立法的形式，取代了美国此前的那些商事统一立法。许多学者因此认为这就是统一商法典是一部真正意义上的法典的标记，而不再仅仅是简单地对普通法的汇编和系统化。可见，法典与判例、传统与现代精神的互补，在统一商法典中得到了完美实现。[①]

二、判例之作用在大陆法国家的崛起

（一）判例法系产生

判例法是英美法系国家的主要法律渊源，是相对于大陆法系国家的成文法和制定法而言的，支撑这一独特法律制度的一大支柱是起源于中世纪英国的"遵循先例"（stare decisis et non quieta movere）。这一制度有着强烈的历史背景，英国普通法是诺曼人和盎格鲁—撒克逊人两股法律势力的会合，起源于日耳曼法。公元1066年诺曼人征服英国以前，英国的法律制度及法律规范相当混乱，每个领主区内都存在自己的习惯规范、法律制度。诺曼人征服英国之后，诺曼人在英国的人数极少，为统治占大多数的英国人民，故采用"保留现有制度"的方式统治。由此，集权式的中央政权难以形成，客观上无法制定全国统一的法典。而事实上，当时的欧洲大陆也正处于日耳曼法统治时期，罗马法的复兴还没有出现，因此也没有可借鉴的法律体系的存

---

① 参见许中缘《论普通法系国家法典的编纂》，载法学评论网，http://www.fatianxia.com/paper_list.asp?id=22207。

在。法律理论体系的欠缺以及政治因素的存在，客观上导致了英国上层政权对于各地有分歧的习惯法的承认。后因地方贵族势力庞大，王权受到挑战，英国国王为了维护自己的中央政权，不得不采取各种方式扩大中央政权。为了统一立法的必要，同时也是为了使王权得以伸张，英国国王设置了"巡回制度"（Eyre System）下乡巡回地方探访民情，代理国王行使职权，这成为以后"巡回法院"（Circuit Court）的前身。由于缺乏全国统一的法律制度，法官只能参酌英国当地现有的法律制度、习惯法以及自然法进行判案，因此当时法官的自由裁量权非常之大，为了制约法官自由裁量权所产生的腐败，从而产生了"遵循先例的原则"。而这些巡回法院的法官日积月累形成的判决，加上"遵循先例"原则的执行，就成为日后判决的法律渊源，而形成了共同的法律依据，逐渐统一各地有分歧的法律内容，由于其判决基础一致，故称此种法律为"Common Law"。[①]

判例法传统在英国本土以外的传播主要通过日不落帝国的对外殖民扩张及强制推行普通法来实现，美国在继受英国法后，成为与英国并行的维持判例法传统的普通法系的主要国家。随着时代的发展，判例法在20世纪后在英美法系受到制定法的挑战。有些法律原则原来存在判例之中，立法者把判例中的原则用条文加以规定，使它变为成文法律。例如美国联邦行政程序法中关于司法审查的规定不是立法者的新创，而是把判例法中的原则条文化系统化，使它便于理解和适用。因为判例法中的原则常常不是非常明确，法院作出一个判决，说明理由支持这个判决，只有其中为判决的成立绝对必要的理由才能作为先例，如果不是素有训练的法官和律师，其他人很难具有这种辨别能力。制成条文以后，判例法的原则比以前明确，更便于适用。可是把成文法的规定当作一个原则而适用，这种推理方式是美国法官不熟悉的方式。美国法官通常把成文法的规定当作一个规则（rule），而不是当作一个原则（principle），因此判例法中主要适用类推方法。大陆法系国家的法官采取另外一种推理方式，经常把法律规定当作一个原则，不仅仅是一个规则。但是在英美传统的法律思想中，判例法是法律体系的主体。立法是外来之客，在很多时候出于政治动机而采取，只有零散的和临时的存在，没有重要的作用。立法适用的范围受到限制，法院对立法条文采取严格解释，缩小成文法的影响。从历史上看，英国的普通法和衡平法都是由判例产生。自从

[①] 侯利阳：《试论判例的作用》，载北大法律信息网，http://article.chinalawinfo.com/article/user/article_display.asp? ArticleID = 27361。

16世纪以来，在很长的时间，英国法律界把普通法和自然法等同起来，认为普通法是人类理性的表现。大法学家如科克和布莱斯通等，认为普通法是一个完美的体系，能适应一切情况。这种观念更加提高了判例法的地位。19世纪下期开始，特别是20世纪以来，由于工业化的结果，社会变迁迅速，判例法不能适应时代的需要，立法的作用逐渐增加，社会生活的各个方面，都受国会法律和行政法规的支配，在两种法律渊源的关系中，立法取得优先的地位，然而判例法并不因此失去重要性。①

（二）判例法的特征与优缺点

总体来说，判例法有两个显著的特征：（1）遵循先例。遵循先例，其拉丁语的原意是：遵守先例，不要扰乱既定的原则。它是实行判例法的最普遍的原则，也是判例法法律样式的理论基石。"遵循先例意味着，某个法律要点一经司法判决的确立，便构成了一个日后不应背离的先例。如果用另一种方式来表述，那就是说，一个恰好有关的先前案例，必须在日后的案件中得到遵循"。因此，遵循先例原则，不仅确立了判例作为法律渊源的统治地位，而且为法院审判案件提供了法律依据。（2）司法至上。按照三权分立的原则，立法、行政、司法三权本来是相互平等而互相制衡的。司法至上表现在：一是法律解释。从历史上看，英国法官在解释制定法方面的权力是相当广泛的。当他们发现法律在实际生活中会导致不利时就不拘泥于文字。二是制定法律。法官在适用、修正、推翻先例时都在起着实际立法的功能。但这种功能并不是毫无限制的。正如法官霍姆斯指出的："我毫不犹豫地承认，法官的确而且必须立法，但是他们只能在隙缝间进行立法。"三是司法审查权。自19世纪初开始，美国逐步形成了最高法院有权审查法律是否违宪的传统，而这些法律正是联邦或各州的立法机关制定的。

判例法体系的建立固然有其历史原因和政治原因，但是作为一种与成文法体系完全对立的一种法律体系，判例法体系从司法方面较之成文法系有其独特的优点：首先，判例规则源于具体案件，在案件中创设的规则、原则具有活力和适应形势变化的能力。这种方式可以较好地体现人们共同生活习惯的本质，有利于克服制定法从外部强加性的造法所造成的与其调整的社会关系相脱离的状况。正如卡多佐所言："先例的背后是一些基本的司法审判概

---

① 侯利阳：《试论判例的作用》，载北大法律信息网，http://article.chinalawinfo.com/article/user/article_ display.asp? ArticleID = 27361。

念,它们是司法推理的一些先决条件;而更后面的是生活习惯、社会制度,那些概念正是它们之中才得以生成。这种按根植于生活的规则所推导出的判决较易为人接受,且较易执行。"其次,也是最关键的优势就是判例可以保持法律的稳定性和连续性,符合人们对正义的要求。因为法院坚持遵循先例,就会保证同样的法律案件,适用同样的法律,赋予当事人判决结果的合理期待,不会由于不同的法院,不同的法官而使同样的案件会有不同的结果。因为人的正义感强烈要求,在相同的情形中,所有的人都应当得到同样的对待。再次,判例法可以弥补成文法的局限性。实践证明:无论多么完整的立法,都不可能穷尽纷繁复杂的社会生活给法院提出多种法律解释和法律适用的问题。"这些制定法经常支离破碎,考虑不周并且不公正,因此,法官作为社会中的法律和秩序之含义的解释者,就必须提供那些被忽略的因素,纠正那些不确定、并通过自由决定的方法——科学的自由寻找——使审判结果与正义相互和谐"。也即法官不可能将每一问题都交立法者予以解释,而必须根据其对法律的理解对眼前的问题作出裁判,这一过程就是创制判例法。因此,即使是在成文法大量制定的情况下,判例法也在同步发展。对判例法的正确表述应该是,判例不得与现行成文法相抵触,如抵触,以成文法为准。但在成文法未直接规定的领域,判例自然具有法律效力。最后,从案件的诉讼经济角度来考虑,"如果没有判例法的适用,法院对于每一个案件必须就各种法规、法理个别考虑,相当耗费时间,法院的负担就会加重,上诉将大量增加。当案件显然可以归入先例之列时,法官依照先例处理案件,将节省金钱和时间,而且还会促使人们和解"。判例法可以让法官直接适用过去判决结果的特性,对于诉讼经济有很大的助益。而严格适用判例法的缺点在于,每一个判决的形成有其不同的时间上和空间上的原因,但当时决定审判结果的因素,会因为时间的推移或空间的改变而不存在。如果仍坚守判例法,极易产生不公平、不合理的情形。①

(三)"遵循先例原则"适用解析

在英美法系,遵循先例原则的基本含义,即是法官在其审理案件时,不仅要考虑到先例,即上级法院或本级法院法官在已决案件中与此相同或密切相关的问题作出的判决所包含的原则或规则,而且要受到已有判决的约束,

---

① 侯利阳:《试论判例的作用》,载北大法律信息网,http://article.chinalawinfo.com/article/user/article_display.asp?ArticleID=27361。

接受并遵循先例所确定的原则或规则。一般来说，上级法院的判决对下级法院都有约束力。凡与先例相同的案件，应当作出同样的判决。遵循先例总是在一定范围内使用，遵循先例不仅是纵向上的，即受到历史上判例的约束，而且也是横向上的，即在特定的时空内，判例仍有约束力。首先是空间范围，法院的判决对本院和本院管辖范围内的下级法院构成先例，对不在本院管辖范围内的其他法院不构成先例。就英国来说，遵循先例原则在使用的空间范围有以下三种情况：第一，上议院的判决对其他一切法院均有拘束力；第二，上诉法院的判决，对上议院以外的所有法院，包括上诉法院本身均有拘束力；第三，高等法院的判决，下级法院必须遵循，但高等法院一个法官的判决对该法院的其他法官或刑事法院法官并无绝对的拘束力，而仅有重要的说服力。遵循先例没有时间范围。然而，先例并不因此永久存在。一个先例总是在特定的情况下产生，如果产生这个先例的客观情况改变（或者可以说，这个先例的构成要素已经改变），使用先例成为不合理时，可以改变或者推翻先例。但是，遵循先例是一项原则，也就是说，法官要在保持先例所蕴含的法律规则的稳定性和适时性之间作出选择。适用这一原则的过程将会遇到下列问题：法官在什么时候要受先例的约束，什么时候可以不受约束而拒绝援用先例？法官应当受先例中的哪些要素的约束？在什么情况下，法官可以避免自己受到约束？

通常来说，法官在适用先例的时候会使用三种方法：①

1. 类比的方法

将要处理的案件与先例进行类比，寻找两者的相似之处。类比的方法是指法官将先例与所处理的案件进行比较，以决定先例与所处理的案件中的事实问题和法律问题是否相同。通过类比的方法，法官可以得出两个结论，一是先例与所处理的案件"完全一致"，这时就必须适用该先例，除非法官有权、且有充分的理由可以推翻该先例；另一个结论是"不完全一致"。"不完全一致"又分为两种情况，一种是"切合的"，一种是"不切合的"。当先例与本案不切合时，则该先例不能被适用；而当二者切合时，由于二者并非完全一致，因此应当适用归纳的方法。

2. 归纳的方法

当无法通过类比的方法找到完全一样的先例的时候，法官对多个切合的

---

① 此三种方法的解释引自侯利阳《试论判例的作用》，载北大法律信息网，http：//article.chinalawinfo.com/article/user/article_display.asp？ArticleID＝27361。

案例进行归纳，得出处理同类型案件的一般法律原则，然后根据该原则进行判案。对于切合的先例，法官必须适用上述先例中所确定的法律原则。正如博登海默所说的那样，"先例并不是一种法律渊源，而只有在先例中得到确当陈述的法律原则才可被视为法律渊源"。由于完全一致的先例的情况出现几率不是很高，因此法官在处理案件的时候往往采用的是归纳的方法。当法官不赞同归纳所得出的法律原则并且不愿意受其约束也不想遵循它，他就试图去解释或区别该先例，认为该先例与所处理的案件是"不切合的"，从而规避适用该先例。

3. 辩证的方法

当没有先例的时候，或者法官认为先例判决不公允，而又不能够规避该先例，需要推翻先例判决的时候，法官会使用辩证的方法，针对相关问题，从各个角度加以分析，并比较从每一角度分析得出的结果，找寻最恰当的结论。这个时候法官的工作就是"填补那些或多或少的见之于每一个实在法中的空白，如果你愿意，也可以称这一过程为立法"。

（四）判例法在大陆法系得以彰显的原因

如上，在传统的大陆法系国家的德国和法国，判例是不能作为法律渊源的。在德国，中世纪的德国皇权不断衰落，拖延了中央法院和行政机构的成长，妨碍"帝国法学家阶层"的兴起，导致本国习惯法难以统一，难以有力阻止罗马法的推进。罗马法是作为"学者的法律"而出现的：意大利北部的大学教授们重新发现了它，他们以经院哲学和人文主义的方法精制和发展它，并且只有教授讲授它，人们必须进入大学学习它。因此，德国继受罗马法后，法律具有十足的学院性和理论性。大学教师控制这种法律，法律存在于教科书中。另外，德国法学家从确立自己的政治地位时起就具有从属性。精通罗马法的法学家在继受罗马法期间大都受雇为各邦统治者的行政官员，成为邦国君侯的官方顾问。这种从属地位使他们不可能组成行会或职业团体，以获得独立社团能够拥有的权力。这使德国至今仍然存在着一种习惯性认识：实施法律属于国家官僚机构的职能，司法官则是国家行政人员的组成部分，不具有司法独立地位。在法国，1789年以前，司法官职务的世袭与捐纳制度以及各最高法院在政治上的地位，使法官在过去形成一种完全独立于行政官吏之外的社会等级集团。法国大革命摧毁旧王朝的"穿袍贵族"后，司法官在身份地位上与一般官吏大大接近，独立司法权思想在法国消失。法官们把自己视为"国家公务员"，是司法官僚机构的无名小卒，由司法机构任命、提升、奖赏,他们严格依照制定法,实施一部被认为是无所不包和确定无疑的法典,遵循一种极端的分权学说。这种学说试图最大限度地限制法官的创造性,要求实际生活中的争议只能通过根据规则的归类法加以解决。由此,在法德这两个典型的大陆法国家中,法官只能严格依据制定法,判例法不能成为判案根据。①

然而,自19世纪以来,尤其是自20世纪以来,这种体制有很大的改变。一方面,在学说方面,在法典化运动中非常流行的概念法学因为过度强调法律的安全性价值及法官在适用法律中的机械性作用,因此受到以后各学派批评。这些学派都强调因法律漏洞的存在而表明成文法存在着固有的缺陷,法官为实现立法者的意旨和社会的实际需要,应当摆脱逻辑的机械规则的束缚,法官在填补法律漏洞方面应发挥其能动性。另一方面,由于自由法学、法社会学派关于主张法官造法、发现"活的法律"等理论的影响,法官实际上已放弃了传统的"审判不依照判例,而依照法律"(Non exemlis, sedleqibus, juricadtimest)的原则,在实务中,判例的作用日益加强。总体上说,大陆法系学说的发展正呈现出一种积极鼓励法官发挥其在填补法律漏洞方面的造法功能、发现社会生活中的活的法律的趋向,此种学术的发展状况已对大陆法的发展产生了十分重要的影响。正如法学家阿蒂亚所言,先例的确在德国法律制度中起到了重要的作用。即使在法国,先例也发挥了超过英国人想象的作用。法典在实践中的作用远没有它们在理论中所具有的那种包容性,② 一部完美、全面而包容一切的法典理想越来越被大陆国家法律人视为一个不可能实现的乌托邦之梦。③

自20世纪以来,尤其是第二次世界大战以来,大陆法极大地加强了法官在创制法方面的作用,主要表现在:法官以个人的司法解释方法来弥补法律规定的不足,已经起到了十分明显的效果;同时,法院的判例也逐渐成为法的渊源。如大陆法的侵权行为法十分原则和简略,因而法官在实务中通过司法解释的方法创造了大量的规则,如在危险责任方面,德国法在判例中

---

① 朱淑丽:《大陆法中判例的作用》,载中外民商事裁判网,http://www.zwmscp.com/list.asp?unid=1680。

② 见 Tunc, "It is Wise not to Take the Civil Code too Seriously," pp. 71—85 in Essays in Memory of Professor F. H. Lawson, (Wallington and Merkin ed. 1986).

③ Csaba Varga, "Utpias of Rationality in the development of the Idea of Codification," in Law and the Future of Society, (Hutley et al. ed. A. R. S. P., 1977), pp. 27—41. 转引自[英]阿蒂亚《英国法中的实用主义与理论》,刘承韪、刘毅译,清华大学出版社2008年版,第6页。

创造了"社会安全义务的违反等同于过失"的规则,并通过对德国民法典第 823 条第 1 款作扩大的解释使侵权法保障的对象大大拓宽。而法国的法官对法国民法典第 1384 条关于过失责任的规定作出了十分灵活的解释,使过失的内涵及过失责任的适用范围大大拓宽。也有学者认为法国的侵权行为法,主要是由法官的判例和解释组成的法律。正如台湾学者朱柏松所指出的,在大陆法系,因侵权行为法过于原则,因此"在法学方法论上,除非其已有特殊的立法予以规范,否则,自只能期待法官造法予以完成。就此点而言,除可谓系侵权行为法学方法论上的一个转变外,亦可谓与英美法的判例法的法学方法论渐趋融合的一种表现"。法国学者萨瓦蒂厄(Savatier)承认,"法国民法典的某些部分已经不再是成文法,而已变成判例法了"。①

尽管在绝大多数大陆法系国家,并没有明确采纳遵循先例的判例法原则,但判例在补充法典的规定、指导法官办案方面的作用,无疑大大加强了。以德国为例,在第二次世界大战以后,特别强调判例在补充法典和法律方面的作用。法官通过判例创设了许多新的规则,法院的主要判例都收集在案例报告中定期出版,在实务中,引用判决的比例比较大。如 1990 年至 1995 年期间,联邦宪法法院的判决被采用的比例是 97.02%,在 1992 年至 1995 年,联邦财政法院颁布的判决有 99.29% 引用判例。尤其是二战后设立的联邦宪法法院的判例,对联邦和州各级法院均具有严格的拘束力。当然,在德国无论是在立法中还是在司法中并没有明确采用遵循先例原则,所以在德国,先例只是具有事实上的拘束力,而并不具有法律上的拘束力。日本在这方面比德国走的更远。在二战以后,日本受美国法律制度影响,开始借鉴判例法,并采纳了遵循先例原则。日本《裁判所构成法》规定,下级法院必须遵循上级法院的判例。依据该法的规定,如果要作出与先例不同的判决时,"就同一法律问题,有与先前一个或二个以上的庭所为判决相反的意见时,该庭应向大审院长报告,大审院长因该报告,依事件之性质,命联合民事总庭、刑事总庭或民事及刑事总庭再予审问及裁判"。在日本,最高法院的判例实际上具有严格的拘束力。②

这些表现已经与判例法系的基本法律理念不谋而合,或许我们可以认为这是当纯粹的理性主义走到尽头后的一种反叛,或者是判例法系法哲学在全世界广为承认后的结果。但是不管怎样,二者有了融合的法律基础。随着国

---

① 王利明:《论中国判例制度的创建》,载《判解研究》2000 年第 1 期。
② 同上。

家间联系的加强和法律发展与演变，大陆法系国家的法官开始注意发挥判例的作用，并将其视为适用制定法的一个助手。可以说在大陆法系，判例在立法与司法实践中的价值已经获得了存在与发展的宽松环境和广阔空间，一些国家和地区的法律实践中也开始引入判例法方法论。比如传统上大陆法系中的日本，由于在二战后受到美国法律制度的影响，已经引入并借鉴英美法系判例法传统，开始采纳"遵循先例"的原则。在制定法传统发源地法国，20世纪后一改旧日固守单一制定法的传统，开始承认判例的一定作用并逐渐提升其地位。如现代法国行政和侵权法的形成很大程度上是判例法的成文法。德国也明确宣布，联邦宪法法院的判决对下级法院有强制性拘束力。在德国，几乎所有的最高上诉法庭都援引先前的判决，据统计，在46年中联邦宪法法院审理的4000个案例中只有不到12个案例偏离原判。的我国台湾地区已经明确规定了最高法院各庭作出的判例具有先例的作用，并有相应先例汇编。可以毫不夸张地说，大陆法系重视判例的时代即将到来。①

（五）应当注意的问题：两大法系判例的作用仍存在质的差异

尽管大陆法和英美法现在有日渐接近之趋势，英美法开始出现越来越多的制定法，大陆法系国家也越来越注重判例的作用，但二者的根本差别还是存在的，它们在法律传统上的鸿沟是历史性的。因此，我们应当注意的两点是：

1. 判例虽然在两大法系中同样发挥作用，但二者的运作方式截然不同

为了有可遵循的规则，法官必须首先从判例中抽出此类规则；但是关于抽取此类规则的方法，普通法与大陆法存在显著差异。普通法法官探究判例法和从中抽出规则与原则的技术，是"从判例到判例推理"这种成熟而精湛的传统产物。这种方式以案件的特定事实为基础，以归纳式思维方法深入细致地对待有关先例。而欧洲大陆的法官仍受到旧式实证主义思想的影响，据此，裁决案件不过是通过归类活动把特定法律规则"适用于"争议的事实。其中最理想的"可适用的"法律规则依然是制定法条文，而在司法中发展起来的法律规则和原则，只有通过实践证明其效力获得社会认可，从而已经"凝结为习惯法"时，才能得到官方承认。尽管如此，今天欧洲大陆法官已将判例作为实际的法律渊源，它已经明显不同于旧式的法律渊源学

---

① 侯利阳：《试论判例的作用》，载北大法律信息网，http://article.chinalawinfo.com/article/user/article_display.asp?ArticleID=27361。

说。然而，判例的作用却没有在大陆法中明显地表现出来。其中原因在于大陆国家的法官们的现有倾向还是依据法律条文，判例的创造性作用总是隐藏在法律解释的背后。欧洲大陆国家的最高法院在判决中不愿论及案件事实，以法国为例，法国最高法院通常只是隐隐约约地间接提及案件事实；此外，它甚至从不援引自己先前的判决，更少谈及它何以遵循此判例而不是彼判例。即使法国最高法院的法官们实际上十分细心地检查判例法，"但是他们却喜欢给外界以这样的印象：他们一挥动逻辑上从大前提到小前提这根魔杖，判决就从制定法条文中蹦出来"。尤其是，欧洲大陆各国最高法院的判决，有时仍反映100年前专制国家的传统：判决以非个人名义作出，体现国家行为和法律威严。因此，这种传统要求解决问题的具体办法出于纯粹的理性和冷酷的逻辑，而不允许出现如下情况：法官踌躇再三，比较掂量既往判例提供的解决问题的正反两方面意见，然后对眼前案件作出判决。[①]

2. 作为大陆法系中国的判例制度改革问题：中国"案例指导制度"走向何方

在当今的中国，有许多学者认为应当移植或借鉴判例法的遵循先例原则，促进我国的司法体制改革。"遵循先例原则，既是人民群众对司法权力进行制约的客观要求，又是司法机关要求进行体制改革，进一步提高诉讼质量，进一步自我完善的途径"。但是法的移植不该是全部照搬照抄，在借鉴英美法系判例法的灵魂——"遵循先例"原则时，应一切从实际出发，立足于中国国情，本着"借鉴他人精华，创导自己特色"的原则，建立一种新的判例法制度。在当下中国的情境下就是闹得沸沸扬扬的案例指导制度。

由于中国隶属大陆法系国家，又没有判例法传统，因此在创制全新的案例指导制度时，我们应当慎之又慎。何志先生建议我们应当把握好如下几点来构筑我们案例指导制度：[②]

（1）明确案例的法律效力。我国要确立案例指导制度，就必须明确案例的法律效力仅次于司法解释，赋予"准司法解释"的效力。我们认为，可借鉴遵循先例原则。英美法系遵循先例并非是放之四海皆准的真理，随着社会的进步，英美法系国家出现了大量的过时或不合理的先例。先例就成为一条旧的裹脚布，或严重阻碍社会发展，或为为发展的社会所明确抛弃而沦为

[①] 朱淑丽：《大陆法中判例的作用》，载中外民商事裁判网，http：//www.zwmscp.com/list.asp? unid=1680。

[②] 参见何志《我国案例指导制度的构建》，载《人民司法》2005年第10期。

名存实亡的摆设。但遵循先例是英美法官奉行不变的法则。关于遵循先例原则在我国的适用，王利明教授认为，尽管我们要建立判例制度，不可能完全采纳英美法系的遵循先例的原则，但某些判例必须具有一定的拘束力，可以起到指导法官判案的作用，否则，就不可能真正建立判例制度。

（2）明确制定和发布案例的法院。我们建议，只有最高人民法院有权制定与公布案例。基于如下理由：一是我国是采用成文法的国家，随着法律体系的完备，司法实践中无法可依的情形会越来越少。二是确立案例指导制度是为了克服成文法的局限，弥补成文法的漏洞。只有在无法可依或有法不能依时，最高人民法院才能对个案批复，这些案例经过法定程序公布后，就具有指导性，对司法实践就具有约束力，法官就需要参照执行。三是若赋予各级法院都有权制定和发布案例（先例），其结果可能在某一区域达到了执法的统一，但若案例的质量不高，甚至是错案，其后果不堪设想。因此，案例的发布应当由最高人民法院制定和发布。

（3）建立案例的遴选制度。遴选的案例，基层法院应当向中级法院上报具有一定典型意义的案例，中级法院遴选的案例，既包括本法院审理的案件与上诉案件，也包括基层法院上报的案件，案件经过遴选后，应当向高级法院和最高法院上报，高级法院遴选的案件既包括本法院受理的案件与上诉案件，也包括中级法院上报的案件，遴选之后向最高法院上报。最高法院遴选的案例，既包括本法院审理的案例，也包括全国各级法院向最高法院请示的存在法律适用问题的典型案例，尤其应包括各地法院向最高法院上报的、由最高法院经过认真挑选和筛选的案例，案例经过层层遴选赋予不同的约束力。经过遴选的案例，应及时公布，以便下级人民法院遵循。我国传统的公布案例的方法是以出版的方式面向公众。

（4）建立案例的制作标准。一是案例形式的统一。案例应当是充分说理的标准，因此在证据认定、对双方当事人的请求的答复、法律的适用等方面都应当详细地说理和论证。如果对该案存在着不同的分歧意见，应当将分歧意见列出。至于发布机关的倾向性宣传、专家的评论等不一定要在案例中列出。为此需要由最高人民法院就案例制作标准规定统一格式和要求。二是案例审核的程序。由于最高人民法院发布的案例将在全国范围内产生拘束力，因此必须根据一定程序对案例进行严格挑选和审核，防止出现案例与现行法规定不符，或者裁判本身出现错误等问题。三是新旧案例的更替。案例发布后，并不是永远都具有拘束力，经过一段时间后可能与新的立法及社会的变化不相适应，这就需发布新的案例更替旧的案例。四是案例的公布。案例是由最高人民法院发布,则应在《公报》、《人民法院报》上发表,同时,应当继续坚持每年由最高人民法院整理,汇编《最高人民法院公布裁判文书》公开出版发行。

(5) 建立案例指导制度的操作程序。建立案例指导制度须最高人民法院在相关规范性文件中明确规定:最高人民法院审判委员会讨论通过的案例就类似于对个案的司法解释,即赋予其"准司法解释"的效力。一是案例的范围。在目前情况下,可以考虑循序渐进、逐步推行的做法,案例的范围应当确定为经最高人民法院审判委员会讨论通过的对全国各级人民法院有普遍指导意义的典型案例。二是案例的主体。应当限制为最高人民法院,且能够成为"案例"的必须经最高人民法院审判委员会讨论通过。三是制定案例的程序。地方各级人民法院对判决发生法律效力的案件,都应当定期、逐级将裁判文书报送上级法院审查、筛选,最后由最高人民法院从中精选出典型的案件作为案例。四是案例发布的形式。发布案例的形式必须规范、统一。可以《公报》为发布案例的基本载体,其他诸如在《人民法院报》、《刑事审判参考》、《民事审判参考》、《行政审判参考》等可以适当转载。每年由最高人民法院将案例按照一定的体系编纂成书,国内外公开发行。五是案例的效力。由最高人民法院参照全国人大常委会《关于法律解释工作的决议》的精神作出规定,确定案例的法律效力仅次于司法解释。对与法律规定和司法解释不相抵触的案例,各级人民法院在具体的审判工作中参照适用的,应当如同适用司法解释一样在裁判文书中公开引用,以增强裁判文书的合法性和公开性。

三、比较法视野中的解法典化趋势

学术界公认"解法典化"(Decodification)思潮缘起于1978年意大利罗马第一大学教授那达林若·伊尔蒂(Natalio Irti)发表的一篇论文《解法典化时代》(L'eta della decodificazione)。按照伊尔蒂教授的意见,所谓"解法典化"一词系移自语言学概念,意指民法典的分解,即一种逐渐把民法典掏空的立法运动。通过一系列的立法活动,在民法典之外调整民事关系,并提出一些新的原则,在民法典的周围形成一些采用独特的术语和独特的原则的"民事微观制度"。这些"民事微观制度"不断被披上"部门单行法典"的外衣,并不断制定只涉及特定经济和技术领域的法典。在解法典的时代,民法典规定了最抽象和最一般的法律制度。民法典的法律规范功能被边缘化了：只是在法律解释者穷尽了"民事微观制度"的所有规定，仍然无法解决问题时，才求助于民法典。① 解法典化比较显明的一点表现便是所谓的"私法或法典的破碎化"。② 而此种破碎化的主要表现就是越来越多的制度在民法典之外被规范。

在具有传统民法典的国家，解法典的效果无须专门追求也会自然实现。一方面，民法典自身的僵硬性难以长期胜任社会调整工作，而法典修改的复杂程序也使得特别立法处于民法典的补充地位。另一方面，从民法典与其他法源的关系来看，解法典的趋势也无法避免。比如判例法的发展就加剧了民法典地位的衰落。宪政主义也在解法典化的潮流中推波助澜：民法典不再承担宪法功能。其他法律渊源如欧盟指令和国际条约也进一步限缩了民法典的生存空间。

解法典化现象几乎在所有的民法典国家都存在，没有哪个国家能够坚守民法典的纯粹性。在法国，1804年以来由于新成文法规及法庭判例的出现，法典调整的所有领域发生了诸多变化。例如，《法国民法典》关于侵权行为法的规定只有五个条款，相当粗疏，且缺乏实质意义。法官不得不在缺乏立法指示的情况下制定合理的社会政策，根据个案创设适用的法律。因此，法国侵权行为法基本上来源于法典之外，即来源于广泛公布、参照和援引的法院判决。不管大陆法系如何限制法官的作用，法官造法已经成为无可争辩的事实。这说明，民法典的历史越悠久、离现实的差距越大，法官就越倾向于通过案例赋予其新意义，使之符合新的社会需要。

德国的情况也是如此。德国民法典没有显示其像1900年实施时宣称的那么具有稳定性和持久性。个别条款在不久之后就有所修改，在特定的法律领域中特别法和法典并存。首先在民事法律的核心领域，对法律术语和法律制度的理解及体系的连贯性发生了变化。早在20世纪前半叶，学术界和判例法就发展出了新的法律制度和领域，这些领域和原有的民法典债编并存，比如缔约过失责任（culpa incontrahendo）、积极侵害债权（positive Vertrasverletzung），这些理论引起给付障碍体系——规范履行、不履行和违约救济，合同基础受挫等体系的变化。宪法的发展也使得民法典面临蚕食，男女平等的思想导致家庭法的变动。另外，特别法和民法典共同规范的特殊法律领域的数量不断增多，如从规范不动产所有权的法律到《一般交易条件法》

---

① 韩强：《裂土分封的解法典化思潮》，载《人民法院报》2005年8月12日。
② 鲁多尔夫·萨科：《思考一部民法典》，薛军译，载《中外法学》2004年第6期。

(Standard Contract Terms Act）再到一系列消费者保护法。20世纪末，德国调整民事法律关系的法律已从只有一部法典发展成法典、单行法律和判例法相混合；在意大利则是出现了一些具有重大创造性的法院判决。在新派学说发展的支持下，它们彻底刷新了对于民法典某些条款的解释，从而扩张或修改了某些规则的传统运用方式。同时一些所谓"特别法"已经在很大意义上修改了民法典中若干制度。如1970年第898号《离婚法》及1975年第151号《家庭法》引起了一场彻底的变革，影响到民法典中所有有关的条款，尤其是在涉及夫妻双方权利义务及新的继承权制度方面。[①]

总之，解法典化或去法典化在现代大陆法系国家的出现及发展，在相当程度上解构了法典法在传统大陆法系私法渊源中的权威地位，其本身也属于对大陆法系过分严格坚持法典法私法渊源的一种调整，是适应现代社会法律和社会发展的一种主动适应和调整，也在一定程度上标志着大陆法系与英美法系私法体系和制度上出现了相互接近和相互取长借鉴的法律发展趋势。

---

① 韩强：《裂土分封的解法典化思潮》，载《人民法院报》2005年8月12日。

第五章 社会法帝国主义：比较法结构和重心的位移

一、公私法基本划分及其现代意义：社会法之前的二元法律分类

（一）公私法概念及其划分

公法与私法的划分是大陆法系国家所公认的基本法律分类。它源于罗马法，为罗马法学家乌尔比安所首创。他以法律维护的利益为标准，把法律分为公法和私法，认为"公法规定的是罗马国家状况（如国家机构、宗教机构及其事务，涉及国家的稳定）"，"私法是有关个人利益的规定"。[①] 这种划分反映着国家与个人对立的认识，体现了以法律来维护个人利益空间的用心。这一观念影响了罗马法并强化了私法的发展。优士丁尼《法学总论》中规定："法律学习分为两部分，即公法与私法。公法涉及罗马帝国的政体，私法则涉及个人利益。"[②]

就中国的情况来看，我国直到清末法制改革之前，法律制度并没有公法和私法二分，而是采取诸法一体体制，国家观念非常强大，私人的自决性受到压抑，私人主体性和私权得不到应有尊重。清末法制改革，放弃诸法合体模式，学习西方法律制度，承认私法，承认公法和私法的二分，在此基础上重塑法律制度。这种改革不只是一种法律形式上的变化，而也是一种法律思想上的变化。新中国成立后，由于不久即在经济生活领域全面推行公有制和计划经济，否认公法和私法二分，民法名存实亡，这一时期的法律主要表现为以绝对国家主义或集体主义为观念基础的公法。1979年以后，我国吸取历史教训，推行改革开放，在社会经济生活中表现为逐渐推进市场经济和市民社会，在法律生活中表现为逐渐恢复私法建设，不断出台有关民事单行

[①] 江平、米健：《罗马法基础》，中国政法大学出版社1991年版，第9页。

[②] [意] 优士丁尼：《法学总论》，张企泰译，商务印书馆1993年版，第5页。

法，1986年还颁布了《民法通则》，逐步孕育了公法和私法分立的雏形。[①]而现在的中国法也已经普遍承认了公私法的分类和不同适用规则。

总之，公法、私法这样一种基本划分遍布于人类生活的每一个角落中，现代中国也是如此。以下面案例为例进行说明：[②]

案例：甲酒后驾车，撞倒乙致其重伤并逃逸。路人丁送乙前往丙诊所就治，丙以乙未交纳保证金为由拒绝诊治。试问：（1）乙得向甲请求何种权利？（2）甲应负何种刑事责任？（3）甲的主管机关能否吊销甲的驾照？（4）丁得向乙主张何种权利？（5）乙得向丙请求何种权利？（6）丙的主管机关应当对其作出何种处罚？（7）上述情形所涉及的法院管辖和救济程序有何不同？（8）上述法律的适用何者属于公法？何者属于私法？（9）什么是公法、私法？其划分的标准及意义何在？

解析：

1. 在前述案例，乙得否向甲请求损害赔偿，是民事案件，由法院的民事庭受理并依民事诉讼程序进行。乙得向甲请求侵权损害赔偿请求权，请求权基础是民法中有关侵权行为的规定。属于私法。

2. 甲酒后驾车致乙重伤，并且逃逸，触犯刑法第133条规定的交通肇事罪，依法应当承担刑事责任，是刑事案件，由法院的刑事庭受理并依刑事诉讼程序进行。属于公法。

3. 依《交通管理处罚条例》之规定，酒后驾车致人重伤者，吊销其驾驶执照。交通执法部门可以依法吊销甲的驾照。这是行政处罚案件，依行政程序法即行政处罚法来处理。属于公法。

4. 丁可以向乙主张权利，其请求权的基础或者依据为无因管理之债。即丁可以向乙请求无因管理所产生的费用或者损失的权利。这是民事案件，由法院的民事庭受理并依民事诉讼程序进行。属于私法。

5. 乙能否向丙请求救济，关键在于丙在法律上负有何种义务以及乙是否因丙违反该义务而受有损害。丙作为医师，不得拒绝救治病人，负有强制缔约义务。所谓强制缔约是指个人或企业负有应相对人的请求，与其订立契约的义务。也就是说，对相对人的要约，非有正当理由不得拒绝承诺；如果

---

① 龙卫球：《公法和私法的关系》，载法天下，http：//www.fatianxia.com/paper_list.asp?id=21482。

② 案例及说明引自童光法《公法与私法划分之探讨》，载《首都高校哲学社会科学研究文集》，知识产权出版社2005年版。

拒绝承诺或者缔约,那么相对人就可以提起诉讼。负有缔约义务的人或企业,拒绝订立契约致相对人因而受有损害者,应负赔偿责任。强制缔约义务之诉通常有两种:一种是要求负有缔约义务的一方接受要约或承诺而签订合同之诉;另一种是因为没有正当理由而拒绝承诺所生的损害并由此引起的损害赔偿之诉。医师管理法规定,医师非有正当的理由不得拒绝诊疗、检验或处方的调剂。在本案中,丙以乙未交纳保证金为由拒绝救治,未交纳保证金算不算是正当理由是争议的焦点。笔者认为,未交纳保证金不能算是正当理由。因为,法律规定医师的强制缔约义务是基于对人的生命健康权益的重视,如果随意以患者无保证金而拒绝治疗则违背这一原则;何况救死扶伤本来就是医师的天职!因此,在本案中,假如乙因丙拒绝治疗而受到损害的话,那么乙就可以向丙请求损害赔偿。这是民事案件,由法院的民事庭受理并依民事诉讼程序进行。属于私法。

6. 依《医师管理法》的规定,医师违法拒绝救治病人后果严重的,其主管部门可以吊销其营业执照。卫生部门可以根据情况对丙作出处罚。这是行政案件,依照行政处罚法来处理。属于公法。至于公私法的划分标准以及意义等下文将详细加以论述。

(二) 公私法的划分标准

法律学者大概都一致承认应将国法分为公法和私法。可是,关于区别公法与私法应以什么为标准这问题,学说纷然,莫衷一是。试看瑞士人荷灵加(Hollinger)在其学位论文《公法与私法的区别标准》(Das Kriterium des Gegensatzes zwischen dem öffentlichen Recht und dem Privatrecht, Inaugural Dissertation 1904)中举出 17 种不同的学说;马尔堡(Marburg)的私讲师华尔滋(Walz)在就职演讲《关于公法的本质》(Vom Wesen des öffentlichen Rechts, 1928)中亦举出 12 种不同的学说,即可知其复杂之一斑。[①] 本文就主要观点举要说明:

利益说,即以保护社会公共利益为目的者为公法,以保护私人利益为目的者为私法。这是根据法的目的去区别公法和私法的思想,以为以公益为目的的法是公法,以私益为目的的法是私法。一切法的内容,即在其为人类的意思之规律及同时为人类的利益之规律,意思和利益是法的两种本质的要

---

① [日]美浓部达吉:《公法与私法》,黄冯明译,周旋勘校,中国政法大学出版社 2003 年版,第 23 页。

素，因此，主张公法和私法的区别标准应求于意思或利益两要素中之任何一者的学说之发生，是必然的结果。"利益说"却是主张在利益的要素中求其区别的。下面所引的是关于公法和私法之区别的最古典的说明，相传是罗马的法学者乌尔比安（Domituis Ulpianus）的话。他说："公法是关于罗马的国家制度的法，私法是关于个人利益的法"（publicum jus est, quod ad statum rei Romanae spectat, privatum, quod ad singulorum utilitatem），已为利益说的思想之代表。他的思想，或独立地或与其他思想相结合，由许多学者递传而至今日。那无疑是和意思说同样，含有若干真理的。若把"公益"这名词视为并蓄着国家自身的利益和社会公共的利益的意义而使用的话，的确，国家是维持公益增进公益的，因而所谓国家法的法，在这种意义上，主要地亦是为公益而存在的；从另一方面看，个人相互间的法，是以个人为有"独立目的"的主体而为着调和其相互间的利益而存在的，其主要目的可说在于个人的利益。在这种意义上，说公法是公益的法，私法是私益的法。①这一学说存在如下缺陷：其一，公益和私益用语本身存在确定的困难，不便具体应用。其二，私法不但保护个人利益，而且往往也同时保护公共利益。例如，在婚姻法，同时保护社会秩序，如婚姻和家庭等稳定的利益；在租赁法和劳动法，同时保护社会照顾的利益；在土地登记制度、私法关于形式方面的规定，同时保护交易安全的利益、法律关系的易于识别性和可证明性的利益、司法的利益等；在反不正当竞争法、消费者权益保护法，保护社会经济和市场经济的利益。其三，虽然公法通常涉及公共利益，但同样也适当地照顾个人利益。正是为了维护个人的这一利益，法律才规定了每个人都有权在行政法院提起诉讼。其四，无论公法和私法，其宗旨都不仅仅在于促进或保护某些公共利益或个人利益，而在于适当地平衡各方面的利益，创造正义和公正的局面。②

应用说。凡法律规定的内容，私人的意思不许自由抛弃或者变通的为公法，即"公法不得为私人简约所变通"；反之为私法。应用说在技术上非常简便易行，但是它不能解释法律划分的实质理由。③

主体说。这学说以为在私法，法主体的双方都是私人或私团体；反之，

---

① ［日］美浓部达吉：《公法与私法》，黄冯明译，周旋勘校，中国政法大学出版社2003年版，第23页。
② ［德］卡尔·拉伦茨：《德国民法通论》，王晓晔等译，法律出版社2003年版，第4—5页。
③ 童光法：《公法与私法划分之探讨》，载《首都高校哲学社会科学研究文集》，知识产权出版社2005年版。

在公法，法主体的双方或最少一方是国家或在国家之下的公团体，而主张公法和私法的区别标准即在于此。自然，国家和其他公团体亦可以做"私经济"的主体，而私经济的主体，却是私法关系的主体，所以主体说这种理论，有加以某种限制的必要。关于这种限制，有地说是"非私经济的企业者之公团体"，有地说是"为保持公益者的公团体"，有的却说是"为支配权之主体的公团体"，此外尚各有定说，莫能一致。但归纳起来，这主体说的要点，不外是主张当具有某种资格的国家或其他公团体做主体时，那法即为公法。[①] 也就是说，法律关系主体的一方或双方为国家或国家授予公权力的机关者为公法，法律关系主体双方均为私人者为私法。该说为德国学者耶律内克所倡导。这一学说仍有缺陷，国家或其他公权力机关有时也与私人缔结买卖、租赁或运送等契约，如政府采购等；私人有时会立于国家地位对其他私人行使公权力，如海商法规定船长因维持海上治安得行使警察权等。

性质说。此说以法律关系的性质为其区分标准，又可细分三种学说：（1）权力关系说，即规定不平等关系或权力服从关系的为公法，规定平等的权利义务关系的为私法。此说无法解释国际法，国际法虽属公法但却规定国与国之间平等权利义务关系。（2）统治关系说，即规定国家统治权关系的为公法，规定非统治权关系的为私法。该说的缺陷在于，确定统治权问题上不易明确且难以操作。（3）生活关系说，即凡规范作为国民自身一分子资格而产生的国民的生活关系（私的生活关系）的为私法，如买卖、婚姻、继承等；凡规范作为社会一分子立场而发生的社会的生活关系（公的生活关系）的为公法，如当官、纳税、服兵役等。批评者认为这一主张实际上也难以操作。

新主体说。凡规制国家或公共团体为其双方或一方主体的法律关系，而以权力服从关系为基础者为公法；仅规制私人间或私团体间的相互关系，而以平等关系为其基础者为私法。此说乃折中学说，颇具说服力。

一般而言，所谓公法，就是维护国家利益和整个社会利益的法律，它主要调整国家机关与国家机关之间、国家机关与私人、私团体之间以及整个社会利益之间的关系，这种规范调整以权力服从为基础、为特征。发生公法关系的各方当事人中，必有一方是国家机关或由国家机关授予公权力的机构。宪法、刑法和行政法等属于公法范畴。所谓私法，则是维护一切私人或私团

---

① ［日］美浓部达吉：《公法与私法》，黄冯明译，周旋勘校，中国政法大学出版社2003年版，第23页。

体的利益的法律,凡属于与国家权力无关的私的领域所发生的社会关系即由私法调整,这种规范调整以平等自愿为基础、为特征。发生私法关系的各方当事人,必是从事私的领域活动之主体,其中也包括从事私法行为之政府,如政府在市场中购买大宗办公用品,国债的发行等。民法和由其派生之商法属私法范畴(民法是私法中的普通法,商法是私法中的特别法)。[1]

(三) 公私法划分的意义

总体而言,公法与私法分类的基本意义在于便于法律的适用。区分二者的实益在于,易于确定法律关系的性质,应适用何种法律规定,应采用何种救济方法或制裁手段,以及案件应由何种性质的法院或审判庭受理,应适用何种诉讼程序。梁慧星先生在谈及公法与私法的分类时说,法律之分为公法与私法,乃是人类社会文明发展的重大成果。他同时引用德国学者基尔克的论断:公法与私法的区别是今日整个法秩序的基础。日本学者美浓部达吉也认为,公法和私法的区分是现代法的基本原则。[2] 如果这一区别被混淆,甚至无视公法与私法的本质差异,作为社会调整器的法律将会失灵,社会关系和社会秩序将会处于混乱之中。具体言之,公法与私法的划分主要有以下不同意义。[3]

1. 有助于我们对利益层次的理解和保护

"利益说"曾是公、私法划分标准的有力学说,这种论说是以利益多元化和多极化的客观存在为基础的。罗尔斯·庞德将利益分为个人利益、公共利益和社会利益三类。[4] 法律与利益发生联系的纽带是利益主体的行为。法律主体的行为与一定的利益追求相关联,人们努力奋斗所追求的一切都与其利益相关。法律对正当利益的保护是通过设置适当的行为标准来完成的。

公法着重保护的公共利益,首先是超越私主体的具体的和特殊的利益,其次也是其他各种利益的平衡器,在其他各种利益发生冲突时为政府实施调控和干预充当一个正当合理的借口。公共利益是为维护共同体之间的共存共处而存在的,是共同体之间的最高利益和根本利益。就实际情形而论,公法

---

[1] 童光法:《公法与私法划分之探讨》,载《首都高校哲学社会科学研究文集》,知识产权出版社2005年版。

[2] 梁慧星:《民法总论》,法律出版社2001年版,第34页。

[3] 参见童光法《公法与私法划分之探讨》,载《首都高校哲学社会科学研究文集》,知识产权出版社2005年版。

[4] [美] 罗斯科·庞德:《通过法律的社会控制》,商务印书馆1984年版,第37页。

所维护的公共利益表现为各社会共同体之间的秩序、安全、公正、自由等人类基本的生存价值和制度环境。私法主体在私法调整的社会关系区域内所寻求的是各自独立的私人利益,包括财产利益及人身利益两个方面。值得注意的是,应当严格区别国家作为行政管理者和作为财产所有者两种不同的身份。当国家以特殊的私法主体面目出现时,如以国家名义发行国债、接受无主财产或取得无人继承的财产等,国家所追求的不是一般意义上的国家利益,而仍然属于私法上的"私人"利益,这是由国家的多重法律身份所决定的。

2. 公私法划分为宪政提供了二元思维模式

从调整的社会关系即对象来看,公法调整的是国家与公民之间、政府与社会之间的各种关系,主要体现为政治关系、行政关系及诉讼关系等。私法调整私人之间的民商事关系即平等主体之间的财产关系和人身关系。一般来说,在国家与公民、政府与社会之间的关系中,国家和政府是公共权力的代表,对各种社会公共事务实施管理并向人民提供服务,但这些管理和服务并非管理者随心所欲,而是应当纳入法治的范围。公法的基本内容就是为规范国家权力和政府行为而存在的,其根本目的是通过控制公权力来维护私权利。与公法中所面对的国家与公民、政府与社会之间非平等的社会关系不同,私法所调整的民商事关系是平等主体之间的财产关系和人身关系。它是人民日常私人生活状况的法律体现。法律对民商事关系的调整遵循的是人格独立、地位平等、行为自愿以及公平、诚实信用等基本原则,民商事关系的主体在法律上的"存在"通常情况下是没有区别的,是抽象平等的。

从公法调整的社会关系,我们可以看出,建立在政治国家与公民社会的界分与对峙基础上的"宪政主义作为一种知识形式,采行对峙式思维"。宪政的"对峙式思维"也可称为二元思维模式,它实际上来自公私法的划分传统。公私法划分的实质功能早在罗马法时代就已充分显示,"它划定了一个政治国家不能插手的市民社会领域,罗马法学家们构筑起完备的私法体系,树立起了自然权利的权威,这实质上是为市民社会构筑了一道防御外来侵犯的坚固屏障。可以说,此时已初步建立起了对峙式思维模式"。只是这一时期对政治国家的限制还是消极的,而对政治国家采取积极的限制如实行三权分立、联邦制、代议制等是在近现代才完成的。

正如斯蒂芬·L.埃尔金所提到,"宪政政体理论家们曾经宣称有必要在公共领域私人领域之间划出某种界限","这条分界线将在政体的法律中划出:人民只在公共事务中起作用,政治权力不得介入私人领域"。埃尔金不仅推崇这一观点,而且还进一步认为,"一个立宪政体乃是这样的政体,其中的私人领域得到保障,不受行使政治权力的侵犯"。① 公共领域又称国家或政治国家,私人领域又称社会或市民社会。事实上,并不是实行宪政有必要作出公、私领域或(政治)国家与(市民)社会的划分,相反,倒是宪政本身是公、私领域分离或(政治)国家与(市民)社会分离的结果,正如有人指出的,"宪政主义产生于国家与社会的界分的历史过程中"。② 如果说宪政与公、私法的划分有某种关联的话,则这种关联的根源在于它们分享了公(国家或政治国家)、私(社会或市民社会)领域分离这一共同的社会基础。

3. 公法以权力为轴心,严守"权力法定"的定律;私法则以权利为核心,适用"权利推定"的逻辑

法律对权力具有两方面的作用,一是授予作用,二是限制或制约作用。权力只有授予才能行使,一切权力的运作必须基于并源于民意和公意,并以法律的形式明确地固定下来,即"权力法定"、"越权无效"、"法无授权不可为"。在法治社会里,"权力法定"的含义是:一切公权力的取得和行使都必须从法律中获得其来源,国家机关不得行使法律没有授予和禁止行使的权力。权力法定也告示人们应该慎重对待权力。由于权力最易诱发人性中最丑陋、最贪婪的东西,权力客观上具有腐蚀性、异化性、扩张性及对私人权利的侵害性等倾向,一切拥有权力的人都可能会滥用权力。因此,对权力加以分解、限制、制约并对权力使用活动进行严格监督是法治的应有之义,这主要是通过公法来进行的。在一国法律体系中,公法同权力的设置、分配、行使、制约及监督等运作有最直接的联系。私法确认和保护的是私法主体享有的私权利即民商事权利。财产权、人身权以及由这两类私权派生的众多具体权利构成最低限度的基本人权。私法倡导"权利本位",私法是权利法。权利主体(自然人和法人)制度、权利规则制度(物权、债权、人身权、继承权、知识产权)、权利行使制度(法律行为制度和代理)、权利保障或救济制度(民事责任制度)等构成私法的基本内容。私法奉行"法不禁止即自由",将它作为金科玉律并以此去分析、评价、判断具体的个人行为。

---

① [美]斯蒂芬·L.埃尔金、卡罗尔·爱德华·索坦:《新宪政论:为美好的社会设计政治制度》,周叶谦译,生活·读书·新知三联书店1997年版,第161页。
② 陈端洪:《从行政诉讼看中国的宪政出路》,载罗豪才《现代行政法的平衡理论》,北京大学出版社1997年版。

"权利推定"就是"不禁则许",法律没有明文禁止的行为就是私法主体通常可以自由实施的。社会愈发展,文明程度愈高,人们获得自由的机会就愈多,权利推定的范围就愈大。①

从操作层面具体说来,在公法中,实行公权法定为原则,故法无明文,不可罚;在私法中,实行权利推定为原则,故法无明文,仍可救济。在司法实践中,如果所遇问题是法律漏洞,则必须分清是私法漏洞还是公法漏洞,在此基础上,兼顾漏洞是公开的还是隐藏的。公法、私法的调整对象和调整方法差异极大,各自奉行不同的原则。(1)在公法如刑事法制中,实行权力法定如罪刑法定原则,法无明文规定不为罪,法无明文规定不处罚,该原则的立法宗旨是为了约束刑事司法权力的滥用,以保障犯罪嫌疑人(被告人)的权利。人们通过确立罪刑法定原则,划定了国家权力运作的界限。这一方面可以起到预示和告知的作用,为公民的行为提供清晰明确的预期,另一方面也可以将个案中的国家刑罚权力置于有效的监督之下。因此,针对强调个案的特殊性,允许法官运用类推技术处罚法律本来没有明确规定的行为的做法,人们理所当然地坚决反对。因此,对刑法的漏洞,应当按照有利于被告人的规则决定司法适用的方向。如果漏洞为公开的漏洞,即法无明文规定时,表明案件的行为已超出刑法规范的适用范围,如要定罪,则必须适用类推,而类推适用有损罪刑法定原则,故现代法治国家多禁止类推,也不得进行创造性司法;如果漏洞是隐藏的漏洞,即某种行为按照刑法规范的立法目的应当排除在适用范围之外,而因立法者疏忽或者未及预见因而未能排除,此种漏洞应当根据立法目的,以限缩的方式加以弥补。按照罪刑法定原则,行为溢出法条规定的要件之外,即使按照法条的立法目的应当惩治,司法者也不能越雷池半步,必须作无罪处理。即使个别此类危害行为脱离了法网,但却维护了刑事法的整体,而这正是司法机关在刑法漏洞存在的情况下,维护法的正义和公正所必须采取的立场。(2)在私法上,如民法是调整平等主体之间的人身关系和财产关系的法律规范,以"自由平等"为理念,体现意思自治、权利平等和对财产权的尊重。因法官不能以法无明文规定而拒绝受理案件(如平等主体之间的民事争议,凡法律未明文禁止法院受理者,无论该种纠纷是否有法律明文规范,法院均应受理),且民事活动奉行的准则是"法律不禁止的,就是可为的"。而现实中存在着大量法无明

---

① 童光法:《公法与私法划分之探讨》,载《首都高校哲学社会科学研究文集》,知识产权出版社2005年版。

文规定的民事关系又与人们的生活息息相关，民法无法做到"法无明文规定不处理"。基于此，习惯和法理在一定条件下，可以成为判断民事行为性质的依据，以弥补法律规定的不足。因此，法律漏洞的补充，可以采用类比推理、扩张适用、限缩适用甚至创造性司法等方法进行。题中该条规定了民法的法律渊源和其适用的顺序，其在法律适用上的价值在于：①弥补法律的漏洞。由于立法者自身的局限性，不仅无法预见社会不断发展的变化，更不能周详和毫无矛盾地对所有事项予以规范，必然存在法律漏洞，就应靠习惯法和法理去补充。②强调私权确保的原则。有权利就有保护，在法律对权利保护缺乏明文规定时，应当以习惯法或法理进行裁判。③体现私法正义和公平。私法领域不同于公法领域，实行的是意思自治，一般不实行法定主义。在民法对民事法律关系所作的规定存在漏洞时，承认习惯法、法理在民法上的渊源和地位，会更有效地维护当事人应有权利。④为法官不得拒绝裁判的原则提供了保障。既然法律存在漏洞，而法律具体适用者法官又不能拒绝审判，因此补缺法律漏洞是其应有的权限，同时也具有义务性质。

4. 公法奉行"国家或政府干预"的理念，私法遵循"意思自治"、"私法自治"的原则

行政法主张政府对各项行政事务的领导和管理；刑法对绝大多数犯罪行为适用国家追诉主义；经济法强调国家对市场经济活动的调节、控制和干预；诉讼程序中当事人申请撤诉须经法院同意等现象，都鲜明体现了公法中国家或政府干预的思想。由于公法具有浓厚的国家干预色彩，公法规范成为强行性规范。为了更好地贯彻国家或政府干预理念，法治实践中应解决好如下几个问题：干预的理由和根据是什么？干预的范围和程度怎样？干预的形式及目的如何？等等。"意思自治"或"私法自治"原则是私法的灵魂，常被誉为："支配整个私法的最高原则"、"私法之基础"、"私法根本价值之所在"、"法律行为效力之源"等。一般认为，所谓私法自治是指个人依其意思形成其法律上的权利义务关系。具体而言，私法自治原则认为，私法方面的一切法律关系可以而且应该由每个人自由地、自行负责地按照自己的意志去决定。这一原则是私法中的一个总的原则，表现在私法领域的各个方面，首先是承认人人平等，每个人有独立的完全的权利能力，每个正常的人（幼儿和精神病人除外）有完全自主的能力，这种能力应该受到尊重。因此，每个人有法律行为自由（包括合同自由），每个人只对自己的行为负责（过失责任），每个人的权利（包括所有权）应该由每个人自由行使并受到尊重（所有权不可侵犯）。这些私法自治原则的主要内容构成了近代民法的

四大基本原则：人格平等、合同自由、过失责任和绝对所有权原则（私的所有权神圣不可侵犯原则）。私法自治的理论依据在于：在社会关系日趋复杂的市场经济条件下，私法主体都是主张不同的具体利益要求的人，每个人都是自身利益的最佳判断者和实践者，都明了自己在社会生活中的所在。因此，从尊重人、关心人、保护人的信念出发，法律应当充分相信个人能够清醒而理智地对待和处理与其利益相关的一切事务，国家及他人应尊重个人的自由选择，不得干涉或限制。政府为更高的价值或公益而对私人事务施加强制或干预时，应有适当理由。总之，在私法自治之光的照耀下，私法既维护了私人自主选择的自由，又能合理利用人的自私心使个人在追求和实现自身合法利益的同时能够促进社会进步和经济发展。[①]

5. 有助于我们区分政治国家和市民社会两个不同领域

公法是政治国家的法，私法是市民社会的法。国家之创设，就是为市民社会服务的，无市民社会，国家便无实质意义。将市民社会的法界定为私法，是为了防止按政治国家成员的标准来要求市民社会的人，就是要把民事活动与政治活动区别开来。政治国家与市民社会的分离是近代欧洲社会变迁的产物。市民社会的存在是西方法治社会存在的前提。黑格尔和马克思是现代市民社会思想的集大成者。

黑格尔认为，市民社会就是由私人生活领域及其外部保障构成的整体。个人是市民社会活动的基础，从生产和在交往中发展起来的社会组织在市民社会中占有重要地位。黑格尔理解的市民社会，实际上是在私有制（个人所有权）和分工的条件下，生产和交换的体系；是在人人为我、我为人人的前提下，社会成员（市民）自利和互利的活动过程。在马克思的市民社会思想中，市民社会是"私人利益的体系"或特殊的私人利益关系的总和，包括了处在政治国家之外的一切领域，市民社会实质上是一种"非政治性的社会"。马克思的市民社会理论强调市民社会是对私人活动领域的抽象，是与作为对公共领域的抽象的政治国家相对应的。随着社会利益分化为私人利益和公共利益两大相对独立的体系，整个社会就分裂为市民社会和政治国家两大领域。前者是特殊的私人利益关系的总和，后者则是普遍的公共利益关系的总和。市民社会和政治国家相分离的思想是对人类社会生活多样性属性及人的多层面社会存在状况的描述。用作为西方文明的市民社会理论来解

---

① 参见童光法《公法与私法划分之探讨》，载《首都高校哲学社会科学研究文集》，知识产权出版社2005年版。

释我们目前的生活现状仍然没有过时。现实生活中的每个人都具有双重身份或地位：一方面他是政治国家的成员即公民，参加政治国家领域内的一切必要活动，其行为受公法调整；另一方面他同时又是市民社会的一分子即私人，在市民社会领域内与法律地位平等的其他人实施各种民商事活动，其行为受私法调整。以立法现实为例，各国宪法中规定的是公民而不是自然人的基本权利和义务，这些权利义务是公民作为政治国家成员所应当具有的。而民法中确认的是自然人的财产权利、人身权利及相应的义务，这些权利义务是自然人作为市民社会成员即私法主体从事民事活动所必需的。[①]

二、公私法二元划分存在的问题及公私法的融合趋势

首先，公私法的划分又受到法律一元论和三元论的冲击。主张一元论的为奥地利法学家凯尔森（Hans Kelsen），他认为公私法的划分没有必要，法律应该一元化，并提出国家与国民的关系本质上也是权利义务关系而非权力服从关系。一元论虽着眼于法的统一性，但在现实中一元论的法律是不存在的。德国学者帕夫洛夫斯基（Pawlowski）提出以公法、私法和社会法三分法来取代传统的两分法。三元论目前在德国学界颇有影响。三元论者注意到了当代法律的一些实际发展，即公私法的交错形式上产生了作为中间领域的新型法域，如劳动法和经济法等。社会法的出现，说明法律在一定范围上突破了传统的二元划分，正朝更精细的调整目标迈进。但是，传统二元划分并不过时。因为，公私法划分的基础在于承认个人与国家的对立存在并重视个人的独立性及其利益，只要国家存在，这一基础就不会消失；再者，社会生活中确实存在着两类不同性质的社会关系，两类不同性质的审判机关和两类不同性质的诉讼程序，而目前这种司法体制及诉讼途径（民事诉讼、刑事诉讼和行政诉讼）都没有改变。[②]

其次，对公私法划分会因为大陆法和英美法而有所区别。大陆法国家普遍承认公私法是法律的基本分类。但英美等国没有欧陆那样公法与私法的划分。英国人拒绝对法律体系作出这样的划分。在他们看来，将法律体系划分为公法与私法，国家机关和私人适用不同的法律，由不同的法院审理纠纷，

---

① 童光法：《公法与私法划分之探讨》，载《首都高校哲学社会科学研究文集》，知识产权出版社2005年版。

② 同上。

既是区别对待,也是对平等原则的违反。英国法律坚持"政府和公民同受法律之治"。此处的法律是一个同一体系,无所谓公私法之分。因而,拒绝对法律体系作出公私法之分,是坚持个人与国家之间的平等地位,拒绝将国家视为在道德上优越的伦理存在,体现了个人先于国家,以及国家是手段而非目的的自由主义政治理念。这一自由主义理念充分体现在法院的判决中。美国最高法院1905年判决的"洛克纳诉纽约州"一案被认为是坚持这一政治立场的产物。该案的判决受到了持异议的法官霍姆斯的激烈批评,他说:"该案是依据一种大部分国家所不支持的经济理论所做出的判决。假如它是一个问题,我是否同意这一理论,在做出我自己的决定之前我都想进一步和长期研究它。但是,我不认为那是我的责任。因为我强烈地认为我同意与否与多数人法律意见所支持的权利是无关的。"[①] 在很长一段时间内,美国最高法院法官坚持自由主义和经济放任理论,裁决规制诸如最高工时、最低工资等方面的州制定法侵犯了美国宪法第14条修正案中的"自由"。在当时,第14条修正案规定的"任何一州,未经正当法律程序,不得剥夺人的生命、自由、财产"中的"自由"被解释为经济自由,即契约自由。并且,由于最高法院对这一立场的顽固坚持致使罗斯福新政受挫,从而导致总统联合国会改组最高法院的计划引发宪法危机。在强大的政治压力及最高法院内部法官结构改变的双重影响下,最高法院才于其后的判决中改变了立场。而这一自由主义理念和公私法不分的传统有着特定的理论渊源。让我们从契约自由原则说起,契约自由(liberty of contract 或者 freedom of contract)可称为经济自由,与社会主义或者干预主义对称,是指个人在经济生活中的自由不受国家干预,也是经济放任理论在私法关系中的体现。作为一项私法原则,契约自由在持不同信念国家的表现有很大差异,涉及国家与社会、公法与私法的关系之思考。这一原则产生于17、18世纪,是启蒙思想家对当时欧洲自由资本主义发展现实的理论总结。它强调私人领域自治,主张国家不得干预个人经济自由,国家只是一个被动的管理者,私人领域由当事人根据意思自治自我主张,订立契约。这是一种坚持国家与社会分离的观点。支持这一观点的更进一步的理论基础是政治哲学予以解答的问题。英国很早就形成了一种认识这些问题的深厚传统,其经典阐述体现在弗格森《论市民社

[①] Jacob G. Hornberger, "Economic Liberty and the Consitution", Part 7, December, 2002, http://www.fff.org/freedom/fd0212a.asp. 转引自郑贤君《公法价值向私法领域的再渗透——基本权利水平效力与契约自由原则》,载《浙江学刊》2007年第1期。

会的历史》(1759年)、亚当·斯密的《国富论》中。这一传统将人视为一个追求自身经济利益和幸福的个体,他们共同组成市民社会,国家只不过是为了个体利益的实现而设立的管理者,是从市民社会"长"出来的一个政治组织。个人先于国家,高于国家。对于市民社会和个人而言,国家是手段而非目的。这是典型的自由主义国家观。受此观念支配,此时的国家被称为"夜警国家",国家只享有"警察权力"(state's police powers),其职能限于维持治安。国家的角色是消极和被动的,市民社会即私人领域获得了自治属性,任何时候国家不得染指,除非为了公共利益。因而在英国思想家那里,国家角色不仅是被动和消极的,还在道德上被赋予"恶"的属性,成为一个令人生厌和恐惧的想象物,即"怪兽"。国家之手或者"利维坦"只履行公共职能,超出这一领域之外便是国家的"禁地"。受自由主义政治哲学支配的契约自由原则对国家存有的"防禁"之心跃然纸上,禁绝国家干预和插手个人事务。总之,契约自由原则是该认识前提下的一个逻辑推论。①

当然,也有观点认为:英美法衡平法和普通法的划分是基于英美法的历史发展,根据法的形式渊源而形成的法的另一种分类方法。实际上,英美法系长期不重视公私法的划分正是因为对划分公私法的误解造成的。在许多英美学者看来,法律只有一个,国家机关和公民遵守同一法律是法治和自然公正的要求,划分公私法意味着政府追求自己的特权,企图与人民受制于不同的法律。英国思想家培根曾希望通过公私法的划分来推进英国的法律改革,就是因为当时实力有限的国会担心接受公私法划分会导致国王高于法律而对国会不利而未被接受。其实,公私法的划分是一个国家和地区法律的内部结构问题,一个国家或地区的法律不管其外在表现形式(即法的形式渊源)多么零乱,它的内部结构总是会分为有内在联系的不同部分,这种不同的部分最基本的就是分为相互联系的两个群体:公法和私法。无论英美法的渊源如何,公私法的内部结构仍是存在的。一是英美法系同样存在着公私法的划分,它们的整个法律体系也大体上可分为"管"的法律和"放"的法律,只不过不像大陆法系那样明确地用公法和私法去指称它们罢了。以英国的财产法为例,自19世纪以后,议会开始打破由普通法、衡平法和原有的制定法所维持的财产自治的局面而不断干预,具体体现在公共健康、住房供给和贫民窟清理、城乡规划、强制购买和税制等方面。调整这些政府干预财产关

---

① 郑贤君:《公法价值向私法领域的再渗透——基本权利水平效力与契约自由原则》,载《浙江学刊》2007年第1期。

系的法律（判例、法规和原则等），就是用集中的方法调整财产关系，属于公法。英国的法学家也看到了这个问题，如劳森、拉登指出："在英国，如果将公法完全置于财产之外，就可能对目前的财产的地位得到一个虚假的印象，与过去只单一地关注财产法本身相比，财产法律家现在已更多地关心公法。律师们在创立财产问题时，要花许多的力气寻找是否在物的使用上强加了棘手的限制。"在美国，通过判例或法典、法规而体现出来的财产法、合伙法、契约法、侵权法、担保法和亲属法等基本采取任意（非集中）的调整方法，奉行"私法自治"原则，属于私法，而宪法、刑法、反垄断法等基本采用集中的调整方法，属于公法。二是从理论上看，凡是实行市场经济的国家，都涉及政府与市场、自由竞争和国家干预的问题，现代市场经济既要充分发挥市场这只"看不见的手"对资源配置起基础性的作用，又要充分利用国家这只"看得见的手"来弥补市场的缺陷和不足，纠正市场失灵，这种客观经济规律反映在法律上层建筑领域，自然要求法律内部结构分为私法和公法两大部分，两者有着不同的调整对象、方式、原则和理念。私法采用非集中的、任意的方法，公法采用集中的、纪律的方法；私法以平等主体的横向关系为调整对象，公法以国家与公民、社会组织及国家机关之间的纵向关系为调整对象；私法领域通行的原则是平等、自愿、等价有偿，公法领域通行的原则是权威与服从、民主与集中、自由与纪律的双向互控。因此，英美法同样也存在公法与私法的划分问题，只不过是含蓄的，没有像大陆法系国家那么明显并得到学界的普遍认同而已。三是从实证方面看，也有许多事实可以支持英美承认公私法的划分。1947年由麦格劳—希尔公司出版的施瓦茨（Bernard Schwartz）的《美国法律史》，就是在将美国法律发展分为五个阶段的基础上，在每个阶段再分为公法和私法来进行论述的。丹宁勋爵把发生在20世纪法官进行司法审查的新判例称为公共权力机构与公民之间的一场宪法革命，它导致了公法与私法的分野。他说"在现代社会我们逐渐认识到法律的两个分离的领域：一个是私法，另一个是公法。私法调解臣民之间的事务。公法调解臣民与公共权力之间的事务"。此外，英美两国的制定法也开始用"公"和"私"的概念来确定法律所保护的权利以及以什么样的程序来保护法定权利。比如，英国1998年人权法出现了"公共权威"、"从事公务行为的个人"、"私行为"等等术语。最后，一个不争的事实是，英国加入欧盟以后，刻有大陆法烙印的欧盟法不能不对英国法产生重大的影响，随着经济全球化的发展和两大法系的逐渐融合，公私法的划分将会变得更为明显与重要。总之，英美尽管不存在法德式的公私法划分，但在法学研究和法制实践中都意识到了区分公法与私法的意义,并根据本国的国情进行了扬弃。"由于法律传统不同,英美没有公、私法划分的学理概念,在法律体系上也不作公、私法区别……然而,英美在社会形态方面,国家与社会是分离的,美国更是典型的自由主义国家,在保护权利和限制权力并在实践中对两者作出严格界分的二元法律结构的实质方面,英美是具备这一特征的"。因此,笼统地说英美法系不存在公私法的划分是不准确的,这实际上是由于长期以来人们对公私法的划分认识的偏差所造成的。[①]

第三,19世纪末20世纪初,特别是20世纪30年代资本主义世界经济危机以来,国家干预的加强成为资本主义法律发展的一个非常重要的特点。这直接影响到公法和私法的划分及其理论基础。美国的现实主义法学认为,公法与私法、私人自治领域与公共权力行使领域之间没有一条明显的界限。古典法学家所谓"公法与私法划分"和"私人自治"理论都只不过是一种"幻想"。而所谓"私法"只不过是公法的一种形式。第二次世界大战以后,现实主义法学有很多方面被后来的法学家继承下来。他们认为,公法与私法、公共权力行使领域与私人自治领域之间的界限不是固定不变的、绝对的,而是流动的、活的,而且正在形成一些介于公法与私法的具有两个领域的某些特征的"中间领域"。随着西方国家对经济生活领域控制的加强和法律社会职能的凸显,一些学者指出,当代大陆法系传统的公私法分类已经出现了危机。公私法划分的危机主要表现在以下三个方面:一是"公法的私法化"。由于政府职能的扩大,传统的私法调整方式被部分地或间接地引入了公法领域,私法关系向公法领域延伸。尤其随着社会与公共服务事业的扩大,要求公共机构根据私法准则执行公共职能。二是"私法的公法化"。指公法对私人活动控制的增强,从而限制了私法原则的效力,如为了公共利益而对私人财产的使用加以限制,对当事人契约自由的限制等。三是新的、"混合"性(也称社会法)法律部门的出现。既不是公法关系也不是私法关系的法律部门已经产生和完善起来,如经济法、劳动法、土地法和社会保障法等。从法律调整方法界定公私法角度看,所谓"私法公法化"实际上是在"放"的方法中加入了"管"的因素,即"放中有管";而"公法的私法化"是在"管"的方法中加入了"放"的因素,即"管中有放";"混合法"实际上是"管"、"放"的高度结合。"管"、"放"的相互渗透和结合

[①] 孙国华、杨思斌:《公私法划分与法的内在结构》,载《法制与社会发展》2004年第4期。

适应了当今社会经济、政治发展的新趋势。①

上文中最后一点危机也就是涉及公私法划分存在的另外一个问题是，公私法相互融合的趋势越来越强。所谓公私法的融合是在于同一内容的法同时为私法而又为公法的场合；即系同一内容的义务，一面为个人相互间的义务，同时又为个人直接对国家所负的义务的场合。这种形态，可称为公法与私法的结合。公法和私法的结合，决不是稀有的现象。在我们的日常生活上亦随时可见。如不得伤害他人的生命身体；不得毁谤他人的名誉；不得盗窃或强夺他人的财产；不得侵入他人的住宅等，都是对人所负的私法上的义务，而同时又为对国家所负的公法上的义务。若违反那义务，国家即科以刑罚的制裁。凡同一的行为，一面构成犯罪而同时又构成民事上的侵权行为的场合，都可以说是公法和私法的结合。因为所谓犯罪，常常系指违反公法上的义务而言，而所谓侵权行为，却含有违反私法上的义务的意义之故。法律之准许在刑事诉讼的牵连上提起民事上的附带诉讼，即由于此。② 也就是说，20世纪以来，公私法的划分出现了一些新的情况，公法与私法相互渗透，产生了公法调整方法渗入私法领域，私法调整方法引入公法领域等新现象，对传统的公私法二元分立的法律结构产生了不小的冲击。

不过在经济生活的交易关系上，个人相互间的法律关系，以与个人和国家间的法律关系分离为原则。个人间的权利义务只为个人间的关系，国家对之，除有当事人的要求时依司法权加以保护外，是以不直接干预为主义的。在经济生活上公法和私法分离的原则，即基此而生。但在经济生活上，因经济生活的自由放任主义发生变化，公法的要素在种种形态上随之而日益加强的结果，法律对于经济上之买卖的个人相互间的法律关系，已不单视之为个人间的关系，同时且为个人与国家间的法；不单在请求保护时依司法权加之以保护，同时还把那义务看作公法上的义务，更进而依行政权去监督那义务的履行；若违反那义务，往往被科以公法上的制裁。这种公法私法的结合，须与单纯的契约自由之公法上的限制区别。当契约自由的限制只为公法的限制时，则违反限制只为公法上的违反义务，构成受公法上的制裁之原因；而违反限制的契约之私法上的效力，并不因违反限制之故而稍损；契约之是否有效，应另从民法的见地判断。但公法和私法的结合却与之不同，那是同一

---

① 孙国华、杨思斌：《公私法划分与法的内在结构》，载《法制与社会发展》2004年第4期。
② ［日］美浓部达吉：《公法与私法》，黄冯明译，周旋勘校，中国政法大学出版社2003年版，第三章第六节。

内容的法同时为公法而又为私法的，即违反那义务时，一面已构成公法上的制裁的原因，他面那契约在私法上亦不能有效。又那权利虽然应以民事诉讼去请求，但同时又由行政权加以保护；行政机关对该义务之履行，更进而加以监督和强制。①

这种公法和私法的结合，主要是出现于劳动法及少年法中。例如工业劳动者最低年龄法，规定不得雇用未满 14 岁之儿童使之从事工业，对违犯者得处以千元以下之罚金。这一面是规定工业主之公法上的义务，在他面，对于违反该限制的雇佣契约，亦不承认其在私法上成立为有效。劳动者罹灾扶助法，规定劳动者因业务而负伤、罹疾或死亡时，事业主负有遵依一定的准则，对本人或遗族予以扶助的义务，对违犯者又有罚则的规定，这亦是带有两重性质的，即一面为事业主对劳动者或遗族的私法上的义务，而他面则为对国家的公法上的义务。②

三、作为公私法之外第三法域的社会法的出现

（一）公私法之外的第三法域：社会法部门的提出

最近，有人主张在公法和私法的两大领域外，应有"社会法"的第三领域存在；并以为在社会法的领域内，无公法和私法的区别可言。在此所谓"社会法"与前述意义的社会法（即关于未构成统一的团体之多数人相互间的交涉的法）完全不同，主要是指劳动法及其他为保护经济上的弱者而干预国民之经济生活的法而言。在这种法里，事实上公法和私法确是常相结合的。例如劳动者罹灾扶助法第二条："当劳动者因业务而负伤、疾病或死亡时，事业主应依敕令之规定，予本人、遗族或依本人死亡当时之收入以维持生计者以扶助。"这一面规定劳动者或其遗族等当发生该项情形时，有请求事业主以扶助的权利，即事业主对彼等负有予以扶助的义务，无疑是私法的规定。但在他面，法律又同时规定其为事业主对国家的义务。如第七条："事业主当应予扶助时，若具有该项资力而不加履行，得处以千元以下之罚金"，规定对违反者加以刑罚的制裁。从这种关系看来，明明又是公法的规定。即在此种场合，一个法律条文同时为私法而又为公法，是把公法和私法

---

① ［美］美浓部达吉：《公法与私法》，黄冯明译，周旋勘校，中国政法大学出版社 2003 年版，第三章第六节。

② 同上。

结合在一起的，其例颇非少数。这因为劳动者和资本家的关系，虽然本来是个人相互间的关系，但两者经济上的实力悬殊，若单予以第二次的裁判上的保护，不能充分保障经济上的弱者之利益，所以国家在"第一次的"就不能放任于其个人相互间的交涉，径进而直接当其保护之任。这不外是把事业主负有扶助劳动者或其遗族的义务，和事业主对国家负有遵行法律所命的扶助义务的两重规定，合并之而规定在单一的条文中，即不过将公法和私法结合于同一的规定中而已，并不是在公法和私法之外另行构成第三区域的。① 当然，现代社会的人们越来越倾向于认为，劳动者保护法、消费者保护法等法律不只是公法和私法相互结合的法律联合体，它们应当构成了公私法之外的第三法域和第三法律部门：社会法。②

这种公法和私法的结合，不限于所谓社会法——特别是劳动法的领域，跟着国家对于经济生活的统制之进展，在其他产业的区域，亦必有此种结合出现，这是可想象而得的。假如国家对于一切个人相互间的关系都不限于第二次的裁判上的保护，更进而直接干预其事，将遵守法规的义务视为向国家所负的义务，而以国家的权力厉行之，到那时候，便是公法与私法泯其区别，一切国内法都成为公法的时候。③

（二）社会法的起源：从社会法学派创设开始

20世纪以来，随着西方国家自由放任主义的削弱，福利国家观念的崛起，国家对经济和社会的干预得到加强，以"法的社会化"为特征的第三法域即"社会法"介于公私法之间而崛起。这一法域，主要包括反垄断法、反不正当竞争法、社会保障法、环境保护法、消费者保护法、劳工法等。社会法的出现，主要是随着社会发展，传统个人主义、自由主义的利益达成之理想在现代社会中无法完全实现，对于社会中的弱者，法律需要通过社会化的手段加以切实保护。社会法的蓬勃发展，很大程度上突破了公法、私法分立的传统，使得私法与公法、民法与行政法、契约与法律之间的划分已越来

---

① ［日］美浓部达吉：《公法与私法》，黄冯明译，周旋勘校，中国政法大学出版社2003年版，第70页。

② 董保华：《社会法原论》，中国政法大学出版社2001年版，第1页。

③ ［日］美浓部达吉：《公法与私法》，黄冯明译，周旋勘校，中国政法大学出版社2003年版，第23页。

越趋于模糊。①

但社会法的源头我们却可以追溯到更早时期的社会法学派的诞生。社会法学派是19世纪末叶以来资产阶级法学中的一个派别，又称社会学法学派。法国 A. 孔德在西方法学著作中，常被认为是早期社会学法学的创始人。社会学法学的早期代表英国社会学家 H. 斯宾塞认为社会和国家如同自然界生物一样，是一个有机体；人与人之间的关系也是生存竞争和强存弱汰；法的任务只在于维护个人自由；每个人只要不妨害他人的同样自由，就可以从事他所愿意从事的任何活动。奥地利社会学家 L. 贡普洛维奇认为社会发展的动力是种族斗争；国家起源于较强的原始民族对较弱的原始民族的征服；法是社会中统治集团通过国家权力对被统治集团进行统治的工具；法的原则不是平等而是不平等。法国社会学家 G. 塔尔德和美国社会学家 L. F. 沃德等人则被认为是早期社会学法学中的心理学法学派创始人。19世纪末新功利主义法学的主要代表 R. von 耶林和新黑格尔法学首创人 J. 柯勒，也被认为是早期社会法学派的首创人。20世纪社会法学派的主要代表人物有：奥地利法学家 E. 埃利希、德国社会学家 M. 韦贝尔、法学家 H. 坎托罗维奇和美国法学家 R. 庞德等。与早期社会学法学家的主要区别是：他们不仅认为法是一种社会现象，而且特别强调法的社会作用和效果；他们不是强调个人权利和自由，而是强调社会利益和社会调和；他们不是仅从人种学、生物学或心理学一个角度，而是综合各门学科解释法律现象。

西方法学家一般认为该派具有下列的一个或两个特征：（1）以社会学观点和方法研究法，认为法是一种社会现象，强调法对社会生活中的作用或效果以及各种社会因素对法的影响；（2）认为法或法学不应像19世纪那样仅强调个人权利和自由，而应强调社会利益和"法的社会化"。具体来说，综观社会学法学的各种学说和观点，我们把社会学法学归纳为以下几方面的特点：

第一，实效性。"即社会学法学从根本上讲是注重法律的实际效果的学说派别，这一特性是该学派的根本出发点也是其最后的归宿"。社会学法学内部的不同分支观点尽管各有侧重，但万流归一，核心仍是从实际出发再回到实际中去的原则，这也是社会学法学派安身立命之本。

第二，兼容性。社会学法学提供了广阔的阐释视角和方法，对各种法学

---

① ［德］拉德布鲁赫：《法学导论》，舒国滢译，中国大百科全书出版社1997年版，第77页。

流派的观点和方法采持了兼收并蓄的态度,尽管庞德等人对分析法学、历史法学和哲理法学的观点有所批判,但在社会学法学理论中仍然吸取了不同流派的观点为己所用。"庞德并不像霍姆斯那样否定规则的作用,而是将立法与适用的效果都涵盖在社会学效果的研究范围内,对立法实效也做考察。同时,庞德又强调历史的研究方法,认为历史研究是对法律理性思考的重要组成部分"。将历史法学的理论思想也融合到社会法学中。

第三,实用主义哲学。社会学法学之所以具有上述两个特点,都要归结为实用主义的思想方法。实用主义讲求从现实出发,方向相反的回头检验一种理论或制度,而不是从理论或制度出发想当然地让现实屈就于理论与制度。"一种制度与学说的合理性与价值在于能否与现实相契合,由此,实用主义的方法能够调和不同流派和学说的观点'为我所用'、'为实际所用',起到兼收并蓄的效果"。在实用主义看来,学派之争是徒劳无益的。正是在实用主义哲学思想"有用就是真理"的影响下,社会学法学体现了很强的包容性,各派的学说都可以在其中找到自己的影子。社会学法学不仅开创了一片全新的研究领域,而且提供了崭新的思维模式和方法视角。

四、庞德的社会法理论与社会法学派的发展

由于庞德是社会法学历史中的重要人物,有必要对其进行专门的详细解读,以便为社会法学理论和学派发展梳理脉络。

(一) 庞德及其社会法学要义

罗斯科·庞德(Roscoe Pound,1870—1964)是美国著名的法学家,是社会法学派在美国的创始人和代表者。1888年庞德从内布拉斯加州立大学植物学专业毕业,第二年,他获得了艺术学学士学位。尽管庞德热爱植物学,但受其父亲影响,他对法学有一种天生的兴趣。"1887年,亦即我读大学三年级时,家父给了我几本法学论著:一部是霍兰(Holland)撰写的《法理学要素》(Elements of Jurisprudence,3ded.1886);另一部是埃默斯(Amos)撰写的《法律科学》(Science of Law);还有另一部是梅因(Maine)发表的《古代法》(Ancient Law)。在此后的两年中,我把这几部著作读了一遍又一遍"。1889年庞德进哈佛大学法学院学习一年,"并在离开哈佛法学院的时候成了一个笃信功利主义的论者和奥斯丁的追随者,正如那些在兰戴尔、格雷、艾梅斯和撒耶尔领导哈佛大学之风气的鼎盛时期习得法学

观念的学生一般"。① 1897 年庞德获得哲学博士学位。1899 年,他被任命为内布拉斯加州立大学法学院法理学和国际法教授。从那时起,庞德先后担任西北大学、芝加哥大学法学院教授,1910 年庞德回到哈佛大学法学院先后有六年的时间担任斯托里和卡特讲座法学教授,1916 年起担任哈佛大学法学院院长长达 20 余年,这期间被誉为哈佛大学法学院的黄金时代。除了担任法学教授之外,庞德还参加了大量的社会活动,1929—1931 年,他担任胡佛总统的法律遵循与实施全国委员会成员;1946—1949 年,他来到南京,担任了当时中国国民政府司法院的法律顾问,主要指导国民政府完善法院系统。庞德一生有大量的论著发表,主要有 1922 年的《法律哲学导论》(Introduction to the Philosophy)、1926 年的《法与道德》(Law and Morals)、1930 年的《美国刑事司法》(Criminal Justice in America)、1942 年的《通过法律的社会控制》(Social Control Though Law),但总括其社会学法学理论大成的当属他从 1911 年开始"勾画和撰写",1958 年方完成"最后两章即第 33 和 34 章的撰写工作"的五卷本《法理学》(Jurisprudence)。按张文显教授的说法,《法理学》是他以前著作的集萃。②

对于庞德的社会法理学著作和思想,邓正来先生描述如下:

庞德创建社会学法理学的智性努力,大体上可以通过他所撰写的下述著作而得到反映:庞德在其于 1911—1912 年所撰写的《社会学法理学的范围和目的》一文中概括了他本人以及当时社会学法学论者所阐发的社会学法理学纲领,并且依据这一"纲领"而在其于 1923 年发表的《法律史解释》一书中对 19 世纪历史法学派中的各种法律史解释进行了详尽的批判;又在其于 1942 年发表的《通过法律的社会控制》一书中进一步阐释了建立在利益论基础上的社会工程说或社会控制说;最后,庞德在其于 1959 年所发表的《法理学》五卷本巨著中对上述观点做了系统的阐释,其间当然包括若干修正和补充。③

庞德的社会学法学是与资本主义向帝国主义过渡和一战后发生在美国的制度和意识形态的变革相伴而生的。作为后起的帝国主义国家,通过美西战争确立了自己世界大国的地位,在一战中的美国又大发战争财,战后取代英

---

① [美] 罗斯科·庞德:《法理学》(第一卷),邓正来译,中国政法大学出版社 2004 年版,第 3、4 页。
② 张文显:《二十世纪西方法哲学思潮研究》,法律出版社 1996 年版,第 122 页。
③ 邓正来:《迈向全球结构中的中国法学——庞德〈法理学〉(五卷本)代译序》,载《吉林大学社会科学学报》2004 年第 3 期。

国成为世界头号经济大国,经济上的高速发展与国际地位的迅速提高导致美国社会的巨大变革。但美国的法律并没有跟上时代的脚步,19世纪的分析法学和形式主义仍是其立法和法律适用的主导思想。在这样的背景下,庞德对其学生时代追随的精神导师奥斯丁的学说产生了怀疑。1906年,庞德在明尼苏达的圣保罗发表了著名的"圣保罗演讲",在这次演讲中,庞德"断言,美国的法院系统已经陈旧,其司法程序也已落后于时代"。[1] 从此,庞德开始了他长达五十余年的法律体系和法理学的批判与重构工作。[2]

首先,庞德社会法理学要义之一在于对传统的法律形式主义和概念法学的批判。

庞德法理学的思想来源非常广泛,除了霍姆斯的实用主义法学,威廉·詹姆斯的实用主义哲学,沃德、罗斯的社会力量和社会控制学说之外,还大量汲取了欧陆19—20世纪社会科学的理论营养,如埃利希的"活法"说,耶林、涅克的社会心理学理论,柏格森、克罗齐等的哲学、历史学理论,但对庞德法理学体系构建最关键的要属新功利主义法学家耶林的"利益说"和新黑格尔主义法学家柯勒的法与文明的理论。"就其吸取大陆理论家的著作成果而言,庞德也许是世纪之交美国法理学中独一无二的人物"。庞德在20世纪头10年里猛烈抨击当时在法官们的头脑中占主流的概念主义法学,讥之为"机械主义法理学",他宣称,作为概念法学的"对头"的社会学法学是"作为法哲学的实用主义思潮"存在的。[3] 总之,此种对法律形式主义和概念主义法学的批判本身就是庞德社会法理学得以确立的根本和基础。可以说,庞德的社会法学有着强烈的批判和反动导向。

其次,对"法律的目的"追问是庞德社会法学工作的重要部分。在20世纪,除耶林外,庞德是最注重对"法律的目的"进行研究的法学家之一。庞德认为法律的目的就是社会控制的目的,就是能够实现对社会利益的保护,就是法律秩序的目的,就是正义。他说"有关法律的目的——亦即有关社会控制的目的以及作为社会控制之一种形式的法律秩序的目的——以及从这种法律目的来看法律律令应当是什么的哲学观、政治观、经济观和伦理观,乃是法官、法学家和法律制定者工作中的一个具有头等重要意义的要

---

[1] 吕世伦:《现代西方法学流派》(上卷),中国大百科全书出版社2000年版,第447页。
[2] 程乃胜:《法律的目的追问——读罗斯科·庞德的〈法理学〉(第一卷)》,载法天下,http://www.fatianxia.com/review_ list.asp? id =271。
[3] 朱晓东:《庞德法理学提纲初论——评〈法律的社会控制〉和〈法律史解释〉(上)》,载公法评论网,http://www.gongfa.com/zhuxdpangde.htm。

素"。庞德认为"法律"的目的是尽可能地合理地构建社会结构,以最小的阻力和浪费最大限度地满足社会成员的利益。因此,庞德研究了利益、利益分类和对利益进行平衡的价值问题。庞德把利益定义为:"人们,个别地或通过集团、联合或关系,企求满足的一种要求、愿望、或期待;因而利益也就是通过政治组织社会的武力对人类关系进行调整和对人们的行为加以安排时所必须考虑的东西。"庞德指出:"法律的全部意义是一个实践问题。"在庞德看来,利益理论将相对地回答法律目的的问题"。"与康德和斯宾塞不同,庞德认为,法律的目的主要不是最大限度地自我维护,而主要是最大限度地满足需求。……在 20 世纪,应该用更加广泛地承认人类的需要、要求和社会利益这方面的发展来重写这段法律历史"。①

在《法理学》(第一卷)中,庞德考察了法律的目的"在法学思想中的发展"和"在法律律令和法律准则中的发展",明确将法律的目的称作"正义理论",他说:"正义,亦即法律的目的……"至于如何研究法律的目的?庞德认为:"我们既可以用历史的方法也可以用哲学的方法来处理法律目的这个问题或何谓正义这个问题。我们既可以对那些有关法律目的的观念在法律律令和法律准则中的发展过程进行探究,也可以对那些有关法律目的的观念在法学思想中的发展过程进行探究。……我们不仅要追问有关正义的法律观念是什么?与此同样重要的是,我们还必须知道有关正义的法律观念是如何、在何时以及为什么或为什么可能与有关争议的经济观或政治观或伦理观相区别的。为了回答这样的问题,我们就必须考虑有关正义的法律观念是如何以及为什么会变成它现在这个样子的。"②

总之,庞德的法学思想产生于 20 世纪前半叶,是与美国社会经济高度发展,资本高度集中,社会矛盾空前突出的实际情况相适应的。但我们仍可以从他的法律目的就是"能够实现对社会利益的保护"和"法律的目的主要不是最大限度地自我维护,而主要是最大限度地满足需求"以及法律目的"全部意义是一个实践问题"的思想中得出有益的启示和结论:法律的全部目的就是在法律实践中对法律价值的追求和实现。对庞德时代的美国如

---

① [美] E. 博登海默:《法理学—法哲学及其方法》,邓正来、姬敬武译,华夏出版社 1987 年版,第 140—141 页。转引自程乃胜《法律的目的追问——读罗斯科·庞德的〈法理学〉(第一卷)》,载法天下,http://www.fatianxia.com/review_list.asp?id=271。

② [美] 罗斯科·庞德:《法理学》(第一卷),邓正来译,中国政法大学出版社 2004 年版,第 369、514 页。

此,对当今的中国也是这样。①

第三,社会利益理论是庞德社会法学的核心。把法律看成这样一种社会制度,即在通过政治组织的社会对人们的行为进行安排而满足人们的需要或实现人们的要求的情形下,以付出最小代价为条件而尽可能满足社会需求的社会制度,法律的作用就是通过社会控制的方式不断扩大对人的需求、需要和欲望进行承认和满足,对社会利益进行日益广泛和有效的保护。他指出19世纪的法律历史在很大程度上是一部有关日趋承认个人权利(常被承认为自然和天赋的权利)的记录,并建议20世纪更加广泛地承认人的需要、要求和社会利益。庞德把利益分为个人利益、公共利益和社会利益,在一定时期应该优先考虑某些利益,认为法学家应尽可能保护所有社会利益、并维持这些利益之间的、与保护所有这些利益相一致的某种平衡和协调。下文将予以详细论述。

庞德曾将社会法学派和其他法学派(主要是分析法学派和自然法学派)的区别归纳为以下几点:该派着重法的作用而不是它的抽象内容;它将法当作一种社会制度,认为可以通过人的才智和努力,予以改善,并以发现这种改善手段为己任;它强调法所要达到的社会目的,而不是法的制裁;它认为法律规则是实现社会公正的指针,而不是永恒不变的模型。

在20世纪的西方法学中,还有不少派别虽与庞德等人的社会法学派观点有所不同,而在许多基本观点上又极为类似,因此可列为社会法学派的支派,如社会连带主义法学派(见狄骥)、美国的现实主义法学派、欧洲大陆各国的自由法学派、利益法学派、北欧各国的斯堪的纳维亚法学派以及心理学法学派等。第二次世界大战后,社会法学派在理论上并无显著改变,但在方法论上日益与自然科学或综合学科结合而成为一种应用法学。

(二)庞德社会法理论提出的背景

从经济社会和政治背景上来说,19世纪末20世纪初,美国经济正处于自由资本主义向垄断资本主义迅速转变的过程中。尽管美国国会于1890年通过了《谢尔曼反托拉斯法》,试图削弱大公司的垄断力量,促进市场竞争,但是联邦最高法院却坚持经济自由主义,抵制反托拉斯法的实施。在最高法院的翼护下,1897年至1904年之间,美国发生了319次公司兼并,资

---

① 引自程乃胜《法律的目的追问——读罗斯科·庞德的〈法理学〉(第一卷)》,载法天下,http://www.fatianxia.com/review_list.asp?id=271。

本总额为 63 亿美元。垄断的急剧发展,激化了各种利益冲突,迫使美国政府逐步介入市场,充当协调各种社会利益的"工程师"。从西方政治局势来看,首先,在资本主义世界,尤其在美国,客观上要求国家对市场的介入、调节。而当时联邦最高法院为保守势力占据,顽固坚持经济自由主义,抵制包括美国国会 1890 年通过的《谢尔曼法》在内的各级国会的反垄断法。正如庞德所说,"天赋人权曾变得像君权神授一样残暴,这在过去 25 年中美国宪法已经提供了充分的例证"。这使庞德开始强调法律是一种"社会控制工具",强调法律的社会效果,并与霍姆斯这位"伟大的异议者"(The Dissenter)走到了一起。其次,1929 年全球性经济危机导致了长时间的"大萧条",欧洲许多国家,尤其是德、意,纳粹势力抬头,并在 1939 年发动了旷世的第二次世界大战,整个西方世界都笼罩在专制、强力的纳粹阴影之下,庞德作为捍卫资产阶级民主、自由的法学家,力图在法学理论上抵消强力、专制的理论,而阐发正义、安全、均衡与文明诸种更高价值。① 正是在这一背景下,庞德建构了他的社会学法理学理论。他主张加强政府对包括经济在内的整个社会生活进行调节或控制,强调法律是一种"社会工程",法律的作用就是承认、确定、实现和保障各种利益,尤其是社会利益。从 1908 年到 1923 年间,庞德完成了反映他社会学法理学观的大部分论著。他对法理学的重大贡献实际上也是在此期间完成的。此后的著述,多是对以前理论的重述或改编。②

从法哲学思想渊源上来说,庞德社会法(理)学的思想来源非常广泛,除了霍姆斯的实用主义法学,威廉·詹姆斯的实用主义哲学,沃德、罗斯的社会力量和社会控制学说之外,还大量汲取了欧陆 19—20 世纪社会科学的理论营养,如埃利希的"活法"说,耶林、涅克的社会心理学理论,柏格森、克罗齐等的哲学、历史学理论,但对庞德法理学体系构建最关键的要属新功利主义法学家耶林的"利益说"和新黑格尔主义法学家柯勒的法与文明的理论。"就其吸取大陆理论家的著作成果而言,庞德也许是世纪之交美国法理学中独一无二的人物"。下面仅就詹姆斯、霍姆斯与耶林对庞德的影响稍作展开,因为这两个学术思想正是庞德法理学的矿脉所在。庞德在 20

---

① 朱晓东:《庞德法理学提纲初论——评〈法律的社会控制〉和〈法律史解释〉(上)》,载公法评论网:http://www.gongfa.com/zhuxdpangde.htm。

② 李建国:《庞德〈法理学〉(卷一)导读》,载法天下,http://www.fatianxia.com/review_list.asp?id=272。

世纪头 10 年里猛烈抨击当时在法官们的头脑中占主流的概念主义法学，讥之为"机械主义法理学"，他宣称，作为概念法学"对头"的社会学法学是"作为法哲学的实用主义思潮"存在的。而霍姆斯的法官哲学的经典名言——"法的生命不在于逻辑，而在于经验"，阐述的正是这种实用主义法理学。这种法理学的必然结论就是庞德所称的"研究法律制度和法律学说的实际社会效果"。庞德把这作为社会学法学研究的第一个问题。詹姆斯在《实用主义》中阐发了这种美国式哲学，"实用主义的方法，不是什么特别的结论，只不过是一种确立方向的态度。这个态度不是去看最先的事物、原则、'范畴'和假定是必需的东西，而是去看最后的事物、收获、效果的事实"。詹姆斯、霍姆斯对庞德的思想的影响从此可见一斑。但是，庞德对霍姆斯的理论也多有不满，如针对霍姆斯提出的法的"坏人的预测"角度，庞德认为法的出发点同样可以是好人的利益要求；针对霍姆斯把强力作为法的价值尺度，庞德认为强力必须从属于正义、安全、均衡；这些分歧的原因在于，与霍姆斯吸收历史法学派思想不同，庞德更多的是吸收了耶林的社会利益学说。庞德在其著作中就多次引用了耶林的著述。针对国内学者多将"社会控制"或"法律的社会作用和效果"作为庞德法理学的核心的论述，本文认为庞德法理学的理论核心乃是耶林的"社会利益说"（或"法的目的说"）。耶林是 19 世纪德国目的法学派创始人（又称新功利主义法学派），他在《法的目的》一书中阐发了其法哲学思想，他首先区分在物质世界起作用的原因（Ursache）和在人的意志中起作用的目的（Zweck），从而认为目的是法的创造者，在耶林看来，此处的目的就是指利益，利益又有个人的和社会的，两者不可偏废。法也是以权利为前提，如果抽象的法没有权利内涵，就失去了法的生命和本质。正是由此，庞德发展出自己的社会利益分类学说与权利学说，并为其社会学法学与社会控制说奠定了理论基础。[①]

总之，庞德社会法理论的提出与西方社会法学与一般法学理论的发展以及经济社会发展历程密切相关。庞德在 20 世纪初提出了社会法的概念和理论，后来急剧扩张，又发展出了各种社会法学的门派和理论，并引起了社会立法的大量出现，如劳工保护法律、消费者保护法律等等。用季卫东先生的观察，社会法和社会法学在 20 世纪美国法学界的发展是"从边缘到中心"的发展过程。以前的那种以合同自由和合同法为典型的私法帝国主义的时代

[①] 朱晓东：《庞德法理学提纲初论——评〈法律的社会控制〉和〈法律史解释〉（上）》，载公法评论网，http://www.gongfa.com/zhuxdpangde.htm。

逐渐开始向社会法帝国主义的时代过渡，与此相适应，比较法也表现出了同样的立法和研究特征。

（三）社会利益说：庞德社会法理论的核心

从 20 世纪 40 年代以来，关于庞德社会学法理学的核心思想是什么，国内一些学者认为，核心思想是强调法律的社会作用和效果，也有的将"法律的社会工程"说视为庞德整个法学理论体系的核心。实际上，从庞德的《法哲学导论》、《法理学》等主要论著看，可以发现，无论是法律的社会实效论，还是法律的社会工程或社会控制说，实质都是围绕承认、协调、调节各种社会利益这一中心问题而展开的。因此，社会利益说才是庞德思想的核心。[①] 也就是说，庞德的法理学核心是社会利益理论，其意在为立法和司法提供指导。庞德力倡法院应该对社会利益加以衡量，而不应严格依照法律实现所谓"正义"。因为在庞德看来，正义意味着这样一种关系的调整和行为的安排，"它能使生活物资和满足人类对享有某些东西和做某些事情的各种要求的手段，能在最少阻碍和浪费的条件下尽可能多地给以满足"。

庞德认为，作为社会控制工具的法律的任务或法律秩序的任务，就是承认、确定、实现和保障利益。"法律秩序的任务就在于决定其中哪些被承认与保护，和应在什么范围内加以承认与保护，以及在最小限度的摩擦和浪费的条件下给予满足"。[②] 西方法学家认为庞德对当代法哲学的主要贡献在于他的"社会利益理论"。他发展了边沁和耶林的学说，认为利益观念是法律所保护的一个基本要素。为了使法律完成其认可保障社会利益的使命，需要首先调查某一特定文明社会的人们的实际需要和各种要求，制成一种"利益纲目"，以便给立法者和司法者提供依据。至于什么是利益，庞德说："就目前论题而言，我将利益定义为某种要求或欲望（demand or desire）。这是人类（以个人、团体、社会或相互关系的形式）希望得到满足的东西，因此，是在规范人们相互关系时必须考虑的。"法律并不能创造这些利益，但是或多或少的可以对这些利益分类，并加以承认，界定和使之有效，为了决定法律制度的范围和主要内容，我们必须考虑：（1）开列迫切需要承认

[①] 参见李建国《庞德〈法理学〉（卷一）导读》，载法天下，http：//www.fatianxia.com/review_list.asp? id =272。

[②] ［美］庞德：《通过法律的社会控制、法律的任务》，沈宗灵、董世忠译，商务印书馆1984年版，第82页。

的利益清单,并将这些利益一般化后加以归类;(2)选择并决定法律应该承认和尽力保障的利益;(3)确定已选择的利益保障界限;(4)保障被承认、界定的利益的法律工具;(5)确定各种利益的评价原则,以便实现上述诸点。庞德汲取了耶林的利益分类说,将利益分成个人、公共和社会利益三类,并着重阐述了社会利益在整个利益体系中的地位及其具体内容。[①] 其中个人利益又包括人格利益、家庭利益和物质利益;公共利益包括国家作为法人的利益和国家作为社会利益捍卫者的利益;社会利益包括六大类,即给予一般保障的社会利益,关于保障家庭、宗教、政治和经济各种社会制度的利益,一般道德方面的利益,使用和保存社会资源方面的利益,社会、政治、经济和文化等方面的一般进步的利益,个人生活方面的利益。庞德对利益予以具体的分类,目的在于提高法律调整的合理性、准确性和有效性。

个人利益、公共利益和社会利益这三种,在一定时期应该优先考虑某些利益,认为法学家应尽可能保护所有社会利益、并维持这些利益之间的、与保护所有这些利益相一致的某种平衡和协调。他认为,社会利益应该包括:第一,一般安全中的社会利益;第二,社会体制中的社会利益;第三,一般道德的社会利益;第四,保护社会资源的社会利益;第五,一般进步的社会利益;第六,个人生活中的社会利益。

社会利益论贯穿庞德法律思想的各个方面,如在论及法哲学问题时,他认为,两千四百多年以来,从公元前5世纪的希腊思想家考虑"正确"的自然性或人定性,到如今的社会哲学家寻求社会控制的目的与道德基础,法哲学在所有关于人类体制的研究中都起着主导作用。"促使人们对法律进行哲学思考的需求有两个。其一,保障一般安全中至高无上的社会利益,即和平与秩序的利益。这是法律产生的原因。其二,各种社会利益的压力,并根据一般安全的要求,协调各种利益,作出不断更新的妥协,因为日新月异的社会要求不断调整具体的社会秩序。又比如,庞德在论述法律的目的时指出:首要的问题是承认某一种需求——承认和保障各种利益。[②]

不仅如此,在庞德的社会学法理学中,还体现出社会利益是法律的终极权威的思想。按他的理论,在法律的终极权威性问题上,分析法学派主要看

---

① [美]庞德:《通过法律的社会控制、法律的任务》,沈宗灵、董世忠译,商务印书馆1984年版,第37页。
② 参见李建国《庞德〈法理学〉(卷一)导读》,载法天下,http://www.fatianxia.com/review_list.asp?id=272。

到的是法律律令背后的强制力和约束力,因为对他们来说,法律权威的关键在于国家司法机构的强制实施。因此,任何不能确获强制实施力的东西都不是法律。这意味着分析法学派所重视的是制裁理论。历史法学派主要强调的是法律律令背后的社会力量,即历史法学家所考虑的是所有形式的社会压力,因此对他们来说,应当从人们服从法律的习惯,从公众情绪和舆论中或从社会上盛行的正义标准中去发现制裁。哲理法学派关注法律律令的伦理和道德基础,而不是它们的制裁。与上述三大法学派不同,社会学法理学强调法律(即在上述三种意义上的法律)。所促进的各种社会目的,而不强调法律的制裁。认为法律律令乃是从保障社会利益中获致其终极权威的,即使它们的即时性权威或直接权威源出于政治社会组织。①

总之,庞德的社会利益说,不仅在他的社会学法理学中是至关重要的核心思想,而且在西方法理学中也是极其著名和有影响力的。因此,把握他的社会利益说是阅读和理解他的社会学法理学乃至他的其他法学论著的关键。

(四)庞德社会法学的意义与贡献

庞德在美国开启了社会法学的理论和实践,成为社会法学派的创始人和代言人,并开启了美国社会法学的时代。在他的理论基础上,美国法学也实现了时代的转换和论题更替,并逐步在 20 世纪完成了社会法从边缘到中心的运动。

五、世界各国及我国台湾地区社会法的最新发展

(一)德国社会法之发展

德国是较早提出社会法的概念并制定了《社会法典》的国家,1975 年德国制定了世界上第一部《社会法典》,这为我们了解德国社会法的理论和实践提供了实定法的依据,德国的《社会法典》成为我们理解德国社会法理论和实践的锁钥。因此,有学者指出,《德国宪法》和《社会法典》是了解和研究德国社会法的主要资源。德国从社会福利的意义上理解社会法,社会法包括社会保险、社会补偿、社会促进和社会救济。德国社会法主要指社

---

① 参见李建国《庞德〈法理学〉(卷一)导读》,载法天下,http://www.fatianxia.com/review_list.asp?id=272。

会保障法，两个概念甚至可以通用。因此，诚如我国台湾学者所言，在德国，以社会安全作为社会法之内涵与外延的见解，已受到普遍的支持。社会法几可与社会安全法画上等号。有趣的是，"社会保障法"的概念在德国并没有被普遍接受。一般提到社会保障法的概念，有时是作为社会法的同义词，有时则有其他的内涵，例如认为社会保障法只包含社会保险法。在德国，人们常常不使用社会保障法的概念而使用社会保险法。① 而社会法在德国成为独立的法学领域，是二次世界大战之后的事情。

尽管德国存在《社会法典》，但立法者并不使用"社会法"这个概念，德国法律体系中也缺少对社会法的立法定义。"人们可以从不同的层面构造该概念，那么也可以从不同的方面解释该概念"。在德国，对于社会法亦有三种不同的理解：其一，将社会法定位于公法与私法之外的第三法域；其二，将社会法定义为实现社会政策而制定的法律，包括劳动法、消费者保护法和住宅法等；其三，将社会法等同于社会安全法，这一观点已经成为主流，已经成为德国学术、司法实务、政治与社会上之共同话语与共同概念。② 随着德国《社会法典》的制定，社会法的内涵与外延之争似乎已经基本尘埃落定，所谓社会法通说就是从社会福利支出的意义上去理解的。以前在德国，社会法除了包括社会保障法还包括劳动法，那时候劳动法和社会保险法联系紧密，最初甚至将社会保险法视为劳动法的一部分。在今天的德国，狭义的社会法概念更多地被人们所使用，即不包括劳动法，而包括社会保险、社会福利、社会救助和社会补助（例如教育补助、生育补助以及住房补助）。③

此外，在德国，从法律特性与属性来看之，社会法主要属于公法领域，尤其是公法行政领域。社会法作为特别行政法，主要隶属于给付行政的范畴，至于在一般行政中占极其重要地位的干预行政，则仅仅出现在社会保险关系中关于缴保费义务的争议上。德国社会法的主要理念在于落实基本法中关于人格尊严的生存保障、社会法治国原则和各项社会基本权

---

① 郭明政：《社会法之概念、范畴与体系——以德国法制为例之比较观察》，载《政大法学评论》1997 年第 58 期，第 375 页。转引自谢增毅《社会法的概念、本质和定位：域外经验与本土资源》，载《学术与探索》2006 年第 5 期。

② 毛德龙：《论世界各国社会法理论之发展趋势——兼论中国的社会法思潮》，载法学教育网：http://www.chinalawedu.com/news/16900/170/2007/4/li682221620161470021176-0.htm。

③ ［德］贝尔恩德·巴龙·冯·麦戴尔：《德国社会（保障）法：定义、内容和界定》，载郑功成、沈洁主编《社会保障研究》，中国劳动社会保障出版社 2005 年版，第 86—89 页。

利。可以说，生存权保障原则、社会国原则是德国社会法一以贯之的基本精神。

（二）日本社会法理论

社会法概念在日本的兴起，其起源虽然可以追溯到战前的明治时代，但其真正成为独立的法领域，并获得实定法上的依据，则是战败之后的事。日本一战后由于失业成为最为严重的社会问题，且不断壮大的劳动者为了争取和保护自身的利益，进行了维权运动，于是政府制定了有关调整劳资关系的法律，劳动法也成为日本社会法的萌芽。在日本，社会立法与劳工运动密不可分，可以说是在劳工运动的推动下起步的。日本的社会法学说受德国影响极大，但其研究却更进一步，颇有独到之处。

日本对社会法的认识经历了几个阶段：第一，菊池勇夫的"作为部门法及法域"的社会法学说。菊池教授认为：社会法，是规范社会的阶级均衡关系的国家法规及社会的诸规范的统一名称。社会改良主义是社会法的基本理念，社会法的体系包括经济法、社会事业法和劳动法。第二，桥本文雄的"保护特定主体"的社会法学说。桥本教授认为，对于社会法，必须从法的主体变迁上来理解，社会法的基本特征就在于，其法的主体是具体和特定化的，并具有保护经济弱者之功效。桥本教授还引进了"社会人"的概念，并将其定义为被特定化了的社会集团。日本现代民法的学科带头人、东京大学教授星野英一也持类似观点，他认为："以维持这种社会经济弱者阶层的生存及其福利的增进为目的的诸法律在学术上按体系分类，称为'社会法'，并被试图加以体系化。"劳动法、环保法、社会保障法、消费者保护法、公用事业法、教育法、妇女权益保护法、未成年人保护法、老年人权益保障法都是社会法的组成部分。第三，加古佑二郎的"保护劳动者阶级这一具体主体"的社会法学说。加古佑二郎认为社会法并非保护所有的特定主体，而是保护经济上处于从属地位的劳动者阶级这一特殊具体的主体。第四，沼田稻次郎与渡边洋三的"对市民法修正说"，沼田教授与渡边教授认为，社会法是作为对市民法的修正而存在的，由于市民法的贯彻和执行使资本主义社会形成了结构性的矛盾，进而对市民社会中现实存在的特殊社会群体的生存权构成了严重的威胁，社会法就是基于社会正义，为维护生存保障权而实施的法律。这一学说实际上是对劳动法、社会保障法、禁止垄断法以及环保法等社会立法所作的法学注释。沼田教授还进一步指出：作为对古典民法进行修正的社会法，是以调和具体利益的对立为基本目的，其实质是确立具体的自由来限制和约束私的所有权自由。社会法就是以个人的利害从属于社会的统一整体利益为基本法理的法。相对于以个人的权利义务为核心的个人法，社会法则是对建立在个人法基础上的个人主义法秩序所存在弊端的反省，并以对其实施社会管制为显著特征的法。持"市民法修正说"观点的学者除沼田教授与渡边教授之外，依田森教授与角田丰教授也持同样观点。①

当然，用日本法学家自己的观点来说，日本社会法分为如下不同时期：第一时期，将社会法等同于劳动法。因为，劳动和资本的阶级对立是当时社会的主要矛盾。菊池先生将社会法定义为"调整社会的阶级均衡关系的国家法规及社会诸规范的统称"。第二时期，认为社会法包括劳动法和"社会事业法"。劳动法以劳动契约关系为前提，而社会事业法，主要指对自然灾害和社会病理的救济；劳动法主要涉及如何积极改善劳动者的劳动状况，社会救济问题则是如何完善包括劳动者在内的一般无产阶级的生活状况。这种观点缘于当时日本社会立法增多对菊池先生产生的影响，菊池先生将社会法界定为"以社会改良主义为理念的社会政策立法"。第三时期，认为社会法包含经济法。把日本作为应对金融危机和发动战争而制定的经济管制法作为社会法的分支。社会法包括劳动法、经济法和社会事业法。菊池先生之所以将经济法纳入社会法的体系之内，是因为，在他看来，日本为应对上述金融危机和发动战争的需要所进行的经济管制立法——即经济法，具备了社会法所应有的基本特征。因此，菊池先生认为经济法可以作为社会法的分支学科。这一时期，菊池先生主要从范围上来界定社会法，可以称为"实证法学派的社会法学理论"。另一位学者加古佑二郎先生认为，社会法实际上是保护由处于社会的从属地位的劳动者、经济上的弱势者所组成的社会集团的利益，而并非是所有的社会集团的利益之法律规范。这一学说指明了社会法的主体问题和价值取向，应当说部分触及了社会法的本质，具有重要的学术价值。二战后至20世纪70年代以前是日本社会法理论逐渐走向成熟的时期。学者不再仅从社会法的范围，而是从社会法的产生根源和价值目标来界定社会法，对社会法理论的研究深度提高了。代表性的学说主要有两种。菊池先生认为：社会法就是以个人利害从属于社会的整体利益为基本法理的法；其对应的是以个人的权利义务为核心的"个人法"，社会法是对建立在

---

① 毛德龙：《论世界各国社会法理论之发展趋势——兼论中国的社会法思潮》，载法学教育网，http：//www.chinalawedu.com/news/16900/170/2007/4/li682221620161470021176-0.htm。

个人法基础之上的个人主义法秩序所存在的弊端的反省，并以对其实施社会管制为显著特征的法。著名的社会法学者沼田先生认为，社会法是作为对民法的修正而存在的；由于民法学原理的贯彻和实施，激发了资本主义社会的结构性矛盾，进而对市民社会现实存在的特殊群体及社会集团的生存权构成了严重威胁，社会法便是基于社会的正义，为维护生存权而建立的法律制度。渡边先生在沼田先生的理论之上，认为，作为对古典民法进行修正的社会法，是以调和具体利益的对立为基本目的的，其实质是通过确立具体的自由来限制和约束私的所有权自由。① 沼田先生还提出了社会法的体系，社会法包括劳动法、社会保障法、环境法、消费者保护法和教育文化法。②

在日本社会法学界，对于社会法之"社会"是"全体社会"还是"部分社会"，学者之间颇有歧异。例如，菊池勇夫教授就持"全体社会说"，而沼田稻次郎教授则持"部分社会说"。对于此种歧异，关涉经济法是否社会法之组成部分，持"全体社会说"认为社会法领域只有在统合受到社会正义激励的劳动法、社会保障法乃至经济法时方得成立；而持"部分社会说"者则不把经济法放在社会法领域之列。时至今日，持"部分社会说"者已经在日本占主流地位，并在生存权保障原理指导下建立起日本的社会法体系。无论如何，日本法学界基本承认社会法具有以下几个特征：其一，社会法乃是资本主义经济体制所生矛盾之法学层面的反映；其二，社会法之成立不得欠缺身为资本主义受害者的社会集团的由下而上的实践运动；其三，此等矛盾反映在法学层面，并非以不同阶级间之力与力的对抗关系为始终，而系发展为法学上价值理念之对立。③

（三）法国社会法扫描

在法国，社会法的范围比较广泛，凡是不属于传统公私法学所界定的研究范围的，都可以称之为社会法。对社会法的理解主要有两种：其一，广义的社会法，有关公共秩序或利益、劳动关系以及经济安全保障的法律，且不属于传统公法学所界定的研究范围都称为社会法；其二，主张社会法包括有

---

① 王为农：《日本的社会法学理论：形成和发展》，《浙江学刊》2004年第1期，第37页。
② 蔡茂寅：《社会法之概念、体系与范畴——以日本法为例之比较观察》，载《政大法学评论》1997年第58期，第396页。谢增毅：《社会法的概念、本质和定位：域外经验与本土资源》，载《学术与探索》2006年第5期。
③ 毛德龙：《论世界各国社会法理论之发展趋势——兼论中国的社会法思潮》，载法学教育网，http://www.chinalawedu.com/news/16900/170/2007/4/li68222162016147002176-0.htm。

关调整劳动关系的劳动法和有关社会保障（安全）制度的社会保障（安全）法。[1] 第二种观点为流行观点。但一般意义上社会法被认为包括劳动法和社会安全法。法国于1956年即制定了《社会安全法典》，1985年做了大幅修改，称为新《社会安全法典》。法国社会安全法的基本原则有：团结互助原则、强制与平等原则、制定法规范与协议法规范并存原则、政府不直接介入制度之运作原则等。法国法上的社会法是指：规范以受薪者或者独立劳动者身份出现的社会成员从事某种职业活动的行为以及由此而产生的法律后果的法律部门。法国社会法体系主要包括两大部分：劳动法和社会保障法。[2]

（四）英美国家之社会法概观

在英国和美国，社会法通常做较为广义的理解，美国一般称之为 welfare law，英国则称之为 social security law 或者 the law of social security。英美国家不太注重法律部门的构建与法律体系的整理，但是社会法这一概念和实定法依据在英美等国是实实在在地存在的。美国学者海伦·克拉克在其所著的《社会立法》一书中对社会法定义广为援引，她指出："我们今天所称之'社会法'，这一名词的第一次使用与俾斯麦的贡献有关，他在1880年就曾立法规定社会保障，以预防疾病、灾害、残废、老年等意外事故。其立法意义上一是为了保护在特别风险下的人群利益，另一方面是为了大众的利益，我们今天使用这一名词必须包括这两个方面的意义。"[3]《元照英美法词典》将"社会立法"（Social Legislation）定义为，"是对具有显著社会意义事项立法的统称，例如涉及教育、住房、租金、保健、福利、抚恤养老金及其他社会保障等方面"。[4] 因此，"社会立法"在英美法的语境中主要指社会保障法或社会福利法，和大陆法系国家现在流行的社会法（social law）概念比较接近。由此可见，在美国，对社会法的认识，不仅局限于对特殊人群的生存保障，社会法还被上升至整个"社会安全网"的高度来理解。

---

[1] 郝凤鸣：《法国社会安全法之概念、体系与范畴》，载《政大法学评论》1997年第58期，第381页。

[2] 肖磊：《法国社会法的概念及由来》，载史际春、邓峰主编《经济法评论》，中国法制出版社2004年版，第411页。

[3] 王全兴：《经济法基础理论与专题研究》，中国检察出版社2002年版，第715页。

[4] 薛波：《元照英美法词典》，法律出版社2003年版，第1267页。

（五）我国台湾地区社会法

我国台湾地区对于社会法之认知有三：其一，社会法乃公私法之外第三法域或者团体法。持此论者主要有史尚宽、法治斌、韩忠谟等。例如，史尚宽先生在其所著的《民法总论》中论及民法和社会法的关系。先生指出，在自由经济竞争之阶段，经济与政治完全分离，规定经济的关系之私法，与规定政治关系之公法，完全明确的对立。于统制经济之阶段，渐有公私法混合之法域，而出现中间之法域，即为社会法，包括经济法和劳动法。[①] 显然，史先生囿于当时的经济社会条件和社会法立法相对简单的客观事实，难以对社会法做更深一步的阐述。其二，社会法乃社会政策之立法。持此论者主要有黄右昌、林纪东、陈国均、刘得宽、陈继盛等。陈国均先生就是从这个意义上来认识社会法的，他认为，从广义上讲社会法是指为了解决社会性问题而制定的各种社会法规的总称，它是根据国家既定的社会政策，通过立法的方式制定法律，以保护某些特别需要扶助的人群的经济生活安全，或是用以普遍促进社会大众的福利。将所有这些法规集合在一起，便被广泛的称之为社会法或者社会立法。其三，将社会法视为社会安全法。持此观点者有黄钦越、钟秉正、王泽鉴、郭明政等。民法教授王泽鉴先生受德国学者影响，认同社会法乃社会安全法。"法律学由王泽鉴所执笔之'劳工法与社会法'一章，虽将此二法域并列，惟王氏已将两者予以明确区分，并将社会法定位为社会安全之法律"。依王泽鉴教授的说明："社会法即系以社会安全法为主轴展开的，但凡社会保险法、社会救助法、社会福利法（儿童、老年、残障福利）、职业培训法、就业服务法、职业训练法等均属社会法研究之范畴。"[②] 无独有偶，台湾留德学者钟秉正先生也认为："社会法为我国（台湾地区）新兴之法学领域。其体系分类主要有社会预护、社会补偿、社会促进与社会扶助四项。"很明显，钟秉正秉承德国社会法学说也倾向于认为社会法就是社会安全法。[③]

中国台湾学者蔡茂寅教授则秉承日本学者沼田稻次郎的学说，主张从市民法修正的角度来认识社会法。他指出："随着资本主义经济社会的高度

[①] 史尚宽：《民法总论》，中国政法大学出版社2000年版，第57页。
[②] 郭明政：《社会法之概念、范畴与体系——以德国法制为例之比较观察》，载《政大法学评论》1997年第58期，第373页。
[③] 毛德龙：《论世界各国社会法理论之发展趋势——兼论中国的社会法思潮》，载法学教育网，http://www.chinalawedu.com/news/16900/170/2007/4/li68222162016147002l176-0.htm。

化,近代市民法的理念乃逐渐丧失其伦理性与社会妥当性基础,因之,法秩序之全面修正就成了燃眉之急。而为了校正此种与社会脱节的市民法原理,一种正视社会现实,以活生生的具体人类为规范对象的全新的法思维于焉形成。基于此种思维与具体立法以及法理论则被称为社会法。这种转变可以说是从近代法到现代法,从市民法到社会法的一大原理转换。"同时,蔡茂寅教授也注意到市民法原理在社会法各个领域所受到的修正并不相同。例如在劳动法与社会保障法领域均是以生存权保障为其主要指导原理,但在环境法和消费者保护法之领域,生存权的指导性则不明显。然而,无论如何,战后社会法的思想基础及其实定法根据,最主要的仍是生存权保障原理。[①]

与此同时,蔡茂寅教授还主张不要过分执著于社会法基本原理的研究,而应当将学界的主要精力致力于具体社会法制度的探讨上来。蔡茂寅教授分析了自19世纪80年代后,日本学者少有关注社会法基础理论的研究的原因,他认为:"第一,日本的社会法研究早已脱离初期兼容并蓄、浅尝辄止的粗糙阶段,学者通常只在单一的社会法领域进行研究,显现分工精细的高度化现象,因之即无必要对上位阶的社会法概念多做演绎。第二,社会法作为一个'说明概念'固然有其学问上的意义,并且有助于'思考经济',但是其转化为'工具概念'的疑虑则以袪除,有鉴于此,学者对此一概念的进一步探讨自然多有踌躇。申言之,社会法的工具概念化,可能出自其'给付行政'的性格,演绎出无需适用'法律保留原则'的结论,助长行政的恣意、独断,反而有害国民在此一领域的'权利化'地位之进行,弊端兹深,因此难获认同。第三,社会法概念的确立,在实践意义上也受到怀疑。这是因为如同后述,社会法的概念在日本极为广泛,同属社会法之各领域(例如社会保障法与教育法)相互之间,性质上往往大不相同,因此,即令确立作为上位阶概念的社会法之内涵与外延,亦难据此主张制定整合此一领域之共同原理的'社会基本法'之必要性,从而其实用性受到怀疑所致。"应当说,蔡茂寅教授的上述分析颇值得我们大陆经济法学界和社会法学界的重视和借鉴。[②] 这是有关我国台湾地区社会法的最新发展的一些介绍和评论。

---

① 蔡茂寅:《社会法之概念、体系与范畴——以日本法为例之比较观察》,载《政大法学评论》1997年第58期。
② 毛德龙:《论世界各国社会法理论之发展趋势——兼论中国的社会法思潮》,载法学教育网,http://www.chinalawedu.com/news/16900/170/2007/4/li68222162016147002117 6 - 0.htm。

六、中国社会法的最新发展：比较法的视角

世界各国社会法理论和实践的发展也使得比较法的重心开始出现位移，即由原来的以公法和私法为中心的比较开始向以社会法为中心的比较的转移。相应的，中国的比较法和外国法研究也开始呈现这样一种社会法中心的态势，中国法学界也越来越重视从比较法的角度来研究社会法的变迁与发展。

（一）新中国成立之前的社会法研究概况

在我国内地对社会法关注较早的当数李景禧先生，早在1936年，他就撰文指出："社会法是近代历史上产生的一个历史概念，……它是一团法规，变动无常，范围不定，因此，要说明其内容，就困难了。"黄右昌先生则在1931年著文指出："旧分类中，最不宜存在者，即公法、私法之区别也。……社会法包括经济法与劳动法，……此项分类，乃为动摇公法、私法的界限的一大关键。……十八世纪以来，国家法律制度，均以极端个人主义为中心，……于是社会上发生'贫者愈贫，富者愈富'之极端现象，……故自俄国大革命之后，欧美诸国以及日本各法律家，改变态度，将倾向于国家主义者，而倾向于社会主义，依据社会政策以立法，以冀调和劳资阶级之斗争。……于是法律上，对于无论何人，皆有保障其生活之义务，故以经济法与劳动法，为社会法之内包。"陈任生先生则在其撰写的《从个人法到社会法——法律哲学的新动向》一文中，将社会法视为社会学法学派或者是法律社会学思潮。他指出："十九世纪以前的法律思潮，是建筑于个人主义的原则上面，十九世纪以后的法律思潮，则站在实证主义的社会学上。在前者方面，有十八和十九世纪间的自然法学派，在后者方面，就是本篇所欲论述的社会法学派。"在民国时期，社会法研究的集大成者当数吴传颐先生。吴传颐先生在其发表的《社会法与社会法学》一文中对新兴的社会法学做了颇为深刻的研究，他指出："通常认为社会法不过是保护经济弱者福祉的法，并不够理解社会法发达的真相。毋宁说社会法是基于社会结构的变迁和法律思想的推移，所构成新的人间概念之法。换句话说，社会法观念之特征，正是近代社会和法律思想的反动。……社会法思想有四种意味：第一，剥去平等化、抽象化的人格者概念的表皮，从每个人社会地位之差别性：权势者或者无力者，而予以适当估量。……第二，基于个别的社会权势者和无

力者地位的不同，进一步考虑怎样保护后者抑制前者。……第三，社会法的思维，设想每个人为社会成员之一，好像螺丝钉之为机械的构成分子一样。所以纵然是私的关系，也得作为社会关系之一来把握。这样，私的关系，在私人之外，不能不由社会的大存在者出来监视和干涉了。第四，社会法的形式和现实，不能如现存制定法的形式和现实，发生南辕北辙的现象。必须在新的平面或立体上开始调和和适应的工作了。"吴传颐先生除了对社会法的概念和特征做了深刻的阐述之外，还对社会法的本质进行了入木三分的解析，他认为："社会法还在形成中，它本质的特征，一时还难详述。目前在形式的构造上，可得而言者约有四种：第一，社会法在法域的广漠上，几乎颠倒了从来公法、私法的顺位。……第二，社会法领域中，不再有公法、私法的对立，只有两种法域的渗透。……第三，社会法在概念上，已步入清算以前私法繁琐的技术，抽象的公式的阶段，坚实的立足于社会现实或经济政策之上。目前所谓社会立法已呈示了这种端倪。第四，社会法在内容上开始对私权附以社会的义务。这点意义上，社会法和中世纪的封建法颇相近似，都以义务为权利实质的基础，权利的授予只是使权利人负终局义务的手段。"[①]

总之，我国民国学者对于社会法的研究已经达到了相当精深的程度，其研究的深度和广度不亚于同时期的日本学者。他们已经认识到社会法是对传统私法体系的反动，是公、私法二元对立之外的第三法域的拓展，是立足于现实社会的具体人格的登场。他们对社会法的理解有的着眼于社会政策立法，有的着眼于社会学法学思潮，还有的着眼于第三法域的界分。他们的这些研究成果都是我们这些后进晚学不可逾越的学术积累。但是我们也应当看到，民国时期的这些法学前辈们对社会法的理解还有待进一步深化：例如，他们的研究"三民主义"的色彩相当浓厚，对个人主义均持批判态度，乐观的认为社会法的立法和理念已经"全盘诞生、迫在眉睫"了。他们对社会法的研究，很少从法律部门的角度进行考察，换句话说，部门法意义上的社会法概念还很少有人提及。他们没有切实注意到公、私法划分的人权保障意义，反而对国家干涉私权毫不设防，这种认识不能不引发我们对极权主义

[①] 引自毛德龙《论世界各国社会法理论之发展趋势——兼论中国的社会法思潮》，载法学教育网，http://www.chinalawedu.com/news/16900/170/2007/4/li682221620161470021176-0.htm。

和国家主义的深切担忧。① 这是那个特定时代的背景所决定的。

（二）近年来我国内地对社会法的理解和发展

社会法已经得到我国内地法学界的普遍认同。并且，将社会法作为与民商法、经济法、行政法等传统的法律部门并列的法律部门不仅具有现实的基础，而且也具有重要的理论意义。随着经济的发展，社会问题和社会矛盾将更为突出，尤其是社会弱势群体的生存和发展面临许多挑战，需要国家加强社会领域的立法，以保护经济上的弱势群体，维护他们的基本生存权和发展权，促进经济和社会的协调发展。传统的法律部门，例如民商法和经济法主要调整一国的经济活动，民商法侧重于保护公民的民事权利，经济法主要侧重于规范企业的经济活动；宪法和行政法主要规范国家的政治活动，规范公权力的运行，保护公民的政治权利。可见，传统的法律部门对社会生活和文化生活的关注是远远不够的。作为与经济相并列的社会领域的事务需要法律的调整和保护，公民政治权利和民事权利之外的权利（可以称之为"社会权利"）的保障也需要新的法律部门加以保护。这是社会法作为独立法律部门出现的客观必然性。②

我国内地学者竺效先生曾经指出，我国内地学者对社会法的理解大致有以下四种：③ 其一，在狭义层面上理解社会法，即将社会法等同于作为法律部门之一的社会保障法。北京大学的张守文教授就持这种观点。其二，在中义层面上理解社会法。又可进一步细分为三种：（1）社会法乃社会保障法与劳动法之和；（2）社会法作为一类法律，是我国社会主义法律体系的有机组成部分，不是独立的法律部门；（3）社会法是除了经济法之外的第三法域中剩余部分法律的总称。其三，在广义层面上理解社会法，认为社会法是与公私法相对应的第三法域。其四，在泛义层面上使用社会法。如王全兴教授认为："作为法律观念的社会法，除第三法域外，还包括公法和私法中

---

① 参见毛德龙《论世界各国社会法理论之发展趋势——兼论中国的社会法思潮》，载法学教育网，http://www.chinalawedu.com/news/16900/170/2007/4/li68222162016l470021176 - 0.htm。

② 谢增毅：《社会法的概念、本质和定位：域外经验与本土资源》，载《学术与探索》2006年第5期。

③ 参见毛德龙《论世界各国社会法理论之发展趋势——兼论中国的社会法思潮》，载法学教育网，http://www.chinalawedu.com/news/16900/170/2007/4/li68222162016l470021176 - 0.htm。

的法律社会化现象。"①

更为可喜的是，中央提出加快建立符合中国特色的社会主义市场经济法律体系之后，对社会法形成一个较为一致的认识，就成为中央治国理政的迫切需要和学界的共识。中国社会科学院早在1993年就发表了一份题为《建立社会主义市场经济法律体系的理论思考和对策建议》的研究报告，在该报告中，提出了我国社会主义市场经济法律体系主要由民商法、经济法和社会法三大部分构成。而社会法则包括劳动法和社会保障法。该报告指出："社会法是市场经济另一种重要法律。它是调整因维护劳动权利、救助待业者而产生的各种社会关系的法律规范的总称。它的法律性质介于公法与私法之间，其目的在于从社会整体利益出发，保护劳动者，维护社会安定，保障社会主义健康发展。"应该说，该份报告中对社会法的认识，不仅汇集了学界中部分重量级学者的意见，而且事实上很快就成为官方立法施政的学说依据。

此后，在2001年召开的第九届全国人大四次会议上，李鹏委员长在其工作报告中，提出了法律部门的划分问题，他指出："关于法律部门，法学界有不同的划分方法，常委会根据立法工作的实际需要，初步将有中国特色社会主义法律体系划分为七个法律部门，即宪法与宪法相关法、民商法、行政法、经济法、社会法、刑法、诉讼法与非诉讼程序法。"关于什么是社会法，李鹏委员长将其定义为："调整劳动关系、社会保障和社会福利关系的法律。"② 应该说，这是我国第一次在官方文件中明确提出了社会法的定义。而这个社会法的定义和有中国特色社会主义法律体系的划分无疑是以中国社会科学院的研究报告为基础的。2003年3月19日，第十届全国人大常委会第一次会议在北京召开，吴邦国委员长在会上提出，有中国特色社会主义法律体系包括七个门类，这七个门类是指：宪法与宪法相关法、民商法、行政法、经济法、社会法、刑法、诉讼法与非诉讼程序法。可以看出，吴邦国委

---

① 当然，也有与此种划分不太相同的观点。例如，2003年3月12日，《检察日报》登载了一篇题为《法制连线：专家解读法律体系，七大体系特色鲜明》的报道性文章。郑尚元副教授在文章中指出，社会法是在"公法私法化"和"私法公法化"的进程中逐渐产生和发展起来的第三法域。……经济法是社会法的重要组成部分。在外延上最广义上的社会法，即为国家解决各种社会问题而制定的有公法和私法相融合特点的第三法域，包括劳动法、社会保障法、经济法、环境法、人口与计划生育法、科技法、教育法、卫生法、公共事业法等，也可以视为反映社会政策目标的法。在中义上来讲，社会法应当定位于劳动法和社会保障法。从狭义上来讲，社会法就是社会保障法。

② 引自全国人大网站：www.npc.gov.cn。

员长的讲话也没有偏离李鹏委员长对有中国特色社会主义法律体系的认识，两份报告一脉相承，都将社会法定位为与经济法、民商法、行政法等并列的、独立的法律部门。而十届全国人大法律委员会主任委员杨景宇先生也将"社会法"解释为，"规范劳动关系、社会保障、社会福利和特殊群体权益保障方面的法律关系的总和。社会法是在国家干预社会生活过程中逐渐发展起来的一个法律门类，所调整的是政府与社会之间、社会不同部分之间的法律关系"。从 2003 年开始，最高人民法院开始着手编纂《中华人民共和国法库》，这是新中国成立以来我国最大规模的一次法律汇编，甚至是中国有史以来最大规模的规章制度的汇总。《中华人民共和国法库》不仅专编编纂社会法律、法规，而且对社会法的定义和特点也做了简要的说明，《中华人民共和国法库》认为："社会法是社会保障制度的基本法律规范，包括对劳动者、失业者、丧失劳动能力和其他需要社会扶助的社会成员权益的保障制度。……坚持社会公平、维护社会公共利益、保护弱势群体的合法权益，促进社会的全面进步与发展是我国社会法的主要特点。"由此可见，《中华人民共和国法库》也基本传承了中国社会科学院和全国人大常委会的观点，进一步佐证了学界和官方对社会法形成的共识。

立法机关和司法机关对法律体系的概括以及对社会法作为法律部门的承认一方面源于对社会法的理论认识，另一方面也源于我国社会法内容的不断丰富。目前我国已经制定了有关劳动关系的法律法规，包括《劳动法》、《工会法》、《职业病防治法》、《安全生产法》、《禁止使用童工规定》、《劳动保护监察条例》；制定了有关社会保障和社会福利的法律法规和决定，包括《国务院关于建立统一的企业职工基本养老保险制度的决定》、《国务院关于建立城镇职工基本医疗保险制度的决定》、《失业保险条例》、《社会保险费征缴暂行条例》、《工伤保险条例》、《城市居民最低生活保障条例》；有关特殊群体权益保障方面的法律包括：《未成年人保护法》、《妇女权益保护法》、《老年人权益保护法》、《残疾人保障法》、《消费者权益保护法》等等。[1] 而这些内容广泛的社会立法也是当代中国在世界社会法理论和实践发展的大趋势之下所作出的比较法方面努力的一种回应。

---

[1] 谢增毅：《社会法的概念、本质和定位：域外经验与本土资源》，载《学术与探索》2006 年第 5 期。

(三) 中国社会法的下一步课题是什么

首先，要继续完善中国的社会法理论，并结合中国社会实践和具体情境来缔造有中国特色的社会法理论。毫无疑问，完善社会法理论对中国法治和中国法律体系的发展以及社会法的学科建设具有重要意义。目前，我国社会法的理论研究首先需要统一"社会法"的概念以避免法学资源的浪费；其次，还应当创造出比较完善的社会法学的理论体系，以引导法律实践的发展。① 而要实现上述两种目标不仅需要我们自己的创新精神，还需要我们大量借鉴西方国家在社会工程治理方面的有益社会法理论和实践经验成果，因此这本身也是一个比较中西方法律和制度资源的一项工程，是比较法最新理论热点在中国情境下的体现。

其次，要不断完善中国的社会立法体系和基本制度建设。有学者在以立法统筹经济社会发展与经济社会权利保障方面建议在国家立法规划中，进一步制定《社会法典》、《促进就业法》、《平等就业保障法》、《劳工权利保护法》、《住房法》、《医疗保健法》、《福利保障法》（包括失业福利、老龄福利、工作事故和职业疾病福利、家庭福利、生育福利、因残疾丧失工作能力的福利等内容）、《儿童与青少年福利法》、《社会救助法》、《慈善事业法》等社会立法，以便完善我国的社会法律制度，为社会稳定发展提供良法支持。令人欣喜的是，《劳动合同法》和《就业促进法》这两部重要的社会法在 2007 年顺利获得通过并将要实施，这可以说是中国社会法建设中的重要步骤。

由于《劳动合同法》事关重大，因此我们对其制度创新内容略作陈述：② （1）调整范围的扩展与限定。现行劳动法中并没有区分事业单位和民办非企业单位，劳动合同法则对此作出了区分，而且明确规定民办非企业单位属于"用人单位"，必须适用该法。但对于事业单位则是继续沿用了劳动法的规定，即与公务员和参照公务员法管理的工作人员以外的劳动者建立劳动关系，依照该法执行（这与劳动法中规定与事业单位建立劳动关系的劳动者依照该法执行是一样的）。劳动合同法的调整范围对于事业单位的扩充并不是整体性扩充，而只是扩充至了在事业单位中实行聘用制，且双方订立

---

① 刘俊海、谢增毅：《社会法的发展和前沿问题》，载《中国社会科学院院报》2006 年 7 月 28 日。

② 黎建飞：《解读〈劳动合同法〉的创新与期盼》，载《人民法院报》2007 年 8 月 18 日。

了劳动合同（有的名为"聘用合同"）的这一部分。这一扩充能够有效地弥补法律对于事业单位与聘用人员之间无法可循的缺陷，但也留下了法律对于事业单位与其员工关系调整的多样性与复杂性。这不仅会让司法实践备受考验和面临挑战，即便在法律理论上也需要认真思考：起源于工厂法的劳动法律是否能够全盘适用于明显有别于工厂的教育、科技、文化、卫生等社会服务组织？我们是否应当期待一部适用于事业单位人事关系且有别于劳动关系的法律？（2）缔约责任的强化与缺憾。订立劳动合同的突出问题表现为签订率低和短期化，这是劳动合同法着力解决的两大问题，解决的办法是强化用人单位的缔约责任。法律要求用人单位自用工之日起即与劳动者建立劳动关系，增加规定了无固定期限劳动合同的法定条件，对实践中存在的随意约定试用期、任意解释试用期、重复约定试用期等现象作出了相应规范。法律关于试用期的工资不得低于本单位相同岗位最低档工资并不得低于用人单位所在地的最低工资标准的规定，本是为了防止用人单位降低特定劳动者工资，维护劳动力市场公平的条文。但其中不得低于"劳动合同约定工资的百分之八十"的规定则让人费解，因为这既有悖于同工同酬，又缺乏足够的理论支持，尤其是在现在的工作有更多的标准化、程序化，以及有更具体定额标准的情况下。（3）终止责任的增设与限额。劳动合同期限常使劳动者承受着失业的威胁，当劳动合同到期终止用人单位不需支付经济补偿金时尤其如此。但劳动法律的立法精神是"招聘容易解聘难"。虽然法律不能限定劳动合同的最短期限，但法律可以严格限制用人单位解除劳动合同的权利，也同样可以加重用人单位终止劳动合同的法律责任。劳动合同法为了使用人单位继续使用劳动合同期限届满的劳动者，采用了以法律责任的形式加大用人单位的用工成本，即合同到期终止也要给劳动者支付经济补偿金的立法规则。尤其需要注意的是第四十八条赋予劳动者的选择权，即用人单位违反规定解除或者终止劳动合同时，劳动者有权选择继续履行劳动合同或者支付赔偿金。（4）违约金与竞业限制的限制。违约金条款在近年来的劳动合同中日益多见，且表现为不受限制的随意约定和不受限额的超高约定。劳动者在签订劳动合同时通常只能被动接受，在出现劳动合同约定事项时也只能承担责任。但劳动者在劳动合同中承担的"违约责任"应当受到法律的严格限制。这并不是一个双方可以意思自治的条款，因为限制或者强制劳动者履行劳动合同通常会涉及限制劳动者的人身自由权。因此，劳动合同法对于劳动者承担违约责任采取了极为慎重和严谨的限制性规定。（5）劳务派遣与责任连带。"劳务派遣"又称"派遣劳动"，本属于"暂时性劳动提供"

的范畴,却因其灵活或者低成本的用工形式备受用人单位青睐。与正常的用工形式相比,劳务派遣使实际用人单位转移了不应转移的劳动风险,劳务派遣单位赚取了不该赚取的经营利润,劳动者丧失了本应享有的劳动权益。因此,各国的劳动立法都对劳务派遣进行限制。劳动合同法要求在劳务派遣单位违反法律规定给被派遣劳动者造成损害时,由劳务派遣单位与用工单位承担连带赔偿责任的规定,则能从最大的可能性中免去劳务派遣对于劳动者之弊,减少用人单位所获之不当得利。联系到去年最高人民法院《关于审理劳动争议案件适用法律若干问题的解释(二)》中劳动者因履行劳动力派遣合同起诉,争议内容涉及接受单位的,以派遣单位和接受单位为共同被告的规定,足见二者从程序到实体上完成了因用人单位的行为使履行劳务派遣合同的劳动者权益受损的责任追究机制。(6)后合同义务的新设与意义。在劳动关系终结时,用人单位对劳动者承担后合同义务是为劳动者提供经济地位向上发展的机会,这是劳动合同不同于其他合同的重要特征之一。但在实践中,用人单位扣押劳动者的档案或者其他证明文件,人为地给劳动者重新就业设置障碍。这类行为有悖于劳动合同法律关系的质的规定性,即劳动合同法律关系中权利义务的延续性;也违反了用人单位在劳动关系终结时对劳动者应尽义务的法定规则。

当然,对于新出台的社会法立法《劳动合同法》及其相关解释,学界也有非常尖锐的批评观点,认为中国《劳动合同法》的出台并非比较法社会学在中国的胜利,相反却是一次非常不好的冒险实践。比如民法学家梁慧星先生就旗帜鲜明地批评《劳动合同法》制定上的一系列问题,认为:《劳动合同法》定位不准确、立法指导思想偏离中国特色社会主义和改革开放基本经验、忽视我国企业的复杂性、照抄西方制度和法理上存在明显错误等问题。[①]

再次,关于社会保障法律制度的完善。社会保障体制的改革与立法完善事关中国社会的稳定和可持续发展的能力,因此意义重大,我们接下来要做的重大社会法课题之一便是:如何借鉴大陆法国家的社会保障和社会福利制度和英美法国家的社会保险制度的优点来完善中国的社会保障制度?(1)社会保障权的宪法保护和社会保障法律体系的完善。有学者认为,把社会保障规定为宪法权利对社会保障制度的建立和发展意义巨大。我国

[①] 梁慧星:《劳动合同法:有什么错,为什么错?》,载中国法学网,http://www.iolaw.org.cn/showarticle.asp?id=2428。

2004年修改《宪法》时并没有对社会保障制度作出具体规定,因此社会保障权是否为我国宪法上的公民基本权利尚不明确。我国应从公民权利与国家义务两方面在宪法中确认公民的社会保障权。有学者认为,完善我国社会保障法律体系是当务之急。目前要考虑由分散立法向相对集中立法发展,由地方立法向中央立法发展,加快人大统一立法并确定中央立法和地方立法权限,强化社会保障的执法和监督,尽快制定以社会保险法为核心的包括社会福利法、社会救济法、社会优抚法等实体法和程序法,最终制定一部完善的社会保障法典。(2)农村社会保障制度的建立和完善。在我国现阶段建立农村社会保障制度具有重要意义:它是国家实现战略目标的关键,能保障我国未来的粮食安全,推动城市化进程,推动城市和农村同步发展,拉动农村内需发展。我国农村社会保障制度的缺失是导致农村和农民贫困的重要原因,在我国农村建立社会保障制度迫切而必要。在我国建立农村社会保障制度的基本原则是:建立城乡有别的农村社会保障制度、建立地区有别的农村社会保障制度、建立强制性的农村社会保障制度、建立保障农民最基本生活需要的农村社会保障制度、建立多层次的农村社会保障制度。(3)医疗保险制度的完善。我国社会医疗保险制度是由基本医疗保险、新型农村合作医疗保险和军人退役医疗保险三部分组成,多种形式并存的具体保险类型决定了制度适用的复杂性。我国社会医疗保险制度的发展方向是建立适用于全民的制度,使全体公民在生病的情况下都能够从国家和社会获得物质帮助。当前我国社会医疗保险立法带有浓厚的地方性特征,如何使千差万别的地方立法具有可协调性是制度完善的重要方面,社会医疗保险制度在存异的基础上,更要注重适用上的求同。①

---

① 参见刘俊海、谢增毅《社会法的发展和前沿问题》,载《中国社会科学院院报》2006年7月28日。

第六章　欧洲私法一体化进程：
比较法学的璀璨明珠

一、从外国法到比较法：比较法最早发源于对外国法律制度和法律思想的研究

关于比较法的起源，东西方许多国家的比较法学者几乎普遍地追溯到希腊梭伦（Solon，前640—前558）所从事的雅典立法，罗马十人团（decemvirs，前451—前450）所制定的《十二铜表法》，柏拉图（前428/7—前348/7）的《法律论》，亚里士多德（前384—前322）的《政治学》。这类观点见诸：胡格（Hug）的著名论文《比较法的历史》（载《美国哈佛法学评论》1932年第45期）、法国勒内·达维德（R. David）的《当代主要法律体系》（1982年版，漆竹生译，第7页）、联邦德国茨威格特和克茨（K. Zweigert 和 H. Kotz）的《比较私法导论》（1984年新版，德文本，第53—54页）、日本五十岚清的《比较法学的历史与理论》（1977年版）等。苏联比较法学者西列（A. A. Tулle）在所著的《社会主义比较法学》一书中（1977年版）论述比较法的历史时，亦援用法国比较法学者安谢尔（M. Ancel）关于比较法学起源于希腊罗马哲人和立法家的观点。[1] 总之，人们基本一致认为，西方比较法的渊源可以追溯到古希腊和古罗马时代，当时的人们就开始期望从不同法律制度中的比较中找到可以借鉴和参考的有益之处。而现今美国等发达国家法学院的比较法课程和研究也大大萎缩，几乎成为对外国法律制度进行介绍的学科和内容，处于核心法律课程和法学研究之外的边缘地带。[2]

中国古代也有所谓的比较法及其发源的问题。关于比较法在中国的产生，我国有的比较法论述追溯直到我国夏商之际。据说，"我国历史悠久，

---

[1] 潘汉典：《比较法在中国：回顾与展望》，载3edu教育网，http://www.3edu.net/lw/flx/lw_95191.html。

[2] 笔者在美国哥伦比亚大学法学院访学期间曾经选修比较法课，不仅授课教授是南美裔教授，授课内容也以介绍美国之外的美洲和欧洲为主，选课学生更是少之又少。对于美国的比较法研究我将另文详述。

早在公元前二十一世纪,就形成了夏朝奴隶制国家,出现了《禹刑》。……公元前十六世纪至公元前十一世纪的商朝,参考《禹刑》,有所损益,制定了《汤刑》,其内容比《禹刑》更为充实",并且认为,"这已是初步采用了比较法"。还说,"公元前十一世纪至公元前七七〇年的周朝,在制定法律时,参考了《汤刑》的某些内容"。① 每个国家在某一时期或朝代从事制定或修订法制时,通常地而且必然地同本国自己直接的过去相联系,势必有所损益,这是各国立法的通例,也是人类思维的普遍现象和客观规律。这不属于在法学领域中通常所特指的或者各国比较法学者公认的比较法范畴,很难说这是比较法的产生。我们没有理由或必要把我国比较法的诞生追溯到公元前16世纪,好像比西方的古希腊、古罗马的比较法的诞生要早9世纪至11世纪,比东方的古巴比伦的比较法的诞生(公元前18世纪的汉谟拉比法典)迟两个世纪。②

我们应该强调指出,战国初期即公元前约四百年,魏文侯师(相)李悝(约公元前455—公元前397)所撰《法经》不仅如通常众所公认的,是我国历史上第一部比较系统的成文法典,而且是世界比较法起源上一部古老而伟大的成就。从当时所产生的社会效果及其后在中国法制史上的深远影响说来,它同东西各国比较法的起源相比较是毫不逊色的。下面我们简述比较法在中国诞生的历史背景。李悝生活的时代之前——春秋中后期,周王室已经衰微,原有奴隶制的法律制度逐渐失效,代表新兴地主阶级的诸侯国开始制定并公布各自的法律制度。例如,楚文王(前689—前677)制作自己的刑法"仆区之法";晋文公(四年,前633)"为被庐之法";"(楚)荆庄王(前613—前559)有茅门之法";晋有"常法";特别引起叔向和孔子等一班人强烈反对的是,公元前536年郑国"子产铸刑书于鼎,以为国之常法";继之,公元前513年,晋国赵鞅又"铸刑鼎,著范宣子所为刑书焉";其后,郑驷歂杀邓析而用其"竹刑",如此等等,可以充分说明"春秋之时各国多自为法,如晋之被庐、刑鼎、郑之刑书;竹刑、楚之仆区皆非周法也"。沈家本关于春秋后期中国立法出现多国化的论断无疑是正确的。它恰好为不同国家的法律比较研究提供了充足的前提条

---

① 参阅吴大英、任允正《比较立法学》,法律出版社1985年版,第1页;吴大英、徐炳编著:《比较法基础知识》,法律出版社1987年版,第3—4页。

② 潘汉典:《比较法在中国:回顾与展望》,载3edu教育网,http://www.3edu.net/lw/flx/lw_95191.html。

件。我们需要进一步指出的是，各国这些新的立法不同于原来周王朝的法律，正好反映：原先以井田制为其经济基础的奴隶制的法律制度的崩溃，同时表明新兴地主阶级进行变法和法律改革及其封建法律制度的创立。作为代表新兴地主阶级利益的魏国创建者魏文侯（前445—前396年在位），原来有自己的法令。然而"周衰刑重，战国异制，魏文侯师于里（李）悝，集诸国刑典，造法律六篇：一、盗法；二、贼法；三、囚法；四、捕法；五、杂法；六、具法"。这就是说，魏国的统治者，为了适应当代政治经济形势的急剧变化与发展，维护新兴地主阶级的经济利益和政治要求，不受本国原有的法律制度的拘束，大胆地总结了其他各国的立法经验，创制出新的自己的法律。李悝厉行变法和"法治"，同时采取了一系列重要的政治经济措施（如"尽地力之教"、及"善平籴"等政策）。历史表明：《法经》不仅是我国比较立法第一部硕果，开我国编纂系统的法典的先河，而且魏国实行变法，国富兵强成为战国七雄中的强者，《法经》无疑起着重大的作用。《法经》被后世采用，继续发生强有力的影响：战略中期（公元前361），商鞅挟李悝在魏国变法的经验到秦国（前359），"商君（鞅）受《法经》六篇以之治秦，终助秦孝公成霸业"。秦国推行封建制的法治，为日后秦王灭六国、一统天下开辟道路。沈家本亦曾指出"此书为秦法之根原，必不与杂烧之列，不知其书何时始亡，恐在董卓之乱"。其后，《汉律九章》就是在《法经》之上，加上汉相萧何所作"户"、"兴"、"厩"三篇构成。以后历代封建王朝的法律往往在前代法律的基础上加以修改或增减。《法经》的篇目在中国历代法典上仍然或多或少地保留下来。而且作为中国传统法律特点之一的"诸法合体"，可以说也是从《法经》开始的。如果说，更早的汉谟拉比法典可以称为东方奴隶社会最早一部比较立法的成就，那么也可以说，《法经》是东方封建社会最早的一部比较立法的成就，而且是作为推行改革和促进社会发展的有力工具出现的，两者是东方比较法起源上的双璧。[①]

而中国自清末以来才真正走上了真正意义上的比较法的道路。但总结以往中国比较法学的研究方向，会发现人们的注意力大多集中在一些西方大国，如英美或德国、法国的法律制度。而对其他国家，特别是一些小国的法律制度，研究得很少。作为以研究外国法律制度为主要内容的科学，比较法学当然要有其考察研究的重点，但这并不意味着对其他

[①] 参考潘汉典《比较法在中国：回顾与展望》，载 3edu 教育网，http：//www.3edu.net/lw/flx/lw_ 95191.html。

国家可以忽视。事实上,比较法学的性质决定了它应有更广阔的视野,决定了它不应局限于对大国法律制度的考察研究。对那些大国以外国家,如欧盟国家,如澳大利亚、巴西、南非及中国周边的一些亚洲国家,如日本、泰国、朝鲜、韩国等国家的法律制度,都应该展开研究,并且逐步引向深入。这不仅是学科性质使然,而且还是社会时势发展的需要。因为在当今经济日益全球化的大趋势下,全球范围内的国家交往势必会越来越普遍频繁,它不仅会发生在大国之间,而且还会发生在小国之间,发生在大国与小国之间。对此,比较法学者应该更为敏感,应该走在所有法学学科前面。如果说所有的科学都应该有广阔的视野和长远的目光,那么比较法学更是如此。[1]

但遗憾的是,这一时期的比较法似乎还尚未成为独立的学科和知识体系,而只是一种"方法",一种借鉴外国法律制度和法律思想并看待本国法律的方法。从这一意义上来说,此时的比较法还处于比较低级的阶段。

二、历史上的欧洲普通法:存在欧洲普通法和共同法

(一) 欧洲普通法和共同法的几个不同发展阶段概览

正如本部分第一章中所述,在 17 世纪以前存在一种所谓的欧洲普通法和欧洲共同法。"欧洲共同法"(ius commune europaeum)是个法学概念。在欧洲各国间,尤其是从 15 世纪到 18 世纪之间出现和发展起来的国家间,法律都具有一致性。这种一致性来源于那个时期各国共有的各种封建法、教会法、罗马法、商法和国际法。在此意义上,形成了"欧洲共同法学"。这些法律也成为西欧各国共同的法律渊源。[2] 如果可以夸张地说,那么 1789 年法国大革命之前,欧洲大陆的法学家均是比较法学家。这个结论是日本著名比较法学者大木雅夫通过以下两点理由作出的:其一,他发现这些法学家那时均教授罗马法、教会法或自然法为主的基础法学;其二,他们均使用拉丁文。除了大学学科的普遍一致外,当时拉丁语被看做为是大学及有智能的

---

[1] 江平:《新世纪、新视角、新境界——寄语新世纪的中国比较法学》,载《比较法研究》2001 年第 1 期。

[2] Markku Kiikeri, Comparative Legal Reasoning and European Law, Kluwer Academic Publishers, 2001, p. 15. 何勤华:《20 世纪外国民商法的变革》,法律出版社 2004 年版,第 180 页。

人的通用语言。① 即使是民族文化性很强的亲属法领域也常常在体系上服从这样的普遍性法学。大木雅夫大概是强调人们在那时可以通过拉丁语与共同的基础课程知道各国的法律,可以比较其中的相同与不同,从而成为比较法学家。实际上,在民族法典形成之前,人们可以在法国、德国、意大利、葡萄牙、荷兰学习法律,其差别不大,因为它们那时与自然科学一样,以规律为主要判断标准,其本国的语言掌握与否不会影响重要的法学科学标准的发展。即使有差别,但在罗马法为共同基础,以宗教法原则为亲属法与继承法的适用标准的情况下,这种差别也微不足道。这种跨国的统一法学,很像国际商法初期发展,那时商事活动就是国际性的活动。古时在中国、印度、波斯、阿拉伯、腓尼基、希腊和罗马的商人之间发展起来的"古丝绸之路"的贸易就是一种世界性的贸易。②

到了17世纪之后,欧洲法律的统一性日益衰退,尤其是由于欧洲民族独立国家的纷纷兴起,从而使比较法的跨国性受到挫折。18世纪以后,法学科学的视野在国家和地区主权思想和维护法律独立利益理念的支配下,越来越狭窄。随着各国形形色色法典的出现,以民族主义为基础的多样的实定法律秩序的形成,法律走向了国家化,"共同法"最终遭到了破坏。③ 此时兴起的这些独立的民族国家,把过去形成的国际性的习惯法纳入本国制定的国内法之中。各国都纷纷制定本国的国内民商法典。具有原创性的法国与德国的民法典,成为法典民族化与完美化的典范,也引发了欧洲大陆法系分为法国分支与德国分支。法国在路易十四统治时期,在 J. B. 科尔贝尔的主持下,颁布了《商事敕令》和《海商敕令》,成为最早的商事单行立法,为大陆法国家的商法典奠定了基础。近代资本主义第一部商法法典,是拿破仑于1807年颁布的《法国商法典》,受其影响,荷兰、比利时、希腊、土耳其、西班牙、葡萄牙等国相继颁布了商法典。德国在1861年和1897年制定的新旧《商法典》,把商人习惯法纳入国内法;在1897年制定,1900年1月1日起生效的《德国商法典》对许多国家的商法有很大影响,如奥地利商法、日本商法。这时,法官必须受立法者所制定的法律的约束,学者尤其是民法典确立时的法国学者,大多数均以注释法典为潮流(也即注释学派"école

---

① [日]大木雅夫:《比较法》,范愉译,法律出版社1999年版,第13页。
② 相关内容引自范剑虹《论比较法的真实内涵》,载北大法律信息网,http://article.chinalawinfo.com/article/user/article_display.asp?ArticleID=33302。
③ [日]大木雅夫:《比较法》,范愉译,法律出版社1999年版,第9—13页。

exégétique")。那时，一国法典的实定法捆住了其本国法学家、实务家的跨国的科学视野。一国的实定法居然覆盖了法的全部。德国著名的法学家耶林（Rudolf von Jhering）说过："（法律）科学被贬为了一个国家境内的法学，科学的界限与政治的界限互相融合了，这实在是一种不符合科学，让科学蒙羞的形式。"① 达维德（René David，1906—1990）说得更为具体："在所有科学中，只有法学错误地认为可以成为纯粹民族的东西，神学家、医学家、科学家、天文学家以及其他所有学者，都为自己不了解国外在本专业领域内所取得的进步而感到羞辱，但是只有法学家将自己封闭在本国的研究中。"因而，当法律失去了科学所固有的普遍性时，那么了解欧洲大陆法，就必须精通德语、法语、葡萄牙语等语言，以便可以学习一国的实定法，各国语言成为这种学习的障碍。②

再次，第三阶段是比较法回复跨国性的阶段。欧洲统一法和欧盟法的出现，在一定意义上，正是为了克服各国法学的特殊性和民族主义的狭隘性，重新实现欧洲法学的普遍性和统一性。同时也力图推动欧洲法走向统一，再次复兴"欧洲共同法"。③

（二）值得关注的普遍法律史阶段：以德国为例

欧洲历史上的普遍法和共同法阶段可以德国这样一个中心国家的比较法发展为例进行说明，德国比较法和普遍法的发展在一定程度上能够代表欧洲普遍法的发展历程。

1. 发轫阶段

德国普遍法和比较法的发轫阶段大致从1814年（此年，蒂堡著文号召德国效仿法国进行法典编纂）持续到19世纪三四十年代（这时期，大多数倡导比较法研究的理论家相继去世）。④ 这一阶段德国比较法研究的直接动机，源自莱茵和巴登地区对《拿破仑法典》的继受。德国南部的海德堡大

---

① 耶林（Jhering）：《罗马法精神在其不同发展阶段》第一部分，第15页，1852年。转引自范剑虹《论比较法的真实内涵》，载北大法律信息网，http://article.chinalawinfo.com/article/user/article_display.asp?ArticleID=33302。

② 范剑虹：《论比较法的真实内涵》，载北大法律信息网，http://article.chinalawinfo.com/article/user/article_display.asp?ArticleID=33302。

③ Anne Peter & Heiner Schwenke, "Comparative Law Beyond Post – Modernist", vol. 49, International and Comparative Law Quarterly (2000), 803.

④ William Ewald, "Comparative Jurisprudence (Ⅰ): What Was It Like to Try a Rat?" vol. 143, University of Pennsylvania Law Review, 1995, 2119.

学是这一时期的研究中心,并围绕着精神领袖米特尔迈尔(Mittermaier)形成了一个学术团体。该阶段的比较法研究具有两个特点:其一,它迫于德国改革法律的急切需要而开始,目的是为立法者和法官提供参考,以借助外国法的经验发展和完善本国法。① 是故,它重实践而缺乏理论总结,没有进行任何关于比较法研究对象以及研究方法的讨论。其二,欧陆法学家第一次对英美普通法的发展和传统技术怀有浓厚兴趣,并积极试图去理解。米特尔迈尔百科全书式的知识,这个团体的法学家对当时世界所有法律、法律科学和大国法律教育所怀的求知热情,不仅前无古人,而且在欧洲大陆后来的很长时期内也几乎无人超越。② 但海德堡的法学家们尽管开启了比较法研究的大门,但其努力仅仅局限在一个很小的法学家圈子内;再加上大多数倡导比较法研究的理论家如费尔巴哈、黑格尔、耶林等,也都于19世纪三四十年代相继去世,这个团体难以抵抗法律实证主义的强大势力。到19世纪中期,随着法律实证主义在西方法学界统治地位的形成,法哲学处于最低谷,海德堡学术团体衰落了,外国法和比较法研究几乎完全消失。这是萌芽期,对比较法普遍产生兴趣的时代尚未到来。③

2. "比较法律科学"学派的兴起与衰落

经过几十年沉寂之后,德国比较法开始以另一副面貌重新登场——19世纪后期,历史主义成为比较法研究的主导范式,法律比较的目的在于试图揭示法律进化的内在规律。④ 所谓历史主义,就是以历史方法思考一切问题的立场,即把眼前的一切事物都作为生成、发展而来的东西来理解。主要以黑格尔的历史哲学为思想基础,后来又受到达尔文进化论的深刻影响,先在德国,后来蔓延到西欧各主要国家,兴起了一股学术潮流,即"法律人类学"或"普遍法律史"。在德国,由此形成"比较法律科学"学派。主要代表人物有波斯特(Albert Post)、伯恩霍夫特(Franz Bernh ft)和科勒(Joseph Kohler)等。这类研究的背景是殖民主义和帝国主义,它们之需要比较

---

① 施米托夫:《比较法律科学》,韩光明译,米健校,载《比较法研究》2001年第4期。
② Walther Hug, "The History of Comparative Law," vol. 45, Harvard Law Review, 1931—1932, 1069. 转引自朱淑丽《德国比较法学的发展脉络》,载法制现代化网,http://www.todolaw.com/bbs/viewthread.php? tid = 10965。
③ 朱淑丽:《德国比较法学的发展脉络》,载法制现代化网,http://www.todolaw.com/bbs/viewthread.php? tid = 10965。
④ Anne Peters & Heiner Schwenke. "Comparative Law Beyond Post-Modernism", International and Comparative Law Quarterly, 2000, vol. 49, 803.

人类学，目的并不在于向外国学习，而是为欧洲国家的殖民扩张提供正当根据。这些学者的视野向整个人类开放，而不局限于罗马法或日耳曼法的狭隘范围。其研究特点是从人的统一心理结构出发，把人类的各种现象、社会制度和法律制度的类似作为毋庸置疑的前提，认为所有民族的法都朝着单一方向、服从同一进化规律而发展，因此各个民族的法或法律制度的差异，只是因为在这条单一的道路上处于不同的发展阶段而已。这种观点过高地评价了类似性，显而易见地忽视了差异性。它几乎完全无视民族特性，常常把本无关系的制度牵强附会地联系起来，明显地急于使其普遍化。①

由于这些致命缺陷，19世纪末"比较法律科学"衰落了。但这股潮流强力推动了西欧比较法学的发展：一系列比较法学会、杂志、讲座创立，比较法研究开始制度化，其作为独立学科的地位率先在法英两国得到承认。世纪转换之际，西欧比较法学迎来了发展史上的转折性变化：从法律人类学或普遍法律史也即历史的比较法，转向以现行外国法为基础的现代比较法。在1900年第一次国际比较法大会上，一些当代比较法学的创建者们已经提出，要通过比较法学这种途径发现和建立一种对"一切文明国家共同适用的法律或法律原则"，即"人类共同法"（droit commun de l'humanité）。他们在当时提出这样的看法，除了特定的历史背景原因外，还体现了一种情怀，"这种情怀实际根本上体现着消除误解和敌意，寻求人类共同进步的信念。而比较法学家的使命就是要为这种人类的共同进步寻求和发现一种未来可能普遍实现的世界共同法"。对此，法国法学家郎贝尔具体阐释说，"比较法应当逐步地消除那些使文明阶级和经济形态的各民族彼此乖离的各种立法上的偶然差异。比较法应当减少那些不是基于各民族的政治、道德或者社会特征而是由于历史上的偶然性、暂时的存在或者不是必要的原因所产生的法律上的差异"。正是基于这种认识，德国比较法学家茨威格特和克茨认为，比较法学对于"打破那种不加反省的民族偏见，帮助我们认识我们世界不同的社会、文化制度和改善国家间的相互理解，对于发展中国家的法律改革"是很有意义的。克茨甚至还早在许多年前就提出了"共同欧洲民法"（gemeineuropisches zivilrecht）的概念。而现今欧洲国家鼓吹的"法律和谐"（Rechtsharmonisierung）理论，其实正是法律统一交响曲的乐章之一。②

---

① ［日］大木雅夫：《比较法》，范愉译，法律出版社1999年版，第52页。
② 米健：《从比较法到共同法：现今比较法学者的社会职责和历史使命》，载《比较法研究》2000年第3期。

此时的比较法研究的主导动机,首先是为国内立法和国际法律协调提供"解决仓库"(stock-taking),而后,当欧洲大多数国家法典化基本完成后,实现国际法律的逐步统一。发生这种转变的原因首先是国家间经济和商业的联系愈加密切,全球化趋势日益增强,这种时代精神要求对外国法律规则,或者甚至是统一的法律规则有更好的认识;其次,在国际联盟的推动下,西欧各主要国家争取法律统一和国际合作的巨大努力取得了可喜成绩。在此形势下,西欧法学家们将私法的大规模统一作为事业理想,并对其实现的可能性怀着乐观信念。现代比较法学遂应运而生。[1]

三、新欧洲联盟能否带来新时期的"欧洲共同法": 梦魇抑或美梦?

(一) 新欧盟、新势力

维克多·雨果曾经说过:"总有一天,到那时,……所有的欧洲国家,无须丢掉你们各自的特点和闪光的个性,都将紧紧地融合在一个高一级的整体里;到那时,你们将构筑欧洲的友爱关系……"没有会想到,雨果的预言成真了。

一个号称欧洲联盟强大的欧洲经济和政治共同体成为我们这个时代的重要景观。欧洲联盟(简称欧盟,European Union——EU)是由欧洲共同体(European communities)发展而来的,是一个集政治实体和经济实体于一身、在世界上具有重要影响的区域一体化组织。1991年12月,欧洲共同体马斯特里赫特首脑会议通过《欧洲联盟条约》,通称《马斯特里赫特条约》(简称《马约》)。1993年1月1日,《马约》正式生效,欧盟正式诞生。总部设在比利时首都布鲁塞尔。

从起源上来说,1946年9月,英国首相丘吉尔首倡建立"欧洲合众国"。1950年5月9日,当时的法国外长罗贝尔·舒曼(1886—1963年)代表法国政府提出建立欧洲煤钢联营。这个倡议得到了法、德、意、荷、比、卢六国的响应。1951年4月18日,法国、联邦德国、意大利、荷兰、比利时和卢森堡在巴黎签订了建立欧洲煤钢共同体条约(又称《巴黎条

---

[1] 朱淑丽:《德国比较法学的发展脉络》,载法制现代化网,http://www.todolaw.com/bbs/viewthread.php?tid=10965。

约》)。1952年7月25日，欧洲煤钢共同体正式成立。1957年3月25日，这六个国家在罗马签订了建立欧洲经济共同体条约和欧洲原子能共同体条约，统称《罗马条约》。1958年1月1日，欧洲经济共同体和欧洲原子能共同体正式组建。1965年4月8日，六国签订的《布鲁塞尔条约》决定将三个共同体的机构合并，统称欧洲共同体。但三个组织仍各自存在，具有独立的法人资格。《布鲁塞尔条约》于1967年7月1日生效，欧洲共同体正式成立。1973年后，英国、丹麦、爱尔兰、希腊、西班牙和葡萄牙先后加入欧共体，成员国扩大到12个。

欧共体12国间建立起了关税同盟，统一了外贸政策和农业政策，创立了欧洲货币体系，并建立了统一预算和政治合作制度，逐步发展成为欧洲国家经济、政治利益的代言人。1991年12月11日，欧共体马斯特里赫特首脑会议通过了以建立欧洲经济货币联盟和欧洲政治联盟为目标的《欧洲联盟条约》，亦称《马斯特里赫特条约》（简称《马约》）。1993年11月1日《马约》正式生效，欧共体更名为欧盟。这标志着欧共体从经济实体向经济政治实体过渡。1995年，奥地利、瑞典和芬兰加入，使欧盟成员国扩大到15个。欧盟成立后，经济快速发展，1995年至2000年间经济增速达3%，人均国内生产总值由1997年的1.9万美元上升到1999年的2.06万美元。欧盟的经济总量从1993年的约6.7万亿美元增长到2002年的近10万亿美元。

2002年11月18日，欧盟15国外长会议决定邀请塞浦路斯、匈牙利、捷克、爱沙尼亚、拉脱维亚、立陶宛、马耳他、波兰、斯洛伐克和斯洛文尼亚10个中东欧国家入盟。2003年4月16日，在希腊首都雅典举行的欧盟首脑会议上，上述10国正式签署入盟协议。2004年5月1日，这10个国家正式成为欧盟的成员国。这是欧盟历史上的第五次扩大，也是规模最大的一次扩大。2007年1月，罗马尼亚和保加利亚两国加入欧盟，欧盟经历了6次扩大，成为一个涵盖27个国家总人口超过4.8亿、国民生产总值高达12万亿美元的当今世界上经济实力最强、一体化程度最高的国家联合体。

（二）新时期的欧洲共同法之梦：以欧洲民法典为例

实现欧洲私法统一，是自1900年以来欧洲比较法学者孜孜以求的梦想。尤其是二战后，各国学者倾向于通过各种统一法和法律协调循序渐进地接近这一理想。但自20世纪80年代以后，由于用于统一或协调各国法律的技术存在难以克服的障碍，这种手段逐渐被抛弃，欧洲法学者纷纷将其研究目标转向"欧洲共同法"。其实,早在20世纪80年代初,德国少数学者率先提出,如果欧洲形成了没有贸易壁垒的统一大市场和共同体,那么它也很可能需要一个共同的私法。但在当时,这种观点并未引起人们的注意。随后,欧洲统一化的逐步推进,为欧洲共同私法的构想注入活力,比较法学者由此树立了新的追求目标——"欧洲共同法"(ius commune europaeum)。他们希望通过比较研究,完成一个能够为欧洲国家共同接受的私法结构,推动欧洲实现整体意义上的私法统一化。具体地说,就是试图用一个欧洲层面上的而非国家层面上的《欧洲民法典》来实现欧洲私法的统一。

欧洲民法典的支持者们指出:长期而言,只有建立在共同的债法和财产法的基础上,巨大的内部市场(关于这个市场,至少已经存在了统一的货币)才可以凝聚在一起并完全发挥其功能。而且,他们也指出:欧洲群体需要这个东西以在未来确立其自身的地位。此外,他们还重点关注的事实是:欧盟的大量法律措施(条例和指令)深入而零散地影响着各国民法制度,因而也有着巨大的潜在破坏效应。至少需要发展一套共同的法律术语和体系以使这些特定领域的立法措施各得其所,从而可能获得一个有机协调的发展。最后,欧洲民法典的支持者们指出:单个民族政府的力量已经很难足以推动真正现代的法典编纂活动。很多国内法典(其中肯定有拿破仑法典)毫无希望地过时了,而它们就如博物馆的残片,已经不再有人去关注触碰了。只有共同的泛欧洲的努力才有能力去结束这种日益衰败的僵局。最后,过去所有的法典编纂活动都不过是勇敢的立法试验,对其结果作出最终评价的时间看起来还不成熟。另外,如果不迅速地迎接这一挑战,19世纪遭遇的将欧洲分割成许多小块的命运则可能有再次出现的危险,更不要说由此将永远难以与美国在法律领域进行竞争的事实了。

德国法学家尤其是这项事业的积极推动者,但他们也一致认同:"欧洲共同法"的实现面临重重困难,抛开现实的立法技术因素不谈(例如欧盟有否这方面的立法权),欧盟内共有四种法律体系(英美法系、罗马法系、德国法系和北欧法系),[①] 大陆法和普通法之间尤其存在巨大差异,这是制定《欧洲民法典》最大的障碍。欧洲民法典的其他反对者们则考虑到各国的法律传统有其深厚的根基并已经成为每个国家文化的组成部分,认为私法对经济成功的重要性被夸大了、向一个统一体系的转型将引致高昂的经济成本、几个世

---

① [德] K. 茨威格特、H. 克茨:《比较法总论》,潘汉典等译,法律出版社2003年版,法系一章。

纪以来勤勉建立起来的法律确定性和经验至少在短期内都将被丧失、法律制度间的竞争本身是良性而妥适的，而最重要的是欧盟缺乏在民法领域处理如此广泛领域事务的能力。因此，"比较法学者们必须承担起艰巨任务，尽力构建一个欧洲法律原理和规则的共同核心，一种欧洲共同的法律语言以及法律文本，并以此为基础，当时机成熟时，拟订《欧洲民法典》"。①

为此，欧洲法学者们于1997年成立了《欧洲民法典》研究组，德国法学教授巴尔（Christian Von Bar）被推选为主席并担任非合同之债小组的领导人。该团体代表欧洲六所大学和研究机构，共设六个工作组分布于全欧洲，每年举行两次年会，主要讨论各小组起草的民法典相关部分的草案。关于这一题材的比较法著述也成绩斐然，这些著作都试图从共同欧洲的角度去理解私法的整体领域，培养"共同欧洲思维方式"，"希望对欧洲共同私法的思索能够汇流成'统一'的法，即民法典形式上的大框架之法律统一"。②德国法学者还为此开展法学教育，希望通过培养一体化的法学人才推动欧洲法律文化趋向统一，并于1993年创办《欧洲私法杂志》，专门致力于发展共同欧洲私法。

其实，在欧洲民法典研究组成立之前，丹麦教授奥尔·兰多就创立了最为著名的欧洲合同法委员会（Commission on European Contract Law，CECL）。该委员会1982年就开始了工作。欧洲合同法委员会是或者曾经是由来自欧盟、挪威及瑞士等司法区域的教授们组成的专家团体。它制定了欧洲合同法通则（Principles of European contract law，PECL），并对其作出了评述和注释。该组织的第一、二届（连续的）委员会讨论了合同的成立、效力、解释和内容、代理人代理行为对本人的约束力、合同债务的履行及不履行的救济等问题。其研究成果（第一部分）在1995年首先出版，然后在2000年首先以英语，但同时逐步以欧盟其他语种出版了"欧洲合同法原则"的第一、二部分（综合版）。2003年，该组织的第三届（最终）委员的研究成果得以出版。欧洲合同法原则的第三部分包括了条件、违法性的后果及其他债法所有构成部分都需面对的问题，如多数债务人和债权人、请求权的转让、新

---

① 朱淑丽：《德国比较法学的发展脉络》，载法制现代化网，http://www.todolaw.com/bbs/viewthread.php?tid=10965。

② [德]克雷斯蒂安·冯·巴尔：《欧洲比较侵权行为法》（上卷），张新宝译，法律出版社2001年版，"德文版序"。

债务人的替代、抵消和时效。[①]

正当欧洲合同法委员会的工作显然就要告以结束的时候，它的一些成员成了欧洲民法典研究会（Study Group on a European Civil Code）成员。该小组有一些和欧洲合同法委员会相同的成员，它明确赞同并将继续欧洲合同法委员会开启的工作。它成立于1998年，自从1999年起就完全运作起来。它从欧洲所有成员国里组建了大约100名左右的法学家团体，并从其他国家（尤其是波兰、匈牙利、爱沙尼亚、斯洛文尼亚、挪威，后来还有瑞士）吸纳了观察员。研究会建立于各种持续存在的"工作小组"所进行的比较法研究基础上。这些工作小组分布于欧洲各个地方，并从其各自相关的地域角度对分配给它们的各项研究任务进行讨论。这些工作小组是在一位教授的带领下，由来自欧盟所有或者几乎所有的司法区域的研究生组成。不过，有时工作小组全部由教授组成。这些工作小组设计并起草最初粗略的概念和草案，然后在第二步里由顾问理事会对其进行讨论（该顾问理事会是由相关领域的一流学者组成的小团体，同样也代表了欧盟的所有法系）。该草案的下一步进程则取决于在这期间取得的进展。由45位教授组成的协调小组会在两年一次、为期一周的会议上按计划审议各草案。由一个叫做起草小组的中间机构负责审核文本中的可能的含糊之处，以明确揭示出至关重要的"政策问题"。另有一个小组负责准备术语表，以尽可能保证术语的使用有其一贯性。在每一个情形下，制定"原则"的部分进程都涉及把它们翻译成欧盟的各种语言，这样就可以对其最初的英文版本进行反复思量。附属于这些"原则"的是（或者将是）比较法的引论（这在各章都不相同），并伴有详细的评述，以便用例证方式解释各条款的实际应用和效果。最后，有（或者将有）各类评注以使读者能明白"原则"的相关条款在各成员国国内法中是否已经存在、在何处存在以及以什么方式存在。在分散研究的第一阶段，我们将出版具有完整注释的"原则"的各单个部分，此后将吸收欧洲合同法原则的内容并出版综合版。目前，该项目的经济资助完全来自几个欧盟国家的国家研究基金资助组织。我们希望在大约四年的时间里完成第一个阶段。我们的主要工作方法是平行地同时着手各项研究主题。这自然意味着在一个连续的进程中，它们将被一再地提交到协调小组的议程，后者对其有最后的话语权。在内容方面，研究会正着力于特定类型合同的法律（买卖、

[①] [德]克里斯蒂安·冯·巴尔：《欧洲：多部民法典的大陆，或者走向单一民法典的大陆？》，张小义译，载中国民商法网，http://www.civillaw.com.cn/Article/default.asp?id=15742。

服务、动产租赁、个人保证权利和长期合同),非合同义务的法律(侵权行为法、不当得利法和无因管理法(negotiorum gestio)以及动产法的某些方面(所有权的移转、所有权权证法和信托法)。①

其中尤其应注意的是欧洲议会2001年11月15日的决议。在决议中,欧洲议会不再使用"欧洲民法典"一词,但它却仍雄心勃勃地提出了一项发展和创设欧洲债法及财产法的行动计划。这包括了非合同责任法和财产法的部分。2003年2月,欧洲委员会再次以通信形式提出了它自己"朝向更协调的欧洲合同法的行动计划"。"行动计划提出了非规范性和规范性措施……除了针对特定领域适当的干预措施,还包括下述措施:(i)提升合同法领域欧共体间的协调程度,(ii)在全欧盟范围推广统一的合同术语以及(iii)进一步考察欧洲合同法领域的问题是否需要通过不只针对特定领域的方案来解决。例如,如果合适的话,关于采用可选择适用的法律文件(an optional instrument)……的建议就可以考虑一个共同法律框架指引(Common Framework for Reference),对此委员会倾向于通过研究以及有关各方的帮助来加以完善。这一共同法律框架指引应能在共同的术语及规则方面提供最好的解决方案,如对于'合同'或'损害'这样的基本概念和抽象术语的定义以及在合同不履行情况下应适用的规则……就应如此。这一共同法律框架指引的第二个目标是为在欧洲合同法领域进一步考虑制定可选择适用的法律文件提供基础。为了推动整个欧洲相关各方详细阐明一般合同术语,委员会倾向于在现有的和计划中的提议基础上促进欧洲及各成员国内部层面上信息的交流"。"委员会也倾向于发起对潜在解决方案之妥当性、可能的法律形式、内容及其法律基础的进一步思考"。而且,欧洲议会法律事务和内部市场委员会在其针对欧洲委员会行动计划的报告中(该报告是2003年9月2日欧洲议会关于赞同共同法律框架指引及支持可选择适用之法律文件的决议的基础)也再次明确表示,希望适当考虑将非合同责任法,至少是动产法和信托法纳入未来的下一步工作计划中。②

并且,2001年11月6日,欧洲议会在一份统一成员国民商法的报告中为《欧洲民法典》的主要部分之一的欧洲合同法的统一定下了时间表:第一,2004年底,建立一个以所有成员国语言表述的,包含成员国所有合同

---

① [德]克里斯蒂安·冯·巴尔:《欧洲:多部民法典的大陆,或者走向单一民法典的大陆?》,张小义译,载中国民商法网,http://www.civillaw.com.cn/Article/default.asp?id=15742。

② 同上。

法的立法和判例的数据库；第二，根据数据库进行比较研究以发现成员国共同的法律概念和共同的解决问题方式，定期向欧洲议会汇报；第三，2004年底，在专家建议下提出立法建议；第四，同时考虑有没有其他实质性法律涉及统一大市场，特别是关于电子商务方面的法律；第五，2005年初，公布比较研究结果；第六，从2005年开始，在学术界广泛传播研究成果；第七，从2005年起，在欧盟各机构的立法草案与执行程序中推广使用研究成果；第八，2006年始，在欧盟立法中执行研究成果；第九，2008年初，审查研究成果的实际效果；第十，从2010年开始，欧洲合同法统一完成。[①]

欧洲议会的这一规划意义重大，它在相当程度上为向来被斥为乌托邦的欧洲民法典正名。也因为这一规划的出现，欧洲民法典以及欧洲共同法也不再是欧洲人的梦想，成为富有诱惑力的现实。

由于德国对于欧洲共同法的建构意义非凡，因此我们还是要对德国的情况进行介绍。其实，自"欧洲共同法"成为新目标后，德国比较法就从国家的法律秩序中超越出来，开始在整个欧洲层面上进行思考和研究；其形象随之发生很大变化，它再也不是具有"灰姑娘情结"的边缘角色，而成为一门充满雄心、积极参与实践、并且颇负声望的热门学科，其发展势头和产生的影响更是前所未有。然而，纯粹从学科角度看，德国比较法在战后半个世纪里很少有实质性突破。它既没有形成一个较为成熟的法律概念，也没有精练其方法，更缺乏真正崭新的追求目标。从方法上看，茨威格特和克茨的功能主义不过是对拉贝尔方法论的继承和完善；跨学科研究也并非新鲜事物，它也早被拉贝尔竭力提倡过。而且，尽管功能主义已是公认的研究方法，但在实践中它却没有得到广泛和深入的运用。特别在欧洲私法统一化的背景下，大多数学者都热衷于为欧洲私法统一寻求共同基础，因此其研究焦点依旧是西方法律体系中的私法规范和准则，而对各类社会何以不同以及法律文化中的差异置若罔闻。[②] 从研究目标看，德国主流学者仍然片面追求私法的协调和统一。这个目标曾经激励了伟大的法典化运动，热情鼓舞过巴黎国际比较法大会，始终贯穿在拉贝尔时代的研究工作中，并被战后50年代的法学者满怀信心地规划过；今天随着欧洲一体化进程和全球化趋势，又以

[①] Report on the approximation of the civil and commercial law of the Member States (COM (2001) 398 - C5 - 0471/2001 - 2001/2187 (COS)).

[②] James Q. Whitman, "The Neo - Romantic Turn", in: Pierre Legrand and Roderick Munday (ed.), Camparative Legal Studies: Traditions and Transitions, Cambridge University Press, 2003, 314.

《欧洲民法典》或其他欧洲共同法的形式,牢牢盘踞在西欧主流法学者的心头。50年来,德国比较法的成功主要表现在有关知识的大量积累,以及它的工具性作用方面;作为学科,它的内在生命却被严重忽视了。

总之,"欧洲共同法"始终是德国乃至西欧比较法学发展的一条主线,它既是其产生的诱因,又是其不懈追求的主要结果。正因为随着近代欧洲民族国家的崛起,欧洲法律走向国家化,破坏了欧洲法学曾有的普遍性和统一性,才促使了西方比较法学的产生;自其产生后,它始终把欧洲私法统一作为学术理想,一百多年来,比较法学者们的研究工作中都贯注了对这一目标的孜孜不倦的追求热情。形成这一特点的历史原因在于欧洲各国的法律文化、法律渊源和法律传统具有同根性;其现实基础则归结于先有欧共体后有欧盟的强力推动。至于"人类社会的共同法"梦想和国际私法统一实践,不过是"欧洲共同法"这一主旋律的变奏曲,是"欧洲共同法"这个理想模型的扩大化。它成因于国际经济的一体化趋势和西方资本主义势力的全球性扩张,以及欧美国家在世界经济、政治舞台上所占的主导地位。[①] 上述种种因素促生了欧洲主流法学者的法律普遍主义观念和对于普遍欧洲共同法的浪漫主义追求情怀。尽管新时期的欧洲共同法仍可能只是一种新时期的美梦,但梦毕竟已经开始,我们只能祝愿这样的美梦成真。

四、"百尺竿头、更进一步"的世界法:"庞德遗梦"耳?

"人类社会的共同法"梦想和国际私法统一实践,成因于国际经济的一体化趋势和西方资本主义势力的全球性扩张,以及欧美国家在世界经济、政治舞台上所占的主导地位。[②] 因此,我们有必要来考察一下美国法学家庞德的世界法理论及其现实反映和意义。

(一) 庞德的世界法

世界法的概念最早是由美国法学家庞德提出的。

1. 庞德生平与学术贡献

罗斯科·庞德是美国著名的法学家,社会法学派在美国的创始人和代表

[①] 朱淑丽:《德国比较法学的发展脉络》,载法制现代化网,http://www.todolaw.com/bbs/viewthread.php?tid=10965。

[②] 同上。

者。庞德一生阅历非常丰富。最初曾任美国内布拉斯加州律师,州最高法院上诉委员会委员。1899年,他被任命为内布拉斯加州立大学法学院法理学和国际法教授。从那时起,庞德先后担任西北大学、芝加哥大学法学院教授,1910年庞德回到哈佛大学法学院先后有六年的时间担任斯托里和卡特讲座法学教授,1916年起担任哈佛大学法学院院长长达二十余年,这期间被誉为哈佛大学法学院的黄金时代。除了担任法学教授之外,庞德还参加了大量的社会活动,1929—1931年,他担任胡佛总统的法律遵循与实施全国委员会成员;1946—1949年,他来到南京,担任了当时中国国民政府司法院的法律顾问,主要指导国民政府完善法院系统。以后又曾任教于美国加利福尼亚大学和印度加尔各答大学。庞德一生著述也很多。据统计,至1960年止,他曾发表过24本著作和287篇论文和报告。庞德一生有大量的论著发表,主要有1922年的《法律哲学导论》（Introductiontothe Philosophy）、1926年的《法与道德》（Lawand Morals）、1930年的《美国刑事司法》（Criminal Justicein America）、1942年的《通过法律的社会控制》（Social Control ThoughLaw）,但总括其社会学法学理论大成的当属他从1911年开始"勾画和撰写",1958年方完成"最后两章即第33和34章的撰写工作"的5卷本《法理学》（Jurisprudence）。按张文显教授的说法,《法理学》是他以前著作的集萃。正是由于他丰富的阅历和学术上的巨大贡献,庞德在美国法学界甚至政府中都享有很高的声望。他创立的社会学法理学,从20世纪30年代以降,几乎成了美国法庭上的官方学说。因此,研究他的法理学无疑是了解美国法学、美国法律文化的一条捷径。同时,由于庞德于1916年就天才地洞见到"一种世界法"的问题,了解这一理论,对于当下中国回应"法律全球化"对中国法学的冲击,更具有重要的现实意义。

2. 庞德提出世界法理论的缘由与背景

庞德的社会学法学是与资本主义向帝国主义过渡和一战后发生在美国的制度和意识形态的变革相伴而生的。作为后起的帝国主义国家,通过美西战争确立了自己世界大国的地位,在一战中的美国又大发战争财,战后取代英国成为世界头号经济大国,经济上的高速发展与国际地位的迅速提高导致美国社会的巨大变革。但美国的法律并没有跟上时代的脚步,19世纪的分析法学和形式主义仍是其立法和法律适用的主导思想。在这样的背景下,庞德对其学生时代追随的精神导师奥斯丁的学说产生了怀疑。1906年,庞德在明尼苏达的圣保罗发表了著名的"圣保罗演讲",在这次演讲中,庞德"断言,美国的法院系统已经陈旧,其司法程序也已落后于时代"。从此,庞德开始了他长达五十余年的法律体系和法理学的批判与重构工作，对"法律的目的"追问是庞德这一工作的一部分。在20世纪，除耶林外，庞德是最注重对"法律的目的"进行研究的法学家之一。

同时，庞德还提出世界法的理论。庞德提出世界法观念的背景在于为了否弃19世纪英美法律人所信奉的那种极端的地方主义倾向。用庞德自己的话来解释自己提出世界法的原因、背景和期望，那就是：[①] 20世纪法律发展的一个重要特征乃是否弃19世纪英美法律人所信奉的那种极端的地方主义。当时乃至更早，一直存在着一种对地方法的崇拜。的确，人们在当时似乎有当然的理由认为，特定时空的法律在地方政治主权中有着完全充分的基础，因而人们可以仅仅根据这种政治主权对它进行考虑。特定时空的法律所具有的政治独立性解释了并且证明了这种法律本身及其所有细节的正当性。

（二）庞德世界法的内涵与限度

庞德曾言：在当今的世纪，已经使得人类天涯若比邻的世界经济的一体化以及世界性的迅捷通讯和运输的发展，正在把我们带往通向世界法的旅途。体现为联合国的某种政治一体化也把我们推往相同方向。所有这一切都给予比较法巨大的推动力。然而，毕竟有着不同地理、种族、经济和历史条件和不同语言、特征、传统的民族需求着，而且在未来的很长时间里都可能不仅拥有他们自己的规则和法律制度，而且拥有自己的法律。但是17个世纪之前的古罗马法学家给出的规则和概念至今仍然被境况迥异的大多数民族所使用的事实表明：在人类可以经由理性和经验实现的文明社会的社会控制中存在着普适性的因素。不是每一个民族都绝对需求完全民族性的法律。[②] 正是在这样的思想观念的引导之下，庞德才提出了自己的世界法的理论。

在庞德看来，在20世纪，一种变化开始渐渐出现，并愈演愈烈。众所周知，商业交易活动始终是在跨越政治边界的情形中展开的。正如杰塔所言，一项买卖乃是一项有关在阿姆斯特丹还是在纽约进行的买卖。斯托雷更是在1834年就撰写出了有关法律冲突的论著。但是，在斯托雷之后，人们似乎认为，地方政治独立性这一观念的力量乃在于其间所隐含的这样一项主

---

① ［美］罗斯科·庞德：《法理学》（第一卷），邓正来译，中国政法大学出版社2004年版，第469页。
② 庞德：《作为中国法基础的比较法和历史》，王笑红译，载王健编：《西法东渐——外国人与中国近代法的变革》，中国政法大学出版社2001年版。

张，即法律冲突法实是每个政治实体中的地方法问题。……作为某种超出地方法题域之论题的法律冲突，直至20世纪中叶才在美国各法学院的课程中占据了一席地位。对普遍观念及理想的关注，实际上直到20世纪50年代才开始在美国诸法学院中成为一种普遍现象。

伴随着经济秩序的统合和扩展，在普遍性与地方性之间达致并维续一种恰当的平衡，便成了法律科学的一个首要问题。在政治科学中，人们所面对的将是这样一个问题，即如何协调普遍规制整个社会与地方自治这二者间关系的问题。在法理学中，普遍原则（即法律推理的出发点）之一便是一方面对普遍规制社会生活中的关系和行为进行指导，而另一方面则制定与地方的、族群的、地理的、历史的和经济的情势相调适的详尽具体的规则。这两个领域乃是颇为独特的，但是却会沿着某一边界相重合——尽管准确地划出这一边界极为不易。有一种趋势主张，人们应当依据那种以历史上确定的时空脉络为基础的边界来强调一般性原则或详尽具体的规则。据此，根据地方传统思想模式而制定的具体立法有可能会阻碍人们从司法上确立和适用原则，而外，经由司法而发现和确立的原则却也可能会妨碍或扰乱那些有助益于地方行政的规则的适用。

颇为重要的是，仰赖把理性适用于经验这种司法发现的做法，正在取代那种认为必须且只能经由立法手段制定规则的政治理念，而我们知道，这种政治理念源出于罗马帝国晚期的法学论著，流行于17世纪的政治专制时代，并且盛行于民众政府崛起的政治理论之中。民众治理自己所依凭的那些机构有着截然不同的功能。它们当中的任何一个机构都不是罗马皇帝的后继者。晚近对《法国民法典》的修正便删去了禁止通过司法审判过程确定法律的条款，而且所有晚近的法典也都规定了在司法审判过程中确定法律应予依凭的材料和程序。①

（三）庞德世界法理论的意义

庞德经由社会学法理学的创建而对法理学的发展作出了诸多颇为重要的贡献，而且他经由社会学法理学的建构而使我们获致了洞见20世纪以前各种法理学学派的一个全新的视角。然而，庞德所提出的"世界法"的观点却具有更大的启示意义，因为早在论者们于20世纪80年代提出"全球化"

---

① [美]罗斯科·庞德：《法理学》（第一卷），邓正来译，中国政法大学出版社2004年版，第469页。

理念及其相关论述之前，庞德就已经在 20 世纪 50 年代意识到了"世界法"及其所赖以为依凭的各种社会和经济情势对法律目的在 20 世纪的型构所具有的重要意义。而这也是庞德深受社会功利主义领袖人物耶林有关"目的是全部法律的创制者"的思想以及新黑格尔主义权威代表柯勒有关"法律先决条件支配法律"的思想的影响所导致的结果。的确，有关"世界法"的图景在庞德那里还只是一个带问号的设想，但是他毕竟洞见到了这个大问题的存在。① 由于庞德于 1916 年就天才地洞见到"一种世界法"的问题，了解这一理论，对于当下中国回应"法律全球化"对中国法学的冲击，更具有重要的现实意义。

（四）庞德的世界法与法律全球化

1. 法律全球化概述

"全球化"一词来源于英文"globalization"，而"globalization"一词是由其形容词"global"（全球的、全世界的、总体的）派生而来。美国学者罗兰·罗伯森在其著作《全球化：社会理论和全球文化》中说："作为一个概念，全球化既指世界的压缩（compres-sion），又指认为世界是一个整体的意识的增强。"他认为全球化概念现在所指的那些过程和行动在多个世纪里一直在发生着。不过在学术界，"全球化"这个名词直到 80 年代初，或者说是直到 80 年代中期还没有被承认是一个重要概念。据说，T. 莱维在 1985 年最先使用"全球化"一词。近些年来，全球化思潮已经席卷世界。在学术界关于"全球化"的诸多定义中，英国学者赫尔德等在《全球大变革：全球化时代的政治、经济与文化》一书中的界定较为科学："全球化能够被看作：一个（或一组）体现了社会关系和交易的空间组织变革的过程——可以根据它们的广度、强度、速度及影响加以衡量——产生了跨大陆或者区域间的流动、活动、交往以及权力实施的网络。"全球化就是人类不断跨越障碍在全球范围内沟通、联系、交流与互动，从而实现各国经济与社会的普遍联系和密切融合。② 全球化主要是指经济全球化，即生产、贸易、投资、金融等经济行为超越一国领土界限，生产要素在全球配置与重组，世界各国

---

① 邓正来：《迈向全球结构中的中国法学——庞德〈法理学〉（五卷本）代译序》，载《吉林大学社会科学学报》2004 年第 3 期。

② 魏波、魏有花、郑建设：《法律全球化和我国的应对策略》，载《长春工程学院学报（社会科学版）》2005 年第 1 期。

经济高度相互依赖和融合。有学者指出,就经济领域的全球化来说,全球化具有以下三个特点:"第一,经济的深入一体化;第二,经济的非国家化;第三,经济一体化和非国家化不单纯是经济的,它必然以国家的政策与法律的变革为先导,同时又进一步推动了国家政策与法律的变革。"即在经济全球化的过程中,法律必然被卷入,法律必须适应经济全球化的需要。或者说,全球化是全方位的,并非仅指经济全球化,它包含着法律全球化。①

"所谓法律全球化是指法律的各个领域发生的跨国界、跨区域、跨大陆的相互作用、相互影响,以及重组原有法律制度、法律秩序、法律理念结构的网络化过程"。法律全球化是适应全球化的贸易活动以及与此相关的文化、政治交往活动的蓬勃发展而产生的。它并不是不同民族、不同国度法律的简单相加,也不是不同类型的法律的均匀互渗,它是在以科技进步为物质基础的世界经济的全球化已成为不争的事实下的唯一路径,更是在文化、利益冲突中人们不得已的一种选择,是人类交往行为秩序的内在要求。通过法律的全球化在更大程度上能够扩展和实现人的需要,为主体之间的全球合作及其需求奠定法律全球化的事实基础和需要根据。②

2. 法律全球化的特征

石泰峰先生在其《全球化与法律文化冲突》一文中提出法律全球化理论强调三个基本特征:③

第一,"法律的技术性"。从法律社会学的角度上看,法律实践是一种人类的文化活动。"法律像风俗、语言、习惯一样具有民族特性,是民族精神表达的重要形式"。法律过程就是一种文化过程。而文化的特点就在于其独特性和差异性。法律全球化理论强调法律的技术性意在"淡化法律的文化性来回避法律全球化面临的文化冲突"。但是同时,也正是这种形式操作,法律从"地方性"不断地向"全球化"转化。从一定意义上说,"由利益需要、经济联系和商品贸易所必然导致的全球化规则,是人类从小国寡民迈向天下大同的基本路径"。当然,法律的全球化决不意味着世界各国都接受同一的法律模式或在统一的世界法下面生活,对同一问题,不同国家往往有不同的解决办法,法律全球化并不意味着法律一体化。然而,就如同美国

---

① 魏波、魏有花、郑建设:《法律全球化和我国的应对策略》,载《长春工程学院学报(社会科学版)》2005年第1期。
② 同上。
③ 石泰峰:《全球化与法律文化冲突》,载《法治文明》2001年第2期。

学者罗兰·罗伯森所说:"尽管我承认对全球整体性(global wholeness)的某些否定,但我坚持认为,走向世界同一性(unity)的趋势毕竟是不可抗拒的。"

第二,"法律发展的超国家化"。全球化作为一种经济力量,是不依任何人包括主权者的意志为转移的。一定社会中现存的生产关系的总和,构成该社会的经济基础,作为社会上层建筑重要组成部分的法的现象根源于社会的经济关系。"随着社会发展即经济发展需要的变化,实在法能够而且必须改变自己的各种规定"。建立在经济基础之上的主权概念同样也是不断发展的。经济全球化时代,资本要求冲破国境,实行经济的一体化、非国家化,这完全不同于闭关自守时代的国家。所以,随着经济全球化,国家对经济活动的管理权限和管理方式都应随之应变。不过,即便是在全球化时代,国家主权依然是至高无上、不可侵犯的。法律在全球范围的发展,从根本上与主权国家的推动是分不开的,也正是在这种推动中,国家主权才显得尤为重要。

第三,"强调西方法律的全球化,甚至是美国法律的全球化"。这既是关于法律全球化的问题,也是关于法律全球化的研究参照问题。置身于联系越来越多越来越紧密的国际社会中,学习和借鉴他国经验是有益的,也是必要的。正如经济全球化势不可挡一样,法律的协调化和统一化也是大势所趋。随着经济全球化进程的不断加速和深化,一国要与外国进行经济交往,特别是加入 WTO 一类世贸性组织,有关经济、贸易的法律就必须与他国接轨。在法律全球化的过程中,来自西方的法律规则和法律观念因为其与人们国际性交往的事实更为吻合而抢占先机。因此,在总体上讲,法律全球化是以西方法律文化向世界各国的渗透为基本参照的。这给了西方国家尤其是美国又一次输出法律的机会。但是,法律全球化绝不能理解为法律西化、美国化,而应当是东西方法律的相互学习、相互交流、相互借鉴和相互交融。

3. 法律全球化最明显的体现是跨国法律愈来愈重要

如果我们关注国际商业和国家之间的经济合作,我们可以从另外一个意义上诠释法律的全球化。在我们所处的这个时代,为达建立全球市场之目的,商品、服务和资产的交换以及技术转让已经变得如此频繁和活跃。国际贸易史使我们认识到法律应当伴同商业的发展,因为只有辅之以明确的契约,并得到法律规则的保障,商业方能蓬勃发展。我们现时代的国际市场需要明确并可靠的契约法以及国际市场参与国之法律制度的保障。在传统上,国际商业、国际投资和国际经济合作的法律基础和框架,是建立于调整主权国家关系（此等法律为国家之间的法）和政府间国际组织——例如国际货币基金组织（IMF）——的活动的国际公法之上的。历史上，国际商法肇始于友好的双边贸易条约。现在，这些调整和保护世界贸易的双边和多边条约仍大量存在并相互联系构成一套法律体系。由于经济关系全球化的形成，需要一套全球性的调整规则和争端解决机制。世界贸易组织（WTO）、国际货币基金组织和世界银行便是特为适合这一需要而开展活动的。

大多数国际和全球市场的参与者不是主权国家而是私人实体。他们在私人契约法的支配下缔结合同，国际公法对他们而言只是一个大的保护伞，他们在这项大伞的保障下进行活动。这些市场参与者发现了一套由许多国内私法和经济法汇集而成的复杂的国际法律规则，这些国内私法和经济法包括国内法的冲突规范（国际私法）。市场参与者经常遭受适用的不同国家的国内法不尽相同和不可预知的困扰。从事国际商务的律师在草拟合同和监督该合同履行时，必须接受相应的培训以处理这些来自不同国家法律的差异，包括处理来自国际公法方面的影响。著名律师菲力普（Philip Jessup）将这些国际法律规则的不同点称之为"跨国法律"，并将之定义为："所有调整跨越国界行为和事件的法律。"在我们的时代，需要一套协调统一的跨越国界的国际贸易法和国际投资法，这种需要已经至少在国际贸易法的局部统一方面迈出了显著的一步。联合国国际贸易法委员会（UNCITRAL）已适应这一需要制定了《联合国国际货物销售合同公约》，该公约已被许多在国际贸易舞台上饰演重要角色的国家所签署和采用，比如德国、中华人民共和国和美国。①

必须指出的是：国际商业本身就提供了统一的法律模式，比如标准条款和标准合同。例如，运用于国际商务的银行担保便遵循这样相似的模式，并且，因此而有助于克服适用不同国家法律的差异。现今，从事国际商务的律师通常有相同或相似的方法解决调整国际商务的合同的问题。在中世纪的欧洲，从事国际贸易的商人缔结合同时使用国际公认的合同形式，并由此产生了称为商法的统一法律。在我们的现时代，新商法是跨国法律中最有希望的一部分，其出现正在全世界范围内进行讨论。

4. 中国的全球化问题

毫无疑问，全球化已经成为当今最重要的焦点性话题之一，它在许多学

---

① ［德］罗伯特·霍恩（Norbert Horn）：《法律的比较研究与法律的全球化》，陈朝晖、吴春香译，载法律教育网，http：//www.chinalawedu.com/news/2004_8%5C16%5C1120428569.htm。

科的争论中，都已成为出现频率最高的核心话语之一。正如，英国社会学家安东尼·吉登斯所说："仅仅在十年以前，不论是学术著作还是通俗读物都很少使用这个术语。而现在，这一术语已经从无人使用变为无所不在；如果不提到它，任何政治演说都是不完整的，任何商业手册都是不受欢迎的。"然而，当我们真正面对全球化这一问题时，却感到有些茫然。尤其是当中国在加入WTO等国际组织以后，全球化问题也将成为中国发展过程中所面临的一个最大问题。然而，值得我们注意的是，全球化问题本身并不能够自然而然地成为我们认识它及其他问题的框架。它需要我们对全球化进行建构，而前提则要求我们强化全球化的"问题意识"，也就是将全球化问题本身"问题化"，并由此洞见到全球化对中国的特定意义。

如邓正来先生所说，中国法学界自20世纪90年代以来也给予了全球化这个论题以一定的关注。这些讨论主要表现出了下述三个特点：一是侧重于法律层面的问题，而甚少论及中国法学理论的问题；二是侧重于对全球化现象及其与中国各部门法间关系的描述；三是在承认全球化的前提下就中国法律做一些对策性的讨论。因此，既有的研究大体表现为两大类：（1）有关全球化对中国法律的冲击和影响的描述和讨论；（2）有关中国法律如何回应全球化挑战的策略性讨论。这些讨论当中还存在着两种基本倾向。第一种是反对全球化的倾向，而且坚持此种倾向的论者不在少数。他们的观点至少可以被概括为两种：第一种反对观点是新左派观点，第二种观点是狭隘的民族主义。这两种观点的主要表现形式是：第一种反对观点尽管极具启示意义，但它却基本上是以化约论为基本趋向的，也就是把全球化这种现象化约成美国化和资本主义化，认为全球化时代是一个新帝国时代的开始。这个新帝国时代所依凭的不再是军事战争和鲜血，而是信息、知识、资本和市场。[①] 例如沈宗灵教授就认为，个别西方法学家（主要是美国的法学家）提出"法律全球化"的口号。我个人认为，这是不切实际的幻想。经济全球化是客观事实，是必然，在经济贸易方面的法律我们应该积极与国际接轨。但法律不同于经济，法律是不会全球化的。其实，一些美国法学家也承认，他们提出的"全球化"是倾向于"美国化"的。[②] 第二种反对观点所依凭的理论工具主要是区隔论，也就是把全球化与中国分隔开。这些论者用各种

---

① 参见邓正来《迈向全球结构中的中国法学——庞德〈法理学〉（五卷本）代译序》，载《吉林大学社会科学学报》2004年第3期。
② 参见上引沈宗灵《比较法是什么》，是其于2001年5月17日在清华法学院的讲座。

大话来掩盖全球化这样一个事实的存在。他们认为，中国连现代化都还没有实现，至今还只是一个发展中国家，因此全球化的问题距中国很遥远，根本就不是中国的问题。

另外一种倾向乃是赞同全球化的倾向。在这种倾向当中，有一种比较令人担忧的情形，那就是被邓正来先生称为处理全球化的"浪漫化倾向"。[①] 他们依凭着这种浪漫化的方式把全球化时代放大成一种普遍价值、普遍真理、历史必然、世界潮流，进而把全球化时代偷偷地、悄悄地转换成了一种解决中国所有问题的终极性方案。这样一种浪漫化的倾向，归根结底就是把全球化时代视作是一种普世性的福音。我之所以认为这种观点比较危险，并不是针对它在价值论上的对错而言的，而是就它遮蔽了全球化时代一些至为要害的面相而言的。从全球化时代的三个方面即市场经济方面、规则制度方面、文化方面来看（意识形态方面比较复杂，此处不论），我们便可以认识到这种浪漫化倾向中的危险之处。第一，从市场经济角度，我们可以看到，浪漫化论述方式认为，全球化时代给我们提供了一种无限的允诺，即全球化可以经由市场经济的方式而达致生产资料在全球的优化组合。但是，这种浪漫化的论述方式却根本没有看到全球化时代依旧解决不了市场本身的限度、依旧解决不了人类资源的匮乏或稀缺问题，同样也解决不了生态在承受方面的限度问题。第二，我们再来看规则制度层面。我们可以看到，在一些颇具影响的讨论当中，那些经由我们承认世界既有法律规则或制度而传入的价值起到了支配性的作用。但是浪漫化的论述却没有注意到这样一种取向，某一价值在这里成了无须讨论的单一性和终极性标准，与此同时我们也忽略了其他值得我们关注的一般价值。第三，我们再看文化层面。浪漫化论述方式看到的是科技的发展和文化的整合，但是这些论者却没有看到也没有追问是谁的文化在出口，是谁的文化在不断地被压缩、被压制、被抽空化。由此可见，这种浪漫化处理方式并不能够使我们洞见到全球化时代对中国所具有的真正实质性的意义。[②]

全球化具有很多重要意义。从现实意义上来说：（1）经济一体化把世界紧密联结起来。经济一体化使世界各国的经济联系不断加强，各国经济相互交织，相互结合，形成了全球经济的有机整体，各国经济依存性增强。在

---

① 参见邓正来《迈向全球结构中的中国法学——庞德〈法理学〉（五卷本）代译序》，载《吉林大学社会科学学报》2004 年第 3 期。

② 同上。

这个经济有机整体中，不仅商品和生产要素在各国间更快地流动，而且各国经济总体上的相互传动和影响也增强了。一方面，发达国家通过国际贸易和国际投资，把商品、资金和技术带到发展中国家，但也把危机和衰退转嫁给这些国家；另一方面，发展中国家的经济波动也对发达国家产生影响。例如，东南亚金融危机不仅对发生危机的国家造成巨大损失，同时也波及和影响日本、韩国、美国等发达国家以及世界上其他许多国家。(2) 使世界资源得以最有效的配置，提高了世界经济效益。世界经济全球化使商品、服务、资本、技术、人员等在世界范围内可以更加自由地流动，各国可根据各自的比较优势进行分工和贸易，这有助于全球范围内的资源得以合理配置和有效利用，促使各国要素价格的均衡化，从而使各国乃至世界总体福利水平提高。(3) 有助于真正意义上的世界市场的逐步形成。世界市场是指世界各国通过经济合作和对外贸易关系建立起来的进行商品交换的场所和领域，它是商品交换关系突破民族、国家界限扩充到世界范围的结果。全球化有助于世界市场的形成。(4) 世界经济全球化推动世界产业结构的调整。以往的产业结构调整主要是在一国内部进行，其代价比起世界范围内的产业结构调整更高，且所需的时间更长。世界经济全球化刺激了新技术的研究、开发和应用，使各国在更大的世界经济规模上配置资源，开拓市场，促进技术间的转让，推动发达国家向资本密集型和技术密集型产业升级，并将劳动密集型和技术含量低的产业向发展中国家转移。尤其是20世纪90年代，数字信息技术的飞速发展大大缩短了美国、日本和欧洲新兴工业经济体以及其他发展中国家之间的技术和产业传递过程，使世界产业结构调整速度加快。(5) 使国际关系以协调为主。世界经济全球化使各国之间的经济利益错综复杂，你中有我，我中有你，相互依赖性加强。经济上的互惠互利推动国与国之间的接触和对话，促使大家搁置分歧，增进了解，进行协商，努力协调各种矛盾，变不利条件为有利条件，化消极因素为积极因素，扩大合作。(6) 有利于减少腐败现象。据世界银行估计，全世界贿赂数额可达发展中国家外来直接投资和进口的5%，即每年近800亿美元。众所公认，腐败行为对各国，尤其是发展中国家的经济发展和政治稳定影响恶劣。世界银行1997年世界发展报告指出，在腐败最猖獗的国家中，投资只占GDP的12%，而在较廉洁的国家中，该比例超过21%。《世界经济论坛》在一份有关1997年全球竞争报告中指出，公务员受贿和法律制度受到损害已经成为世界各国"最大的挑战"。随着世界经济全球化的发展，国际贸易与投资的自由化、市场经济的普及可以减少管制成本，并在一定程度上减少腐败现象。

例如，通过降低贸易壁垒来减少腐败的机会和腐败可能获得的寻租量，铲除腐败现象滋生蔓延的土壤。而且，全球化的增强也促进反腐败的国际合作。

全球化在理论方面的最大意义主要有两个：一是它有可能促使我们去建构一个全球化的中国法学的范式；二是它因此要求我们对全球化时代本身进行建构。而就如何认识全球化时代而言我们需要注意下述三点：[①] 第一，全球化时代至少要求我们注意这样一个根本性视角需要转换，亦即在一定程度上或在某些颇为重要的方面从原来具有政治性需要的主权向非政治性的视角进行转换。众所周知，社会科学知识的生产和再生产在全球化时代以前都是与民族国家的政治性连在一起的，换言之，社会科学实际上是以一种特殊的空间性观念为基础的。社会科学论者一般都认为，人类生活必须通过空间结构加以组织，而这些空间结构便是共同界定世界政治版图的主权领土。再者，几乎所有的社会科学家还认为，这些政治疆界界定了其他一些关键的互动领域——如社会学家眼中的"社会"、宏观经济学家眼中的"国民"经济、政治学家眼中的"国家"和史学家眼中的"民族"——的空间参数。上述观点又显然是以这样一项假定为基础的，即在政治、社会和经济过程之间存在着基本的空间一致性。在这个意义上讲，社会科学即使不是国家的造物，至少在很大程度上也是由国家一手提携起来的，它必须以国家的疆界作为最重要的社会容器。当然，全球化时代中某些超越政治性的因素决定了我们必须从主权这一政治性视角转换成一个非政治性的也就是全球性的视角。举例而言，这个视角的转换，要求我们对人本主义做重新的审视。我们知道，17 世纪和 18 世纪乃至 16 世纪的人本主义主要是在民族国家建构框架内予以实现的那种人本主义。颇具典型的事例是：美国人在独立战争期间要求普通法上的权利，所依凭的依据乃是英国人所享有的普通法上的权利。当时，他们采取的办法就是把"英国人"换成"人类"，进而主张"美国人"与"英国人"一样也享有普通法上的权利。但是我们必须牢记，那仍是在一个民族国家建构框架内对人本主义的一种主张；换言之，那乃是一种经由诉诸普遍主义手段而在特定政治安排内加以实现的人本主义。但是全球化时代的人本主义却已经超越了那种政治性主权的限定，它是一种经由诉诸普遍主义手段而在全球范围内加以实现的人本主义。因此它要求我们在一定程度上或在某些颇为重要的方面从国内利益也即从一国疆界内的利益视角向另外

[①] 这三点内容引自邓正来《迈向全球结构中的中国法学——庞德〈法理学〉（五卷本）代译序》，载《吉林大学社会科学学报》2004 年第 3 期。

一个视角即全球视角进行转换。

　　第二，在我看来，全球化时代与"现代化"时代一样，对于发展中的中国都具有特定的支配性，但是这里关键的并不是支配，而是支配的性质。一如前述，我在《中国发展研究检视》一文中，便明确提出了中国知识分子为什么将西方的社会科学知识（现代化理论）视作当然而予以接受的问题，而且还从世界结构的政治和经济维度出发探讨了这个问题。在该文中，我还明确提出了由此结构而生成的"现代化思维框架"以及这一思维框架对中国知识分子知识生产的支配。其间最为重要的是，也是中国学者普遍忽视的是（亦即中国学者集体无意识的具体展现）中国知识分子在这种"支配"过程中与"支配者"的共谋，也即中国论者对西方现代化理论所表现出来的那种无批判意识或无反思性的"接受"。显而易见，就这种支配而言，"现代化"时代支配的实效乃在于受影响的中国与它的"和谋"；据此我们可以说，现代化时代的支配是非结构性的和非强制性的———西方的现代化模式对于中国论者来说只具有一种示范性的意义，因为只要中国论者不进行和谋，那么中国论者完全可以建构自己的现代化道路———尽管有可能会遇到许多问题，但是值得我们注意的是，与现代化时代的支配不尽相同，全球化时代支配的实效却在于被纳入这个"时代"的中国对既有制度安排的承认。据此我们可以说，全球化时代的支配是结构性的和强制性的，它所依凭的并不是赤裸裸的暴力，而是发达社会建构起来的被认为更有效或更具正当性的制度安排———不论中国论者是否进行和谋，只要中国承认并接受了既有制度安排，那么它们就都对中国论者构成了支配。总而言之，全球化时代是一种我所谓的结构性的或强制性的支配时代。结构性的或强制性的支配是这里的核心，也是对中国或中国法学具有特殊意义的关键因素。

　　第三，我对全球化时代的建构，亦即全球化时代对中国或中国法学具有结构性的或强制性的支配，乃是以下述基本观点作为一般性依凭的，尽管它们并不构成我的观点的直接理据。（1）著名社会学家齐美尔指出，在任何社会互动的情势之中，人与人之间都可能有优位之势与劣位之势这类不同境遇的区别。他把这种具有位势之优劣的社会关系形式称之为"支配"，亦即占优位之势的人具有影响、决定和控制占劣位之势的人的能力和机会。的确，这种支配关系的存在很容易就可以在群体当中形成阶层，也因此会产生中心与边缘的社会关系形式。著名社会学家希尔斯也指出，在所有社会的结构中都存在着一个中心的区域，而这个中心区域则以各种方式对生活在周边区域的人们施以影响。依据这类观点，"中心—边缘"的关系可以说是无所不在的；这意味着，这种支配关系不仅存在于同一个社会中的不同群体之间，而且也存在于国家与国家之间。因此，我们此刻迫切待解的问题并非在于"中心"与"边缘"的事实认定之上，而是"此二者之间所展现之关系的本质为何"的问题了。

当然，除了法律全球化的趋势之外，也应当注意到经济区域化和法律区域化的重要现象和趋势，欧盟法是其中的典型，我将在下面单独一章来论述。另外，在大中华地区所体现的就是港澳台与内地的经济和法律一体化。这也成为中国比较法研究的新领域，即社会主义中国内地法制与资本主义香港、澳门、台湾等地区法制的比较研究。[①]

（五）庞德的世界法与罗马万民法

古罗马存在市民法和万民法的区分。所谓万民法，即"各民族共有的法律"，是继公民法之后，逐渐形成和发展起来的罗马私法体系的一个重要组成部分，是用来调整罗马公民和异邦人之间以及异邦人和异邦人之间民事法律关系的罗马法律。在罗马法私法体系中，万民法是比较成熟和发达的部分，也是后期罗马法的基本内容。一般说来，万民法有下面两种含义：第一，和自然法一样，万民法是普遍适用于所有文明社会和国家的法律。第二，万民法的调整范围最初只限于罗马司法管辖范围内的罗马公民与异邦人之间的关系以及异邦人本身间的关系，后来逐渐成为调整各国公民之间关系的法律。与庞德所谓的世界似乎存在一定的共同之处，因此下文进行详细的阐述。

古罗马法学家西塞罗继承了古希腊的自然法思想，确证了上帝作为自然法创造者的权威。自然法的普世性和高级法特征在他那里得到了发扬光大。不仅如此，西塞罗还首创了理论意义上的万民法概念，他说："……我们的祖先认为，万民法和市民法是有区别的：市民法不可能同时是万民法，但是万民法应该同时也是市民法。"[②] 这一经典论述不但间接地确定了市民法和万民法的外延，而且为下文对两者关系的厘清奠定了学理渊源。不过分地说，后世罗马法学家在这一问题上的论述大多围绕西塞罗的理论而展开。

[①] 潘汉典：《比较法在中国：回顾与展望》，载 3edu 教育网，http://www.3edu.net/lw/flx/lw_95191.html。

[②] ［古罗马］西塞罗：《论义务》C3，17，69。中译本参见王焕生译《论义务》，中国政法大学出版社 1999 年版。

作为古罗马五大法学家之一的盖尤斯（约 130—180 年），他是这样论述市民法与万民法的关系的：

所有受法律和习惯调整的民族都一方面使用他们自己的法；另一方面使用对于所有人来说是共同的法。实际上，每一个民族都为自己创立法，一个城邦的法就是这种法，它被称为"市民法"，可以说它是该城邦自己的法。自然理性在所有人中创立的那个法，由所有人平等遵守，它被称为"万民法"，可以说它是对所有民族都适用的法。公元前 242 年，罗马首度出现了外事裁判官，其主要职责是裁判罗马人与外邦人及外邦人之间的案件。其时，陈旧、僵硬的市民法已远远不能满足正在不断对外扩张的罗马帝国在解决外邦人在罗马法律地位这一问题上的要求，外事裁判官遂根据自然法的一般原理处理纠纷，逐渐发展成为一个反映罗马与其有交往的异邦异国所共有的法律制度所组成的一个规则体系，罗马法学家称其为万民法。此即万民法的第二种含义——实践层面的外民法，后世所称万民法，通常就在这种意义上使用。①

那么，盖尤斯究竟是在哪种意义上使用"万民法"一词呢？这是一个很值得思考的问题。从时间上讲，盖尤斯不可能不受到万民法制度的影响，他似乎是在描述一个业已形成的制度。而如果单纯从上文所引盖尤斯论述的文本意义来分析，他又似乎在重申前人西塞罗的主张。

后世学者在理解这一问题上也存在分歧。依梅因的说法，是先有了万民法的具体制度，而后经古罗马法学家运用衡平的手段，将万民法制度与自然法联系了起来，赋予了万民法的理论意味。② 凯利也持类似的看法，他甚至将这种做法的渊源追溯至西塞罗，指出其实证主义的一面，并认为西塞罗使用的实践性的"自然"概念在后世的罗马法学家那里得到了极大的发展，最终丰富了万民法制度；而对于理论意义上的万民法观念，仅仅是盖尤斯对"这一全然实践性的法律成长"套上了"比较研究的虚幻光环"和法学家偶然地给予其哲学意蕴罢了。③ 但是，梅因和凯利都没有明确区分万民法的两种意义。梅因说："所谓'自然法'只是从一个特别理论的角度来看的'万

---

① D. 1, 1, 9 盖尤斯《法学阶梯》第 1 编。中译本参见 [意] 桑德罗·斯奇巴尼选编《民法大全选译 I. 1 正义与法》，黄风译，中国政法大学出版社 1992 年版，第 39 页。也参见 [古罗马] 优士丁尼《法学总论—法学阶梯》，张企泰译，商务印书馆 1989 年版，第 6 页注 1。
② [英] 亨利·梅因：《古代法》，沈景一译，商务印书馆 1959 年版，第 26 页。
③ [爱尔兰] J. M. 凯利：《西方法律思想简史》，王笑红译，汪庆华校，法律出版社 2002 年版，第 61 页。

民法'或'国际法'。……它们之间的差别完全是历史的,在本质上,它们之间不可能有什么区别。"① 不难看出,梅因依然没有区别两种意义上的万民法,而是用"特别理论"这个语义含混的词描述了自然法与万民法的模糊关系。凯利的错误如出一辙,他正确地指出了罗马法学家发展万民法的一面,但由于忽视了万民法的理论意义,从而作出了"不能将万民法定位或归入到自然法中的唯一例外是奴隶制度"这个看似正确实则没有完整透视万民法的结论。②

相比之下,尼古拉斯教授的观点使我们对这一问题的看法耳目一新。他认为:在盖尤斯的划分中,万民法与自然法同义,此即万民法的理论意义;无非是自然法侧重于强调法来源于自然原理,而万民法重在强调法的普遍适用。当然,尼古拉斯并未忽视万民法制度的存在,他这样论述万民法两种意义之间的关系:"我们也不知道'万民法'(指理论意义上的万民法——引者注)这个词是如何应用于这套法(指实践意义上的万民法——引者注)的,或者有关的哲学观念对它的发展有着怎样的影响。我们所能肯定的是:在盖尤斯时期,这个词,就像前面论述过的那样,在哲学和理论意义上都被使用,而且在这两种意义上,它都涵盖着除人法和继承法以外的大部分法。"③

另一位罗马法五大法学家之一的乌尔比安(约170—228年)给出了一种异于通说的自然法定义:

自然法是大自然传授给一切动物的法则,也就是说,这个法不是人类所特有的,而是生活在陆地和海洋的动物包括飞禽所共有的。由此而产生我们称之为"婚姻"的男女结合及其子女的生育与繁衍。我们可以见到其他动物包括野兽也都精通这门法。在他那里,万民法与自然法是有区别的,因为自然法是所有动物共同的法,而万民法仅仅是人类自己的法。乌尔比安的这一划分,开启了以后罗马私法关于法的分类的争论,即所谓盖尤斯"二分法"与乌尔比安"三分法"之争。一个普遍的说法是:乌尔比安之所以区分自然法和万民法,是因为前者否认的奴隶制度为后者所包容;故此,二分

---

① [英]亨利·梅因:《古代法》,沈景一译,商务印书馆1959年版,第30页。
② 引自《古罗马"自然法"、"万民法"意义及关系考》,载法天下,http://www.fatianxia.com/blog_list.asp?id=3028。
③ [英]巴里·尼古拉斯:《罗马法概论》,黄风译,法律出版社2000年版,第54页。

法有别于三分法。[①] 对于这一问题，《古罗马"自然法"、"万民法"意义及关系考》一文给予了我们这样的解答：[②]

首先，须明确的是：盖尤斯的"自然法"概念与乌尔比安的"自然法"概念是完全不同的。乌尔比安的"自然法"概念异于通说早就成为学界共识。对此，博登海默在引用利维（Ernst Levy）的话时曾说："这种由任何动物共同构成的法律共同体，不仅对于西塞罗和斯多葛学者来讲是闻所未闻的，就是现代学者也不认为这种观点是古典法学家中有代表性的观点。"

其次，我们有必要进一步论述万民法两种含义之间的关系。我们知道，理论意义上的万民法与自然法一样，具有强烈的普世性特征。在信仰斯多葛哲学的罗马统治者那里，这一特征刚好迎合了他们建立世界国家的愿望，在作为一种法律制度的万民法的发展历程中，理论意义的万民法为外事裁判官们提供了一个哲学上的旗号，使得实践意义上的万民法的法律适用范围不断扩大。对此，著名自然法学家登特列夫作出了非常精辟的评价："在他们（指罗马法学家——引者注）眼中，自然法并不是一套完整而现成的法规，而是一种诠释的手段。在使人定法适应于不断变迁的客观情况之历程中，在使一个国际文明（或毋宁说是超国家的文明）之法律体系日益精良的历程中，自然法与国际法一起扮演了一个决定性的角色。"

因此，我们不难看出观念性万民法与实践性万民法的区别。一言以蔽之，前者在观念上适用于世间之芸芸众生，而后者主要针对罗马及周围与罗马发生实际关系的地中海国家的人而言。[③]

从这一点可以看出，不管是观念性的万民法还是实践性的万民法都与庞德所谓的世界法有着异曲同工之妙。在精神本质上很是类似，代表了法学家们对统一性法律制度和法律理念的向往和追求。

[①] ［意］彼得罗·彭梵得：《罗马法教科书》，黄风译，中国政法大学出版社1992年版，第14页。

[②] 引自《古罗马"自然法"、"万民法"意义及关系考》，载法天下，http://www.fatianxia.com/blog_ list. asp? id=3028。

[③] 同上。

第二篇 比较法社会学：方法论侧面

第七章　便利与陷阱：法律指标在比较法中的运用

一、法律指标的概念

法律指标是一种特殊的社会指标，但什么是社会指标？人们有时在一种非常宽泛的意义上使用这个概念，就是一切反映和衡量社会实践活动的统计数据，都是社会指标。比如，钢的产量，公路的里程，学生的人数，人口的平均预期寿命，老龄人口的数量，国土的面积，等等。在这个意义上，只要满足两个条件，即可以称为社会指标：（1）一种量化的统计数据，通过数量来描述和衡量事物的属性；（2）所描述和衡量的事物是社会实践活动方面的，具有社会性。有些事物的社会属性非常显著，有关的统计数据称为社会指标没有疑义，比如钢的产量、学生的人数，等等。有些事物虽然自然属性较强，但是又和社会实践活动有一定的联系，因此有关的数据也可以作为社会指标使用。比如，国土的面积、资源的储量、野生东北虎的数量，等等。用哲学上的概念来表达，这类事物属于"人化的自然"。

有时候，人们在比较严格的意义上使用社会指标这个概念。所谓更严格，就是认为社会指标并不等同于一般的社会统计资料，而只是其中的一部分。换言之，社会指标除了具有前述的两个基本特征外，还必须满足其他的一些条件。而其他的这些条件，不同的学者、机构等又有不同的界定。但是，总体来说，就是还要强调两点：（1）社会指标是在一定的理论的指导下精心设计的，是对简单统计数据的进一步加工；（2）社会指标能够对社会实践活动的状态或者进程具有有效的评价或者指示意义。比如说，人均国内生产总值（GDP），犯罪率，总和生育率，犯罪率，投票率，识字率，自杀率等等，大致符合这样的要求。当然，还有更复杂的统计数据，比如联合国开发计划署设计的人类发展指数（HDI，Human Development Index），就是用健康（出生时预期寿命）、教育获得（成人识字率及小学、中学、大学综合入学率）和生活水平（人均 GDP）等三个方面的统计数据通过一定的方式计算获得的。

然而，即便是简单、初级的统计数据，通常也或多或少具有一定的衡量和指示意义。因为事物的属性是多个方面的，甚至无穷多的，而我们对这些属性的描述和衡量必然是有所选择的。正如韦伯所说："在始终无限多样的个别现象中，只有某些方面，即我们认为具有一种普遍的文化意义的那些方面，才是值得认识的，只有它们才是因果说明的对象。"[①] 而统计数据的形成，恰恰体现了人们对这些属性的选择性。而选择的依据，就是这些属性的社会意义；而某种属性的社会意义的判断，又或多或少来自一定的学说或者理论。比如，测量森林面积的意义的判断，有经济学、生态学方面的依据；测量学生身高的意义的判断，有医学、政治学、人权理论等方面的依据，等等。因此，任何人们有意识地统计、计算形成的社会统计数据，必然都有一定的说明和指示意义。

法律指标是一种特殊的社会指标。其特殊性在于，法律指标所描述和衡量的事物，是和法律有关的社会实践活动，这种社会实践活动可以统称为法制实践或者法律现实。法律现实的范围非常广泛，大致包括法静态法律规则、法律机构、法律职业、法律文化、法律活动等方面。而法律现实中的每一种事物，又有多方面的属性，法律指标正是这些属性的衡量，比如律师数量、案件的数量、违法犯罪的数量、公证文书的数量等等。当然，法律指标是统计数据，是一类事物的总体属性的衡量，而不是特定个体的属性的衡量。

一如普通的社会指标，法律指标也可以在不同的意义上使用。在比较宽泛的意义上，法律指标泛指有关法律现实的一切统计数据；而在严格的意义上，法律指标仅限于那些经过精心设计的、对法治发展状况具有显著的评价或者指示意义的指标，比如犯罪率、民事诉讼率、投票率、人均拥有律师人数等等。而本章将讨论的法律指标概念，是在宽泛的意义上使用的，是指所有描述和衡量法律现实的统计数据。也就是说，本章所讨论的法律指标，既包括那些简单的、初级的统计数据，其作用仅仅能够衡量和反映法制实践某个方面的数量状况，也包括那些比较复杂、对法治发展进程具有显著的指示或者评价作用的指数。之所以这样界定，是因为无论在法制实践中，还是在法学研究中，各类有关法制的统计数据都有着广泛的应用。

但是同样，无论初步的、简单的法律统计数据，还是精心设计的法治发

---

① ［德］马克斯·韦伯：《社会科学方法论》，李丘零、田薇译，中国人民大学出版社1999年版，第19页。

展指数，都对社会的法治发展具有一定的说明意义，区别只在于程度不同。因为一个国家或者地区的法律现实包括各种类型的事物，而且每一事物又具有无限多样的属性，因此，人们进行统计和计算时，必然在不同的事物和不同属性之间有所选择，而选择的依据，便是各种法律学说和理论。正是基于各种理论认识，人们将无限多样的法律现实化约为有限的几个方面并进行量化，从而构建了法律指标。因为有了法律指标，人们就可以拨开经验世界的迷雾，更加便捷地描述和表达法律现实。比如说，我们用律师人数来描述律师群体的规模，并可以通过不同时期律师人数的对比考察律师队伍发展的速度；我们可以用犯罪率来描述和评价社会的治安状况，并在不同的法律体系之间进行比较和推断；用民事诉讼率来衡量特定国家或地区扣除人口因素影响后的民事诉讼规模，并通过不同国家或者地区的这种规模的比较，推断不同国家或者地区的法律文化差异，推断社会经济发展和法律变迁之间的关系，等等。但是，不同的指标对法治发展的指示和评价的能力是不一样的。一般来说，简单的指标是计算复杂指标的基础，但其本身的说明和指示作用有限；复杂指标来源于简单指标的不同组合，具有更为有效的说明和指示效果。比如说，在对法治发展状况的评价和说明中，律师数量就没有平均每10万人口拥有律师数更具有指标意义，犯罪数量就没有犯罪率更具有指标意义，民事案件数量就没有民事诉讼率更具有指标意义，等等。

在现代社会中，法律指标大量存在，很容易获得。这是因为，一方面，在现代社会中，存在着日益广泛的法制实践，法律几乎涉及社会生活的每个方面，这为法律指标的形成，提供了丰富的社会生活源头。另一方面，国家有关部门加强了法制实践的统计和公布，社会组织和个人也经常进行一些针对性的调研，由此使得丰富的法制实践得以以统计指标的形式大量表现出来。

二、法律指标在比较法社会学研究中的作用

所谓比较法社会学，是比较法研究的一种进路，这种进路和规范比较相对，强调不同法律体系的比较不能停留在法律条文的层面，而是应深入了解法律体系的社会环境、实际运行和实际效果，在此基础上比较不同法律体系的异同和相互关系。由此可见，比较法社会学是在比较法中贯彻法社会学的原则和立场，并运用法社会学的研究方法进行考察。因此，比较法社会学研究首先是一种法社会学研究。而由于在研究对象上和研究方法的特点，法社

会学需要广泛运用法律指标。在对象上，法社会学强调研究法律现实，研究法律的实际运行和实际效果，而不是书本的法律条文或者应然的道德体系。相对于研究者来说，法律现实是外在的客观存在，要分析、解释和评价这种客观存在，首先必须进行客观、准确的测量和描述，而要进行这样的测量和描述，许多经验实证的研究方法，就有了用武之地，其中包括法律指标的方法。而法律指标方法的许多特征，正好可以满足法社会学研究的需要。

首先，法律指标作为一种量化的数据，通过"翻译"，将法律现实的属性以数量的形式表现出来，可以实现对法律现实的定量描述。定量描述和定性描述相对，具有精确、可比较、可计算等优点。而设计和运用法律指标的目的，在于把复杂的法律现象或者抽象的法律概念转化为可以量度、计算和比较的数字。在法律指标实践中，有的法律现象容易用数据来表现，比如每10万人口拥有律师数、错案率等，有的法律现象则不容易进行定量描述，比如法官的职业道德水平，人们对法律的心理和态度等。对于后一种情况，需要运用一定的指标技术和法律知识，将其转化为可量度、可计算和可比较的数字。量化的尺度是多样的，可以是类别尺度（即将事物分类），可以是等级尺度（即将事物分成等级顺序），也可以是等距尺度（即等间隔、等距离）或等比尺度（即等比例）。在法社会学研究中，定量描述具有重要的意义。马克思曾说："科学只有当它应用数学的时候，才能达到完善的地步。"[①] 在大量依赖计算机辅助进行研究的当代社会科学中，定量研究的优势日益突出。

其次，法律作为一种统计数据，可以获得一种宏观的、全面的图景。在比较法社会学研究中，需要分别了解被比较的法律体系的状况，然而这种了解是一种整体上的了解，希望获得整个法律体系某方面的属性的认识，而不是获得个别的、局部的、零散的法律现象的认识。而提供整体性的、综合性的法律图景，正是法律指标方法的特长。

第三，通过法律指标可以进行定量分析和推断。在分析和论证过程中，法律指标本身也是一种证据，可以通过法律指标之间数量上的联系，证明或者推断一些法律命题。比如，我们可以通过 GDP 和民事诉讼率之间的关系，推断或者解释经济因素对诉讼的影响；我们可以通过法官的文化水平和错案率之间的关系，分析和推断法官的文化水平和办案质量之间的联系；我们可以通过收入水平和贪利型犯罪之间的关系，分析和推断意志自由、人性假设

[①]《马克思恩格斯选集》第 2 卷，人民出版社 1971 年版，第 601 页。

等命题的有效性，等等。而且，在现代发达的实证研究方法中，这些分析和推断还可以借助各种先进的统计分析方法和技术来完成。

此外，比较法社会学同时还是比较法研究，法社会学的描述和分析，最终目的是要完成特定法律问题的比较考察，而法律指标的作用，不仅有助于对法律体系单独进行法社会学的描述、分析和评价，而且有助于不同法律体系之间的比较。这是因为，首先，法律指标的定量描述，增强了不同法律体系之间的可比性。对比较法来说，描述的目的在于比较，然而，法律的制度和实践具有不同的模式，直接的比较有时很难得出有意义的结论。但是，法律指标基于一定的价值意义和逻辑关系，可以在不同的模式中抽象出某种共同的属性，然后进行衡量和比较，从而增强了可比性。比如说，大陆法系和英美法系在诉讼程序上，属于完全不同的类型，如果直接比较，似乎除了列举差异之外，很难作出具有规范含义的判断。但是，两大法系都存在犯罪率，而且犯罪率对于社会的治安形势具有一定的衡量作用；两大法系都存在上诉率，而且上诉率可以在一定程度上反映当事人对一审裁判公正性的主观感受；两大法系都存在民事诉讼率，而且民事诉讼率和其他经验材料结合起来，可以衡量诉讼方式在纠纷解决中的比重，可以衡量社会失范的程度，等等。因此，通过这样的法律指标，可以忽略两大法系诉讼模式的具体差异，直接进行具有规范含义的比较，或者将法律指标作为一种变量进行统计上的描述和推断。

其次，法律指标不仅增强了可比性，而且使得比较的结果更为直观，更容易快速发现不同法律体系之间的异同。比如，如果我们要考察中国人好讼还是美国人好讼，如果我陷入具体的经验中，或者具体的个案中，我们会如坠迷雾，不得要领。但是如果我们通过一个名为民事诉讼率的指标，就很容易得出结果。再比如，如果我们要比较美国和日本的治安形势，如果陷入具体的个案之中，也很难快速得出结论，因为每个国家都有杀人越货，都有坑蒙拐骗，然而，通过一个名为发案率的指标，却很容易得出结论。当然，对很多法律指标来说，数量的差异本身可能不能准确地说明问题，但是至少，法律指标的对比，揭示了问题所在，尽管这个问题还需要进一步分析。比如说，民事诉讼率高不一定就意味着民众好讼，而可能是社会矛盾更多所致，等等。但是，民事诉讼率上存在的差异，可以揭示出不同国家公民实际打官司的数量的差异，而对这种差异的进一步解释，则可以深化对两国法制状况的理解。

关于法律指标如何有助于发现问题而不是最终解释问题，这里可以更详细地举一个例子予以说明。西德和荷兰两个国家的社会环境和法律制度十分相似：它们都是资本主义国家，经济体制、经济发展水平、工业化程度、城市化水平等都非常接近；有着共同的法律历史，在19世纪都受到法国民法典的启发而进行法典编撰，这种启发超过了两国分散的地区法律文化；它们有着十分接近的法律原则和法律学说，有着十分接近的司法制度，内容十分接近的民事程序法和实体法。但是，统计数据却给我们展现出一个谜团：如表7-1所示，扣除人口因素影响后，两国的法官人数、律师人数和民事案件数差异非常大。爱华德·布兰肯博格（Erhard Blankenburg）对此进行研究指出，导致这种差异的原因主要存在于两个方面。一方面，和西德相比，荷兰的许多制度能够更有效地"过滤"（Filtering）掉纠纷，更大比例的纠纷在抵达法院之前就被化解掉了。这些制度就是布兰肯博格所谓的"基础结构"，它们主要包括：（1）西德对于律师如何收费有详细的规章制度，并严格实行"败诉方支付所有成本"的规则，而荷兰实行按小时收费制度，这使得金额较小的纠纷的诉讼成本难以预测，诉讼方式不具有吸引力，同时使得当事人和律师在诉讼之前要仔细考虑替代性方式的可行性。（2）西德的法律咨询是由律师所垄断的，但是在荷兰，任何人都可以提供法律咨询，这导致大量的组织，如贸易联盟、汽车俱乐部、消费者团体等等，实际提供了大量的法律咨询和法律代理，只有那些在地区法院审理、涉及较高标的额的案件才聘请律师。（3）在处理消费者申诉方面，荷兰的消费者协会更积极，分流的案件比例更大。（4）对于租赁纠纷，荷兰特别要求先提交给"房东—房客委员会"解决，该委员会所收集的数据在法庭上可作为证据使用，如果任何一方当事人在两个月内对该委员会的处理没有异议，该处理就产生约束力。从实际效果来看，经过"房主—房客委员会"处理过的纠纷只有1%会再起诉到法院。（5）对于劳资纠纷，荷兰有一个特定的规定，就是雇方的解雇决定必须经地方的劳动交易局审查，雇员可以提出异议，劳动交易局通过审查并准许解雇后，雇方的解雇决定才能生效。这项特别的制度设置使得荷兰只有西德的不到10%的劳资诉讼。（6）两个国家的绝大部分的交通事故纠纷都能够通过非诉讼的方式得到解决，但是在荷兰，由于保险公司有自己的法律咨询部门，由专家评估损害，警方和专家都能很便利地确定责任，因此诉讼外解决纠纷的比例更高。另外，在西德求助于法院太便利和太便宜，当事人选择非诉讼方式解决纠纷的激励更小。据统计，在西德的民事法院，一半的原告六个月就得到判决，其中3/4的案件只需要三个月，而简易程序就更快了。正是由于上述两个方面的原因，使得荷兰和西德两个国家在社会环境和法律制度都非常接近的情况下，却在诉讼率水平上存在很大的差异。[①] 这个例子说明，虽然法律指标本身不足以解释和说明问题，但是却以非常直观的方式，揭示了值得关注和进一步考察的现象，从而为深入的比较研究提供了问题和线索。

表7-1　　荷兰和西德法官人数、律师人数和民事案件数比较[②]

	1970		1980		1990	
	荷兰	西德	荷兰	西德	荷兰	西德
法官人数	850	12954	1024	16657	1490	17392
法官数/10万人	6.5	20	7.3	27	9.9	29
律师数	2063	23798	3600	37312	6381	59446
律师数/10万人	16	36	26	60	43	94
民事法院案件数	109025	1206750	146645	1671089	228480	1948151
案件数/10万人	779	2010	1047	2770	1550	3120

三、比较法研究中法律指标的陷阱

虽然法律指标在比较法社会学研究中意义重大，但是其运用也包含着一定的危险和陷阱，如果运用不当，将削弱比较的结论的有效性。这可以通过三个例子来说明。

其一是关于人均律师拥有量的比较。单从统计数据上看，各国的人均律师拥有量具有很大的差异。以美国、日本、中国为例来说。如图7-1所示，在1990年，每10万人口中，美国平均拥有308个律师，日本只有12个律师，[③] 而在中国，退一步以2004年计算，也只有近8个。[④] 律师在社会中承担着特定的功能，从理论上说，律师数量的多少，体现了该社会对这种功能需求的程度。那么，从前述的数字来看，是不是说，扣除人口因素影响后，美国社会对律师的需求量是日本的26倍、中国的36倍？

---

① Erhard Blankenburg, The Infrastructure For Avoiding Civil Litigation: Comparing Cultures of Legal Behavior In The Netherlands And West Germany, 28 Law & Soc´y Rev. 789.

② 资料来源：同上。

③ 参见朱景文《比较法社会学的框架和方法——法制化、本土化和全球化》，中国人民大学出版社2001年版，第289、304页。

④ 《中国律师年鉴2004》，中国法制出版社2005年版，第257—258页。

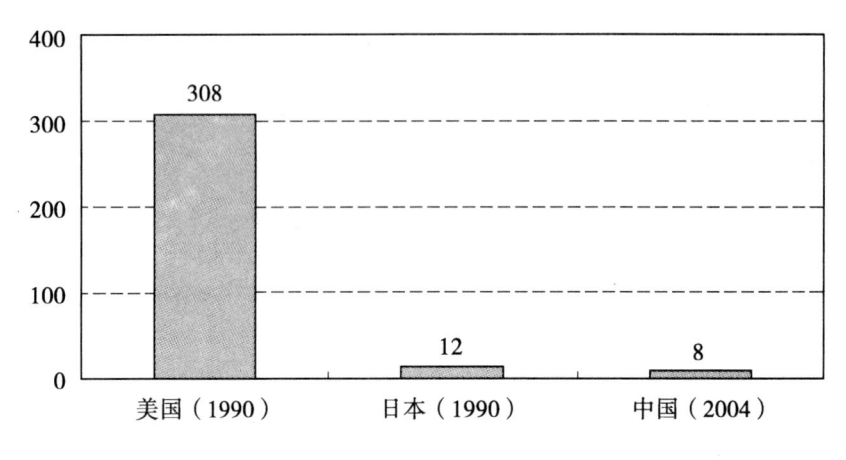

图 7-1 每 10 万人口拥有律师人数（人）对比

进一步的考察发现，这样的推断是不成立的。这是因为，在美国，一方面，律师包括公职律师和私人律师；另一方面，私人律师的业务范围非常宽广，既包括出庭进行民事代理和刑事辩护，也包括大量的非讼业务。而在日本，一方面，许多大学法科毕业生不经过司法官考试就直接进入政府部门，承担相当于美国的公职律师的工作；另一方面，律师通常仅办理诉讼业务，而大量的非讼业务则由其他职业，比如税理事、专利理事、司法书士、公职会计、行政书士、公证人、在公司法律部门工作的法律顾问等来承担。[①] 中国情况有些类似于日本，在美国是由律师承担的职能，在中国则分由律师、公证员、企业法律顾问、基层法律工作者、"赤脚律师"等人员承担。由此可见，更准确有效的对比，不能仅限于名称相同的"律师"数量，还应当考虑在中国和日本那些分担美国律师的职能、同时又没有律师名分的其他人员。虽然考虑了这些人员之后，中国和日本的"律师"数量仍不及美国的水平，但是差距大幅度缩小，达到一个逻辑上比较合理的水平。

其二是关于民事诉讼率的比较。比较法学者通过对统计资料收集和整理发现，民事诉讼率，即平均每 1000 人口 1 年中提起的民事案件数量，在不同的国家和地区之间存在着不可忽略的差异。比如说，如表 7-2 和图 7-2 所示，美国在 1993 年为 62.86，西德在 1990 年为 31.20，日本在 1997 年为

[①] 参见朱景文《比较法社会学的框架和方法——法制化、本土化和全球化》，中国人民大学出版社 2001 年版，第 282—284 页。

3.36，中国内地在 2002 年为 3.45，等等。① 总体上一个特点是，欧美国家的民事诉讼率普遍高于中国、日本等东亚国家。基于诉讼率上的这种显著差异，一些学者得出结论说，欧美民族是好讼的民族，好讼的原因在于权利意识强，喜欢斤斤计较，崇尚"为权利而斗争"；相反，东亚民族是厌讼的民族，厌讼的原因在于遵循"和为贵"的处世哲学，强调牺牲和忍让，强调团结和秩序。② 但是，这种结论在多大程度上能够成立呢？

表 7-2　　　　不同国家或地区之间的民事诉讼率水平比较③　　（件/千人）

国家	时间	民事诉讼率	国家	时间	民事诉讼率
美国	1993	62.86	法国	1987	24.12
澳大利亚	1975	62.06	挪威	1976	20.32
新西兰	1978	53.32	荷兰	1990	15.50
英国	1992	53.00	意大利	1973	9.66
加拿大	1981—1982	46.58	中国台湾地区	1998	5.46
丹麦	1970	41.04	西班牙	1972	3.45
瑞典	1973	35.00	中国内地	2002	3.45
西德	1990	31.20	日本	1997	3.36
比利时	1969	28.31	中国内地	1992	2.23

从逻辑上说，这取决于民事诉讼率的影响因素。如果说民事诉讼率的影

---

① 冉井富：《当代中国民事诉讼率变迁研究——一个比较法社会学的视角》，中国人民大学出版社 2005 年版，第 245 页。
② 有关观点的介绍，参见冉井富《当代中国民事诉讼率变迁研究——一个比较法社会学的视角》，中国人民大学出版社 2005 年版，第 54—59 页。
③ 资料来源：(1)"中国内地 1992"和"中国内地 2002"根据《中国统计年鉴》所载案件数和人口数计算得出；(2)"中国台湾地区 1998"的数据来自陈聪富（台湾）：《法院诉讼与社会发展》，载《国家科学委员会研究汇刊：人文及社会科学》第 10 卷第 4 期，2000 年 10 月，第 435—492 页；(3)"日本 1997"的数据根据《日本统计年鉴（2000）》提供的案件数和联合国 1999 年 1 月《统计月报》提供的人口数计算得出；(4)"美国 1993"的数据源自史蒂文·苏本等《美国民事诉讼的真谛》，蔡彦敏等译，法律出版社 2002 年版，第 45 页［苏本介绍道："州法院系统处理了整个国家 90% 左右的民事诉讼。1993 年，在州法院提起的民事诉讼案件达到 14600000 件（不包括家庭关系案件）。"我根据该数据，计算出了美国大致的民事诉讼率］；(5)"西德 1990"和"荷兰 1990"的数据源自 Erhard Blankenburg, The Infrastructure For Avoiding Civil Litigation: Comparing Cultures Of Legal Behavior In The Netherlands And West Germany, 28 Law & Soc'y Rev. 789；(6)"法国 1987"和"英国 1992"的数据源自徐昕《私力救济》，博士论文，其余数据来自 Marc S. Galanter, Reading The Landscape Of Disputes: What We Know And Don't Know (And Think We Know) About Our Allegedly Contentious And Litigious Society, 31 UCLA L. Rev. 4。

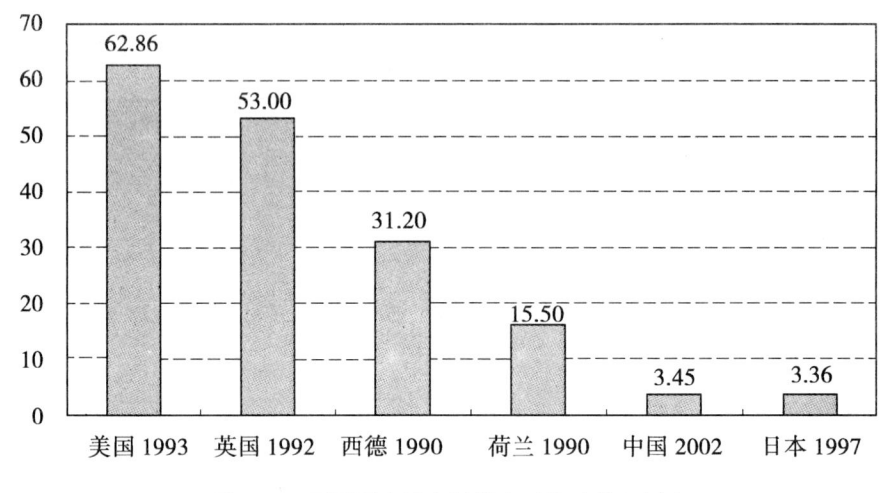

图7-2 不同国家民事诉讼率对比（件/千人）

国家	诉讼率
美国 1993	62.86
英国 1992	53.00
西德 1990	31.20
荷兰 1990	15.50
中国 2002	3.45
日本 1997	3.36

响因素仅仅是人们的权利意识或者好讼的品质，那么可以说明，民事诉讼率越高，反映的民族品质越好斗，人们的权利意识越强，反之亦然。但是，从理论上说，民事诉讼率的影响因素是多方面的，包括社会中纠纷发生的总量，诉讼在时间、金钱方面的成本，其他纠纷解决方式的发达程度，等等。从实际情况来看，无论在中国还是日本，证明民众诉讼意识很强的事实随处可见。[①] 而日本的民事诉讼率之所以很低，一个很重要的原因是法院之外的非诉讼纠纷机制非常发达，分流了大量的案源；中国的民事诉讼率之所以很低，很大程度上和诉讼费用较高、诉讼不够便利、对法律和法官缺乏信任、法律服务欠缺等因素有关，[②] 也和行政机关、人民调解、私立救济等对纠纷的分流有关。由此可见，民事诉讼率的差异所反映出来的，并不全是，或者也许主要不是民族文化、法律意识的差异，至于文化意识差异的影响在其中所占的比重，还需要结合其他的经验材料做具体的分析才能确定，而不能直接从民事诉讼率在量上的差异精确地体现出来。

[①] 关于中国古代这方面的事例，参见许怀林《宋代民风好讼的成因分析》，载《宜春学院学报》2002年第1期，第50—57页；陈玉心：《清代健讼外证——威海卫英国法庭的华人民事诉讼》，赵岚等译，载《环球法律评论》2002年第3期，第350—357页；黄宗智：《民事审判与民间调解：清代的表达与审判》，中国社会科学出版社1998年版，第164—190页。关于日本在这方面的事例，参见 [日] 大木雅夫《东西方法观念比较》，北京大学出版社2004年版，第155—163页。

[②] Jerome Alan Cohen, Chinese Mediation on the Eve of Modernization, 54 California Law Review (1966), pp. 1201—1226.

其三是关于法官办案效率的比较。我国在2000年前后开始了精简法官规模的改革，这种改革的理由之一，是通过比较法研究所发现的我国法官总体上较低的办案效率，而法官精简的目的之一，也在于提高法官的这种效率。而我国法官具有较低的办案效率这一结论，就是通过法律指标的对比发现的。如表7-3和图7-3所示，在扣除人口规模的影响后，日本和英国的法官是最少的，每10万人口拥有法官数分别1.7人和1.8人；最多是德国，数量竟是日本和英国的十多倍。相比而言，中国法官的人数是比较多的，大约是法国的2倍，美国的3倍，日本和英国的10倍，但略低于德国。其次，从法官平均的结案数这个角度看，如表7-3所示，美国平均每名法官的结案数是最多的，达到965件，接下来依次是英国、法国、日本和德国。中国法官办案数是最少的，只有22件，相当于美国的1/43，英国的1/34，法国的1/14，日本的1/8，德国的1/6。综合两个角度的比较结果，我们似乎可以得出结论：和发达国家相比，我国法官的规模非常庞大，但是办案的效率却非常低。

表7-3　　　　　　　　世界上六个国家法官数量及其工作量对比[①]

国家	美国	英国	德国	法国	日本	中国
法官人数	30888	3170	20999	4900	2899	240000
每一名法官对应的人口数	19900	55000	4500	12350	57900	5318
每10万人口拥有法官数	5.0	1.8	22.2	8.1	1.7	18.8
一审案件合计	29795102	2429255	2938961	1539502	512342	5344934
每一名法官对应的一审案件数[②]	965	766	140	314	177	22.3

但是，深入分析中美两国审判工作的实际运作方式可以发现，判案效率低不等于工作效率低，真实的差异并没有统计数据体现出来的那么悬殊。事实上，我国法官各种工作的总量并不轻松，而之所以办案效率低，主要是由于我国法院特殊的工作机制和审判方式所致。具体地说，主要有这样六个原因：

---

① 表中外国的数据来自日本最高裁判所1999年12月8日向日本司法改革审议会提出的"对21世纪的司法制度的思考"的报告，转引自章武生、李瑞霞《法官职业化的路径及其选择》，载《法官职业化建设指导与研究》2003年第2辑；中国以2001年计算，法官人数以外的数据源于《中国统计年鉴2002》。

② 在这里，各国的统计数据同时不考虑二审、三审等非一审案件的审理。

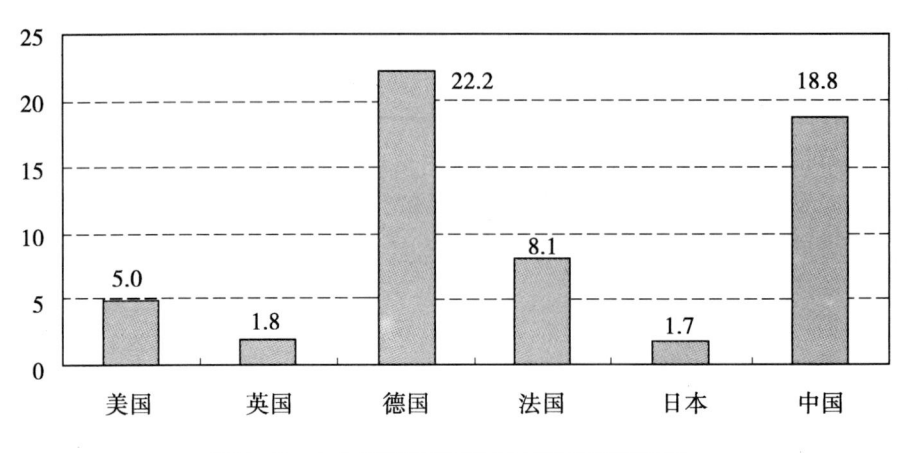

图 7-3　六个国家每 10 万人口拥有法官数对比

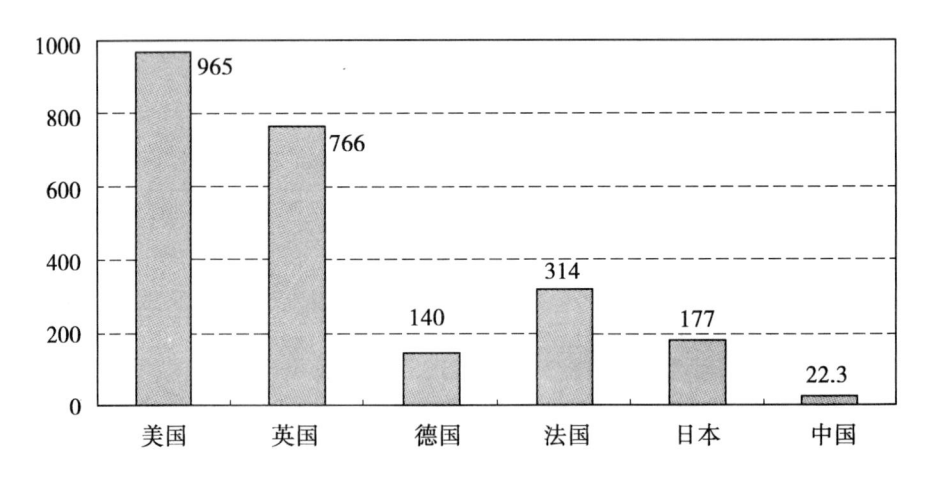

图 7-4　平均每 1 名法官对应的一审案件数对比

一是我国法院系统除了审判的业务工作外，还有大量的行政事务，这种行政事务在西方国家主要由司法行政部门来完成，而在我国，这主要由法院自身进行管理，从而占去大量的法官资源，使得从事案件审判工作的法官数量减少。肖扬 2002 年 12 月在中国人民大学主办的大法官讲坛上曾经透露，据不完全统计，目前法官队伍中，真正全身心投入一线审判工作的法官的比例，只有 20%，而 80% 的法官从事的或者主要从事的是审判以外的行政事务。

二是我国地方法院通常除了从事审判业务和自身行政事务以外，还经常要配合地方政府的中心工作。比如说，进行普法教育，追查超生超育，扶贫帮教，等等。这种情况在西部地区和农村地区尤其严重。

三是我国超职权主义的诉讼模式也严重影响了判案效率。英美法系国家由于实行当事人主义，许多诉讼成本和诉讼活动都是由当事人承担的，比如说诉讼请求的提出、证据的收集、诉讼主张的证明等等，这种诉讼成本的转移极大程度地减轻了法官的工作量和法律责任，从而可以提高法官的判案率水平。反观我国，法官具有查明事实真实的责任，这一责任又派生出了调查取证和证明的责任，这种责任极大地影响了判案的效率，消耗了司法资源。当然，自20世纪90年代以来，司法改革的基本方向是超职权主义的诉讼模式逐步向职权主义乃至当事人主义转变，以至民事诉讼法规定的许多法律责任已经通过司法改革转移给当事人了，这在一定程度上提高了法官的判案效率。但是由于这种改革尚未获得立法上的追认，加上法院独立地位尚不充分，这种"自我减压"随时都可能因为政治正确的要求而逆转。

四是我国法院没有建立有效的案件分流机制。在西方国家，无论是英美法系还是大陆法系，普遍建立了有效的案件分流机制，以此缓解"诉讼爆炸"带来的案件积压。比如说，对于刑事案件，通过认罪程序或者诉辩交易使案件越过大部分审判阶段；对于民事案件，通过多种多样的ADR鼓励和促进和解；而无论对于刑事案件还是民事案件，证据开示都有着理清争点、促进认罪或和解的重要作用。而在我国，这些机制都尚未建立，或者建立后由于配套的观念和制度不具备而未能取得理想效果。

五是我国法院内部的行政控制方式也限制了判案效率的发挥。我国目前还一定程度地存在这样的情形：法官开庭审判以后，要向庭长、院长、审判委员会汇报，有的还要向上级请示，不能当庭宣告判决。和法官有完全的独立裁判权相比，这种要求显然降低了判案效率。

六是没有建立法官助理制度。在西方国家，普遍建立了比较健全的法官助理制度，每一名法官都配有一定的法官助理，负责审查各方递交的材料，法律研究和核对引注，与律师协调案件的时间安排及相关事宜，起草备忘录，为法官归纳案件事实和当事人的争议焦点以及提出判决建议，起草判决书，等等。而在我国，由于缺乏法官助理制度，这些工作都是由法官去做的，法官"事必躬亲"，判案效率自然不会很高。由于这些因素的制约，使得我国法官的判案效率非常低；相应地，如果要精简法官数量，提高判案效率，就必须通过制度改革克服上述制约。当前，我国法院的许多改革都旨在克服这些制约，比如正在试点和推广的法官助理制度，改革削弱诉讼中的职权主义色彩，尝试建立案件分流机制，等等。而随着这些改革进程的进一步深入，上述制约因素必将逐步得到克服，法官的判案效率也将随之提升。

上述三个例子说明，运用法律指标进行比较法研究必须十分审慎，否则很可能得出貌似必然实则很不准确甚至完全错误的结论。之所以如此，在于在比较法研究中存在着三种常见的情形。

第一是法律的影响因素是多方面的，在利用统计指标之间的关系进行推断时，容易导致以偏概全的逻辑错误。在第一个例子中，利用民事诉讼率的差异来推断法律文化意识差异就存在这样的危险。因为影响民事诉讼率的因素，除了民众权利观念方面之外，还有社会的矛盾和纠纷形势、司法救济的便利程度以及非诉讼纠纷解决的发达程度等等。由此可见，如果民事诉讼率存在差异，原因可能在于法律文化方面的差异，也可能是其他方面的原因所致，或者多种原因综合影响所致。另外，如果民事诉讼率水平接近，也不能直接得出法律文化类型相同的结论。以日本和中国为例，虽然两国民事诉讼率水平接近，但是在其他方面存在显著差异，比如中国的改革开放带来更多的社会矛盾；日本的ADR非常发达，分流了大量的社会纠纷，等等。因此，相同的民事诉讼率水平之下，可能掩盖的是各种差异，只不过这些差异的合力的结果，反而比较接近而已。

第二是概念名称相同，但是在不同的法律体系中可能外延不同，如果仅仅局限于概念名称而进行直接比较，所得出的结论必然是不准确的。在前述例子中，"律师"这个概念在美国、日本和中国的外延是不同的，因此，正确的比较必须合理考虑这种外延上的差异。再比如，"民事案件"这个概念，在不同的国家也可能不同，在有的国家，民事案件、行政案件、劳动争议案件、税务案件等可能分属不同的类型，由不同的裁判机关审理；而在有的国家，这些案件中一些或者全部是合为一种类型的，适用相同的程序，有相同的机构审理。在这种情况下，如果不考虑这种差异，直接比较各种的民事诉讼率，所得出的结论可能就不够准确。

第三是同样名称的概念，却在不同的法律体系中具有不同的内涵，因此不同法律体系之间的差异不能为统计数据的量所准确体现。在前述例子中，当我们用结案数量来衡量法官的工作量时，就需要考虑这种差异，因为在不同的诉讼模式中，同样的案件对法官所形成的工作量具有不可忽略的差异。再比如，人们常常用犯罪率来比较各国治安状况，但是，何为"犯罪"在各国是存在一定的区别的。比如在中国，违反《治安管理处罚条例》的行为，是行政违法，不是犯罪；但在西方国家，则可能归入"违警罪"或者"轻罪"的范围。甚至有可能有些行为在一个国家属于是犯罪，在另外一个国家则可能完全是合法行为。由于存在这种差异，利用犯罪率比较各国的治安状况时，就需要给予必要的修正或者说明，才能提高比较结论的有效性。

四、运用但保持警惕、法社会学方法的矫正

尽管如此，法律指标在比较法社会学研究中的意义仍然是不容否定的。首先，在有些范围的比较中，上述制约可比性的情形并不十分明显，或者可以忽略，在这种情况下，法律指标就可以十分方便有效地使用。比如，虽然"民事案件"的内涵各国可能存在差异，但是如果仅仅比较买卖合同案件的诉讼情况，案件内涵的差异就非常小，甚至可以忽略；虽然"犯罪"的内涵各国的差异可能很大，但是如果仅仅比较强奸罪，则各国的差异相对就比较小。此外，有些概念在不同的国家之间，差异的程度各不相同，而在差异较小的国家之间直接进行比较，得出结论也具有较高的有效性。比如，在法国和美国之间，民事案件的范围差别较大，因为在法国，民事案件和行政案件是不同的案件类型，而在美国，两种案件都属于民事案件，都由同样的机构审理；但是在法国和德国之间，虽然也有差异，但是相对较小，因为德国的民事案件和行政案件是分别由不同的机构审理的。

其次，即使存在上述情形，有时也可以通过一些措施提高比较和推断的有效性。对于存在多种原因影响某一法律指标数据的情形，可以通过增加统计变量来保证比较和分析的全面性。对于概念的外延不同的情形，可以突破概念名称的限制，合理调整概念的外延，使之具有可比性。比如说，我们可以调整中国、日本的律师的外延，用承担着美国律师的各种功能的各种人员的总和进行比较，则所获得的结论的有效性就会增强。而在概念的内涵不同时，则可以根据这种不同所产生的影响的性质，对比较的结论予以适当的修正，以提高结论的有效性。

第三，不管是否具有可比性，法律指标量上的差异都有助于揭示问题的存在。比如说，中国和美国法官人均结案数虽然不能简单对比，但是巨大的差异足以引起人们关注，而对差异形成原因的具体分析，则可以加深对我国法官制度和审判制度的特点和利弊的认识。再比如，尽管民事诉讼率的影响因素是多方面的，简单的推断并不可靠，但是具体分析我国民事诉讼率比较低的原因，却可以发现我国在诉讼的便利性、公正性方面，在社会环境及其变迁方面，在非诉讼纠纷解决机制方面等，所可能存在的问题和不足。又比如，前面提到的例子中，西德和荷兰之间众多法律指标之间的显著差异，提出了需要解答的问题，从而推进了比较法研究的深入。

第八章 当前中国的司法救济水平
——一个比较法社会学的考察

一、中国当前的司法救济水平及其衡量

在现代法治社会之中，司法救济具有十分重要的意义，司法救济的水平是衡量法治发展水平一个重要指标。这是因为，在现代法治国家，法律是社会调整的主要手段，而法律调整方式，是通过权利和义务配置，实现"定分止争"，实现社会的秩序和激励。而要实现这一点，必须借助司法救济。因为首先，法律条文虽然对权利和义务有所规定，但是这种规定在很多情况下并不明晰，需要法院进行解释和昭示，以缝合法律条文与现实生活的差距，并可以在一定程度为法律的发展提供素材，或者直接发展法律。其次，即便法律规定清晰无误，法律也可能被违反，法定的权利也可能被侵害，这时需要司法机关运用公共权力和专业知识救济被侵害的权利，恢复被破坏的秩序，同时可以展示国家的权威和意志，促进法律在社会中被自觉遵守和执行。第三，中立的和公正的司法救济，还可以实现对其他公共权力的监督和制约，缓冲公共权力和社会私主体之间的紧张和冲突。总之，在现代社会中，司法救济是一项重要的社会职能，对于社会的公正、秩序和效率具有十分重要的意义。

由于司法职能的这种特殊意义，在我国建设社会主义法治国家的过程中，司法救济水平成为特别加强的一个方面。这种加强体现在很多方面，比如加强诉讼制度的正规化建设，发展法律职业队伍，加强司法方面的财力投入，等等。但是另一方面，制约司法救济水平提高的一些因素依然存在，比如干预司法权独立行使的现象比较普遍，司法的权威不够高，司法判决得不到普遍的尊重和执行，等等。因此，这里就存在一个问题：经过改革开放以来 30 年的法治建设，我国当前司法救济的水平如何？显然，这个问题的探讨具有重要的理论意义和实践意义，因为考察当前的司法救济水平可以发现其中存在的问题和不足，进而总结和检讨过去司法改革和发展的模式，为将来继续推进司法改革、提高司法救济水平提供智识基础。

但是，如何考察和衡量当前的司法救济水平？从理论上说，可以从两个角度进行衡量。一个角度是确定影响司法救济水平的因素，考察这些因素的建设和发展情况，综合确定司法救济的水平。比如，综合考察法律职业队伍的素质、司法经费的投入、审判的效率、司法独立的程度、裁判的执行力度等等因素的建设和发展情况。而在当前学界，这种考察和论述非常普遍，大量的著述通过考察司法实践中的某些侧面或者环节，直接或者间接地在回答司法救济的水平问题。

然而，还可以从另一个角度进行考察，就是从当事人选择司法救济的意愿或者积极性这一角度评估司法救济的水平。相对来说，这一角度的考察比较少，虽然不是完全没有。本文打算从这个角度进行一个考察，以补充和丰富我们观察我国当前司法救济水平的视角。

从这个角度进行考察，一个方便的工具是民事诉讼率（Civil Litigation Rate）。所谓民事诉讼率，是指在一定时期内一定人口中所平均拥有的案件数量。这里的时期，通常是一年；但是单位人口数，则比较随意，只要进行对比的不同时期或者不同地区之间的计算口径一致就不影响比较的结论。由于在民事诉讼率中，人口数量被平均了，所以人口因素的影响就被成功地扣除了；又由于民事诉讼率是单位人口的案件数量，所以在扣除人口因素影响的前提下，案件数量的变化和民事诉讼率的变化具有直接的对应关系。

单纯从计算公式看，民事诉讼率反映的是一定人口中民事案件数量的变化，但是由于提起民事诉讼的主动权操之于当事人手中，尤其是原告手中，因此，民事诉讼率的高低，反映了民众打官司的意愿。进一步说，这也从一个侧面反映了司法救济的水平：一方面，民众打官司的意愿的高低，反映了公众对司法救济水平的主观评价，这里所说的司法救济水平包括司法救济的公正性、司法救济的效率、司法救济的成本、司法救济的能力[1]等方面；另一方面，民事诉讼率的高低，也体现了司法职能在权利救济、配置社会资源、解决社会矛盾等方面的社会作用的大小。由于存在这样的联系，所以在一定程度上，我们可以通过民事诉讼率的对比，考察我国当前的司法救济水平。

这个问题可以从两个角度去考察。首先，从历史变迁的角度看，自改革开放以来，我国民事诉讼率总体上存在一个上升的趋势。如表 8-1 和图 8-1 所示，在改革开放初期的 1978 年，民事诉讼率只有 0.31 件/千人，但是

---

[1] 比如抵御干扰的能力、判决获得执行的能力等。

此后几乎持续增长（只在90年代初期有过短暂的微幅下降），直到1999年达到历史最高值4.03件/千人。2000年后，民事诉讼率呈下降趋势，但是下降的速度非常平缓，所以，在2000年后的几年中，民事诉讼率都处于比较高的水平，维持在3.5件/千人左右。如果我们假定民事诉讼率对司法救济的水平具有大致的衡量作用，那么可以由此得出结论说，经过改革开放30年的社会变革和法制建设，司法救济的水平已经有了显著的提升。

其次，还可以从国际对比的角度进行考察。表8-2中列举了主要资本主义国家和我国的民事诉讼率，其中的数据一部分来源于格兰特的收集，一部分来自其他学者的研究，还有一部分是我自己的计算和整理得出的（具体参见表8-2的脚注）。对比该表中的数据，我们可以发现这样几点：(1) 我国自2000年以来的民事诉讼率水平和日本、西班牙接近，同属于最低的几个国家；(2) 我国的诉讼率水平和最高的美国和澳大利亚相比，只有后者的1/18，和西德相比，要相差近10倍；(3) 总体而言，我国的诉讼率水平是比较低的，绝大多数国家的诉讼率水平都显著地高于我国。[①] 同样，如果我们假定民事诉讼率对司法救济的水平具有大致的衡量作用，那么可以由此得出结论说，尽管我国司法救济的水平已经有了显著的提升，但是相比西方发达国家来说，仍然处于一个比较低的水平。

然而，进一步的考察发现，仅仅根据民事诉讼率来衡量司法救济的水平在理论上并不充分。这是因为，只有在社会纠纷数量确定的情况，民事诉讼率才能比较准确地反映出司法救济的水平。反之，如果不同历史时期，或者两个国家之间，社会矛盾和纠纷的形势不一样，那就不能简单地用民事诉讼率来衡量司法救济的水平。显然，在改革开放以来的不同历史时期，社会的矛盾和纠纷形势是有所不同的；在世界上不同国家之间，社会的矛盾和纠纷水平也是不一样的。因此，要准确地理解当前的诉讼率水平，还需要考察社会中有多少不满（grievance），有多少纠纷，以及诉讼在解决这些不满和纠纷中所发挥的作用。

同样，这种考察可以是历史对比，也可以是国际比较。然而，在本文中，我将只做一个方面的研究尝试，即比较考察不同的国家不满和纠纷的状况，以及人们在这种状况下，寻求司法救济的比例，以此来比较确定我国当

---

① 虽然比较的不是同一历史时期，但是就发达国家来说，在20世纪70年代以来，社会的经济、政治和文化因素相对比较稳定，诉讼率水平虽然在变化，但是远不如我国改革开放以来这样剧烈，所以表8-2中的数据，大致能够反映出相应的国家在当代的诉讼率水平。

前的司法救济水平。而在众多的国家中，我将选定美国作为比较对象，考察中国和美国之间的不满和纠纷状况，以及寻求司法救济的比例。

然而，社会的不满和纠纷并没有精确的登记和记载，并没有现成的档案材料可供查阅，那些登记在册的民事案件、仲裁案件或者人民调解案件，只是大量的不满和纠纷浮出水面的冰山一角。因此，要准确了解特定社会的矛盾和纠纷形势，必须借助于专门的实证调研。正好，一些学者曾经做过类似的研究，它们是美国学者于20世纪70年代末80年代初进行的一次调研，以及我国学者在美国福特基金会的资助下于2002年前后进行的两次调研。正是因为有这些调研作基础，所以我确定在中国和美国之间进行比较研究，从一个侧面考察我国当前的司法救济水平。

表8-1　　　　　　　中国内地1978—2006年民事诉讼率变化[①]

年　份	民事一审收案（件）	年底总人口（万）	年均人口（万）	民事诉讼率（件/千人）
1977		94974		
1978	300787	96259	95616.5	0.31
1979	389943	97542	96900.5	0.40
1980	565679	98705	98123.5	0.58
1981	673926	100072	99388.5	0.68
1982	778941	101654	100863.0	0.77
1983	799989	103008	102331.0	0.78
1984	923120	104357	103682.5	0.89
1985	1072170	105851	105104.0	1.02
1986	1310930	107507	106679.0	1.23
1987	1579675	109300	108403.5	1.46
1988	1968745	111026	110163.0	1.79
1989	2511017	112704	111865.0	2.24
1990	2444112	114333	113518.5	2.15
1991	2448178	115823	115078.0	2.13
1992	2601041	117171	116497.0	2.23

---

① 资料来源：《中国统计年鉴》历年版本。其中，年均人口为前一年年底人口数和当年年底人口数的平均数。

续表

年 份	民事一审收案（件）	年底总人口（万）	年均人口（万）	民事诉讼率（件/千人）
1993	2983667	118517	117844.0	2.53
1994	3437465	119850	119183.5	2.88
1995	3997339	121121	120485.5	3.32
1996	4613788	122389	121755.0	3.79
1997	4760928	123626	123007.5	3.87
1998	4830284	124810	124218.0	3.89
1999	5054857	125909	125359.5	4.03
2000	4710102	126583	126246.0	3.73
2001	4615017	127627	127105.0	3.63
2002	4420123	128453	128040.0	3.45
2003	4410236	129227	128840.0	3.42
2004	4332727	129988	129607.5	3.34
2005	4380095	130756	130372.0	3.36
2006	4385732	131448	131102.0	3.35

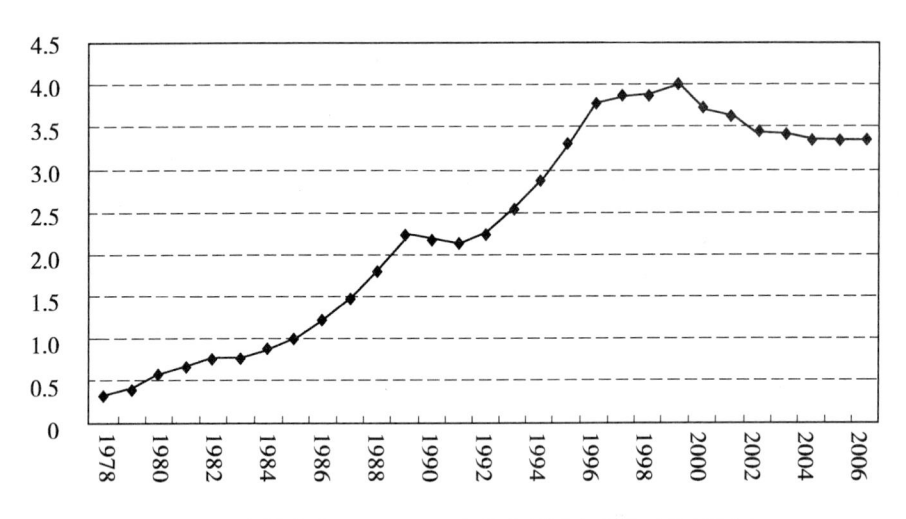

图 8-1 中国内地 1978—2006 年民事诉讼率变化（件/千人）

第八章 当前中国的司法救济水平

表8-2　　　　　　主要国家民事诉讼率水平比较①　　　　　（件/千人）

国　家	时　间	民事诉讼率	国　家	时　间	民事诉讼率
美　国	1993	62.86	比利时	1969	28.31
澳大利亚	1975	62.06	法　国	1987	24.12
新西兰	1978	53.32	挪　威	1976	20.32
英　国	1992	53.00	荷　兰	1990	15.50
加拿大	1981—1982	46.58	意大利	1973	9.66
丹　麦	1970	41.04	西班牙	1972	3.45
瑞　典	1973	35.00	中国内地	2001—2006	3.43
西　德	1990	31.20	日　本	1997	3.36

图8-2　主要国家民事诉讼率对比（件/千人）

---

① 资料来源：(1)"中国内地 2001—2006"来自本章的表8-1；(2)"日本 1997"的数据根据《日本统计年鉴（2000）》提供的案件数和联合国1999年1月《统计月报》提供的人口数计算得出；(3)"美国 1993"的数据源自史蒂文·苏本等《美国民事诉讼的真谛》，蔡彦敏等译，法律出版社2002年版，第45页［苏本介绍道："州法院系统处理了整个国家90%左右的民事诉讼。1993年，在州法院提起的民事诉讼案件达到14600000件（不包括家庭关系案件）。"我根据该数据，计算出了美国大致的民事诉讼率］；(4)"西德 1990"和"荷兰 1990"的数据源自 Erhard Blankenburg, The Infrastructure For Avoiding Civil Litigation: Comparing Cultures Of Legal Behavior In The Netherlands And West Germany, 28 Law & Soc'y Rev. 789；(5)"法国 1987"和"英国 1992"的数据源自徐昕《私力救济》，博士论文；(6) 其余数据来自 Marc S. Galanter, Reading The Landscape Of Disputes: What We Know And Don't Know (And Think We Know) About Our Allegedly Contentious And Litigious Society, 31 UCLA L. Rev. 4。

二、三项社会调查的介绍

（一）美国 CLRP 调查

美国在 20 世纪 70 年代末 80 年代初曾经开展过一项著名的联邦基金研究项目，名为民事诉讼研究课题（Civil Litigation Research Project，CLRP），该课题旨在设计和实施关于诉讼成本和策略选择的调查，为其他学者进行纠纷解决研究建立一个丰富的数据库。课题在下列五个联邦司法区分别抽样 1000 户、共计 5000 户作为样本进行调查：South Carolina，Eastern Pennsylvania，Eastern Wisconsin，New Mexico，以及 Central California。课题主要希望调查一般人口中特定类型的不满（grievance）的发生情况，以及从这些不满中产生的赔偿要求、纠纷数量和救济方式选择情况。课题调查的不满类型主要有：

1. 侵权，包括：汽车事故（$），工伤事故（$），家庭成员的其他伤害或者财产损害（$）；

2. 消费者，包括：主要商品的购买（$），医疗服务或者其他服务（$），房屋（家庭）的建筑、装修和改进合同（＊$）；

3. 债务，包括：劳务报酬（$），保险金（$），违约债权或者其他欠付（$），抵押问题（＊$）；

4. 歧视，包括：雇佣中的歧视，教育中的歧视，购买和租赁中的歧视，或者由于歧视产生的任何其他问题；

5. 财产权，包括：房屋产权（＊），边界（＊），他人使用（＊），以及与所有权和使用有关的问题（＊）；

6. 政府：领取社会保障金，退役军人，福利受益或者税款返还，从地方政府获得服务，获得其他政府利益或者服务，被任何机构认为欠付，其他和政府或者机构有关的问题；

7. 离婚（＊），主要指离婚后的问题，包括：财产分割，生活费，子女抚养，探视，或者监护；

8. 房屋租赁（＊），包括：承租人在租金、逐出、财产的性能，以及其他方面和房东（landlord）发生的问题；

9. 其他问题，如和家庭以外的人的财产共有及其分割（＊$），歧视以外的权利侵犯，等等。

对于上述不满,并非全部予以统计,课题研究提出了"中度"纠纷("Middle-range"Disputes)这个标准进行限制,也就是说,统计的范围限定为"中度"纠纷。所谓"中度"纠纷,就是上述标有($)的不满类型中,争议的利益金额在1000美元以上、10000美元以下的纠纷。考虑到有些不满不能用金钱来衡量,所以凡是没有标($)的事件,只要发生,就认为足够严重,达到中度纠纷的标准。

限于中度以内的不满,调查时询问的问题是:(1)上述不满在近三年之中是否发生?发生次数?(2)是否主张赔偿?(3)是否被拒绝,即是否产生纠纷?(4)是否求助律师?(5)是否提起诉讼?

按照上述的问题界定,课题组进行了调研,并对调查所取得的数据进行整理,得到表8-3。对于该表,有以下几点需要说明。

首先,"不满的比例"指的是在过去三年中,某方面的不满数量和被调查总户数的比例,表8-3中"不满的比例"一项中括号内的数据即是总户数,但是这个户数是根据人口数量进行加权后计算出来的,所以和调查的实际样本数量有些出入。还有一点需要说明的是,"所有权"、"离婚后"和"房屋承租"的总户数不是指被调查的总户数,而是指其中处于该类不满的风险之中的被调查户数。所谓处于风险之中,是指某类不满的提问只有被调查者处于某种状态或者从事某类活动时才是有效的,这种状态或者这类活动即为"风险"。以上述三项指标为例来说,"所有权"不满的风险是指拥有不动产或者从事不动产方面的交易;"离婚后"不满的风险是指有过离婚的经历;"房屋承租"不满的风险是曾经承租房屋。由于这三类不满的特殊性,所以"不满的比例"的基数从"被调查的总户数"调整为"处于特定风险之中的被调查户数",其他基数之所以不作调整,是因为对于那些不满,任何普通人都是处于可能发生的风险之中的。

其次,"提出赔偿请求"是指向责任人提出赔偿请求,"提出赔偿请求的比例"是指不满总数中提出赔偿请求人数的比例。

第三,纠纷包括两种情况,一是提出赔偿请求后和责任人没有达成一致;二是经过一定困难之后(after difficulty)才达成一致,即达成一致很不顺利。这两类情况合起来构成纠纷数量,这个数量和提出赔偿请求人数的比值构成"纠纷的比例"。

第四,"律师利用比例"和"诉讼比例"均以前述的纠纷数量为基数,前者是指寻求律师帮助(不一定是诉讼中的利用)的比例,后者是指向法院提起诉讼的比例。

第五，在"赔偿要求的结果"中，划分了三种类型，一是"未达成一致"，意味着没有获得任何赔偿的实质性成果；二是"折中"，意味着双方妥协，对赔偿请求给予了部分赔偿；三是"全部赔偿"，意味着受害人的赔偿请求全部获得实现。"成功程度"则是这样计算出来的："未达成一致"赋值为"0"，"折中"赋值为"1"，"全部赔偿"赋值为"2"，三个结果平均即得到"成功程度"。计算公式为：成功程度 = 折中的比例 × 1 + 全部赔偿的比例 × 2。举例来说，如果成功程度为 0.89，则意味着平均地说，受害人向责任人提出数额为 2 的赔偿请求，而实际上得到了 0.89 的赔偿。

表 8 - 3   CLRP 调查中美国民事纠纷的形成及其救济[1]

纠纷类型		所有类型	侵权	消费者	债务	歧视	所有权	政府关系	离婚后	房屋承租
不满的比例（总户数）		41.6%(5147)	15.6%(5147)	8.9%(5147)	6.7%(5147)	14.0%(5147)	7.2%(3798)	9.1%(5147)	10.9%(1238)	17.1%(2293)
提出赔偿要求的比例（不满总数）		71.8%(2491)	85.7%(559)	87.3%(303)	94.6%(151)	29.4%(595)	79.9%(193)	84.9%(240)	87.9%(51)	87.2%(307)
纠纷比例	没有达成一致	32.0%	2.6%	37.1%	23.9%	58.0%	32.1%	40.7%	37.7%	55.5%
	艰难地达成一致	30.6%	20.9%	37.9%	60.6%	15.5%	21.8%	41.4%	49.3%	26.7%
	纠纷的比例合计（赔偿请求数）	62.6%(1768)	23.5%(467)	75.0%(263)	84.5%(142)	73.5%(174)	53.9%(154)	82.1%(203)	87.0%(45)	81.7%(267)
律师利用比例（纠纷数）		23.0%(1100)	57.9%(107)	20.3%(197)	19.2%(120)	13.3%(138)	19.0%(84)	12.3%(163)	76.9%(39)	14.7%(218)
诉讼比例（纠纷数量）		11.2%(1093)	18.7%(107)	3.0%(197)	7.6%(119)	3.9%(128)	13.4%(82)	11.9%(159)	59.0%(39)	7.3%(218)
赔偿要求的结果的比例	未达成一致（0）	32.0%	2.6%	37.1%	23.9%	58.0%	32.1%	40.7%	37.7%	55.0%
	折中（1）	34.2%	85.4%	15.2%	23.5%	11.3%	9.7%	18.3%	35.5%	10.3%
	全部赔偿（2）	33.8%	11.9%	47.7%	52.6%	30.7%	58.3%	41.0%	26.8%	34.6%
	成功程度	1.02	1.09	1.11	1.29	0.73	1.26	0.89	0.89	0.80

（二）北京居民的法律与社会生活调查

和 CLRP 形成对照，2002 年前后，在美国福特基金会的资助下，中国

---

[1] Source: William L. F. Felstiner, Richard L. Abel & Austin Sarat, The Emergence and Transformation of Disputes: Naming, Blaming, Claiming., 15 LAW & SOC'Y REV. 631 (1980—1981).

人民大学社会学系的郭星华教授先后主持进行了两项调查，一项是2001年的"北京居民的法律与社会生活"问卷调查（以下简称"北京调查"），另一项是2002年的"中国农村法律与社会"问卷调查（以下简称"农村调查"）。这里先介绍北京调查。

北京调查始于2001年7月，对北京7个城区的居民进行了入户调查，有效样本为1124户。调查问卷的问题设计得非常丰富，但是这里只说明其中和纠纷的形成与解决有关的部分。

首先，该课题主要调查了下列纠纷类型：（1）不动产财产所有权纠纷（以下简称"所有权纠纷"）；（2）房屋修缮纠纷；（3）房屋承租纠纷，主要调查承租人这一方，即被调查者限为承租人；（4）消费者纠纷，主要指购物过程中发生的有关纠纷；（5）离婚纠纷，是指和离婚有关的纠纷，但离婚本身不是纠纷；（6）邻里纠纷；（7）劳动报酬；（8）雇佣歧视；（9）处理和政府部门的关系（以下简称"政府关系"）；（10）人身伤害；（11）财产损害；（12）违反交通规则；（13）继承纠纷；（14）其他纠纷。

对于上述纠纷类型，主要调查的问题包括：（1）在过去的五年中，是否发生过这些方面的问题？（2）在解决这些问题的时候，是否求助于第三方？（3）对第三方解决问题的效果如何评价？（4）对第三方解决问题的方式如何评价？

我将问卷调查所得的数据按照本文考察和对比的需要整理出了表8-4、表8-5。对于两个表中的项目和数据，需要作以下说明。

一是关于表8-4的说明。房屋修缮的风险人数是指被调查者中在过去5年里曾请人进行房屋修缮的人数；承租的风险人数是指被调查者中在过去5年里曾租住过房屋的人数；离婚的风险人数是指被调查者中过去5年里曾有离婚经历的人数；劳动报酬和雇佣歧视的风险人数是指被调查者中过去5年里曾工作过的人数。

在原来的问卷中，还设计有被调查者的配偶在领取劳动报酬和雇佣歧视方面的问题，本表的统计没有记入。另外，问卷还调查了曾开过车的人中违反交通规则的问题，本表也没有记入。

在前面介绍的CLRP项目中，根据纠纷的形成和解决划分为不满、提出赔偿请求、形成纠纷、请求第三人帮助这样的几个阶段的理论设计问卷，所以分别得出了不同阶段的数据，但是在北京的调查中，却没有吸取这一理论成果，在确定有不满之后，直接跳到第三方干预这一阶段，于是我们无法得知有多少人"忍了算了",有多少人向责任人提出赔偿请求及其效果。① 另外,在问卷中,不满是用"问题"、"纠纷"、"伤害"、"分歧"这样一些词来表达的,比如说,过去的5年中是否在领取工资方面遇到问题?过去的5年中您是否有大额消费与卖方在产品质量方面发生分歧?等等。这种情况多少和问卷设计者对于纠纷的形成过程的认识有关。上述两方面的情况在下一年的农村调查中得到了克服,这在下面将有介绍。

二是关于表8-5的说明。表8-5描述的是被调查者求助的第三方的类型及其所占比例。这里,"个人"指的是那些以个人的名义、主要依靠自己和当事人的关系来提供帮助的主体,包括亲戚、朋友、熟人等等。"单位"指的是当事人工作所在的机构。"公司"指的是那些能够提供某方面的技术或者信息的专门性机构,比如产品质量鉴定机构等。"政府"指的是法院以外的公共权力机关,实际中出现比较多的有公安机关、市场管理部门等等。"律师"在这里除了指执业注册律师外,也指法律工作者、法律专业的学生等。

表8-4　　　　　　　　　　　北京市不满的形成及其救济

		有效问卷数	风险人数	不满	是否求助第三方			
					不求助	求助	合计	未回答数
合　计	数量	1124	—	507	213	201	414	93
	%			45.1	51.4	48.6	100.0	
不动产	数量	1124	—	54	24	27	51	3
	%			4.8	46.8	53.2	100.0	
房屋修缮	数量	1124	(433)	33	9	18	27	6
	%			2.9(7.6)	32.9	67.1	100.0	
承　租	数量	1124	(275)	36	12	13	25	11
	%			3.2(13.1)	48.0	52.0	100.0	
消费者	数量	1124	—	49	22	10	32	17
	%			4.4	69.2	30.8	100.0	
离　婚	数量	1124	(28)	5	4	1	5	0
	%			0.4(17.9)	80.0	20.0	100.0	

---

① [美]麦宜生:《纠纷与法律需求——以北京调查为例》,载《江苏社会科学》2003年第1期,第72—80页。

第八章　当前中国的司法救济水平　201

续表

		有效问卷数	风险人数	不满	是否求助第三方				未回答数
					不求助	求助	合计	
邻里纠纷	数量	1124	—	51	20	26	46	5
	%			4.5	43.3	56.7	100.0	
劳动报酬	数量	1124	(1020)	52	30	9	39	13
	%			4.6(5.1)	77.3	22.7	100.0	
雇佣歧视	数量	1124	(1020)	43	22	12	34	9
	%			3.8(4.2)	64.6	35.4	100.0	
政府关系	数量	1124	—	39	15	18	33	6
	%			3.5	45.2	54.8	100.0	
人身伤害	数量	1124	—	22	8	13	21	1
	%			2.0	37.9	62.1	100.0	
财产损害	数量	1124	—	101	41	40	19	
	%			9.0	50.6	49.4	82	100.0
继　承	数量	1124	—	9	3	6	9	0
	%			0.8	33.0	67.0	100.0	
其他纠纷	数量	1124	—	13	3	8	11	2
	%			1.2	27.1	72.9	100.0	

表8-5　　　　　　北京市居民纠纷求助第三人的类型及其比例

		个人	居委会	单位	公司	政府	律师	法院	其他	合计
合　计	数量	15	24	17	9	79	11	8	6	169
	%	8.9	14.2	10.1	5.3	46.7	6.5	4.7	3.6	100.0
不动产	数量	1	1	2	1	6	11	3	2	27
	%	3.7	3.7	7.4	3.7	22.2	40.7	11.1	7.4	100.0
房屋修缮	数量	4	1			11	4			20
	%	20.0	5.0			55.0	20.0			100.0
承　租	数量	1	2	1	2	2			1	9
	%	11.1	22.2	11.1	22.2	22.2	11.1	100.0		

续表

		个人	居委会	单位	公司	政府	律师	法院	其他	合计
消费者	数量	0	1	7	1				1	9
	%	0.0	11.1	77.8	11.1	100.0				
离婚	数量	0							1	1
	%	0.0							100.0	100.0
邻里纠纷	数量	5	13	2		12	1	1		34
	%	14.7	38.2	5.9		35.3	2.9	2.9		100.0
劳动报酬	数量	4		3		2	1	1		11
	%	36.4		27.3		18.2	9.1	9.1		100.0
雇佣歧视	数量	2	1	2			1	2		8
	%	25.0	12.5	25.0			12.5	25.0		100.0
政府关系	数量	0	1	3	1	13	2			20
	%	0.0	5.0	15.0	5.0	65.0	10.0			100.0
人身伤害	数量	1	1	3	1	6	2	1		15
	%	6.7	6.7	20.0	6.7	40.0	13.3	6.7		100.0
财产损害	数量	1	5	2		41			1	50
	%	2.0	10.0	4.0		82.0			2.0	100.0
继承	数量	0				1	2	2		5
	%	0.0				20.0	40.0	40.0		100.0
其他纠纷	数量	2	2	2		4	4	2		16
	%	12.5	12.5	12.5		25.0	25.0	12.5		100.0

（三）中国农村法律与社会调查

农村调查是在北京调查一年后进行的，无论是在有关纠纷形态的理论方面还是在问卷设计的具体技术方面，都吸收了前一次的经验和教训，使得调查的科学性有了一定的提高，调查的内容和美国的 CLRP 调查结果也有了更强的可比性。这种进步首先体现在不满的分类上。课题将可能的不满或者纠纷划分成 16 种类型，即：（1）不动产财产所有权；（2）用水；（3）收回借款；（4）计划生育；（5）消费者；（6）离婚；（7）邻里；（8）劳动问题；（9）承包合同；（10）农业负担；（11）家庭纠纷；（12）处理和政府部门的关系；（13）人身伤害；（14）财产损害；（15）子女教育；（16）其他纠纷。这些类型的划分具有很强的针对性，例如用水问题、计划生育问题和农业负担的问题等，既具有中国特色，也具有农村特色，这些划分充分考虑了法律作为一种地方性知识的特点。

其次，在问题的设计上，和北京调查一样，也包括这样三个问题：（1）在过去的五年中，是否发生过这些方面的问题？（2）在解决这些问题的时候，是否求助于第三方？（3）对第三方解决问题的效果如何评价？对第三方解决问题的方式如何评价？不同的是，农村问题还补充了两个问题：你是否选择"忍了算了"？是否直接找对方当事人（责任人）？但是这种补充仍有不足。在多数情况下，人们是先找对方当事人"理论"，请求赔偿，在对方当事人拒绝给予赔偿或者不能给予满意的赔偿的情况下，当事人才考虑求助第三方。虽然在理论上也存在另一种可能，就是人们越过找对方当事人的阶段，直接求助第三人，但这种情况应当视为受害人凭经验判断单独、直接找对方当事人不会有满意的结果，可以视为想象中的被拒绝。但是在农村调查的问卷中，找对方当事人和求助第三方在时间上却是并列的，没有体现出当事人战略选择时的阶段和步骤来。由于这种不足，使得我们对纠纷发展的进程的了解不够完整，也使得农村调查所得的数据在和美国的 CLRP 调查的数据进行对比时存在一定的可比性问题。

下面的表 8-6 和表 8-7 是我直接对调查资料的数据库进行统计分析得出的，其中的一些项目安排也体现了本文研究上的考虑，因此需要作一个说明。

一是表 8-6 的说明。表 8-6 描述的是中国农村纠纷的形成和解决方式的总体情况。首先需要说明几个项目的含义。根据调查问卷提问的表述，表中的不满类型的含义分别是："不动产"主要是指宅基地或建房权方面遇到的问题；"用水"是指在生产或生活用水方面与他人或机构遇到过的问题；"消费者（问题）"主要是指因为大额的消费（如购买冰箱、电视机）而与卖方在产品质量或在卖方对产品所做的其他承诺方面产生的严重分歧；"婚姻纠纷"主要是指解约（婚约）或离婚过程中发生的严重问题，如聘礼、财产、子女抚养等；"承包"指的是责任田或乡镇企业方面的承包；"政府关系"指的是在与政府部门（不包括村委会）打交道的过程中发生的问题；"子女教育"指的是因子女的受教育问题与教师或学校发生的不满或者纷争。

其次，表中"收回借款"的"风险活动人数"指的是过去五年中曾经借钱给别人的人数;"婚姻纠纷"的"风险活动人数"指的是曾经有过婚约或者曾经结婚的人数;"劳动报酬"的"风险活动人数"指的是过去五年中曾为别人干过活的人数。对于要求具有特定的风险状态的不满的比例,我计算了基于所有被调查者的百分比,和基于处于风险状态的人数的百分比,后者置于括号之中。在"合计"一栏中,有效回答人数指的是有效问卷的数量,不满的百分比是以这个数据为基数计算出来的。

二是关于表8–7的说明。表8–7描述了中国农村居民面对纠纷时求助的第三人的类型及其比例,其中有三点需要说明。

首先是表中第三方的类型含义和范围。其中"个人"和表8–5中的界定一致,是指那些以个人的名义,主要依靠自己和当事人的关系来提供帮助的主体,包括亲戚、朋友、熟人等等。"自治组织"是指农村中的自治组织,主要是村委会,此外还包括村党支部、村民小组,以及村委会下设的如治保委员会、房管所、计生办等等。有的问卷提到的"生产队"、"大队"等也应属于这种类型。"自治组织"不包括专业性的自治组织,如消协、妇联等等。"政府"是指法院以外的所有公共权力机关。

其次是统计中的计算标准。由于第三方的类型是开放性问题,表中的类型是事后根据被调查者的回答做的整理,所以在整理中难免出现归类上的困难。我在整理过程中有这样几点技术处理需要特别说明。(1)一些被调查者求助的第三人不止一种类型,例如先求助村委会,再求助乡政府;或者先求助政府,再求助法院。有时候是托熟人找到有关的机关或机构。对于这类情况,我只统计最高效力的救济形式。在这里,我将救济效力做了排序:个人→自治组织→政府→法院。如果当事人求助两个以上的第三人,我只统计后一种。举例说,如果求助了村委会和乡政府,我就只统计乡政府,因为这意味着求助村委会没有取得预期的效果,才向上一级的第三人求助。同理可以推断出其他情况。对于"律师",因为实际被求助的数量非常少,我查看了所有问卷,没有发现同时求助律师又求助其他第三人的情况,所以不存在这个问题。(2)有些问卷提到"司法机关"、"政法部门"这种第三人,这是很难归类,因为公安、检察和审判机关都属于司法机关或者政法部门,我在统计时将"司法机关"归入法院,"政法部门"归入政府。这种归类是有误差的,好在这只是个别情况。(3)第三人常常有多重身份,例如找村委会的某个干部时,这个干部是当事人的亲戚或朋友;求助国家机关时也常常是找其中某位有特殊个人关系的职员。需要说明的是这种情况非常普遍,在自治组织、律师和国家机关的求助中,几乎占到了50%以上。这种现象虽然给统计带来了困难，但本身却是一个非常值得关注和研究的现象，这说明关系因素、人格交往已深入广泛地渗透在各类职务活动之中。对这个问题，本书接下来虽有所提及，但不会做深入的讨论，需要说明的是，我在统计中，对于那些以个人和职务的双重身份提供纠纷解决帮助的类型，只统计职务这一方面。比如说，如果当事人向在乡政府工作的一个亲戚求助，我把它统计为向政府求助而不是向亲戚求助，尽管实际上两方面的因素都是存在的。

还有一个需要说明的问题是，在逻辑上，表8–7中的"合计"应当等于表8–6中的"求助第三方"，但是由于有些求助还没有给出结果，有些被访者只在一个地方做了回答，所以两个数据实际上存在一定的差异，总体来看，差异很小，在统计分析精度允许的误差范围内。

表8–6　　　　　　　　　中国农村纠纷的形成及其救济

		有效回答人数	从事风险活动人数	不满	如何解决			
					忍让	找对方	求助第三方	合计
合计	数量	2970	—	5389	2079	2294	931	5304
	%		—	181.4	39.2	43.3	17.6	100.0
不动产	数量	2950		321	104	126	108	338
	%			10.9	30.8	37.3	32.0	100.0
用水	数量	2959		495	204	259	35	498
	%			16.7	41.0	52.0	7.0	100.0
收回借款	数量	2963	(1373)	233	64	139	28	231
	%			7.9(17.0)	27.7	60.2	12.1	100.0
计划生育	数量	2957		301	66	138	97	301
	%			10.2	21.9	45.8	32.2	100.0
消费者	数量	2960		427	91	205	48	344
	%			14.4	26.5	59.6	14.0	100.0
婚姻纠纷	数量	2883	(106)	42	10	12	22	44
	%			1.5(39.6)	22.7	27.3	50.0	100.0
邻里纠纷	数量	2961		868	279	408	170	857
	%			29.3	32.6	47.6	19.8	100.0

续表

		有效回答人数	从事风险活动人数	不满	如何解决			
					忍让	找对方	求助第三方	合计
劳动报酬	数量	2959	(1335)	256	106	120	33	259
	%			8.7(19.2)	40.9	46.3	12.7	100.0
承包	数量	2949		256	51	121	83	255
	%			8.7	20.0	47.5	32.5	100.0
农业负担	数量	2960		470	205	204	56	465
	%			15.9	44.1	43.9	12.0	100.0
家庭纠纷	数量	2945	445	202	173	67	442	
	%			15.1	45.7	39.1	15.2	100.0
政府关系	数量	2919		139	33	48	49	130
	%			4.8	25.4	36.9	37.7	100.0
人身伤害	数量	2954	209	109	48	51	208	
	%			7.1	52.4	23.1	24.5	
财产损害	数量	2957		672	504	119	47	670
	%			22.7	75.2	17.8	7.0	100.0
子女教育	数量	2960		186	27	147	15	189
	%			6.3	14.3	77.8	7.9	100.0
其他纠纷	数量	2935	69	24	27	22	73	
	%			2.4	32.9	37.0	30.1	100.0

表 8-7　中国农村民间纠纷求助第三方的类型及其比例

		个人	自治组织	政府	律师	法院	其他	合计
合　计	数量	267	372	231	3	68	14	955
	%	28.0	39.0	24.2	0.3	7.1	1.5	100.0
不动产	数量	14	46	47		3	1	111
	%	12.6	41.4	42.3		2.7	0.9	100.0
用　水	数量	6	20	7		1	1	35
	%	17.1	57.1	20.0		2.9	2.9	100.0

续表

		个人	自治组织	政府	律师	法院	其他	合计
收回借款	数量	14	9	2	1	6	1	33
	%	42.4	27.3	6.1	3.0	18.2	3.0	100.0
计划生育	数量	26	40	32			1	99
	%	26.3	40.4	32.3			1.0	100.0
消费者	数量	34		7			5	46
	%	73.9		15.2			10.9	100.0
婚姻纠纷	数量	5	2	3		14		24
	%	20.8	8.3	12.5		58.3		100.0
邻里纠纷	数量	35	106	18	1	10	1	171
	%	20.5	62.0	10.5	0.6	5.8	0.6	100.0
劳动报酬	数量	15	3	10			3	31
	%	48.4	9.7	32.3			9.7	100.0
承包	数量	8	61	9		4		82
	%	9.8	74.4	11.0		4.9		100.0
农业负担	数量	9	29	20		1		59
	%	15.3	49.2	33.9		1.7		100.0
家庭纠纷	数量	59	6	2		1	1	69
	%	85.5	8.7	2.9		1.4	1.4	100.0
政府关系	数量	22	12	16	1	2		53
	%	41.5	22.6	30.2	1.9	3.8		100.0
人身伤害	数量	5	12	22		13	1	53
	%	9.4	22.6	41.5		24.5	1.9	100.0
财产损害	数量	3	13	27		7		50
	%	6.0	26.0	54.0		14.0		100.0
子女教育	数量	6	2	4			3	15
	%	40.0	13.3	26.7			20.0	100.0
其他纠纷	数量	6	6	5		6	1	24
	%	25.0	25.0	20.8		25.0	4.2	100.0

三、比较之一：不满的比例

不满的水平既是纠纷产生的一个重要原因，也是诉讼率变化的重要根源，所以比较不同地区不满的水平对于我们理解诉讼率水平差异具有重要意义。不满的水平测度指标通常是看一定人口在一定时期内具有多少不满，在表8-3、表8-4和表8-6中的不满的百分比就是这样的一个指标，通过比较三个表中的数据，可以得出不同地区不满水平的差异。为了使这种对比更为直观，我将三个表中的数据进行综合。由于三次调查的纠纷类型划分不一样，所以还必须先进行一定的调整。

我考虑将中国的农村调查作如下调整：（1）"人身伤害"和"财产损害"合并为"侵权类"，和CLRP调查中的"侵权"相对；（2）将"计划生育"、"农业负担"和"政府关系"三类合并为"政府关系类"，和CLRP调查中的"政府关系"相对；（3）将"收回借款"和"劳动报酬"合并为"债务收集类"，和CLRP调查中的"债务"相对；（4）"不动产"、"用水"和"承包"合并为"不动产类"，和CLRP调查中的"所有权"相对；①（5）将"邻里纠纷"、"家庭纠纷"和"子女教育"归入到"其他"之中。

对北京调查的数据作如下调整：（1）"人身伤害"和"财产损害"合并为"侵权类"，和CLRP调查中的"侵权"相对；（2）将"收回借款"和"劳动报酬"合并为"债务收集类"，和CLRP调查中的"债务"相对；（3）"消费者"和"房屋修缮"合并为"消费者类"，和CLRP调查中的"消费者"相对；（4）将"邻里纠纷"和"继承"归入到"其他"之中。②

经过这样的调整后，再将三个地区的调查数据进行综合，得到表8-8。根据该表，再结合前面的表8-3、表8-4和表8-6，就可以得出三个地区不满水平的比较直观的对比，初步得出以下结论：

---

① 将"不动产"、"用水"和"承包"合并为"不动产类"的合理性，参见王利明《物权法研究》，中国人民大学出版社2002年版。

② 关于北京调查和农村调查的数据项目调整后和CLRP调查数据是否具有可比性的问题，可以参看前面关于三项调查的问题的介绍。

表8-8　　　中国农村、北京和美国三个地区不满的比例比较　　　　（%）

	美 国	中国农村	中国北京
所有类型	41.6	181.4	45.1
侵权类	15.6	29.8	11.8
消费者类	8.9	14.4	11.8
债务收集类	6.7	36.1	5.1
歧视类	14.0	—	4.2
不动产类	7.2	36.3	4.8
政府关系类	9.1	30.9	3.5
离婚类	10.9	39.6	17.9
承租类	17.1	—	13.1
其 他	3.5	53.2	6.5

1. 各类不满的总体水平比较。就各类不满的总体水平来说，美国和北京比较接近，前者是41.6%，后者是45.1%。这两个数据的含义是，在过去的三年中，平均每一个美国的被调查者会遇到（感受到）0.416件不满；在过去的五年中，每一个北京的被调查者会遇到0.451件不满。考虑到美国是三年期间的数据，北京是五年期间的，可以认为美国的水平略高于北京。但是这个数字在中国农村却是181.4%，每一个被调查的农村居民在过去五年中平均遇到了1.814件不满，即使扣除时间不同的影响之后，仍然很高。这种差异的原因，我们通过具体纠纷类型的比较可以得到进一步的理解。

2. 侵权类不满水平比较。在中国的农村和北京的统计中，侵权包括人身伤害和财产损害两种类型；在CLRP的调查中，侵权包括汽车事故、工伤事故、家庭成员的其他伤害或者财产损害。根据这种界定，三个地区侵权类不满是具有很强的可比性的。从具体的数据来看，美国三年之中侵权类不满的比例为15.6%，北京五年之中为11.8%，我国农村地区五年之中为29.8%。扣除时间因素不一致的影响之后，可以大致估算，侵权类不满的水平中国农村地区最高，美国其次，最低的是北京市。考虑到美国侵权不满较大的比例来源于机动车事故；而在中国农村调查的问卷中，如表8-6所示，有209件来源于人身伤害，有672件来源于财产损失，而在回收回来的调查问卷中，所报告的财产损失绝大部分是财产失窃，所以，由此可以推断中国农村地区侵权不满较高的主要原因是治安状况比较差。

3. 消费者权益类不满水平比较。在CLRP的调查中，消费者权益方面的不满包括过去三年中主要商品的购买，医疗服务或者其他服务，以及房屋（家庭）的建筑、装修和改进合同等方面遇到的问题；而根据表8-8的计算办法，北京市的消费者类不满包括过去五年中大额消费与卖方在产品质量方面发生分歧和房屋修缮方面遇到的问题，由此可见，在范围上，北京的调查略低于CLRP，但总体上是可比的。由于北京的不满水平是11.8%，美国的水平是8.9%，扣除时间不一致的因素和范围上略有差异的因素的影响之后，可以得出一个大致的判断，就是两地的不满水平是接近的。但是在中国农村地区，由于消费者权益问题仅指购买大额的产品（如购买冰箱、电视机）在质量或者其他承诺方面遇到的问题，因此在范围上明显小于另外两地，加上农村不满水平的数据是14.4%，明显高于北京和美国，所以我们可以判断，仅就购买大额的产品而言，农村的不满水平高于北京和美国。

4. 债务收集类不满水平比较。在CLRP的调查中，债务问题主要包括过去三年劳务报酬、保险金、违约债权或者其他欠付、抵押等方面的不满；而根据表8-8的计算办法，农村调查中的债务收集包括"收回借款"和"劳动报酬"方面遇到的问题，对比起来看，后者的范围略小于前者，但是总体上仍具有可比性。从数据上看，美国是6.7%，而农村地区是36.1%，扣除时间不一致因素的影响之后，后者仍然远远高于前者。结合表8-6，我们可以进一步探讨农村地区高水平不满的原因。该表反映，农村地区收回借款的不满水平是17%，劳动报酬方面的不满水平是19.2，二者接近，其中劳动报酬方面略高。这种构成说明，农村地区债务收集方面不满水平较高的原因在于，一方面，借款方面的信用问题较多，平均100个借款人就有17人遇到了还款信用问题；另一方面，欠薪问题也比较严重，平均100个曾经给人干活的人就有19.2人在索要劳动报酬时遇到了问题，这种状况和当前各方面所反映的拖欠民工工资的严峻现实是相符的。对北京地区来说，由于"债务收集类"仅指索要劳动报酬方面遇到的问题，在范围上明显小于CLRP调查，所以不便于和美国的数据进行直接的比较。但是，北京的数据是4.2%，却可以和农村地区的19.2%进行比较，二者反映的都是劳动报酬方面的问题。比较的结果说明，农村地区遇到的问题明显高于北京地区，差距进一步说明了当前拖欠工资的问题主要集中在民工身上。

5. 歧视类不满水平比较。在CLRP的调查中，歧视包括雇佣中的歧视、教育中的歧视、购买和租赁中的歧视、或者由于歧视产生的任何其他问题。而在北京的调查中，歧视仅包括雇佣中的歧视问题，因此范围明显低于前者，这可能是北京的不满水平低于美国的原因。不过，北京调查中的这种范围的确定并不是任意的，而是在当前，在雇佣以外的领域，对于城市居民来说，歧视问题还没有引起人们作为权利的侵害予以关注。就全国来说也是如此，这一点从2002年以后开始实行的案由规定中就可以看出来。因为在规定中，歧视问题并没有作为一个专门的案由进行规定，这说明在司法实际中，还没有或者很少有人以歧视为由提起诉讼。而最高人民法院案由规定历年的调整，可以说依据主要在于实际案件量大小，而不在于法律规定。这种情况说明，我国没有形成美国那样的民权运动及其背后的意识形态。在农村地区的调查中，则干脆连任何歧视的问题都没有了，而在我国当前城乡二元结构的社会环境中，在地区之间发展非常不平衡的背景下，从一个外在的（etic）视角来看，农村居民恰恰是遭受歧视最严重的。① 在"其他"纠纷的回答中，农村居民也几乎没有提到这方面的不满，这些情况综合起来说明，民权（civil right）意识在我国当前还是非常淡漠的，这体现在被调查者意识中，体现在司法实际中，也体现在进行问卷设计的学者潜意识中。

6. 不动产类不满水平比较。在CLRP的调查中，不动产问题包括房屋产权、边界、他人使用以及与所有权和使用有关的其他问题；在农村调查中，根据表8-8的计算办法，不动产问题包括"不动产"、"用水"和"承包"，而"不动产"又包括房屋和宅基地问题，"承包"包括土地和乡镇企业方面的承包问题；在北京地区，不动产问题只包括有关房屋的所有权、使用权以及获得房产证方面的问题。对比来看，尽管三项调查的口径不太一致，但是所有涉及的问题在性质上基本上是一致的，而在各个地区调查的问题对该地居民可能遇到的同类问题来说是全面的，比如说北京的调查没有涉及"用水"、"承包"和"边界"等问题，那是因为北京居民基本上不会涉及这些问题，所以说，不同范围调查得来的数据是有可比性的。比较的结果表明，北京的不满水平最低，五年之中的不满数量不及美国三年中的数量。而农村地区的不满水平则非常高，达到36.3%，远远高于美国的7.2%，即使是考虑到时间不一致因素的影响，差距仍然是显著的。对于北京来说，不满水平比较低的主要原因在于，一方面，北京居民作为城市人口，涉及的不动产的范围比较小；另一方面，在过去的五年中（1996—2001年），房产的交易市场还很不发达，房屋产权的交易量还比较小。对于农村地区来说，由

---

① 对于这种歧视的具体情形，参见冉井富《农民、民工与权利保护——法律与平等的一个视角》，载《南都学坛》2004年第2期。

于生产方式和生活方式方面的特点，农村居民拥有更多的不动产，而且这些不动产对他们的生产和生活关系很大，实际中产权又不是很明晰，[①] 所以导致不满的水平很高。这一点可以根据表8-6作进一步的分析：在农村不动产类不满的构成中，房屋、宅基地方面的不满是10.9%，用水方面是16.7%，承包方面是8.7%，而用水和承包主要是和生产相关的，这进一步说明农村生产资料在产权方面出现的问题比较严重。

7. 政府关系方面不满水平比较。在表8-8中，我将计划生育和农业负担也归入到政府关系类，这是因为这两方面都是属于强制性的义务，而政府方面，是这种义务的强制执行人。对于农业负担来说，虽然很多时候和税收不是一种性质，但是在农民看来，它和税收并没有什么实质性的不同，因为它同样具有无偿性和强制性的特点。从表8-8来看，三个地区之间存在较大的差异。北京最低，在五年中只有3.5%，美国其次，在三年中为9.1%，这里存在的差异是显著的，差异的原因很可能是对政府的角色期待方面存在不同。这里想重点解释的是农村的不满水平，在五年之中不满水平达到了30.9%。从表8-6来看，在这30.9%中，农业负担贡献15.9%，计划生育贡献10.2%，其他政府关系贡献4.8%。也就是说，这一类不满有一半来自农业负担，有1/3来自计划生育方面，两方面合计达到5/6。这些数据和当前各种文献中关于农业负担问题的严重性的描述是一致的。[②]

8. 离婚类不满水平比较。在CLRP和北京调查中，离婚的范围是一致的，需要特别说明的是，农村调查中的婚姻问题同时还包括解除婚约带来的问题。前两项调查不包括这个问题并非是遗漏，而是事实上并不存在这类问题，因此表8-8中这类不满的比例具有可比性。从表8-8看，农村地区婚姻类不满的水平最高，北京地区次之，美国最低。扣除时间不一致的影响后，这种排序依然是成立的，但北京和美国将非常接近。需要解释的是，农村地区婚姻类不满的水平为什么这么高？比较考察表8-3、表8-4和表

---

① 90年代中后期，农村承包合同的纠纷非常多，就是产权不明晰的一个体现。为了维护农民的利益，维护农村经济的稳定，王利明等学者建议将承包经营权作为物权规定下来，这种建议本身就反映了农村地区产权问题的不确定性。

② 前几年有一本名为《中国农民调查》的报告文学，描述的就是安徽省内严重的农民负担问题，引起了各方面的强烈反响，可以说印证了农业负担方面的不满水平的指标。另外，2004年中央一号文件《中共中央国务院关于促进农民增加收入若干政策的意见》中所针对的一个重要问题，就是农业负担问题。再次，温家宝总理在2004年的政府工作报告中提出五年内逐步取消农业税，也是针对当前农业负担问题的。

8-6后发现，原因在于，婚姻类不满的水平是以处于特殊风险之中的人数为分母计算出来的，而在农村地区，这个分母非常小，所以尽管不满的绝对数字不高，但是相对比例却很大。更具体地说，农村地区有解除婚约或者离婚经历的人并不多，只有3.7%，但是一旦解除婚约或者离婚，则发生纷争的可能性就比较大，达到39.6%，若以所有被调查者为分母，则不满的比例仅有1.5%。在北京地区，若以离婚人口基数进行计算，不满的水平达到17.9%，但是若以所有被调查者为基数进行计算，不满的水平则只有0.4%。美国的情况正好相反，离婚的比例比较高，达到24.1%，但是在离婚人口中，发生不满的可能性却比较低。如果以离婚人口为基数计算，美国离婚类不满的比例是10.9%，低于北京和农村地区；但是若以所有的被调查者为基数进行计算，则比例为2.6%，考虑到统计时间上的差异，这个比例是农村地区的2倍左右。

9. 承租类不满水平比较。这类问题在CLRP调查和北京调查中的范围基本上是一致的，都是指承租人在租金、逐出、财产的性能以及其他方面和房东（landlord）发生的分歧，所以可以就表8-8中的数据直接进行对比。我们看到，美国的比例是17.1%，北京的比例是13.1%，再考虑时间上的差异，可以确定美国的水平显著地高于北京。出现这种差异的原因，估计是因为在过去五年中北京地区的房屋租赁市场不如美国发达，个人的平均交易量也低于美国所致。

四、比较之二：忍让和请求赔偿的比例

前面的讨论提到，在北京调查中，没有设计被调查者是否忍让的问题，不能从调查数据中分离出面对不满有多大比例选择忍让，所以，这里只对美国的情况和中国农村的情况进行比较。同样，由于在农村调查中，没有在找对方当事人和找第三方在阶段上作出划分，无法从中划分出有多少比例找了对方当事人没有达成一致后再求助第三方，因此，这里无法作这方面的比较。鉴于这种资料状况，我打算将比较限定于有多少比例的忍让和多少比例的积极主张权利，在理论上，这两个比例之和应当等于1。

同样，为了比较更为直观，我按照表8-8的纷争类型划分，将表8-3、表8-4和表8-6中有关的数据整理为表8-9。分析这些表格中的数据，可以总结出两个地区在忍让和主张权利方面的特点。

表 8-9　美国和中国农村居民面对不满主张权利的比例对比

	不满中忍让的比例（%）		不满中主张权利的比例（%）	
	美国	中国农村	美国	中国农村
所有类型	28.2	39.2	71.8	60.8
侵权类	14.3	69.8	85.7	30.2
消费者类	12.7	26.5	87.3	73.5
债务收集类	5.4	34.7	94.6	65.3
歧视类	70.6	—	29.4	—
不动产类	20.1	32.9	79.9	67.1
政府关系类	15.1	33.9	84.9	66.1
离婚类	12.1	22.7	87.9	77.3
承租类	12.8	—	87.2	—
邻里纠纷	—	32.6	—	67.4
家庭关系	—	45.7	—	54.3
子女教育	—	14.3	—	85.7

首先，综观各种类型的不满，在美国，忍让比例最高的是歧视，最低的是债务，前者高达 70.6%，后者只有 5.4%，其余类型之间虽然也有差异，但是差异不如这两者这样显著。关于忍让比例的实际意义，具体地说，就是面对歧视这样的遭遇，70.6% 被调查者选择忍受（忍让），只有 29.4% 的比例主张自己的权利；而在欠款或者劳动报酬收集遇到问题时，94.6% 的被调查者都要选择主张权利，仅有 5.4% 的比例选择忍让。如果再结合表 8-8 来看，可以进一步发现，债务问题不满的比例是最低的，只有 6.7%，而歧视方面不满的比例则比较高，为 14.0%，略低于最高的侵权类。结合这两方面来看，可以得出结论：在歧视方面，人们曾遭受到大量的不满，但对于这些不满，只有很小的部分主张权利；与之相反，在债务收集方面，人们遭受的不满最少，但一旦遭遇，却最有可能积极主张权利。

对于歧视方面的不满要求赔偿的比例非常低这一现象，米勒（Richard E. Miller）和萨雷特（Austin Sarat）曾经尝试着进行了解释。他们说，一是，相对其他问题而言，尽管存在各种救济机构，歧视问题却难以得到有效的救济。二是，歧视的感受具有一定的主观性和不确定性，受害人的认定不一定适合法律关于歧视的规定。三是，主张权利还会面临关系方面的压力，可能被认为是麻烦制造者，即使是主张权利获胜也可能给心理带来挫折感。四是，工作的需要有时胜过主张平等权的需要，如果希望继续在原单位工作，有时必须忍受一些不公平的待遇。①

尽管上述解释不是针对具有相反特点的债务收集问题，但是这种特点也间接地得到了说明。和歧视不同，一方面，"欠债还钱"的正当性得到法律和文化的普遍认同，人们主张权利不会被认为是麻烦的制造者；另一方面，是不是存在有效的借款债权，存在着容易识别的外部标准，证明债权存在的借据、雇佣合同等资料是比较容易获得和保存的。还有一个原因，可能和卡甘的解释有联系，就是社会经济形势和人们收入的稳定性增强，客观上也保证了人们的信用能力。② 由于债务问题还包括索要劳动报酬的问题，所以可能还存在第三个原因，就是美国的工会组织或者劳动仲裁机构能够提供非常有效的救济。劳动报酬和歧视都涉及和工作单位的关系，不同的是，工作的目的主要是挣钱，所以不付报酬可以说已经损害了雇员的"核心利益"，所以必然会激起强烈反应；而歧视虽然有时也涉及收益问题，但可能只是部分的或者间接的，所以受害者忍受的可能性要大。

第二，在中国农村地区忍让比例最大的是侵权类，达到 69.8%；其次是家庭纠纷，达到 45.7%；最低的是子女教育问题，只有 14.3%。我们先来看一下，为什么侵权类的忍让比例如此之高？由于在统计中，侵权类不满来自人身伤害和财产损害两类，所以要从这两种不满的忍让比例及其权数寻找原因。从表 8-6 来看，财产损害的不满比例和忍让比例都比较高，分别为 22.7% 和 75.2%，是侵权类不满忍让比例很高的主要原因。这个数据表明，每 100 次的财产侵害，就有 75.2 次选择忍受了。这可能存在两个原因，一是我们前面提到的，财产侵害事件的很大一部分是财产失窃，很难找到侵害人而只得作罢；二是在调查中，没有像 CLRP 调查一样，将问题作一个金额上的限定，所以可能很多财产侵害涉及的数额并不大，所以选择忍受是比较好的战略。但是，如果按照耶林维护法感情的鼓动，这种情况很可能说明一方面农村居民"争"的意识比较弱；另一方面可能说明了救济的渠道不够便利有效，使得人们没有条件去"争"。这种解释也许对人身伤害的忍让比例的解释更为有效。从表 8-6 来看，尽管不如财产侵害那样高，但是相对于其他类型的不满来说，人身伤害的忍让比例依然是很高的，达到了

---

① See Richard E. Miller & Austin Sarat, Grievances, Claims and Disputes: Assessing the Adversary Culture, 17 Law & Soc'y Rev. 525, 544 (1980—1981).

② Robert A. Kagan, The Routinization of Debt Collection: An Essay on Social Change and Conflict in the Courts, 18 Law & Soc'y Rev. 323, 323 (1984).

52.4%，也就是说，超过一半的人身伤害事件被受害人忍受了。由于在这种不满中责任人通常是容易确定的，所以高水平的忍让比例更可能是由于救济渠道不畅通所致。

另外，家庭纠纷的忍让比例也比较高，达到45.7%。这一现象可能是比较容易理解的。家庭是最为典型的初级群体，家庭成员之间的关系渗透着最深厚的人格因素和情感因素，这种关系很容易导致伤害和纷争，因为成员之间互动频繁，利益联系密切，而彼此之间的角色期待又具有模糊性和变动性。这种关系中的伤害和纷争很容易忍让和妥协，因为一方面，维护既有的家庭关系对于受害人来说通常具有重要的意义；另一方面，除非重大的伤害，外部因素很难实施有效的救济，所以更多地需要家庭成员中弱势的一方选择忍让。

一个比较值得关注的现象是，和子女教育有关的问题是权利主张最积极的类型。出现这种现象可能的原因是人们对子女教育问题十分重视。我国自70年代后期开始推行计划生育，家庭中孩子数量减少，子女的教育问题在家庭之中逐步占据了重要的位置，而过去五年中上学的孩子多半属于70年代以后出生的。

第三，对比两个地区的数据，可以发现一个显著的特点，就是不论总的来看，还是分别就具体的不满类型来看，中国农村地区忍让的比例显著地高于美国。要明确这一点，还要辨析两点疑问，一是如何看待美国歧视问题的高忍让比例。在这个问题上，我以为前面的结论也是成立的。前面的讨论曾经提到，由于城乡二元结构的社会环境和各类社会活动中渗透着关系因素（关系因素意味着和人人平等、和非人格化的对立），所以从一个外在的视角来看，我国在平等权的维护方面不会好于美国社会，尤其是对农村居民来说。但是，以歧视名义提起的救济请求非常少，这已经不是忍让的比例高低问题，而是根本上就很少意识到这个问题的存在。所以说，尽管美国歧视方面的忍让比例很高，我们仍可以说中国农村地区的忍让比例更高。二是CLRP课题进行调查和统计的不满限于"中度"纠纷（"Middle-range" Disputes），而农村调查中基本上没有这样的限制，因此可能会遇到这样的反驳：美国忍让比例低是因为不满涉及的金额更高。这种反驳是有道理的，我在前面提到，不少学者都从经验的角度证明了这一点，而且在解释农村地区财产侵害忍让比例高时也是将这一点作为一个原因提出来的。但是，在CLRP课题中，并非所有的"中度"纠纷都有1000美元的下限限制，对于不动产纠纷、政府关系、离婚和承租关系，只要发生，不论涉及金额多少，都视为"中度"纠纷,因此,这三类不满的忍让比例在两个地区之间是具有可比性的。另外,对于消费者权益问题,在农村调查中虽然没有明确提出确定的金额限制,但问题被限定为"大额的消费",如购买冰箱、电视机等等,考虑两地之间实际的生活水平,这种额度的买卖对农村居民的意义不会低于1000美元对一个美国居民的意义,因此消费者问题也应当具有可比性。就这五类不满来说,中国农村地区的忍让比例也是明显高于美国的。具体地说,在消费者类型的不满中,美国的忍受比例是12.7%,中国农村地区是26.5%,后者是前者的两倍还多;在不动产类型的不满中,美国的忍受比例是20.1%,中国农村地区是32.9%,后者要高出63.7%;在离婚类型的不满中,美国的忍受比例是12.1%,中国农村地区是22.7%,后者要高出近一倍;在政府关系类的不满中,美国的忍受比例是15.1%,中国农村地区是33.9%,后者要高出一倍多。由此我们可以得出结论,不论是否考虑到不满的严重程度,中国农村地区的忍受比例都显著地高于美国。

确定中国农村地区忍受比例高于美国之后,接下来的一个问题是,这种差异能否推广到全国?由于北京的调查无法分离出忍受的比例,目前还不知道城市的情况;而且,即使能分离出,北京在全国城市中的代表性也是一个很大的疑问。尽管没有目前城市的情况,但是夏勇教授主持的"中国公民权利发展研究"课题提供了20世纪90年代初期的有关资料,可以借用来间接地论证这里的问题。有关的资料收录在《走向权利的时代——中国公民权利发展研究》一书的附录中,我将有关的数据整理为表8-10。

表8-10　　　　　如果被打伤后将选择"忍了算了"的比例[①]

侵害人	将选择"忍了算了"的比例(%)			
	大城市	卫星城	小城市	乡村
如果被执法机关人员打伤	9.5	4.1	4.7	9.6
如果被领导或者老板打伤	13.0	5.0	9.8	13.1
如果被父母或丈夫打伤	53.0	45.9	71.4	72.3
如果被一般老百姓打伤	9.1	12.0	21.6	22.0
如果被当地横行霸道的人打伤	4.6	5.5	5.5	5.6
均　　值	17.8	14.5	22.6	24.5

---

① 资料来源:根据夏勇主编《走向权利的时代——中国公民权利发展研究》一书附录中的有关数据整理得出,中国政法大学出版社2000年版。

用表 8 - 10 来证明我们这里的问题有些不足，一是这反映的是 90 年代初的情况；二是该课题调查的是"如果"发生伤害时的选择，因为被调查人无法预见到伤害发生时的实际情境，所以这种回答是表态性的，和实际的选择会有很大的出入；三是这里所调查的仅仅是人身伤害中的殴伤，范围非常有限。尽管存在这些不足，但是我们只需要说明一个问题：城市和农村在是否选择忍让的问题上有多大差异，考虑到这种差异不会在 10 年中有剧烈的变化，所以表中的数据是可以使用的。从该表来看，农村居民选择忍让的可能性从总体上说要高于城市，但是差距不是很大，再考虑到小城市的人口在比例上远远大于大城市和卫星城市，所以综合起来看，城市和农村的差距就更小了，甚至可以说大致在同一个水平。

如果说城市和农村的忍让比例差距不是很大，再加上中国农村人口数量在比例上的绝对优势，所以综合起来看，我们可以判定，中国城市和农村的居民合计起来，即整个中国的民众对于不满的忍让比例显著地高于美国。

五、比较之三：求助法院的比例

为了解决所遇到的不满，受害人可以直接去找侵害人"理论"，讨个"说法"或者获得赔偿，但是这种努力可能不会取得成效，或者非常不便利，所以受害人有时会求助于第三人，通过第三人的帮助使自己受损的权益得到救济，这就是我要在这里描述和讨论的求助第三人的情况。如前面的表 8 - 4、表 8 - 5、表 8 - 6 和表 8 - 7 所示，农村调查和北京调查分别提问了被调查者求助第三人的情况，为我们这里的描述和讨论提供了必要的经验材料。但是在 CLRP 课题中，则只调查了求助律师和法院的情况，而没有调查求助其他第三人的情况，所以这里无法就求助第三人的总体情况进行比较法考察。但是，鉴于这种现象对于我们理解诉讼率的形成具有重要的意义，我仍打算就国内的情况进行考察。

为了使对比更为直观，我将表 8 - 3、表 8 - 4、表 8 - 5、表 8 - 6 和表 8 - 7 的数据进一步整理为表 8 - 11。根据该表，我们可以总结出三个地区求助第三人的几个特点。

首先，北京居民求助第三人的比例显著高于农村居民。如表 8 - 11 所示，北京的比例是 50.0%，农村的比例是 17.9%，前者高出近两倍。从具体构成上看，差距产生的主要原因是北京居民求助于政府的比例非常高，是农村居民的四倍。其次，北京居民求助于律师的比例也显著高于农村居民，前者的比例是4.7%，后者仅有0.1%。除此之外，求助于单位、公司、法院的比例，北京也明显高于农村。农村居民仅仅在两方面高于北京，一是求助村民自治组织的比例高于北京居民求助居委会的比例；二是求助个人的比例高于北京。但是，高出的幅度都不是很大，所以综合起来说，北京居民更多地求助于第三人。

进一步分析，产生这种差异的原因可能包括两个方面，一是农村居民可能更多地选择了忍让，二是直接找对方当事人交涉可能更有成效。但是对于这两种原因各自作用的大小，由于北京的调查问卷没有作出区分，所以无法通过直接的经验数据来描述和证实。一种理论上的解释是，在高度城市化的社会环境中，人们彼此之间陌生程度比较高，关系比较简单，文化差异也比较大，人们更可能通过正式的方法来解决彼此之间的纷争。上述差异确实充分体现了这一点，如果我们把求助于个人和求助于村委会/居委会看作是非正式的纠纷解决办法，把求助于公司、政府、律师和法院看作是正式的纠纷解决办法的话，那么北京求助于第三人的比例较高的原因主要在于求助于正式的解决办法的比例比较高。这一点我们可以通过邻里纠纷解决获得更直观的说明。我们看到，北京求助于第三人的比例是66.7%，其中求助于政府的比例高达23.5%，而在农村，这两个数据分别是19.7%和2.1%，这种情况说明，即使是邻居，在高度城市化的社会环境中，也很难通过双方协商解决争端。

差距的另一个原因可能是各种救济方式的可获得性存在地区差异。对于基层自治组织和政府这两种方式来说，城乡之间在可获得性方面的差异不是很大，因为农村地区的政府设置已经到了乡镇一级，还有片区干部，自治组织更是非常方便。差异可能在公司（咨询性的）、律师和法院这些方式。对于公司和律师来说，城乡之间分布极端不平衡的事实是如此显著，甚至不需要我再用数字来说明。当然，也可能供给较少只是另一个更深层的原因——市场需求不同——的结果，因为公司和律师都实行市场调节，供给较少或许也说明需求较少。而农村地区需求较少的原因，又可能在于缺乏购买能力；或者人们更习惯于用非正规化的方式来解决问题。

其次，对比美国的情况，无论是农村还是北京，律师和法院的利用水平都不高。就律师利用来说，美国的比例是10.2%，也就是说，每100件不满，就有10.2件求助于律师；而北京的比例是4.7%，不到美国的一半；农村地区这个比例只有0.1%，只有美国的1%。而且，在统计时，"律师"还包括法律工作者和法律专业的学生这类准律师人员，如果考虑这一因素，以实际注册的执业律师计算的话,比例还要低一些。从不满的具体类型来看,北京居民的律师利用主要集中在侵权案件和不动产案件,政府关系案件(行政诉讼)也有一些,其他类型的纠纷则很少。在农村地区,律师利用水平普遍低下,没有哪一类纠纷较为突出地利用律师。

就求助于法院来说,美国的比例是 5.0%,也就是说,每 100 件不满,就有 5 件提起诉讼;而北京的比例是 2.2%,不到美国的一半;农村地区这个比例只有 1.4%,不到美国的 1/3。需要说明的是,这里的统计口径不是完全一样的。在美国的 CLRP 调查中,利用法院指的是"提起诉讼"(court filing),这个限定通常不仅意味着提起诉讼的行动,而且还意味着法院已经受理的结果,也就是说,作为一个民事诉讼案件已经完成。而在北京和农村的调查中,用的是模糊的"求助于"这样的提问,而且是开放性的问题。在对这些开放性的回答进行整理时,归为"求助于法院"的类型包括这样一些回答:(1)"法院"或"某某法院";(2)"司法机关";(3)"找某某法官(书记员),因为他是我的亲戚(或者其他个人关系)",等等。从这些简短的回答中,我们无法得知法院帮助的确切形式,或者就我们关心的诉讼率问题来说,不知道是否发生了诉讼事件。由于依据的是这种口径,我们只能说在中国农村地区,每 100 件不满,就有 1.4 件获得了司法资源的帮助,但是不能说,就有 1.4 件诉讼案件,换言之,诉讼案件数量应该比 1.4 件更少。

从具体的纠纷类型来看,美国利用法院比例最大的是离婚后的纠纷,达到 45.1%;最小的是歧视纠纷,只有 0.8%;其余纠纷类型差异不是很大。在我国农村,求助法院比例最高的也是婚姻纠纷,高达 33.3%;其次是侵权纠纷,比例为 2.3%;其余纠纷求助于法院的比例都非常低。在北京市,求助于法院比例最高的是侵权纠纷,比例为 22.2%;其次是不动产纠纷,比例为 5.6%;其余的纠纷利用法院的比例都很低。

表 8-11　　　中国农村、北京和美国求助第三人解决不满的百分比

单位:求助人数/不满人数×100

		个人	基层自治组织	单位	公司	政府	律师	法院	其他	合计
合计	农村	5.0	6.8	0.0	0.0	4.3	0.1	1.4	0.4	17.9
	北京	4.1	5.1	4.1	4.3	17.9	4.7	2.2	1.8	50.0
	美国						10.2	5.0		

续表

		个人	基层自治组织	单位	公司	政府	律师	法院	其他	合计
侵权类	农村	0.9	2.8	0.0	0.0	5.6	0.0	2.3	0.1	11.7
	北京	0.0	0.0	0.0	0.0	11.1	22.2	22.2	0.8	52.8
	美国						11.7	3.8		
消费者	农村	8.0	0.0	0.0	0.0	1.6	0.0	0.0	1.2	10.8
	北京	4.9	2.4	0.0	22.0	4.9	0.0	0.0	1.2	35.4
	美国						13.3	2.0		
债务收集类	农村	5.9	2.5	0.0	0.0	2.5	0.2	1.2	0.8	13.1
	北京	7.7	0.0	5.8	0.0	3.8	0.0	1.9	1.9	21.2
	美国						15.3	6.1		
歧视类	北京	4.7	2.3	4.7			0.0	2.3	4.7	18.6
	美国						2.9	0.8		
不动产类	农村	2.6	11.8	0.0	0.0	5.9	0.0	0.7	0.2	21.3
	北京	1.9	1.9	3.7	1.9	11.1	20.4	5.6	3.7	50.0
	美国						8.2	5.8		
政府关系类	农村	6.3	8.9	0.0	0.0	7.5	0.2	1.4	0.2	24.5
	北京		2.6	7.7	2.6	33.3	5.1	0.0	0.0	51.3
	美国						8.6	8.3		
婚姻纠纷	农村	11.9	4.8	0.0	0.0	7.1	0.0	33.3	0.0	57.1
	北京	0.0	0.0	0.0	0.0	0.0	0.0	0.0	20.0	20.0
	美国						58.8	45.1		
承租类	北京	2.8	0.0	5.6	2.8	5.6	5.6	0.0	2.8	25.0
	美国						10.5	5.2		
邻里纠纷	农村	4.0	12.2	0.0	0.0	2.1	0.1	1.2	0.1	19.7
	北京	9.8	25.5	3.9	0.0	23.5	2.0	2.0	0.0	66.7
家庭纠纷	农村	13.3	1.3	0.0	0.0	0.4	0.0	0.2	0.2	15.5
子女教育	农村	3.2	1.1	0.0	0.0	2.2	0.0	0.0	1.6	8.1

六、比较的结论以及进一步的解释

通过中美两国学者三项调查的数据的比较考察,可以发现我国的纠纷及其救济状况的一些特点,这些特点可以概括为"两高一低"。

首先是高比例的不满。换言之,相对于美国,我国有更大比例的民众感觉权利受到了侵害。用具体的数据来说,在调查时的过去三年中,平均每一名美国的被调查者会遇到(感受到)0.416件不满;而在调查时的过去五年中,每一名被调查的北京居民会遇到0.451件不满,每一名被调查的农村居民会遇到1.814件不满。考虑到北京作为首都的特殊性和农村人口在数量上较大的权重,尽管美国是三年期间的数据而中国是五年,我们仍然可以得出结论说,中国民众遇到不满的次数显著高于美国。应该说,这一结论是符合我们的经验直觉的。过去的30年是我国不断推进改革开放进程的30年,而深度的改革开放必然带来社会形态的急剧转变,带来文化、价值和规范的剧烈变迁,带来利益的重新调整和资源的重新分配,由此必然带来更多的社会矛盾和纠纷。

其次是高比例的忍让。和美国相比,面对经常遭遇的不满,我国民众更多地选择了息事宁人的忍让。表8-9中的数据显示,在中国农村地区,面对不满时,有39.2%的比例选择忍让,显著地高于美国的28.2%。前面的分析还指出,虽然农村居民选择忍让的可能性从总体上说要高于城市,但是差距不是很大,大致在同一个水平。因此综合起来看,中国民众选择忍让的比例高于美国。换言之,美国民众更可能通过各种途径,主张和实现自己的被侵害的权利。

第三是低水平的诉讼率。调查获得的数据显示,无论是在城市还是农村,我国民众都很少求助于法院。在相对较发达的北京地区,面对不满,只有2.2%的比例求助于法院;而在广大的农村地区,这个比例更低,只有1.4%,而且是在比较宽松的计算口径下获得的数据。相反,在美国,这个比例达到5.0%,而且这个数据计算的是实际起诉受理的民事案件,是在比较严格的计算口径下获得的比例。总之,我国民众诉诸司法救济的比例非常低,这在一定程度上印证了表8-2之中,我国民事诉讼率显著低于绝大多数西方发达国家的统计结果。

在"两高一低"的基础之上,我们就几乎可以得出一个最终的结论了:我国的司法救济水平还比较低,还有很大的提升空间。这是因为,我国社会上存在大量的不满（grievance），这种不满的比例甚至显著地高于美国，但是相当数量的民众都选择忍让了，只有极少的比例最后求助于司法救济，以至于在统计结果上显示出极低水平的民事诉讼率。但是，对于这一结论，可能还存在这样的疑问：是否问题不在于司法救济的水平，而在于我国民众缺乏耶林所谓的"为权利而斗争"的精神？在于我国复杂的社会关系网络提高了诉讼的道德成本？在于我国发达的非诉讼纠纷解决方式（ADR）分流了大量的纠纷？然而，存在大量的事例说明，这样的疑问并不成立。这里仅举三个事例。

一个事例是拖欠民工工资的问题。在我国，拖欠民工工资的问题一向非常严重，至今也没有得到有效的解决。如表8-6所示，在1997—2001年五年中，每100个曾经打过工的农村居民，就有19.2个曾经遇到过拖欠工资的问题。在中华全国总工会2001年11月的全国工作会议上，汇总了各地工会的统计数字，1999年全国拖欠工资的数额高达360多个亿，而据有关人士分析，1999年以后的这几年内，这个数字只会增加不会降低。即使这360多个亿，也只是基于对国有企业和少数非公有经济的统计，还有大量的外来打工者被拖欠的工资根本无法统计在内。深圳的消息说，仅在2002年春节期间，全市就检查出1178家欠薪企业，涉及员工7.88万人，其中建筑行业欠薪企业占该行业被抽查总数的30%，涉及劳工3.2万人。广州市的情况也不容乐观，仅据广州市总工会对2002年前5个月的不完全统计，发生欠薪的150个企业共欠薪5700多万元，欠薪最长的达4年多。① 从性质上说，拖欠工资的问题是一个民事法律问题，是一个可以通过民事诉讼来解决的问题，但是可以看到，在这个问题上，我们的司法不能给予有效的救济，导致法律规定的、基本的、没有什么争议的权利无法实现，这种现象被称之为"法律缺席"，② 我以为也可以变换一个词语，成为"司法缺席"。两点事实可以证明"司法缺席"的存在。一个事实是前两年各地出现多起通过跳楼等方式索要工钱的现象。另一个事实是2003年底，温家宝总理亲自为一位民工讨要工资，并由此掀起了一场行政化的、运动式的追讨工资活动。一个典型的司法问题，一个基本的权利救济类型，却要通过上述非正常的或者非常规化的方式来解决，正说明了"司法缺席"。至于出现"司法缺席"的原因，是不能用厌讼心理、权利意识淡薄这样的因素来开脱的，民工们宁可通

---

① 程建伟：《拖欠工资年关大追讨》，载《打工妹杂志》2002年第5期。
② 参见《拖欠民工工资问题中的法律缺席》，载《北京青年报》2003年12月25日。

过跳楼来索要工钱,足以说明他们的权利意识是何等的强烈!事实上,许多调查表明,人们不是不喜欢通过诉讼来讨薪,而是当前的诉讼方式难以有效实现权利救济。①

第二个事例是上访的问题。在我国当前,上访既是一个有特色的制度,又是一个突显我国尖锐的社会矛盾的窗口。自20世纪90年代中期以后,集体上访和矛盾激烈的个体上访不断增长,不断引发持续上升的"信访洪峰"。国家信访局局长周占顺在接受《半月谈》记者采访时说:"自1993年全国群众来信来访总量出现回升以来,已经持续上升了10年。"② 而全国的信访量统计情况则显示:1990年全国省、区、市和中央机关各部门共受理信访500多万件次,其中上访约130万人次;1995年全国31个省、区、市县级以上党政机关受理的信访量为479万件次,其中集体上访约8.7万批次、217万人次;2000年信访总量1024.25万件次,其中集体上访为24.58万批次、565万人次。③ 关于信访中各种情形的比例,周占顺局长指出:"据调查分析,在当前群众信访特别是群众集体上访所反映的问题中,80%以上反映的是改革和发展过程中的问题;80%以上有道理或有一定实际困难和问题应予解决;80%以上是可以通过各级党委、政府的努力加以解决的;80%以上是基层应该解决也可以解决的问题。"④ 换言之,面对日益对立和激化的社会矛盾,地方公共权力部门没有足够的权威性和公正性来协调和化解这些矛盾,导致人们把这些矛盾和冲突向级别更高的省级和中央机关申诉。甚至在很多情况下,公权部门的自身的腐败、无能成了矛盾产生的原因。当然,现存的非诉讼纠纷解决机制也不能有效地化解这些矛盾和纠纷。总之,持续不断的"信访洪峰"表明,我国的司法救济平台还存在诸多不足,当然问题并不仅仅限于司法救济能力方面。

第三个事例是私力救济的问题。我曾在社会调查过程获悉,山西、河南等地有很多私人从事收债业务,不过,当时并没有就这一问题深入调查,所以并未获得可靠的证实。然而,徐昕博士的博士论文对这种现象作了专门的

---

① 江华、黄端(记者):《还我工钱,我要回家!》,载《南方周末》2002年1月31日;程建伟:《拖欠工资年关大追讨》,载《打工妹杂志》2002年第5期。

② 王永前:《破解群众信访八大热点》,《半月谈》(内部版)2003年第11期,第24—25页。

③ 以上数据主要来自不同时期中办国办信访局、国家信访局局长在各类会议上的讲话及接受采访时所做的回答。其中有些是原始数据,有些是笔者根据线索推算出来的大致结论,相关文章报道均见历年《人民信访》杂志。

④ 王永前:《破解群众信访八大热点》,《半月谈》(内部版)2003年第11期,第24—25页。

研究。根据他的实证调查,在珠江三角洲地区,这种民间的讨债"公司"非常流行,一个人从事私人收债业务再带上几个帮手,每年可以办理收债案件20多件。他提到两个案例,一个是一位当事人就一宗拖欠汽车修理费纠纷向律师咨询,他很关心打这场官司要花多少钱,需多长时间,最后能否追到钱,但是律师对诉讼的介绍无法令他满意,他声称宁愿找个讨债公司收债。二是一位当事人因为索要租金5万余元,找到河街法庭,法庭人员态度不好,让他找律师,律师嫌案子太小,后来这位当事人通过朋友找到私人讨债"公司",结果上门两次就追回了全部款项。徐昕博士的调查研究从另一个角度验证了我们的结论,就是我国司法救济的可获得性(accessibility)不高。[1]

上述例证说明,我国民众并不缺乏斗争精神,他们没有特别要顾惜有关的社会关系网络,相反,他们甚至宁可采取非常激烈的极端的方式以争取权利,其激烈程度远远强于相对和平的民事诉讼。因此,结合前面得出的"两高一低"结论,我们可以确定地说,我国当前司法救济的能力较弱,无法满足当前救济权利和化解纠纷的现实需要。

那么,是什么因素制约了我国司法救济水平的提升?这些因素是大量的,也是显著的,简单地说有诉讼的成本比较高、司法公正的社会声誉不够高、抵御外部干扰的能力比较弱、执行难等因素。然而,这已是考察我国司法救济水平的另外一个思路,这方面的考察在目前的学术文献已经非常充分,因此,我已没有必要在这里展开。但是要说明的是,我从民事诉讼率和比较法社会学的角度考察所得出结论,和此前学界正面考察司法制度的不足所得出的结论是基本吻合的。这种吻合表明,采取措施加强和提升我国的司法救济水平已经刻不容缓了。

---

[1] 徐昕:《私力救济》,博士论文,收藏于中国国家图书馆学位论文阅览室。

第三篇　法律全球化：实践个案侧面

第九章 全球化条件下的法律与法学

自 20 世纪 80 年代后期以来，借助于科技发展带来的便捷交通与发达通讯，人类活动的时空范围极度扩展，社会生活日益突破民族国家有形的和无形的边界，国际性的社会交往日益频繁和深入，世界性的经济联系、政治互动和文化共识日益加强，概言之，人类社会步入了全球化时代。社会环境变化必然带来观念、理论和制度的变化，因此可以想见，如前文总论编私法的发展一样，全球化必然对公法以及传统私法以外的其他新兴法律部门的制度和理论带来了深远的影响。那么，法律制度究竟发生了哪些变革？法律理论相应地发生了哪些反思和重构？我们是否应当以及如何推动这种变革或重构？显然，这些问题的解答，是指导全球化时代法治实践的理论需要，也是法理学超越自身、获得重大发展的历史契机。

全球化对传统法律理论的冲击，是深层次的、全方位的，需要进行理论回应的领域和角度也是多方面的，既有法理学的一般性探讨，也有部门法学的应用性探讨。本章将从法理学角度，反思和重构法理学的若干基石性问题。在这种法理学探讨中，又重点集中考察法律全球化问题。具体地说，本章考察的问题包括四个方面：什么是法律全球化？法律全球化是如何进行的？法律全球化是否可欲？法学研究应当如何进行范式转换？在我国当前法学界，这些问题充满歧见和争议，希望本章的讨论，有助于深化对这些问题的认识，有助于推进全球化时代的法治实践。

一、什么是法律全球化

考察法律全球化，首先需要回答什么是法律全球化。对于这一问题，学界已表达过多种多样的看法。比如，美国加州大学教授夏皮罗认为，法律全球化是指全世界生活在一套单一的法律规则之下的程度。[1] 德国学者德尔布

---

[1] M. Shapiro, "The Globalization of Law", Indiana Journal of Global Legal Studies, Vol. 1, No. 1, 1993, p. 37.

鲁克认为，全球化应当解释为市场、法律和政治非国家化的过程，其目的是促进各个密切联系的民族和个人的共同利益。[1] 英国学者图布伊纳认为，法律全球化意味着私政府立法。[2] 在国内学界，有学者认为，"法律全球化是全球分散法律体系向全球法律一体化的运动或全球范围内的法律整合为一个法律体系的过程"。[3] 还有学者认为，法律全球化可以理解为"人类不断地跨越空间障碍、社会制度和社会意识形态等方面的障碍，在全球范围内实现充分的交流、沟通，彼此互相借鉴和吸收优秀的法律成果，在法律理念、法律价值观、执行标准与原则乃至法律和法制方面达成更多的共识或向趋同的方向发展"。[4] 此外，也有学者将法律全球化概括为三个方面的表现：世界法律的多元化，世界法律的一体化和全球治理的法治化。[5] 接下来，我将综合不同学者的看法，结合语义分析的结论，正面界定和系统阐述什么是法律全球化。

为了界定法律全球化的含义，首先需要确定其字面意义。法律全球化对应的英文单词是 globalization of law，其中容易产生分歧的是中心词 globalization，这个单词又是 globalize 派生来的。从构词法上看，globalize 由形容词 global（全球的、全世界的）加一个动词后缀"-ize"构成。在这里，"-ize"表示"使成为……"、"变成……状态"、"……化"的意思。这里的省略号所表示的，就是前面的名词或者形容词所描述的属性或者状态。由于这里是形容词 global，所以，globalize 就是"使成为全球的"、"变成全球的（状态）"、"全球化"的意思。这三种翻译表达的意思是一样的，其中借助于汉语中"化"的含义，"全球化"成为其中最简洁的表达。因为在汉语中，"化"正好有"使成为……"、"使变成……"的含义，如绿化、电气化、现代化等。总之，全球化就是"使成为全球的"、"变成全球的（状态）"的意思，相应地，法律全球化最直接的含义就是"使法律成为全球的"、"法律变成全球的（状态）"。

进一步考察可以发现，"使成为……"、"使变成……"这个表达实际上暗含了一个意思，就是特定事物存在两种状态或者性质，一种是原本的、

---

[1] J. Delbruck, "Globalization of Law, Politics and Markets", Indiana Journal of Global Legal Studies, Vol. 1, No. 1, 1993, pp. 10—11.
[2] G. Tuebner, Global Law without a State, Dartmouth, 1996, Foreword.
[3] 周永坤：《全球化与法学思维方式的革命》，《法学》1999 年第 11 期。
[4] 郭玉军：《经济全球化与法律协调化、统一化》，《武汉大学学报》2001 年第 2 期。
[5] 黄文艺：《法律国际化与法律全球化辨析》，《法学》2002 年第 12 期。

原初的状态或性质，一种经由变化所要达成的目标状态或者性质，所以，"化"这个词所要表达的完整的含义，是某事物从一种状态（或者性质）转化为另一种状态（或者性质）的趋势、过程或者结果。而在法律全球化这词语中，逻辑上包含了法律将要从一种状态转变成全球的状态这一含义。那么，在变成全球的状态之前的那个原初的状态是什么？由于这个状态在这个词语中省去了，因此，要揭示这种状态，需要回到这个词语实际被使用的语境中去。

这个语境告诉我们，在向"全球的"法律转变之前，法律所处的状态就是"国家的"。因为在传统的法理学看来，法律是民族国家领土范围内的实践，是独立运行、逻辑自洽的规范体系。因此，结合起来看，法律全球化所要表达的完整含义是：法律从"国家的"变成"全球的"，这样一种趋势、过程或者结果。但是，这里仍然有一系列问题不明确：什么样的状态是"国家的"？什么样的状态是"全球的"？趋势、过程和结果又如何理解？

首先，"国家的"有着特定的含义。这里的国家不是一般意义上的国家，其典型形态是民族—国家意义上的国家，因此，"国家的法"就是民族国家的法。综合此前学者们的研究，在典型意义上，民族国家的法具有这样的几个特征：（1）民族国家的法是以民族国家的建立为基础的，而民族国家又是相对于此前的封建制国家而言的，其特点是对外部环境来说，民族国家具有明确的疆界，在疆界范围内（领土上）拥有独立的、排他的主权；对内部的统治关系来说，民族国家具有最高的、排他的统治权，并且垄断了暴力的行使。（2）基于国内统治权的垄断、集中行使，在民族国家范围内，法律是一元的、统一的、普遍有效的，同时也是实在的法律体系。（3）法律表现为民族国家的意志，由国家制定或者认可，并由国家强制力保证施行。（4）由于在国际上，国家主权彼此是独立的，所以各自的法律体系也是独立运行、互不隶属、互不干涉的。由于各国的历史、国情相同，因此世界上并存着众多分散的、互相相同的法律体系。（5）民族国家普遍实行民主和法治。需要说明的是，民族国家和民主法治之间只有经验上的联系，而非逻辑上的必然。换言之，只是在历史实际中，多数民族国家建立了民主和法治。实际上，民主和法治只是民族国家发展到一定阶段才实现的。即使是当前阶段，仍然有一些民族国家未能实现典型意义上的民主和法治。而所谓民主和法治，又是在民族国家范围内的民主和法治，其基本内容包括代议民主制、分权与制衡、司法独立、宪政制度等方面。

上述五个方面，是民族国家的法的基本特点。需要补充说明的是，在法律全球化进程中，这些特点是变化的起点，但是这些起点本身又是从其他特征转变而来的，是一系列社会条件变化所产生的结果。在西方国家的历史上，确立民族国家法的这些属性的社会条件主要包括：（1）在中世纪后期，西方的封建制度逐步解体，君主专制逐步建立。通过君主专制的建立，一个在国内集中和垄断暴力行使的公共权力建立起来了，统一的、一元的、普遍有效的法律体系随之产生。（2）1648年三十年战争结束后，签订了维斯特法利亚和约。通过该和约的签订，民族国家之间互相承认主权的平等和独立，形成了近代以来的国际关系。（3）在启蒙运动、商品经济等的推动下，西方的民族国家或早或晚，随后进行了民主和法治方面的改革，使得民族国家普遍变成了民主法治国家。（4）民族国家在西方建成以后，作为现代性的一种特征，随后在现代化过程中逐步向非西方扩散，非西方民族也逐步建立起了民族国家。这个过程在二战后加速进行，广大的亚非拉殖民地在二战后普遍实现了民族独立。

其次，什么是"全球的"法？这个问题充满了歧见和斗争。这是因为，一方面，在很大的程度上，法律全球化只是一个趋势，各种变化刚刚开始并正在演变，最终的结果并未形成，因此，对于未来的"全球的"法是什么，我们现在只能根据初显的端倪进行预测。另一方面，基于人类历史的主观意志性，任何预测和理论都具有一定的自我实现能力，而全球化的不同路径对于不同的主体来说，可能意味着不同的利好，因此，人们基于不同的立场，对于全球化的特征和趋势作出不同的预测和论证，并予以宣扬和实践。尽管如此，我们仍然可以针对民族国家的法的特征，结合全球化已经显现的种种端倪，化约不同的歧见，综合得出"全球的"法的基本特征：（1）法律趋同化，即此前各自独立、风格各异的国家法，由于全球社会条件的趋同，由于彼此的学习和交流，由于共同的国际义务，可能在内容和风格上，互相靠拢，渐趋一致。（2）法律非国家化，即可能出现民族国家以外的主体，以不同于民族国家的权力和立场进行法律实践，包括法律的制定、解释和实施。（3）法律一体化，即可能出现基于全球利益、高于民族国家的法律，并在这种法律的统领下，各国的法律整合为一个体系。（4）绝对主权受到限制。由于法律是以相应的权力为基础的，因此，伴随着法的非国家化和法的一体化，民族国家的主权可能受到各种各样的国际组织削弱，国家权力可能最终被整合进全球的公共权力之中，成为全球公共权力的一个环节。（5）法律多元化。趋同化、一体化都是就一种趋势而言的，其最终完成——如果能够完成的话——需要一个长期的过程，而在这个过程中，国家法仍然存在并发挥重要作用，因此，将长期存在一个国家法和非国家法多元互动的局面。

第三，准确理解法律全球化，还应当注意两个微妙的区分。一方面是要区分趋势、过程和结果的不同含义。单纯从字面上讲，"全球化"包含了这三个方面的含义。但是，从实际情况来看，由于全球化刚刚开始，并且将是一个漫长的过程，所以我们所界定的"全球的"法，是就其结果和完成状态而言的，实际生活中的全球化可能仅仅只是一个趋势，只是显示了"全球的"法的特点的某些端倪。掌握这一点，对于我们判断法律全球化是否存在至为重要，因为我们所面对的，并不是一个充分展现的全球化，我们要根据初显的端倪分析其未来演化的走向，进而判断全球化的趋势是否存在。根据这样的标准，如果法律从"国家的"向"全球的"转变的趋势显现，我们就可以判定法律全球化存在。而所谓趋势，是指从历时的维度上看，"国家的"和"全球的"两种属性存在着持续的、此消彼长的态势。换言之，如果法律的"国家的"性质逐步弱化，"全球的"属性逐步增强，那么，这种趋势就是存在的。

另一方面是要区分事实和价值。法律全球化意味着全球多元利益的整合，同时也意味着冲突和斗争。由于这种利益分化的态势，加上不同国家在这种斗争中的现实力量极不均衡，使得法律全球化不可能完全公正地兼顾各方面的利益，甚至可能很不公正，于是，国际上的不同主体对于法律全球化的态度就可能判然有别：赞美者有之，批评者有之；推动者有之，阻止者有之。但是，作为理论研究，我们要自觉意识到这种基于不同立场所导致的不同价值评判，需要暂时保持中立地位冷静地考察其客观的事实方面。强调这种区分，并非认为价值判断不重要，而是因为价值立场容易遮蔽事实方面的许多面相，不利于全面准确认识法律全球化。当然这种区分只是暂时的，只是为了有效考察事实的需要，而当事实考察完成以后，价值评判的任务就接踵而至。总之，价值和事实的充分结合，才能制定正确有效的行动纲领。但是，价值和事实只有充分分离的情况下，各自才能分别得到充分深入的考察。

基于这样的理论认识，本章接下来将分为三个部分，分别考察法律全球化的三个问题：一是"法律全球化的事实考察"，将根据这里对法律全球化的界定，结合法律发展变化的具体表现，考察法律全球化是否存在，如何表现，分析导致法律全球化的原因；二是"法律全球化的规范分析"，选择特定的立场，对法律全球化进行利弊分析；三是"全球化条件下法学研究的范式转换",探讨面对全新的全球化环境,法学研究如何有效应对。

二、法律全球化是否存在

法律全球化为法学研究提出了许多课题,在这些课题中,我们首先应当解答的,是考察它的事实方面,即考察法律全球化这样一种社会变革是否存在,如果存在是如何表现出来,以及发生这种变革的原因。这样的考察是以事实和价值可以分离为前提的,事实考察所要回答的问题是"是什么",而是否可欲、应当如何之类,则属于价值评判的范畴,本章将在下一节考察。

(一) 法律全球化是否存在的争议

法律全球化是否存在?这是考察法律全球化首先需要回答的问题,是进一步讨论法律全球现象的前提和基础。然而,目前对这个问题的回答,无论是在国外学界,还是国内学界,都存在一定的分歧。

在欧美发达国家,人们普遍认为法律全球化是客观存在的。在很大程度上,这也是法律全球化的理论首先在欧美兴起并主要盛行于欧美的原因。其中,一些欧美学者持比较激进的观点,认为法律全球化不仅作为一种趋势存在,而且正在快速演化。比如,法国著名刑法学家、人权学者马蒂指出:"法的世界化已不再是一个人们是否赞成或反对的问题,而是因为事实上法正变得越来越世界化。"① 美国法学家伯尔曼则透过对法律史的研究,得出结论说在当前正在形成一种融汇世界东西南北各色各样文化的不同法律传统而成的"新法律传统"——世界法(word law)传统,其内容已不限于经济法,还包含诸如世界环境法和世界人权法,并将有助于建立世界秩序和世界司法制度。② 一些学者则持比较温和、稳健的观点,虽然认为"从根本的意义上说,这是一个法律文化趋同的时代,即随着时间的流逝,法律制度会变得更加相似",但是这是长期性的、渐进性的过程。③ 当然,也存在一些反对的声音。反对者认为,一方面,国家主权仍有其深刻的现实合理性,在相

---

① [法] 米哈伊尔·戴尔玛斯·马蒂:《法的世界化——机遇与风险》,卢建平译,《法学家》2000年第4期。
② [美] 伯尔曼:《展望新千年的世界法律》,译文转引自冯玉军《法律与全球化一般理论述评》,《中国法学》2002年第4期。
③ [美] 劳伦斯·M.弗里德曼:《存在一个现代法律文化吗?》,刘旺洪译,载《法制现代化研究》(第四卷),南京师范大学出版社1998年版,第415—416页。

当长的时期内，主权国家仍然是国际冲突、交流与合作的基本平台；另一方面，法律是一种"地方性知识"，是根植于特定的国家、民族及具有时代特色的土壤之中，并符合本国、本民族大多数人利益的行为规范，那种普适于全球各地、作为唯一最高真理的"世界法律"是不存在的。[1] 当然，这种反对声音是非主流的。而且，在一定程度上，他们反对的其实不是全球化是否存在的事实，而是在声明一种价值判断。

在国内学界，人们对经济一体化、全球化的趋势是高度认同的，由此形成的共识也得到了国家领导人公开讲话的认可，认为经济全球化作为世界经济发展的客观趋势，是不以人的意志为转移的，任何国家也回避不了。[2] 但是对于法律全球化，则是另一道风景，充满着歧见和争议。对于法律全球化是否存在的问题，归纳起来，大致有如下三种观点。

第一种观点明确肯定了法律全球化的趋势，认为国家的法正在朝着全球的法的方向演变。这一观点认为，全球化涉及经济、生态、政治和文化各个领域，这些领域的全球化不可避免地带来法律的全球化。有学者指出，"这个运动的结果将产生真正的全球法或世界法，笔者乐观地预计人类有能力在下世纪中叶达到这一目标"。[3] 其他一些学者也明确阐述了这样的看法。例如，有学者认为，国际经济关系的全球化必然推动国际法制的统一化，由各主权国家公认或默认的国际法必然要逐步演变为世界公认、全球公认的世界法或全球法。有学者甚至认为，随着科学技术再进一步地发展，外层空间法完全可能酝酿出一个"宇宙法"来。[4] 另外有学者则认为，全球化根源于人的需要和人的发展，是为了满足这种需要和发展所进行的交往的不断扩大已遍及全球范围的必然结果，所以它是一种不可改变的历史趋势，是一个必须面对的客观事实，虽然它存在着不好的方面，但从总的方面看是有利于人类的发展与进步的。"经济的全球化必然导致社会生活的各个方面，如政治、法律、文化等的全球化，差别只在于程度和先后"。[5]

第二种观点否认法律全球化现象的存在，并认为这是一种不切实际的幻想。这种观点的总体特点是，一方面，肯定经济全球化的总体趋势，并肯定

---

[1] 参见冯玉军《法律与全球化一般理论述评》，《中国法学》2002 年第 4 期。
[2] 参见《新华日报》1998 年 8 月 29 日第 1 版。
[3] 周永坤：《全球化与法学思维方式的革命》，《法学》1999 年第 11 期。
[4] 潘抱存：《论国际法的发展趋势》，《中国法学》2000 年第 5 期；《论当代国家主权原则的发展》，《法学杂志》1999 年第 6 期等。
[5] 严存生：《"全球化"中法的一体化和多元化》，《法律科学》2003 年第 5 期。

这种趋势势必对各国的法律，包括中国的法律，产生深刻的影响；但是另一方面，又否认法律全球化的存在，或者否认法律全球化的可能性。否认的原因，综合起来主要有两个方面：（1）法律是主权国家的产物，而主权又是国际秩序的基础，不可能出现世界政府；（2）虽然经济发展的趋势是一体化，但是政治发展的趋势却是多极化，世界文化发展也是多极化的。持此观点的学者认为，"经济全球化是当今世界经济发展的重要趋势，是不以人们意志为转移的客观现实，但'法律全球化'却基本上是西方国家一些法学家不切实际的幻想"。理由是一方面，当今世界不仅存在经济全球化趋势，还同时存在政治多极化趋势；另一方面，法律不同于经济，法律是国家意志，即国家主权的体现，不可能存在超国家的或者国家之外的法律。学者指出，"就国内法而言，它是由特定国家制定或认可，并适用于本国主权所及范围的法律，国内法律关系的主体一般是个人或组织（机关、团体），国家仅在特定法律关系中成为主体。国际（公）法是由参与国际关系的国家通过协议制定或公认、并适用于国家之间的法律，国际法律关系的主体主要是国家。但'法律全球化'理论所讲的法律却是'不受任何国家控制的'、是'私政府制定的'，甚至是'没有国家的'"。① 国内其他一些学者也持有类似的观点。②

第三种观点肯定了法律全球化趋势的存在，但是对全球化的范围、程度进行了限定，因此和第一种观点比较起来，可以说是一种比较温和的、有保留的肯定。概括起来看，这种观点对法律全球化所做的限定或者说明主要包括五个方面：（1）法律全球化不否认国家主权的存在；（2）法律全球化不否认政治多极化的存在；（3）法律全球化体现的是总的趋势，不否认其他趋势，比如地方化、文化多样性等的存在；（4）法律全球化是一个漫长的过程，不同的阶段"化"的程度也不同；（5）在不同领域，法律全球化的程度和必要性各不相同。当然在不同的学者那里，对这些方面的强调又各有侧重。有学者指出："我们习惯上的或宣传上所说的全球化好像就是经济全球化，政治上不能是全球化，只能是多极化，文化上只能是本土化而谈不上全球化。我想这样的概括是非常片面的。""政治领域当然要强调国家主权

---

① 沈宗灵：《评"法律全球化"理论》，《人民日报》1999年12月11日，第6版。
② 参见罗豪才《经济全球化与法制建设》，《求是》2000年第23期；李昌道：《切忌"法律全球化"理念泛滥》，《法制日报》2002年3月6日；公丕祥：《全球化与中国法制现代化》，《法学研究》2000年第6期；范愉：《从司法实践的视角看经济全球化与我国法制建设——论法与社会的互动》，《法律科学》2005年第1期。

的作用,当然要强调政治上的多极化,但是,是不是就没有全球化的趋势?我看也未必如此"。"在文化领域,是不是只有本土化而没有全球化呢?我看这也说不通"。① 此外,也有学者在肯定法律全球化是不以"人们意志为转移的客观存在"时,又作出了一定补充说明:"全球化在其初级、中级和高级阶段,其'化'的程度是不同的;全球化在不同领域(经济、政治、法律、文化等),其'化'的程度也是不同的,甚至在同一领域的不同部门、不同事务,其'化'的程度也不相同,如法律中涉及经贸的民商事法律与涉及政治、社会管理的宪法性、行政性法律,其全球化的程度就明显存在差别"。"全球化并不与多元化相冲突,相反,多元化恰恰是全球化的一个重要特征"。② 还有学者在明确肯定法律全球化存在的同时也进行了限定:"必须承认的是,法律全球化在目前仍是一个进程,一个过程,一种趋势;法律全球化并不是所有法律的全球化,那些不具有涉外性、国际性的法律不可能也根本没有必要'化'为'全球性'或'世界性'法律;法律全球化并不意味着国家主权概念的过时或消失,而只是意味着主权概念的进步和丰富,各国之间的法律仍将呈现多样性、多元化。"③

这里虽然列举了人们关于法律全球化是否存在的各种观点,然而,仅仅综合这些观点,并不能得出关于全球化是否存在的明确结论。这是因为,一方面,这些观点之间本身存在差异;另一方面,不同的学者在进行判断时,使用的全球化概念并不完全相同,有的判断甚至混淆了事实和价值、结果和趋势这些必要的区分。因此,要判断法律全球化是否存在,还需要实际考察在全球化时代下法律的属性所发生的变化,归纳这些变化,对照我在前言中界定的法律全球化概念,然后确定法律全球化是否存在。

(二) 全球化时代法律的发展变化

为了判断法律全球化是否存在,我们需要考察全球化时代法律发展变化的种种表现,然后再看看这些表现是否符合前言中关于法律全球化的界定。

1. 各国法律加速趋同化

当前法律发展的一个趋势就是加速趋同化,即以前各个民族国家内容和

---

① 张文显、邓正来、朱景文等:《全球化时代的中国法学学术研讨会——发言摘要》,《法制与社会发展》2004年第2期。
② 姜明安:《法律与全球化》,《求是学刊》2002年第5期。
③ 朱振、张文显:《全球化进程中的中国法学——访张文显教授》,《学习与探索》2006年第1期。

风格迥异的法律制度，由于彼此的学习、借鉴和移植，或者由于国际标准的参照作用，存在着内容、模式、风格方面越来越一致的趋势。这种趋势也被一些学者称为法律的国际化。比如，有学者认为，"所谓法律发展的国际化，主要是指在法律文化的传播与交流的过程中，各个主权国家的法律制度蕴含着世界法律文明进步大道上的共同的基本法律准则，使各国的法律制度在某些方面彼此接近乃至融合，进而形成一个相互依存、相互联结的国际性的法律发展趋势"。[①] 还有学者认为，"法的国际化是指法顺应国际社会的法律合作、交流、融合乃至局部统一的趋势"。[②]

法律趋同化乃是人类历史发展进程中始终存在的一个趋势。法律最早只是属人的部落习惯，随着部落之间的交往和互动，产生了适用于各个部落的、共同的规则，这可以说是最早的法律趋同。西方民族国家的建立，使得社会上原来分散存在的城市法、庄园法、教会法等等得到了统一，这是法律在民族国家范围内的趋同。在中世纪后期，随着罗马法的复兴和注释法学的发展，一种共同法的观念不断增长，使得西方国家的法律在内容和精神上具有很多相通之处。自 15 世纪末"地理大发现"以来，伴随着西方国家的殖民活动，西方的文化和法律得以向非西方国家传播，从而在更大范围内导致了法律趋同。在全球化时代，法律趋同继续存在，并且表现出全新的特点：（1）全球化时代的法律趋同表现为全球范围内的趋同，比如联合国的人权公约文件得到了世界上绝大多数国家的认同和遵守；（2）全球化时代的法律趋同得益于世界标准的存在，由联合国、国际组织、经济联合体制定一些法律范本，提供给各个国家作为立法的标本或参照，是法律趋同化的一种全新路径；（3）全球化时代的法律趋同并不仅仅是为了学习其他法律体系的知识和经验，而且是，有时主要是为了协调行动，履行承诺，比如各国修改国内法以适应世界贸易组织的要求即使如此。

2. 法律日益非国家化

在以民族国家为主要生活空间的传统社会中，由国家主权制定或者认可的实在法体系是唯一的法律渊源，我们可以称之为国家法。然而在全球化时代，除了国家法以外，还有各种并非国家制定的超国家法、跨国家法，由于这类法律的绝对数量和相对比例都在快速增长，因此出现了法律的非国家化

[①] 公丕祥：《国际化与本土化：法制现代化的时代挑战》，载《法理学论丛》第 1 卷，法律出版社 1999 年版，第 278 页。

[②] 孙笑侠：《法的现象与观念》，山东人民出版社 2001 年版，第 23 页。

现象。法律的非国家化主要是通过两种形式出现的：超国家的法和跨国民间法。

（1）超国家的法。超国家的法包括两种形式，一种政府间的法，即传统意义上的国际法，其调整对象只能是国家政府间的关系。这种法虽然在形式和性质上没有什么变化，但是在全球化时代其数量远远大于过去任何时候。另一种是各国共同法即世界法，各个国家法律中一致的部分。过去这类世界共同法是通过法律移植、法律文化传播的，而二战以来，这类共同法的制定和实施不完全是国家政府的事，国际组织在其中起了重要的作用，既负责提出有关的国际标准，又负责评估和监督国际标准的实施。对于世界共同法的效力，有学者指出："任何国际组织都不是世界政府，但是国际组织也并不完全是一种'没有长牙齿的'虚幻的力量，它不仅管理跨越边境的国际事务，甚至调整国家边境以内的事务。世界贸易规则、国际人权法、人道主义法的发展充分证明了这一点。传统的国际法由于缺乏有效的执行机制，许多国际问题只好诉诸武力或相互报复解决。二战后、特别是冷战结束后国际法的发展表明这只'没有牙齿的老虎'正在长牙齿。前南法庭、卢旺达法庭和国际刑事法院的设立，世贸组织争端解决机制的建立，以及一些国家国内法院对国外事务的管辖权，所有这些发展都使得国际法正在变硬，正在变成一种有强制力保证的、可以执行的规则。"[①] 还有学者也表达了类似的看法："政府间国际组织虽然是基于成员国签订的条约建立起来的，但是它一旦建立就成为有别于其成员国的相对独立的实体。政府间国际组织在国际社会承担和履行着多种职能，其中包括造法或准造法的职能。""超国家组织是各成员国共同让渡其主权范围内的权力而成立的联合体。尽管超国家组织是建立在国际条约的基础上，但由于各成员国已向它转让了主权范围内的权力，而使它成为凌驾于成员国之上的'准国家'（quasi-state）。"[②]

（2）跨国民间法。严格说来，在传统的民族国家除了国家法以外，各种社会规范在实际中也有一定的约束作用，因此被一些学派界定为法律的一种类型，这里暂且称之为民间法，以和国家法相区分。然而，传统社会中的民间法是民族国家内部的亚国家组织或者亚文化制定、形成的，较少具有跨国的约束力。然而，在全球化时代，民间力量跨国的交往和融合发展迅速，

---

① 朱景文：《全球化与法治国家的历史演进——国内与国际的连接》，《学习与探索》2006年第1期。

② 黄文艺：《法律国际化与法律全球化辨析》，《法学》2002年第12期。

由此出现大量具有跨越国境的约束力的民间法，这里暂且称之为跨国民间法。跨国民间法主要有两种类型。一种是国际商事习惯法，主要包括跨国公司的内部规则、国际行业组织的规则、标准化合同、国际仲裁机构的仲裁、国际商事公约等。国际商事习惯法本是古已有之，然而，19世纪以降，随着民族国家的巩固和加强，国际商事习惯和其他民间法一道，被整合进了国内法。但是，二战以后，国际商事习惯法出现了"返租"现象，纷纷突破各民族国家国内法的差异，在国家主权之外形成了统一的、自治的国际商事习惯。① 另一种跨国民间法是国际非政府组织制定和实施的规则。二战以后，各种国际非政府组织大量产生，各自在国际社会的不同领域发挥作用。与此同时，国际非政府组织也在相关的领域制定了大量规则，形成和维护着特定的社会秩序。譬如说，国际红十字会在国际救灾、捐助方面，具有相应的规则体系，形成了特定的秩序；国际奥委会在国际体育运动方面发挥着制定规则、维持秩序的重要作用，等等。

（3）法律更趋多元化。虽然出现了两种非国家的法律，但是，国家法并没有退出历史舞台。相反，就目前的全球化程度来说，主要的法律依然是国家法。但是，各种非国家的法大量涌现，其调整范围和约束力都呈现为扩大和增强趋势，由此形成了国家法、非国家法多元共存以及复杂互动的局面。应该说，在传统的民族国家，也在一定程度上存在国家法和民间法的多元互动，但是，在全球化时代，法律多元具有更丰富的内涵、更复杂的实践。

对于这种多元法律复杂互动的状况，英国伦敦大学的法理学教授威廉姆·特瓦宁进行了整理和归类，按照地质空间划分法律层次，绘制了一幅展现全球化时代多元法律共存和互动的图景：

①全球的（环境问题，人类法，月球上的矿产权利，星系间或空间法）；

②国际的（传统意义上的主权国家之间的关系和受人权法和难民法调整的更广泛的关系）；

③区域的（欧盟，欧洲人权公约，非洲统一组织）；

④跨国的（伊斯兰法，印度法，犹太人法，吉卜赛法，跨国仲裁，商人习惯法，因特网法，以及有争议的秩序，如跨国公司的内部治理、天主教堂、有组织的犯罪组织）；

---

① 参见冯玉军《法律全球化的实现途径刍议》，《求是学刊》2004年第1期。

⑤共同体间的（宗教共同体之间的关系，基督教堂，不同的道德群体）；

⑥领土国家的（包括民族国家的法律体系，亚国家管辖权，如佛罗里达、绿岛、魁北克和北爱尔兰）；

⑦亚国家的（被统治者的立法，或在一个多元法律体系中为有限目的被官方认可的宗教法）；

⑧非国家的（北美土著人、毛利人、吉普赛人的法或被视为非法的法律秩序，如苏丹南部的南部人民自由军的法律体制）。[1]

（4）世界法律渐趋一体化。所谓世界法律一体化，是指目前多元的超国家法、国际民间法和国家法整合一个法律体系的趋势或者状态。在绝对主权的民族国家时代，世界各国的法律体系彼此是独立存在的，在逻辑上是封闭的、自我决定的体系。然而，在当今社会，国际法高于国内法的信念日益增强，一些"全球性法律"、"世界性法"已经出现，这表明存在着世界法律一体化的趋势。

世界法律一体化，首先需要存在世界标准。在目前阶段，这样的标准已经非常普遍，比如联合国的多个人权公约文件，世界贸易组织的法律规则，生态、环境治理中的公约文件，等等。其次，世界法律一体化要求这些标准对主权国家具有约束力，主权国家有义务以这些标准为依据制定或者修改国内法，从而将国内法和世界标准整合为一个体系。然而对于这一点是否实现，目前还有争议。但是可以说，已经初步具备了这样一些因素。这表现三个方面。一是许多制定国际标准的组织已经具备了相当的权力或者权威，要求主权国家遵守或者执行。正如有学者所指出的，二战后、特别是冷战结束后，国际法正在变硬，正在变成一种有强制力保证的、可以执行的规则。[2] 二是许多世界标准实际上也得到了主权国家的尊重和执行，比如联合国的人权公约，世界贸易组织的公约文件等等。三是除了欧盟这样的区域标准外，一些国际标准也获得了在主权国家内部是直接适用的效力。例如，有学者指出："由于前南国际法庭、卢旺达国际法庭和国际刑事法院的成立，对反人道主义犯罪的个人责任的追究，个人已经成为这类法律关系的主体，公民个

---

[1] William Twining, Globalization and Legal Theory, Northwestern University Press, 2001, p. 139. 转引自周晓虹《一般法理学的"乌托邦"——述评〈全球化与法律理论〉》，《法制与社会发展》2005年第6期。

[2] 朱景文：《全球化与法治国家的历史演进——国内与国际的连接》，《学习与探索》2006年第1期。

人和社会组织都有权利因为人权和反人道主义犯罪到有关的国际或国内法院控告自己政府的领导人,凡是成员国都有义务加以配合。"①

如果说世界范围的法律一体化还处在十分初级的阶段,那么欧盟的实践表明,法律的区域一体化却是达到了相当的程度。因为在欧盟,欧盟委员会、议会和法院都独立于其成员国行使权力,由其所创造的欧盟法,包括各种条例、决定和判例,在与成员国法的关系上确立了优先性和直接效力原则。这种超国家的法已经不同于传统意义上的国际法,具有要求各成员国必须遵守的效力,并可以在各成员国国内直接使用,而且效力高于国内法。

(5) 国家主权受到多方面的侵蚀。法律是以权力为基础的,法律的非国家化,同时伴随着权力的非国家化。在传统的社会中,民族国家的权力对外是独立的,对内是最高的、垄断的,并保障了国家法对外的独立性和对内的普遍性。然而,在全球化日益发展的当今社会,国家的主权正在受到削弱。

和法律的非国家化相对应,国家主权的削弱主要是通过两种途径实现的。一种是国际政府间的组织逐步获得独立的并高于民族国家的权力。对于这种变化,有学者指出:"政府间组织虽然都是由主权国家组成,国际组织的协议和章程虽然都通过成员国的同意,但是战后的发展表明,国际组织正在取得越来越大的相对独立性,成员国加入国际组织就意味着把原来属于自己主权范围内的某些权力交给凌驾于它们之上的共同体。一旦加入,在国际组织规则的范围内,主权国家就没有任意处置的权力,而必须服从国际组织有关机构的裁决。这种趋势在世界贸易组织和欧盟的发展中最为明显。"②这种情形在欧盟已经发展了相当的程度,因为除了欧盟理事会外,欧盟委员会、议会和法院都独立于其成员国行使权力,由其所创造的欧盟法令和判例在成员国国内具有直接适用的效力,并且效力高于国内法。对此,有学者指出:"超国家的法尽管也反映成员国的意志和利益,但它是由超国家组织直接制定的,是对成员国的法律主权的一种限制。"③

另一种途径是各种跨国民间组织在相应的领域内分享或者架空了民族国家的权力。一方面,我们看到,跨国公司的内部治理,跨国的商事交易活动

---

① 朱景文:《全球化与法治国家的历史演进——国内与国际的连接》,《学习与探索》2006年第1期。
② 同上。
③ 黄文艺:《法律国际化与法律全球化辨析》,《法学》2002年第12期。

等，一般都是以国际商事习惯为准，国家法实际上难以深入其内部进行规治。另一方面，各种国际非政府组织对于相应的领域的规则、标准的制定，事实上享有极大的话语权，它们日益侵蚀着国家主权的治理空间。比如说，"以国际奥委会为例，它不仅制定了大量有关奥林匹克运动的竞赛规则，而且对奥林匹克运动中的争议和问题行使着最高裁判权，实际上已经在体育领域创立了一种跨国的法律秩序。各国政府都尊重国际奥委会在国际体育运动领域的权威，认可国际奥委会所建立和维护的法律秩序的相对独立性。各国国内的法院通常拒绝受理对国际奥委会的惩罚性决定提起的诉讼，也就是不给予受惩罚者任何法律救济。因此，国际奥委会被人称为体育运动领域的'世界政府'或'联合国组织'"。[①]

上述考察表明，当前存在着世界法律趋同化、法律非国家化、世界法律一体化、国家主权日益削弱等现象，结合前言中关于法律全球化的界定来看，这些现象正好消解了传统的国家法的属性，其演变的方向又正好切合了"全球的法"的特点，因此可以确定，法律全球化的趋势是存在的，法律正在由"国家的"转变成"全球的"。但是，应当看到，除了欧盟这样的区域性一体化以外，在世界范围内，法律的全球化、一体化还处在非常初级的阶段。这种初级阶段表明，在相当长的时期内，国家法仍将是社会生活中最主要的法律规范，国家法和非国家法的多元共存将长期存在。此外，由于处在非常初级的阶段，全球化的社会生活的形态尚未完全展现，将来法律全球化具体如何演化，也尚难断言。

需要进一步说明的是，我国也被裹进了这场法律全球化的历史变革。这一点可以从四个方面得到说明。一是中国自近代以来，一直将西方的法律和制度当作先进的文明成果进行学习和引进。改革开放以后，这种学习和引进的速度进一步加快。迄今为止，中国所制定的大量的法律制度，几乎都参考了发达国家的做法。这种学习和引进，使得中国的法律制度和国际上的通行做法具有很强的相似性，体现了法律趋同化的趋势。二是我国签署了大量的国际公约文件，并自觉履行这些公约文件的要求和义务。例如，仅签署和加入的国际人权公约就有22项，此外还有大量的环境、生态等方面的国际治理公约。三是我国在2001年底正式加入世界贸易组织，成为其第143个成员，为了履行入世承诺，最近几年来大规模地清理和修改国内法律制度，加上经济领域日益增强的开放程度，表明中国已经完全融入国际社会。四是国

[①] 参见黄文艺《法律国际化与法律全球化辨析》，《法学》2002年第12期。

家领导人在多种场合表明中国要做一个负责任大国,反映了我们不断增强的国际主体意识和责任意识。

(三) 法律全球化的原因分析

法律全球化的原因是什么?这个问题的回答,对于我们理解法律全球化的条件、动力、性质以及未来走向具有基础性的意义。导致法律全球化的原因是多方面的,归纳起来,主要有下列五个方面的因素。

1. 交通和通讯技术的发展

法律全球化的原因是多方面的,但是,其中最为根本性的原因,是交通和通讯技术的发展。正是由于交通和通讯技术的革命性变化,导致人类活动范围活动扩大,从而导致社会组织方式和治理模式的变革。依据英国学者赫尔德在《全球大变革》中的观点,人类的发展大体经历了前现代、现代和后现代三个阶段,人类活动的空间范围和组织形式随着经济和技术条件的发展有一个逐渐扩大的趋势:从本土到国家再到全球。其中每一个进步,都伴随着生产力的提高和技术的进步:主要依靠畜力的前现代人们生活的领域一般不可能超出本土,民族国家的产生与工业革命和机械化大生产有着密切的联系,全球化和信息产业的出现息息相关。① 当今社会,由于交通和通讯的革新导致时空挤压,地球变成了"地球村":人们在全球范围内的流动就像在一个村子里走动一样便利和频繁,于是有了全球性的、频繁的、全方位的社会交往,经济的、政治的、文化和法律的全球化才成为可能。

2. 经济全球化

经济全球化,或者全球经济一体化,是指经济活动突破民族国家的领土边界,资本、信息、技术、货物、劳动力等生产要素在全球范围内自由流动,以追求资源的最佳配置和效益的最大化。对于经济全球化本身,国内学界很少有分歧。即使是那些反对法律全球化的存在的学者,也认为经济全球化的趋势是客观的、显著的。比如,有学者认为,"虽然'法律全球化'基本上是一种不切实际的幻想,但我们也应认真考虑经济全球化对法律的巨大影响"。② 有学者也认为,"作为世界经济发展不可逆转的潮流,经济全球化

---

① [英]戴维·赫尔德:《全球大变革:全球化时代的政治、经济与文化》,杨雪冬等译,社会科学文献出版社 2004 年版。

② 沈宗灵:《评"法律全球化"理论》,《人民日报》1999 年 12 月 11 日。

所带来的冲击和影响是全方位的,世界各国的法律制度显然也不能例外"。①而赞成法律全球化的学者则认为,经济全球化的发展必然要求和带来法律全球化。比如有学者认为:"如果承认经济全球化,难道经济全球化没有法律的表现吗? 投资的全球化、贸易的自由化、金融的全球化等等如果没有法律的保证是不可想象的。同样,如果我们承认马克思主义的一个基本原理,经济是基础,政治是经济的集中表现,经济全球化也不可能没有它的政治表现。"② 事实也的确如此,法律全球化在很大程度上源于经济全球化的要求和推动。比如,世界贸易组织的规则体系以及纠纷解决机制被认为是法律全球化的一个最好的例证,但是它们完全是为经济全球化服务的。此外,世界范围内的许多国家,特别是第三世界国家和苏联及东欧国家,出现了一股以市场为导向的法律改革潮流,其目的就是改善投资环境,增强法的可预测性、可计算性和透明度,即实现法治,以保证资本跨国界自由流动,保证世界范围内的贸易自由,以此争夺市场和投资。

需要说明的是,经济全球化对法律全球化的影响并不仅限于经济方面的法规,实际影响到了民族国家整个政治和法律制度的改革。因为经济的市场化要求以法治化作为保障,而法治化所要求的,不仅仅是经济方面的法律法规的完善,而其要求依法行政,要求司法独立,要求严格划分政府行为和市场行为,要求严格保护财产权利和契约自由,等等。从这个意义上说,经济全球化是法律全球化最强大的推动力,最为深刻的社会根源。

3. 社会问题的全球化

自 20 世纪后期以来,人类面临着越来越多的社会问题,这些问题超越了传统的主权国家的边界。一方面,这些问题是所有国家共同面临的问题,影响到所有国家的利益和前途;另一方面,这些问题需要所有国家联合起来,才可能有效解决。这样的问题越来越多,也越来越严峻。这样的一种趋势,可以称之为人类面临的社会问题的全球化。而这些问题大致又可以划分为两种类型,一类是环境和生态问题,一类是社会管理问题。

首先,在当代社会,已经出现了越来越多的环境和生态问题,这些问题危害到全球的人类的利益,需要全球的协调、合作和努力。比如,由于二氧化碳排放的大量增加,导致全球气候变暖,进而导致冰川融化海平面上升,导致全球气候反常,干旱和洪涝灾害增加;由于大量使用氟利昂,使得臭氧

---

① 罗豪才:《经济全球化与法制建设》,《求是》2000 年第 23 期。
② 朱景文:《欧盟法对法律全球化的意义》,《法学》2001 年第 12 期。

洞逐步扩大，紫外线得以直接照射到地球表面；由于植被破坏严重，导致水土流失、生物多样性减少，等等。为了解决这些问题，目前国际上签订了大量的公约文件，各民族国家依照公约文件开展治理，成为法律全球化的一种重要形式。此外，国际上还成立了大量的国际非政府组织，比如绿十字会，这些组织在改善生态环境、加强环境保护方面也发挥着重要的作用。

其次，越来越多的社会管理问题超越民族国家的能力范围，需要国际上的联合行动才能有效治理。比如，由于人口的跨境流动更加容易和频繁，一些犯罪分子利用这种便利潜逃他国，因此，国际刑事司法协助十分必要；民事领域同样如此，一个国家的判决书的标的物可能在另外一个国家，没有司法协助判决书将无法执行；传染病控制是又一个典型的例子，由于人口和货物的跨境流动十分频繁，使得传染病的控制形势变得十分严峻，比如最近发生的疯牛病、"非典"，以及仍然在传播的艾滋病、禽流感等，都是棘手的社会问题，这些问题的解决需要国际联合行动，单凭一国之力已不足以胜任。

4. 文化和伦理的全球化

文化和伦理的全球化，是指随着人类在政治、经济、文化等众多领域的广泛交往，文化和价值理念互相影响，逐步形成一些文化认同和价值共识，比如国际贸易中的交易习惯，国际政治中的外交惯例，国际人权事业中的基本规则和理念，等等。

文化认同和价值共识是法律全球化的一个重要的中介条件。也就是说，无论是经济全球化，还是社会问题的全球化，都不能自动地导致法律全球化，而必须经过文化认同和价值共识这样一个中介。比如说，在全球的经济交往过程中，人们逐步在经济开放的意义、产权保护的方式、法治的价值等方面达成一定的共识，然后才能形成经济一体化所需要的国际公约。同样，各种社会问题出现之后，人们经过长期的交流和思考，最后才能形成文化共识和价值认同，进而形成统一的行动方案。

而在人权领域，人类文化和观念的趋同是推动人权法律全球化的最主要力量。人权最初是一个西方概念，其内容与西方的社会背景密切相关。然而，随着全球人类交往和互动，人权观念在全球传播，如今已经成为全球性的最为基本的价值共识。正是由于人类在人权问题上的高度共识，人权法律才成为世界化、一体化程度最高的领域。前南国际法庭、卢旺达国际法庭和国际刑事法院成立后，一些人权国际规则甚至获得了直接在主权国家实施的效力，这是其他领域的国际公约所不能及的。

需要说明的，国际非政府组织的活动在文化认同和价值共识的形成方面，发挥着十分重要的作用。比如说，国际动物保护协会提倡尊重生命，善待自然，维系生态平衡，促进社会和谐；国际奥林匹克提倡"和平、友谊、进步"，追求"更快、更高、更强"，等等，它们不遗余力地进行宣传和实践，极大地促进了全球人类在特定领域的文化认同和价值共识，进而增加了法律全球化的可能性。

总之，正是由于交通和通讯技术的革命性发展以及由此带来的上述众多领域的全球化，要求和导致了法律全球化。从这个意义上说，法律全球化是其他领域的、更为一般意义上的全球化的一个结果，同时又反过来保障和推动了其他领域的全球化，形成了覆盖众多社会领域、各个领域互相依赖、互相促进的全球化趋势。对此，有学者指出："全球化涉及人类生活的各个方面，它不可避免地带来法律的全球化。事实上，法律全球化不但是经济、生态、政治、文化全球化的产物，也是全球化的重要组织部分，它本身又推进全球化向深度和广度发展。"[①]

除了上述这些方面之外，值得一提的是，还有两个因素对法律全球化也有一定的推动作用。一是现代民族国家，尤其是西方发达国家国内的法治经验，在很大程度为法律全球化提供了智识支持；二是西方发达国家对法律全球化的热心和推动。当然，这两种因素也带来了一些负面的影响，这就是，法律全球化在很大程度上体现为西方化、美国化，法律全球化更多地考虑了西方发达国家的利益，而非西方国家的利益在很大程度上受到了忽视。当然，这种影响涉及法律全球化的价值评判，本章将在下一节进行探讨。

三、法律全球化是否可欲

如何看待法律全球？如何评价与之相伴随的一些观念和现象？这属于法律全球化的规范分析问题。

（一）法律全球化价值评价的观点分歧

法律全球化是否可欲？对这个问题，无论是在国际上，还是在国内学界，都充满了分歧和争论。由于人们在争论时没有就事实和价值问题进行自觉的区分，因而在实际中，许多名为关于法律全球化的事实的观点，事实上

[①] 周永坤：《全球化与法学思维方式的革命》，《法学》1999年第11期。

反映的是论者关于法律全球化的价值评判。

1. 国外学者的观点

法律全球化是一头大象,而且是一头生长中的、尚未定型的大象,人们对其看法各执一端,莫衷一是。综合起来看,在国际上,人们关于法律全球化的价值评判可以划分三种类型。

(1) 肯定评价,新自由主义的态度是其代表。新自由主义认为,法律全球化可以削弱国家主权对经济的干预,实现全球经济一体化,贸易自由和效益原则得以在全球范围内推行。对于发达国家来说,虽然全球化可能带来削减福利措施及社会公正问题,只要主权国家政府不加干预,市场本身会提供所需要的一切社会保证。而对发展中国家来说,全球化也是一个福音,当资源在寻求利益的过程中,从资本主义的"中心"流向"外围"时,将导致全球收入的趋同。

(2) 否定评价,依附理论的观点是其代表。这种理论认为,世界近代历史四百多年来,资本主义扩张造成的一个结果,是世界呈现为中心和外围两极分化,西方发达国家处于世界的中心,具有优势地位,发展中国家的处于外围和边缘,处于竞争劣势地位。当今社会全球化的发展,并不能改变这种不平衡的格局,相反,南北差距进一步扩大,全球的冲突和不平衡进一步加剧。这种理论还认为,发展中国家的利益并不能在全球化中自动获得实现,国家主权仍有其深刻的合理性,国家干预、国家保护等措施仍是必不可少的。

(3) 折中评价。这种观点综合了上述两个方面的看法。一方面,这种观点认为在全球化的实际进程中,存在着依附理论所描述的那些问题;但是另一方面,又认为经济全球化以及由此带来的法律全球化是客观的必然的进程,目前存在的各种不公正问题可以在推进全球化的进程中,通过更公正的机制、更充分的对话得到解决。

2. 国内学者的观点

国内学者对全球化的看法,一方面以国际全球化思潮作为智识渊源,另一方面又受到我国现实国情的影响。同样,我国学者对法律全球化的态度也较为明显地呈现为三派。

(1) 积极肯定的观点。持这种观点的学者认为,法律全球化是因为出现了其他领域的全球化,需要法律与之相适应。如果不否认经济全球化客观必然性,如果不否认人权等价值观念的普适性,不否认各种社会问题需要全球合作的现实紧迫性,就必须承认法律全球化是可欲的,因为法律全球化是经济全球化的基础和条件，是国际合作的制度和框架。比如，有学者指出，"全球化涉及人类生活的各个方面，它不可避免地带来法律的全球化"，"这个运动的结果将产生真正的全球法或世界法，笔者乐观地预计人类有能力在下世纪中叶达到这一目标"。① 有学者也认为："在各种各样对时代特征的概括当中，'全球化'这一概括可能是最具有普适性和共识性的。我们生存的这个世界正在发生着历史性变迁，全球化正在有力地改变着人类的生产方式、生活样式和生存状态，也在深刻地影响着人类社会的经济、政治、法律制度及其变迁。在这样一个全球化时代，无论是观察和处理经济问题、文化教育科技问题，还是观察和处理政治问题、军事问题、外交问题，我们都必须有全球意识、全球视野、全球眼光、全球思维，要有全球化的问题意识，应对全球化的战略意识。同样，依法治国，建设社会主义法治国家的一些根本性问题也必须在全球化的背景中和全球治理结构中加以研究和解决。"② 但是，另外一些学者认为，这是一种浪漫化的倾向，同时也是最危险的一种倾向，因为这种观点"遮蔽了全球化时代一些至为要害的面相"。③

（2）消极怀疑的观点。国内一些学者只同意"经济全球化"的提法，而否认政治全球化、法律全球化。从字面上看，这些学者所否定的，是法律全球化的客观存在，但是具体分析他们的观点的内容发现，他们实际上是不赞成法律全球化，具体地说，是不赞成目前由美国等西方国家主导的法律全球化，尤其反对借口人权问题干涉别国内政的理论和做法。有学者分析揭示了这种观点的理论基础："保有这种倾向的论点基本上可以概括为两种：一是以新'左'思潮为支撑的观点，二是以狭隘民族主义为支撑的观点。前者主要以化约论为基本趋向，即把全球化这种现象化约成美国化、资本主义化，认为全球化时代是一个新帝国时代的开始，而这个新帝国时代所依凭的不再是军事、战争和鲜血，而是信息、知识、资本和市场；后者所依凭的理论工具主要是区隔论，即把全球化与中国隔开，用各种各样的大话来掩盖全球化这样一个事实的存在，认为中国至今还只是一个发展中国家，所谓全球化的问题离中国还很遥远，根本就不是当下中国的问题。"④ 毫无疑问，这种观点对当下的法律全球化的缺陷的批评是成立的，但是由此得出的结论，

---

① 周永坤：《全球化与法学思维方式的革命》，《法学》1999年第11期。
② 张文显：《全球化时代的中国法治》，《吉林大学社会科学学报》2005年第2期。
③ 邓正来：《全球化时代与中国法学——"主体性中国"的建构理路》，《学习与探索》2006年第1期。
④ 同上。

即否定全球化存在或者主张逃避全球化,却是值得商榷的。因为一方面,是否存在和是否可欲,是两个不同的问题,全球化虽然有不合理不公正的一面,但是客观存在却是事实,而且中国也已经选择了主动融入全球化进程;另一方面,既然法律全球化客观存在,并且无法逃避,我们所能做的,只能是积极参与全球化的重构,使全球化朝着有利于发展中国家的方向调整和转变。

(3) 应对挑战的观点。这种观点指出全球化存在很多问题,但是同时又承认法律全球化是无法回避的客观趋势或者客观情势,因此,我们不能回避,只能直面全球化,并积极应对其中不利于发展中国家的结构性因素,争取法律全球化朝着有利于发展中国家的方向转化。在这方面,有学者指出,全球化要面临国际标准和国内法的协调问题,"在这个领域有很多问题可以研究","随着时代的发展,我们会遇到越来越多的东西"。[1] 有学者认为,一方面,中国由于入世的承诺,融入全球化已是不可避免的趋势;但是另一方面,"中国在冷战结束以后所参与的世界结构与此前的世界结构一样,对于发展中的中国都具有特定的支配性",而且这种支配性是强制性的或者结构性的,中国只是在形式上获得了主权上的平等地位,但是并没有多少话语权。因此,我们的对策,是构建"一种根据中国的中国观和世界观(亦即一种二者不分的世界结构下的中国观),并根据这种中国观以一种主动的姿态参与世界结构的重构进程",使得中国在世界结构中从"主权性的中国"进一步发展成为"主体性的中国"。[2]

(二) 法律全球化的利弊分析

为了更为全面客观地评价法律全球化,需要进一步考察法律全球化的后果,分析其利弊。总体来看,法律全球化并非一无是处,但是也非无可指责。

1. 全球治理法治化的意义

在很大程度上,法律全球化是国际上现行的关系、秩序和价值的法律化、制度化。人们评价法律全球化,容易混淆两个概念,一个是法律化、制

---

[1] 张文显、邓正来、朱景文等:《全球化时代的中国法学学术研讨会——发言摘要》,《法制与社会发展》2004年第2期。

[2] 邓正来:《全球化时代与中国法学——"主体性中国"的建构理路》,《学习与探索》2006年第1期。

度化这种措施本身，另一个是要通过法律、制度确定下来的那种世界结构、文化观念。这两个概念在经验世界中是扭结在一起的，所以我们在评价时常常不加以区分。就像我们在评价国内法的时候，评价的通常不是法律化本身，而是法律所确认和维护的那个社会关系。实际上，法律化本身在一定的程度上是可以分离出来，使得法律化作为一种措施，得以和政治、军事、道德等手段进行对比，法律自身也因为技术因素的发展变化而体现出优劣来。

根据这样一种划分，如果相对于法律全球化所要确定和维护的世界结构和普遍伦理来说，法律本身是中性的，因为我们所要反对的——假如是反对的话——是其所制度化的世界结构和文化观念，但是当我们对这种世界结构和文化观念进行改造并符合我们的利益需要时，我们仍然愿意用法律将其制度化。由此可见，法律化本身，只是一个形式问题，只是现行的经济、伦理、环境、社会管理等各个领域的全球化的制度化而已。因此，如果我们赞成经济全球化，就不能否定法律全球化。由此也可以看出，那些主张经济全球化而反对法律全球化的观点，其实是一种矛盾的观点。

然而，相对于政治、外交、军事和道德手段来说，世界结构的法律化无疑体现出一定的进步性。人类的利益是多元的、分化的，但是人类又需要合作，这一点适用于小型的社区，也适用于民族国家，同样适用于全球社会。所以我们看到，在国际社会中，充满着复杂的斗争，同时彼此又需要合作。从人类历史发展的经验来看，这种斗争和合作的方式、途径有多种。在过去，政治上的统治，军事上的征服，外交上的合纵连横，以及宗教和伦理上的传播等等，都是经常使用的手段。相比这些手段来说，法律的手段，或者说，法治的手段，具有明显的优势，符合最大多数国家的利益，尤其符合弱小国家的利益。我们假定，如果纯粹用政治和军事作为解决国际问题的主要手段，这对弱小国家更为不利。我们看到，法律方式在现代国际斗争与国际合作中越来越流行，比如大量的国际公约的签订，世界贸易组织纠纷解决机制的法制化，国际刑事法院的建立等等。当然，法律的背后，通常都有强权的影子，比如对萨达姆的审判，对米洛舍维奇的审判等等。但是，或多或少，法律对强权多少会有一些牵制作用。也由于这种牵制，法律化在很大程度上增加了国际秩序的稳定性和可预测性，一如民族国家的法治化对人们生活的意义一样，全球治理的法治化也有利于人们对国际活动的计划和安排，有利于经济的发展和生活的安定。

此外，从技术的角度来说，法律全球化也体现了法律自身的一种发展。法律是实践性的，需要回应和解决各个时代所面临的社会问题。在这种回应和解决的过程中,法律自身的技术不断累积和创新,使得法律作为一种社会治理措施不断发展。在全球化时代,人类面临许多新型的社会问题,比如,如何能够既尊重民族国家的主权,又能确保各国履行国际义务?如何协调法律的国际标准和地方性特色之间的冲突和矛盾?等等。人类在解决这些社会难题的过程之中,必然促进法律在技术上的进步。另外,法律全球化过程之中,不同法律体系之间的交流和学习,也在客观上促进了法律技术的发展。比如,两大法系互相学习和融合,彼此可以取长补短,增加法律的效能;发展中国家对西方法治经验的学习和借鉴,可以增进前者的法律知识并完善其法律制度。

2. 世界结构的合理性分析

人们对于法律全球化的批评,主要集中在法律全球化背后的那个世界结构的合理性。根据沃勒斯坦的理论,我们现在所处的世界,是 16 世纪以来逐步发展形成的、以资本主义为主体和特征的世界经济体系。这个世界体系具有三个特征,一是它是按照资本主义的要求建立起来,它的法律、文化、观念都是资本主义的,也可以说是西化的、美国化的。二是在西方国家和非西方国家之间,它并不是平等地分配生产的剩余产品,而是通过经济的和超经济的手段,使得财富不断积聚在少数西方国家,如此不断发展,导致了一个中心化和边缘化的过程,即一些国家不断地垄断商品并利用国家机器在世界经济中使其利润最大化,这些国家也因此成了"核心国家",另一些国家在世界经济中因只有不太先进的技术且使用大量的劳动力而成为"边缘国家"。三是与这种经济两极化相对应的政治两极化,即在中心区出现了强国,而在边缘区则出现了弱国。[①] 现在法律全球化所要制度化的世界,很大程度就是这样一个世界,这是一个按照资本主义发展逻辑建构起来的世界,是存在中心与边缘并且差距仍在扩大的世界。

显然,这样一个世界结构对于发展中国家来说,并非福音。它充满了掠夺、剥削、歧视和陷阱。因此,发展中国家的人们批评和反对当前的全球化也就不难理解了。但是,如果再进一步,抵制全球化,退出世界经济体系,对发展中国家的发展也并不有利。这是因为,虽然世界经济结构不合理,但是在世界经济体系之中,通过吸引资金、技术和信息,通过社会分工所获得的比较优势,相比关起门来搞建设更有利于经济的发展。更为重要的是,虽

---

① Immanuel Wallerstein, The Modern World-System, New York: Academic Press, 1974, pp. 37—38.

然现行的世界结构不合理，但是广大发展中国家积极参与法律全球化的重构，可以在一定程度修正其中的一些不合理之处，使得法律全球化背后的世界结构逐步合理化。实际上我们看到，由于广大发展中国家的斗争，世界结构正在变得更加公正、更加合理。虽然截至目前这个世界结构仍然是很不合理的，但是相比殖民地时代，毕竟已经有了很大的改进。

由于世界结构存在不合理性，发展中国家强调当前阶段主权的重要性是容易理解的。一方面，由于世界经济秩序并非公正合理，因此发展中国家需要借助国家主权来维护自己利益，比如治理环境污染，加强社会福利保障等，都需要借助于国家权力和公共财政的力量。另一方面，由于当前的世界秩序实际上被美国等西方发达国家所主导，如果削弱主权，实际上可能使得超级大国更容易把持世界利益分配，全球化会变得更加不公正。因此，在全球化的当前阶段，在目前的世界结构之中，还必须强调国家主权在国内治理中的主导作用，必须强调国家主权在国际关系中的基石地位。

（三）法律全球化对中国的影响

价值评价很大程度上取决于评价者的立场，因此，有必要单独考察法律全球化对中国的影响。我以为，就中国的特殊国情来说，这种影响同样包括有利的方面，也包括不利的方面。而综合起来看，则是利大于弊。

1. 法律全球化对中国的利好

首先，法律全球化对于建设社会主义法治国家具有重要的推动作用。法律全球化的一个重要方面是法律趋同化，而在当前的国际语境中，趋同的标准，其实就是西方的法律。然而实践证明，西方国家在法治建设方面，具有许多成功的经验，它们的许多法律制度被实践证明是比较有效的。比如说，刑法中的罪刑法定原则，民法中的契约自由原则，商法中的公司制度、票据制度，诉讼法中的司法独立、无罪推定原则等等，对于特定社会目标的实现都是强有力的，是公认的人类优秀的文明成果。当然，对这些法律经验的学习，不能照搬，还必须结合中国的国情进行调整和创造性地转换。

其次，法律全球化有助于中国融入世界经济体系。这里有一个前提，就是改革开放已经确定为我们的基本国策，加入世界贸易组织已成定局。在这种情况下，法律全球化有助于我国融入世界经济体系。因为法律全球化的一个重要方面，就是按照世界贸易组织的要求，改革国内法律制度，使之与国际标准接轨。实现国际接轨以后，国内市场才能对境外的资金、技术产生吸引力，国内资本到境外投资才能得到互惠、公平的对待。

第三，法律全球化有助于推进我国的人权事业。在目前的国际标准中，有相当一部分属于人权领域，我国履行这些标准的要求，调整国内法律实践，对于我国的人权事业具有重要的促进作用。这是因为，一方面，保障人权已成为我国社会发展的基本目标，"国家尊重和保障人权"已经载入我国宪法；另一方面，联合国的人权公约文件是基本的国际共识，是人权保障的最低标准。因此，我国加入和履行这些公约文件的要求，改革国内的法律制度，对于我国人权事业发展来说是重要的历史契机。

第四，法律全球化彰显我国的全球主体意识、责任意识。"全球法"或者"世界法"大多数是基于全球公共利益的需要制定的，比如保护生态环境、裁减军备、保障人权等等。虽然其制定过程中西方发达国家发挥着主导作用，但是仍然具有一定的合理性。所以，中国作为一个文明国家，作为一个拥有13亿人口的大国，积极参与全球法律实践，勇于承担国际义务，可以彰显我们在全球人类社会中的主体意识，可以树立我们文明的、负责任的大国形象。

2. 法律全球化对中国的弊害

当然法律全球化对我国也有一些不利之处。首先，一些国际标准不太符合中国的国情。一方面，由于我国是一个发展中国家，物质和文化生活水平都还比较落后，一些国际公约在西方国家看来可能是最低标准，但是对于我国来说可能仍然有些超前。另一方面，目前的国际标准主要是由西方发达国家主导制定的，可能不符合中国的文化传统，或者可能会损害我国的公共利益。在这种情况下，我国可能很难执行这些标准。但是，由于中国具有入世承诺，由于国际伦理中流行西方国家的价值观念，使得这些要求对中国具有很大的强制性。比如说，最近世贸组织初步裁决中国对超过整车60%的零部件征收整车关税的办法不符合世贸规则，这个裁决所反映的贸易规则就没有充分考虑我国作为发展中国家需要保护和发展自己的汽车零部件产业的国情。世界结构的这种支配性，是包括中国在内的所有发展中国家所共同面临的严峻问题。

其次，对于全球化中的法律实践，我国存在着知识和经验不足的问题。目前的全球法律实践已经具有较强的技术性，比如如何利用世贸组织的纠纷解决机制，如何防止反倾销调查，如何引渡犯罪嫌疑人，如何规治跨国公司，如何保护侨民的权益等等。但是，我国作为世界体系的后来者，对于如何应用这些法律技术，还缺乏知识和经验，因此吃亏的事例也不少。比如我们的产品屡屡被一些国家实施反倾销调查，一些跨国公司在中国实行更低的质量安全标准和劳动保障标准,等等。这种知识和经验的缺乏,是全方位的,包括实务界的人士,也包括法学科研和教育行业。一个事例可以说明这一点。张文显等教授到前南国际刑事法庭旁听了对米洛舍维奇案件的审判,晚上,刘大群法官宴请他们时介绍,在前南国际刑事法庭一千多雇员中,中国籍的工作人员只有三人,而一千多万人口的塞内加尔共和国居然有六个工作人员。我们国家每年至少有六十多人到那里去应聘,参加那里的考试和面试,而且联合国的秘书长安南特意讲,中国是一个安理会的常任理事国,你们在录用的时候一定要优先考虑中华人民共和国的考生。可是,这么多年来,只有三个中国人通过了考试而被录用。[①] 这个事例说明,一方面,我们非常缺乏国际法律实践方面的知识和经验;另一方面,由于这种缺乏,使得活跃于国际法律机构的中国人数量太少,中国的文化和利益被反映和关注的渠道也因此严重不足。

四、法学研究如何回应

不同的时代有不同的法学理论,不同的时代课题有不同的研究范式。有学者考察西方历史发展得出结论,经济全球化发展的不同阶段,对应着不同法学发展的不同阶段:第一轮经济全球化导致法学独立,第二轮法律经济全球化导致法学分科,第三轮经济全球化导致法学流派多元化,第四轮经济全球化正在进行之中,法学也应当有相应的创新。[②] 有学者则提出,全球化时代的中国法学应当进行视角转换,建构并向世界提出法律的"中国理想图景",进而确立中国在世界结构中的主体地位。[③] 伦敦大学学院的法理学教授威廉姆·特瓦宁认为,传统的英美法理学是以民族国家为基础的法理学,这种法理学已不能有效应对全球化时代相对非领土化的社会生活,因此需要创建(复兴)一般法理学,为描绘世界的总体法律图景提供适当的概念工具,为在更广阔的背景中审视法律现象选取有效的观察视角,为提炼和概括

---

① 张文显、邓正来、朱景文等:《全球化时代的中国法学学术研讨会——发言摘要》,《法制与社会发展》2004年第2期。
② 李龙:《经济全球化与法学的演进》,《中国法学》2002年第1期。
③ 邓正来:《直面全球化的主体性中国——谈"中国法学的主体性建构"》,《中国法学》2007年第2期。

超越特殊法律文化的元语言探求实际可行的道路。[①] 那么，全球化时代的中国法学应当如何回应时代的要求？应当如何凸显中国在世界结构中的主体性？应当如何保证其概念和理论在全球化生活形态中的有效性？本节接下来，将对这些问题进行探讨。

（一）全新的研究对象

我们当下所处的社会背景，是在技术革命所带来的时空挤压之下，所形成的经济、政治、文化、法律等全面的全球化。根据赫尔德的划分，在全球化之前，人类的活动范围和组织方式经历过两个阶段，最早是以依靠畜力的本土社会，其后是以工业革命和机械化大生产为特征的民族国家时代。然而，相比较而言，全球化时代的社会生活出现了一系列新的特征：（1）人们的活动，经济交往，技术、资金的流动，已经突破了民族国家的领土边界。（2）由于人类活动范围的扩大，由于人类影响自然环境能力的增强，也带来一系列问题，这些问题的危害跨越了国境，这些问题的解决仰赖不同国家的合作。（3）由于跨国境的交往日益深入，由于人类面临着共同的问题，人们在一定程度不断凝聚文化共识，在人权、环境、战争等方面，价值共识日益增长。但是另一方面，在人们交往过程中，文化和价值的冲突也十分激烈；（4）人类社会的组织方式和治理方式也正在相应地发生改变，各种超国家或者跨国家的政府间组织和民间组织在各种社会事务的管理上发挥这种越来越重要的作用。

全新的社会背景，必然出现新型的法律问题，需要法律理论予以关注和解答。一方面，由于传统的、以民族国家为核心的社会生活仍然在一定程度上存在，所以，传统的法律问题依然是需要法律理论予以关注和解答的。这些问题包括，如何建构国家和社会的关系？如何保障和规范经济秩序？如何保障弱势群体？等等。相对来说，这些问题在发达国家的分量相对较轻，因为它们的民族国家的建立已经有了数百年的历史，人权启蒙、法治发展也比较充分。然而在广大的非西方国家，民族国家还需巩固，国内法制需要统一，政治权威需要重塑，因此传统的社会问题仍然需要法学研究给予充分的关注。

另一方面，全球化进程带来社会背景的新变化，也带来新型的社会问

[①] 参见周晓虹《一般法理学的"乌托邦"——述评〈全球化与法律理论〉》，《法制与社会发展》2005年第6期。

题，需要法学研究予以关注和解答。这些问题是多方面的，包括：国际标准应当依照什么程序制定？如何规范国际组织的全球治理活动？如何处理主权国家和国际组织之间的关系？超国家的法、跨国民间法和国内法之间是什么关系？国际标准的普遍性和国内法的地方性如何协调？如何在尊重主权的前提下确保主权国家履行国际义务？如何解决尊重主权和保障人权之间的矛盾？如何构建和保障世界经济秩序？如何在生态、环境、社会公害的治理方面，加强国际合作？等等。显然，这些问题在传统法学理论的视野之外，这些问题的研究与解答，构成了全球化时代法学研究的特色。而这些问题的有效解答，必须进行相应的思维方式转变，必须反思和重构传统法学的概念和理论。

（二）必要的思维转换

全新的社会背景，新型的社会问题，以及原有法学理论的诸多误区，要求我们法学研究进行必要的思维方式转换。对于中国学者来说，这种思维方式的转换主要体现在下列两个方面，以及这两个方面的协调上。

1. 更切实关注和体察中国的本土情景，实现本土化思维

由于两个方面的原因，中国法学研究形成了所谓的"现代化范式"。[①]一个原因是，现代性的法律制度和观念在西方国家的历史经验中被证明是比较有效的，因此，历史性地成为我们法制现代化过程中学习、借鉴和移植的对象，成为我们批判和检视现实的标准；另一个原因是，由于法律全球化的需要，我们过于强调和国际接轨，从而忽视了国内生活情景特殊的文化性和地域性。由于这种现代化范式的盛行，导致我们对于国内经验现实的考察和体验不足，对于本土生活的文化意义的尊重和关怀不足。

然而，这种研究范式是必须转换的，必须更加关注和体察中国的本土情景，确立本土化思维。这是因为：

首先，在全球化发展的当前阶段，仍然有许多领域的社会生活完全在民族国家范围内，或者主要在民族国家范围内。正如朱景文教授所指出，"全球化确实是一个趋势，越来越多的商品、货币、技术和人员在跨境流动，但是，还有大量的活动只局限在一国或一个地方的范围内。在法律领域，单就我们的律师领域来讲有多少跨境提供法律服务的，它的比例是非

[①] 所谓"现代化范式"，参见邓正来《中国法学向何处去——建构"中国法律理想图景"时代的论纲》，商务印书馆2006年版。

常小的，大量的律师活动领域是在国内。大量的有关家庭的、婚姻的、经济的法律活动还是主要集中在它的本土范围内，甚至就是在那个地方的范围内。"① 由于大量的问题完全属于国内的性质，因此，深入的本土研究仍然必须被强调。

其次，法律在很大程度上，是和特定地区的文化意义和想象世界联系起来的，法律只有被特定文化所理解，才能被信仰和尊重，才能有效地、低成本地推行。尽管全球人类不断交往，文化和想象不断接近，但是截至目前阶段，除了一些基本的价值原则外，文化大多数还是地区性的，尤其是像中国这种文化传统深厚的国家。因此，只有探寻本土人们的意义世界，才能确保我们的法律能够被人们理解和信仰，才能确保法律的有效实施。

第三，关注和体验本土的特殊情景，还是实行民主和人本主义的需要。强调关怀和体验地方性的意义世界及其特殊需要，表明我们把每个地方的民众当成目的，而不仅仅是工具。国际通行的原则需要被尊重，但是地区的独特想象和现实需要也应得到关切。如果法律应该具有民主的属性，而不是学者手中用以实现普世主义的工具，那么实际使用法律的人们就应当成为评定和选择法律的决定性因素。

第四，即使需要在国内法中贯彻国际标准，通常也需要一定具体化，或者通过某种转换，藉以和主权国家的国情相衔接。即使是那些在国际上已经取得共识的价值或者制度，共识通常也只是停留在原则或框架阶段，因此这种转换总是必要的。而要确保这种转换获得成功，本土化的研究是不能缺少的。

2. 回应全球化的时代要求，确立全球社会的主体性思维

在前民族国家时代，人们生活在一个家族之中，一个村落之中，一个领地之中，或者一个宗教组织之中，家族、村落、领地或者宗教派别，构成"我们"和"别人"、"自己人"和"外人"、"内部的"和"外部的"这种划分的边界。在民族国家时代，各种社会组织式微，社会权力被民族国家以公共利益的名义集中和垄断行使，个人从各种社会组织中解放出来，在公民—国家的二元结构中享有权利，履行义务。在这种社会形态中，主体性体现为公民身份，民族国家的公共生活构成了公民主体的范围和边界，人们作为政治主体所热爱的、献身的、享受权利和履行义务的对象，是民族国家。

---

① 张文显、邓正来、朱景文等：《全球化时代的中国法学学术研讨会——发言摘要》，载《法制与社会发展》2004年第2期。

民族国家取代了家族、村落、领地或者宗教派别,成为"我们"和"别人"、"自己人"和"外人"、"内部"和"外部"的划分边界。然而在全球化时代,民族国家的边界再度被突破,人们越来越深切地感受到,全球社会是一个大家庭,彼此的利益休戚相关:一方面,不同国度的人们越来越有同类的认同感,彼此关切每个人的尊严和利益。当9·11事件发生时,其他国家的人们同样感到悲伤和愤怒;当美军在伊拉克的虐囚事件曝光后,全球社会为之哗然,因为每个人的权利和尊严都感到遭受了深深的侵害。另一方面,越来越多的事件,虽然只是发生在地球的某个角落,但是其他地区的人们也能感受到自己的利益与之密切关联。比如,美国的次级债务危机,东南亚的禽流感,南极冰川的融化,等等,对我们每个人利益都可能产生影响。于是,虽然是其他国家的人,但是我们不再把他当"外人";事件虽然发生在其他地方,但我们不能再置身事外。每个人在全球范围内,成为一个主体,全球社会越来越成为一个政治和价值的共同体。这种新型的共同体要求,每个个体都应当不断滋长全球社会的主体意识。作为法学家,这种主体意识尤其重要,因为法学家要在全球政治共同体和价值共同体的构建中,提供智识支持。具体地说,这种全球主体意识,应当包括以下四个方面的内容:

(1) 确立全球普遍主义的人本观。人本主义要求把人当成目的看待,自由平等是其基本的要求。然而,在民族国家实现法治之前,人的自由非常有限,同时也极不平等。费孝通教授指出,在中国古代,社会上每个人对他人的看法是根据远近亲疏的不同而区别对待的,由此形成了人际关系的"差序格局"。[①] 同样,在政治生活中,也存在这种差序格局,每个人的权利义务,不同身份的个人的政治机会,都是不同的,因此,这是一种遍及社会生活每个领域的特殊主义价值观。然而,这种差别对待不仅中国古代如此,这是所有前法治国家的共同特点。民族国家建立以后,随着法治的逐步实现,个人在民族国家的范围内,获得了民主、自由和平等的权利,概括地说,就是获得了"公民权"。但是,公民权是严格以民族国家为边界的,其他国家的人民并不能当然地享有公民权。比如说,西方国家虽然在国内实现了"公民权"的普及,但是殖民地的人民却并没有这一权利。然而,在全球化时代,日益增长的人权观念已经突破了公民权的限制,赋予了任何个人以人的尊严和价值,由此形成了一系列的人权原则和规则。人权和公民权的

---

① 费孝通:《乡土中国 生育制度》,北京大学出版社1998年版。

区别，就在于前者突破了民族国家的边界，是全球范围内的普遍主义人本观。坚持这种普遍主义的人本观，要求我们将全球范围内的个人视为同类，予以尊重和保护。基于这样的认识，一方面，我们应当关怀其他国度的人们的生存状况，也应当接受其他国度的人们对我们的关切；另一方面，也要求国际上要有相应的政治组织，促进人权事业在全球范围的发展，要求每个国家和个人都应当践行已取得国际共识的人权原则。

（2）确立全球本位主义。全球主体意识要求确立全球利益本位主义。所谓全球利益本位主义，是指将全球社会的利益作为新型的公共利益，民族利益和个人利益在特定的情况下，应当让位于全球利益的需要。对于法学研究来说，需要从过去的民族国家的公共利益立场，调整到全球社会的公共利益立场，并根据这种调整检查和审视原有法律理论和制度安排。之所以要确立全球利益本位主义，正如有的学者形象地指出，因为"全球人类具有真正的共同利益，简单地讲就是60亿人同在一条船上，需要共同保持船的安全和航向"。[①] 然而，这不只是比喻，事实上也确实如此，全球公共利益已在许多方面充分体现出来。例如，在经济领域，全球经济已经高度一体化，一个国家，尤其是经济总量较大的国家的经济出现了问题，其他国家难以独善其身，所以，一个国家的经济政策，要考虑对国际经济的影响。又如，环境、生态问题的治理，具有显著的全球公共利益属性：温室效应继续增强，几乎每一个国家都将受害；臭氧层破坏殆尽，炽烈的紫外线将照射到地球表面的每一寸土地。

（3）确立国际合作双赢的价值观。人是社会的动物，总是生活在一定的社会秩序或者社会关系之中。根据涂尔干的理论，社会关系或者社会秩序具有两种基本的类型，一种是基于共同的目的进行合作，一种是基于不同的目的进行交换。无论是哪一种关系，个人都可以从中获得更多的收益。而随着通讯和交通技术的发展，人类的活动的范围逐步扩展，人类越来越在更为广阔的范围内合作和交换，由此在更大的范围内促进了社会分工的发展（交换），在更大范围内促进了人类力量的集中（合作），人类社会征服自然和改造自然的能力也日益增强。在前现代社会中，由于交通和通讯的限制，人们的活动范围很小，只是较小的熟人圈子中发生交换和合作。然而，在民族国家时代，人类迎来了产业革命，交通和通讯的巨大发展，使得人类交往和合作的范围也大幅度扩大，以交换为目的的民族国家统一市场普遍建立，

[①] 周永坤：《全球化与法学思维方式的革命》，《法学》1999年第11期。

以民族国家的政治活动为基本模式的人类合作也普遍实现。而在全球化时代，交通和通讯技术进一步发展，世界上的时间和空间极度挤压，地球变成了一个村落，于是，在全球范围进行合作和交换变成了可能。而由于合作和交换对于人类发展的巨大意义，因此，人类有必要建立全球范围内的交换和合作秩序。作为法学家，要理解这种更大范围的社会秩序对人类发展的意义，相信突破民族国家边界的交换和合作，可以极大地增进全球社会的福利和效益。

（4）提升国际参政意识。无论是全球公共利益的界定，还是国际交换和合作秩序的维护，都不是自动实现的，都需要国际政治活动的实践。而法律全球化，则可以为国际政治活动提供制度化的框架，规范国际政治活动的进行，制度化国际政治活动的成果，一如民族国家内的法治之于政治一样。而广泛地关注和参与国际政治，是全球化时代新型的主体意识的要求和体现，一如在民族国家之中公民应当具有参政意识一样。这是因为，在全球化时代，社会秩序依然是以利益的分化和多样性为前提的，而国际政治无非是全球范围内不同利益的表达和整合机制。同样，我们有我们自己的特殊利益，因此，只有具有国际参政意识，才能积极关注和参与国际事务，我们的利益才能在国际秩序中得到表达和尊重。另一方面，利益的分化也说明，参与国际政治活动的主体同样是自私自利的，在缺乏世界政府的有效监督的情况下，国际机会主义必然盛行，因此，只有积极的参政意识和参政行为，才能通过人类的理性能力，在一定程度上抵制国际机会主义和国际霸权主义，建立民主、公正的国际秩序，准确界定国际公共利益，合理分配国际权利和义务。

全球参政意识的强调对于中国法学家来说，尤其重要。这是因为，一方面，我们是后来加入的，世界结构对我们有强制性，这种强制性可能在很多方面于我们是很不利的，因而我们只有参与全球规则的制定，才能改变不合理的世界结构，体现和维护我们的特殊利益。另一方面，正是由于世界结构的诸多不合理性，导致一些学者从根本否定全球化的趋势，采取逃避全球化的鸵鸟政策。然而，你在理论上躲避它，并不能躲避它对你的作用和影响。中国既然选择了改革和开放，选择了融入国际社会，就应当面对、接受和参与全球化，对于其中不合理的结构性安排，要通过提高参政意识和话语能力，去改变和纠正。当然，我们也应当看到，作为新融入国际社会的国家，这个国际社会又是西化、美国化程度很高的世界体系，我们话语能力并不是很强。但是，这种局面可以通过参政活动逐步去改变。通过这种改变，就可以确保我们从"主权性"的中国转变为"主体性"的中国。①

3. 两种思维方式的协调

前面提到,全球化时代的法学研究要求法学家实现两方面的思维转换。其中,一是关注中国本土情景的特殊主义思维,二是回应全球利益的普遍主义思维。显然,这两种思维是对立的。然而,这种对立是合理的,因为现实中具有对立的两种社会因素。即,我们处在一个从民族国家的社会形态向全球化的社会形态转变的过程中,一方面,民族国家的社会生活依然占有相当的比重,甚至,在中国这样幅员辽阔的国度,国家内部还有具有多种多样的特殊的地区情景需要关怀和体验;而另一方面,全球化的趋势又在加速发展,全球人类的价值认同逐步加强,全球范围的交换与合作的社会秩序日益联结,各种问题的全球治理日益迫切,这些都需要我们具有基于全球价值和全球利益的普遍主义思维。

然而,两种思维毕竟是对立的,因此,这里存在一个如何协调的问题。我以为,这里的协调应当把握三个原则:一是不同的问题全球化程度是不同的,对于那些全球化程度较高的问题,比如刑事司法中的人权问题等,就应当更多地采取普遍主义思维,对于那些全球化程度较低的问题,比如农村土地政策,民事纠纷的解决等,就可以更多地考虑本土情景。当然,在当今时代,普遍主义已经广泛渗透,很难有完全没有普遍意义的问题,区别只在程度方面。二是对于高度全球化的问题,比如国际广泛认可的原则和规则,国际公约规定的国家义务等,则可以将普遍主义的原则和规则视为最大公约数,视为基本原则和目标,具体的实现形式则可以发挥特殊性思维,尊重本国的文化想象和资源状况。比如,国际公约规定二氧化碳排放量的最低标准,具体如何实现,则可以考虑本国的国情;联合国的刑事司法准则虽然内容比较丰富、具体,但是其中仍然有相当的空间需要各民族国家结合国情予以调整和落实,等等。三是由于全球化本身是一个趋势,是发展和演变的,因此两种思维的协调也应该根据全球化的发展程度变化而不断调整。比如有些领域,以前是各个民族国家各自治理的,现在由于一个新的公约的签订,有了国际标准,于是,民族国家的治理就要考虑回应普遍主义的要求。

---

① 参见邓正来《全球化时代与中国法学——"主体性中国"的建构理路》,《学习与探索》2006年第1期。

（三）反思和重构传统的法律理论

全球化时代法学的范式转换还要求反思和重构传统的法学原理和理论。反思和重构不意味着完全否定，而是有选择地扬弃，对于原有的概念、原理和理论，结合全球化社会中特殊的法律问题和经验素材，注入新的时代内涵。

1. 关于普遍性和地方性

法律规则既有一定的普遍性，又有一定的地方性。一方面，规则总是要对不特定的人和事反复适用的，因而总是要有一定的普遍性；另一方面，规则又总是在一定的时空范围内实践的，并且要根据特定的人们的想象来解释和运用，因此又总是地方性的。在一定程度上，普遍性和地方性呈现为此消彼长的关系。在人类历史上，法律的发展体现为普遍性逐步增长、地方性逐步弱化这样的过程和趋势。在人类社会早期，社会是以较小的群体的形式存在的，彼此完全是一个熟人社会，文化价值上是一个高度同质的共同体。由于价值共识高度一致，甚至使得成文的法律没有必要，彼此心照不宣的习惯就足够了。这种习惯可以说是高度地方性的。随着社会的发展，不同文化的人们开始接触和交往，彼此的文化和价值出现多元化，原有的习惯规则已经不能应付，于是成文法律开始出现，法律也因此具有超越多个文化群体的普遍性。因此，昂格尔指出，法律既是文化和价值冲突的结果，又立基于价值共识之上。[①] 在现代化进程中，随着民族国家的建立，在民族国家的范围内，法律实现了统一，实现了超越社会亚文化群体的普遍性。但是，这种普遍性仍然具有一定的地方性特征。因为虽然法律超越了民族国家内部特定的亚文化群体，但是，不同的亚文化群体通过接触和交往，会形成新的价值共识，进而形成民族国家的法律。而相比其他的民族国家而言，这些法律仍然是地方性的，特殊性的，包含着特定的意义和想象。

在全球化时代，普遍性和地方性之间存在着比以前任何时代都要复杂得多的互动。一方面，全球化形成了最大范围的合作和交换的社会秩序，因而要求法律比任何时候都具有普遍性。另一方面，全球世界具有将近200个国家，每个国家内部又有不同的地区、阶层、民族等亚文化群体，由此构成了复杂的、多样的、多层次的地方性法律的竞争和交汇，要在如此复杂多样的地方性法律基础之上整合全球共识，是何其困难。然而正是这种困难，为法

---

① 参见昂格尔《现代社会中的法律》，吴玉章、周汉华译，中国政法大学出版社1994年版。

学理论的发展提供了契机，因为通过这种困难的克服，寻找到一条普遍性和地方性兼顾的法治模式，法学理论的基本原理和具体内容必将获得极大的充实和提升。

那么，在全球化时代的法治实践中，如何解决法律的普遍性和地方性之间的矛盾呢？我以为，我前面讨论提出的，中国具体情景的特殊主义思维和全球利益需要的普遍主义思维之间的兼顾和协调，是克服这种矛盾的一个基本原则。当然，这里仅仅确立了笼统的原则，具体如何协调和解决，还需要专门的理论进行研究和讨论。但是毫无疑问，这是未来法学理论的一个重要增长点。

2. 关于法的国家意志性

传统的法理学认为，法律是由国家制定或者认可、并由国家强制力保障实施的规范体系。法的这种属性通常被概括为法的国家意志性。在以民族国家为社会生活的中心的时代，国家意志性比较准确地概括和描述了法的特征。因为在那个时代，随着民族国家的建立，社会权力被国家所垄断，只有经由国家制定的规则才能获得正当性并在社会上强制实施。当然，国家意志性的概括，其实具有一定的相对性。在民族国家建立之前，社会权力实际上是多元的、弥散的，因此法律也可能有多种形态。即使是在民族国家已经建立数百年的西方世界，民族国家也并没有在事实上绝对地垄断所有的社会权力，各种社会组织仍然可以在一定范围内制定规则并予以推行，形成所谓的民间法。虽然如此，我们仍可以说，在民族国家时代，国家意志性仍然是法的一个重要属性。

然而，到了全球化时代，法的国家意志性理论的有效性受到了更为严峻的挑战。这是因为，法律非国家化的趋势日益增强，越来越多的法律不能简单归结为国家意志。根据前面考察，这种非国家的法律包括多种类型，一种是政府间国际组织制定的超国家的法，另一种是国际民间力量制定的跨国民间法。由于这些非国家的法并不是由主权国家制定和保障实施的，因此，传统的法律理论不能有效解释这一现象。

当然，有学者为法的国家意志性辩护，认为主权国家融入国际社会、接受国际规则是基于本民族的利益考虑；主权国家遵守和履行国际规则也是基于自愿和承诺，国际社会并没有强制主权国家遵守和履行的权力，因此，所谓非国家的法，也是基于主权国家的国家意志的。事实上，这里涉及如何理解"强制"一词。如果强制仅仅限于通过军队和警察对身体或财产强制性的限制或剥夺，那么可以说，在国际社会，这样的强制几乎没有出现。但也不是绝对的，国际上的经济制裁，国际刑事法院的审判，联合国的托管，实际上也包含了这样的强制力。然而，即使是基于自身利益的考虑"自愿"接受，其实和民族国家在国内的强制没有什么本质上的区别。因为根据契约理论，人们之所以成立政治社会（民族国家），也是基于自身的利益考虑，因为人们的理性发现，这是实现自己的利益最大化的必要措施，当然，理论上人们也是可以退出契约的、退出政治社会的。因此，全球社会的公共权力和民族国家的公共权力并没有本质的不同，区别只在于，全球化层面的公共权力尚处在生长之中，处在非常初级的阶段。

虽然尚处在初级阶段，非国家的法的约束力已经显著地存在。这是因为，一方面，由于全球化公共利益的存在，必然形成全球的价值认同，导致全球的主体意识增长，最终形成极其强劲的道义力量。在很多领域，这种道义力量可以说非常强大，我们从伊拉克虐囚事件可以看出，即使是当今世界最为强大的美国，也能感受到国际道义的强大约束力。而道义力量和全球生活相互性的发展结合起来，约束力更为强大。由于相互性的发展，一个开放的文明国家对全球社会具有极大的依赖性，如果一个国家违背国际道义，就容易受到整个国际社会的孤立，这种孤立很可能是灾难性的。在"非典"事件中，我们切身感受到，一纸旅游警告对中国造成的经济损失，超过有史以来任何一笔罚款。在全球化发展的当前阶段，对于一些十分重大的全球公共利益，由于人们感觉到道义谴责和相互性的制约仍然不足以维护其有效性，于是通过主权的让渡，成立了全球性的公共权力，这些公共权力在特定领域，可以发挥类似民族国家内部的公共权力那样的强制力。比如，联合国安理会可以通过制裁措施，世贸组织可以裁决国际贸易争端，国际刑事法院可以审判国际人权犯罪，等等。

3. 关于法律多元主义

讨论法的国家意志性，必然要提到法律多元主义。法律多元主义是以民族国家为主要生活空间的时代出现的一种法律理论。在19世纪的西方，随着民族国家的普遍建立和巩固，实在法成为主要的法律渊源，这一变化也迎合了当时统一市场发展的需要。和这种社会形势相应，法律形式主义开始盛行。这种理论认为，所谓法律，就是由民族国家制定的、自足的、普遍有效的逻辑体系。然而，在事实上，国家法并未完全一统天下，在民族国家之外，许多社会组织依然在事实上享有一定的权力，相应地，在国家法之外，社会上还存在其他形式的社会规则，它们在事实上具有一定的约束力。针对这种现实，一些法社会学家提出了法律多元理论，指出国家法只是法律的一种，还存在各种各样的民间法、固有法。而在非西方国家，法律多元理论作为一种理论工具,尤其有效,因为这些国家在移植西方现代性的法律之后,国内的传统文化及其规则仍然在还很大程度以固有法、传统习惯等方式发挥作用,有时甚至完全消解了国家法的实效。

在全球化时代,法律多元主义的基本原理依然成立,但是,需要注入许多新的时代内涵。首先,在全球化时代,在民族国家内部,除了国家法之外,依然还存在不同形式的民间法。由于这些民间法对应的社会组织、社会权力及其适用范围小于民族国家,所以可以称为亚国家的法。无论是在西方发达国家,非西方发达国家,还是非西方发展中国家,亚国家的法事实上都是存在的,但是又各有特点。对于西方发达国家的亚国家法,马考利就曾经做过考察和描述。在《私政府》一文中,马考利指出,像黑手党、全国大学生田径协会、美国仲裁委员会、商贸中心、居民委员会乃至旅馆等都和"公政府"一样具备管理的职能,它们是"公政府"之外的"私政府",它们能够像"公政府"一样制定法律、解决纠纷以及制裁违规行为。例如,像国际钻石商行这样的商业机构以"不来不怪,来者受戒"为原则推行其内部决定、实施社会控制,一个人要想做买卖就必须获准进入该群体,而且,要想长久地做下去,还得依照相应的规则谨慎地维持自己的声誉。[①] 在日本,作为非西方的发达国家,一方面,类似马考利所说的私政府、私的法律体系同样存在,与此同时,还因存在国家法和固有法之间的冲突和竞争而闻名。在中国这样的非西方发展中国家,亚国家的法更是因为多种原因而存在。一方面,从权力的集中和垄断行使这个角度看,中国的民族国家尚未完全巩固,弥散的社会权力大量存在;另一方面,中国的文化传统积淀深厚,同时又快速引进西方现代性的法律,因此二者之间存在着较为显著的冲突和竞争。这些原因使得中国的国家法在实效性上面临着更多的竞争和挑战。

其次,在全球化时代,又出现了其他形式的非国家的法。前面的考察指出,非国家的法包括两种类型,一种是超国家的法,另一种跨国民间法。而特瓦宁教授的整理和分类,在国家法之外,还有前文提到的八种法律类型,每一种类型还可以进一步划分。如此一来,全球化时代法律的类型更加多样化,由此也导致在法治实践中,如此众多的法律类型彼此之间如何互动显得更加复杂微妙。而这种复杂微妙的实践,为法学研究提出了全新的研究课题,使得法律多元主义可以大显身手,同时该理论也将借机得以丰富和发展。

[①] Stewart Macaulay, "Private Government", in Leon Lipson and Stanton Wheeler (eds), Law and the Social Sciences, 1986, pp. 445—518.

第十章　全球化条件下的法治实践
——以传染病控制为例的研究

在当代日益全球化的社会条件小,如何开展法治实践?这个问题的研究,是当代法学的重要任务和使命,也是法学获得重大发展的契机。然而,这是一个庞大的课题,涉及法治的众多领域,需要众多的学者倾其心智。本章仅选取一个具有一定典型性的领域,尝试性地探讨如何推进全球化条件下的法治实践。而被选取的这个领域,就是全球化条件下的传染病控制。

一、公共卫生治理与传染病控制

在全球化趋势日益彰显的当今社会,生产方式和社会秩序日益发生着广泛而深刻的变革,这种变革冲击着传统的[①]制度和理念,要求这些制度和理念进行调整和革新,以回应不断涌现的新型问题和挑战。在被冲击的制度和理念中,有一个引人注目的领域,就是公共卫生的治理模式及其背后的理论和观念。由于近年来一系列危害严重的公共卫生问题,比如艾滋病、疯牛病、艾博拉病毒、非典病毒、禽流感等等,我们对公共卫生传统体制的弊端及其革新要求印象十分深刻。这些卫生公害的冲击表明,我们有必要从理论上分析全球化因素对传统公共卫生治理模式造成的影响,探讨如何在全球化环境中公正有效地进行公共卫生治理。

公共卫生是卫生的一个方面,而卫生的含义,根据《高级汉语大词典》的解释,是指:(1)干净,不肮脏,能保护健康,防止疾病;(2)清洁、有利于保护健康、防止疾病的情况。在"卫生部"、"卫生事业"、"卫生立法"、"卫生政策"等术语中,"卫生"的含义更接近于后者,即有利于保护健康、防止疾病的各种措施和实践,而这些措施和实践的改善与发展,可以称为卫生事业。

由于健康是有价值的,所以人们通过投资卫生事业,可以获得收益。又由于健康常常是个人的福利,所以在许多情况下,个人对卫生条件的投入具

---

① 在本文中,"传统的"社会是和全球化时代相对的一种社会形态,存在于民族国家占绝对主导、以现代性为显著特征的历史时期。

有内部性。比如说，个人保持自己居住条件的卫生、购买药物预防和治疗疾病等等。对于这种性质的卫生条件，可以称为个人卫生。由于个人卫生具有内部性，所以市场经济条件下，通过市场机制进行卫生产品的生产和分配，是最有效率的。

但是，有些卫生条件的投入与收益则不具有这样的性质。世界卫生组织1991年指出，个人的健康和寿命60%取决于自己，15%取决于遗传，10%取决于社会因素，8%取决于医疗条件，7%取决于气候的影响。这个比例说明，个人的健康主要取决于本人，但是同时也包含着个人所不能控制的外部性。这种外部性又可以划分为三种情况。一种情况是，卫生条件的改善是个人难以完成的，或者需要极高的交易成本。比如说，研发预防疾病的疫苗，治理重大的卫生公害等。另一种情况是，个人的某些投资活动是以卫生条件的破坏为代价的，但是这种代价不能全部或部分内部化为投资人本人承担，导致成本的外部性。比如说，企业的生产导致环境污染，进而危害不特定个人的健康。再一种情况是，个人进行卫生投入后，收益不能完全内部化。比如说，花钱给自己种牛痘的人为他们自己创造了收益，但就减少他人得病的几率而言，他们也创造了外部收益。对于这种情况，如果对个人种牛痘的行为实施补贴和鼓励，可以获得更大的社会收益。由于这些外部性，这类卫生产品如果完全由市场机制引导生产，势必造成投入激励不足或者效率不高的后果。从现代国家的实际情况来看，这种卫生条件通常由公共权力机关进行生产和分配。在传统的社会条件下，这种公共权力机关通常是民族国家（政府）。由于这种卫生条件是由政府生产的，因此和个人卫生形成对照，成为所谓的公共卫生，在制度经济学上，属于公共产品（public goods）的一种类型。

公共卫生产品包括多个方面，所有这些方面综合起来，构成了公共卫生的体系。在不同的国家和不同时代，公共卫生体系的范围是不相同的。但是在现代社会中，有一个大致相同的范围，这个范围就是《WTO与公共卫生协议案》中所规定的公共卫生体系的八个方面：（1）传染病的控制，（2）食品的安全，（3）烟草的控制，（4）药品和疫苗的可及性，（5）环境卫生，（6）健康教育与促进，（7）食品保障与营养，（8）卫生服务。

在上述含义的基础上说，公共卫生治理体现的是权力主体的一种统治和管理活动，这种活动和私主体在平等自愿基础上的市场交易行为相区别。在传统的、现代性的社会条件下，民族国家得以普遍建立和巩固，社会权力得以集中地和排他地行使，同时，在国际关系中，民族国家之间的独立和平等被奉为最基本的原则。因此,这里的治理,便主要体现为民族国家的治理,政府的治理。但是,民族国家的治理又不是恣意的,而是在既有的宪政与法律框架下,基于国家与市民社会的二元结构进行治理的。从具体的措施上看,这种治理体现为通过评价、政策发展和保障措施来预防疾病、延长人的寿命和促进人的身心健康的一门科学和艺术。在政策措施的具体内容上,体现如何划分市场卫生产品和公共卫生产品的范围,以及如何生产和分配公共卫生产品,实现预防疾病、增进健康的目标。综合起来说,所谓公共卫生治理,在传统的社会条件下,就是民族国家通过法律和政策的制定与执行,以及公共财政的征收与投入,来生产和分配公共卫生产品,借以预防疾病、增进健康的治理活动。

在公共卫生的治理中,传染病的控制是最重要的内容之一。所谓传染病,是指由各种病原体引起的在人与人、动物与动物或者人与动物之间相互传播的一类疾病。传染病和普通疾病的区别在于其传染性。而所谓传染,是指病原体从已感染者排出,经过一定的传播途径,传入易感者而形成新的病例的全过程。这一过程的发生需要同时具备三个条件:传染源、传播途径和易感人群。其中传染源是指在体内有病原体生长繁殖,并可将病原体排出的人和动物,即患传染病或携带病原体的人和动物。而病原体在易感者之间的传播可以通过空气、水、食物、土壤等介质传播,可以通过身体或者使用过的器物接触传播,也可以通过蚊子、苍蝇等媒介动物传播。所谓传染病的控制,就是针对疾病传播的三个条件,通过治愈或者消灭病原体、切断传播途径、增强免疫力等措施,预防或者消除传染病的发生与传播的制度和实践。

在《WTO与公共卫生协议案》所界定的公共卫生体系中,传染病控制被列为第一项,其中第四项也和传染病控制相关。在世界卫生组织的各项卫生治理活动中,传染病的控制占有最大的比例,比如60年代以来消灭天花的行动,90年代以来控制艾滋病的行动,刚刚过去的协调和指导各国防治非典的行动等等。在发达国家的公共卫生体系中,传染病控制也占有重要的地位,传染病导致的死亡的比例的降低就体现了传染病控制所取得的成效。公共卫生治理之所以重视传染病控制,是因为和其他卫生条件相比,传染病控制具有更大的外部性。首先,传染病源于外界环境的传播,而外界环境通常是个人难以控制的。虽然人们可以通过注射疫苗使得传染病的防治内部化,但是有些传染病,比如艾滋病、疯牛病、非典等目前并没有有效的疫苗,而且传染病可能不断发生新的类型,这更是无法通过疫苗防治的。其次,传染病防治的收益具有很大的外部性。比如个人投资使自己免于非典,其收益不仅仅是保障其本人的健康,而且还保障了和本人接触的、不特定的人群的健康。这种收益的外部性根据传染性强度的不同而不同:传染性越强的疾病,其控制的外部性越强,反之亦然。由于这种外部性,使得传染病控制尽管不是公共卫生的全部内容,但却是其中最典型的、最具有代表性的部分。然而,从近年来不断发展的传染病控制形势来看,由于全球化因素的不断增强,传染病控制的传统模式受到了更严峻的挑战。鉴于上述两个方面的原因,本文打算具体以传染病的控制为例讨论全球化条件下公共卫生治理的制度与实践,并集中于下列四个问题:全球化条件下传染病控制形势的变化;全球化条件下传染病控制的制度与实践;现有制度和实践中存在的问题;对策与建议。

二、传染病控制形势的变化

传染病的发生是一种生理现象,在任何性质的社会条件下,它都可能发生,并获得传播的条件。这一点不仅在理论上成立,而且人类历史上曾大量发生的瘟疫也印证了这一点。但是,传染病又是在特定的社会条件下发生的,不同的社会环境,传染病发生的几率、传播的速度和范围以及危害的大小又是不同的。根据全球化的特征,以及各种传染病发生的实际经验,我们可以判断,在全球化因素日益发展的当今社会,传染病更可能发生,发生后更可能大规模地、快速地传播,在经济上可能造成更严重的损失。

首先,全球化的社会环境增加了疾病发生的可能性。这其中的原因,国际关系生态理论作出了解释。这种理论认为,在大多数历史时期,人类是文化多样、相对隔绝地过着狩猎与采集生活的种群,这时的人类种群与周边微生物共同进化,共享一个生态系统。工业革命以后,交通工具与兵器的革新,使得人类种群之间的接触愈益密切,隔绝被接触所取代,由此给人类带来无数积极和消极的后果,也打破了人类与致病微生物之间微妙的平衡。一种致病微生物对一个种群来说是熟悉的,不能构成威胁,但对另一个种群则是陌生的。一个人类种群携带致病微生物与另一个人类种群接触时,这种微生物很可能使后者遭受摧残。在全球化条件下,人类通过探险和贸易,更频繁地从一个种群进入另外一个种群,从一个生态圈进入另外一个生态圈,于是潘多拉的盒子被打开了,传染病就如同不祥的蝙蝠悄然飞出。1992年美国的医学协会(Institute of Medicine,IOM)发表了一份引起巨大反响的报告:《新兴的传染病:微生物对美国健康的威胁》。其中提到,由于全球人

第十章 全球化条件下的法治实践——以传染病控制为例的研究　271

口流动的加剧、病毒出现了抗药性、生态环境遭到破坏等原因，过去已经控制的疾病如霍乱、鼠疫、疟疾、肺结核和白喉等重新出现或扩大传播范围，一些新的传染病如艾滋病（HIV/AIDS）、埃博拉病毒、军团病、禽流感和非典等纷纷出现。根据世界卫生组织的统计，在过去20多年内至少出现了30多种新的传染病。传染病发生的几率增加了，疾病的威胁正在成为一个日益严重的全球问题，它将对国家安全和国际关系产生深远影响。[①]

　　其次，在全球化的社会条件下，疾病传播的速度和范围成几何级数增加。前面提到，传染病的传播需要同时具备三个条件，即传染源、传播渠道和易感人群。无论从理论上说还是从经验上说，在任何社会条件下这三个条件都有具备的可能性，因此也有传染病传播的可能性。但是在全球化条件下，疾病传播的速度更快，范围更广。这是因为，运输技术的革新、分工的发达和全球经济的深入一体化，使人口流动加快，物品运输增多，人类接触的范围和速度日益增长，于是极大地增加了疾病传播的机会。人们用"地球村"来形容全球化的后果，说明的是由于交通和通讯的革新导致时空挤压，人们在全球范围内的流动就像在一个村子里走动一样便利和频繁。统计数据说明了这一点：乘坐商业飞机进行国际旅行的人口由1950年的200万人次跃升到1990年的2.8亿人次。具体地说，全球化条件下传染病的传播具有三个特点：

　　1. 接触人多，传播速度快。两个原因导致这一结果：一是现代人口剧增，而且城市化水平很高，导致人口密度大;[②] 二是现代经济是发达的商品经济，人们不是孤立地进行自给自足的生产，而是进行广泛的合作和交易，因此每一个人都有更多的机会接触到其他人——司机、乘客、同事、顾客等等，有更多的机会接触到外来的物品——食品、饮料、衣服、器具等等。一旦出现传染源，就可能被更多的人接触到。在这种情况下，一个传染源可能有更多的机会被易感者接触，而每个易感者被感染后又以同样多的机会传播给其他易感者。如此下去，随着时间的推移，病例将以乘数效应、爆炸似地增长。这种情形我们可以用非典在北京的传播来说明。2003年夏季北京的非典是输入型的，共两例。第一例是山西珠宝商人于某，女性，2月15日

　　[①] 何帆：《全球化也会被疾病感染》，http://www.iwep.org.cn/html/ganran_hefan.htm。
　　[②] 在1998年，西方发达国家的城市化水平普遍在75%以上，例如美国是76.8%，英国是89.4%，日本是78.5%，德国是87.1%，法国是75.2%，等等。（资料来源：世界银行《世界发展指标》，2000年。转引自国家统计局人口和社会科技统计司编《中国人口年鉴2001》，中国统计出版社2001年版，第277页）

到广东进货被感染，2月27日入住山西省人民医院，2月28日到北京301医院就诊，后转院到302医院，并在该院被确诊为非典患者。于某先后传染19人，其中8人在北京确诊，11例在山西省本省确诊。第二例是3月15日，北大附属的人民医院急诊科收治了一名疑似非典患者，患者姓李，年过70岁，从香港探亲回家，据称刚下飞机就晕倒。李某先后传染了80多人。尽管最初只有两个输入病例，但是据卫生部非典疫情通报，截至4月30日10时，北京已经发现非典确诊患者1440例，疑似患者1408例。而前后不过两个月的时间，患病人数从两人上升到2000人（假定疑似患者一半将转为确诊患者，不计在潜伏期尚未被发现的被感染者），扩大了1000倍。

2. 传播的地域范围大。在现代化社会中，由于交通工具便捷，人们的生产和生活方式随之发生了巨大的变化，人们基于交易、旅游等各种原因，频繁地从一个地区到另一个地区。同样，货物也频繁地被从一个地区运往另一个地区。这种交通和运输状况为疾病的远距离传播提供了条件。还以非典的传播为例来说明。非典最早发生于2002年11月16日，在广东省佛山市发病，随后不到半年的时间里，该病迅速传播到27个省市。具体的传播历程如下：

2002年11月16日，广东佛山第一例患者发病；

2003年1月4日，广西河池六人发病；

2003年2月，非典通过一位广州的医学教授传至香港；

2003年2月10日，四川广元吴某一家三口从广州返回后发病；

2003年2月14日，湖南株洲发现疑似非典，18日确诊。

2003年2月15日，到广东进货的商人于某被感染，2月27日入住山西省人民医院；

2003年2月28日，山西商人于某转院到北京；

2003年3月8日，一位勤姓男病人到台湾大学医院就医，后经确诊为非典病例；

2003年3月31日，上海发现非典疑似，4月2日被确诊，系因公出差香港被感染；

2003年3月27日，内蒙李某在北京佑安医院进修被感染后返回内蒙；

2003年4月1日，福建厦门市发现两例疑似非典，两人在香港培训被感染；

2003年4月12日，内蒙非典患者赵某转院至宁夏；

2003年4月14日，天津发现首例非典患者，系从北京返回；

2003年4月14日，一名非典患者从北京前往湖北省黄冈市；

2003年4月16日，曾在北京打工的吴某在河南省南阳市发病，确诊为非典；

2003年4月16日，陕西出现第一例非典病人，曾在北京被感染；

2003年4月18日，马某在北京感染非典后乘列车返甘肃定西，19日被确诊；

2003年4月19日，辽宁省葫芦岛市绥中县发现非典；

2003年4月中旬，吉林省长春市发现非典，患者在北京医院被感染；

2003年4月20日，浙江省卫生厅宣布，杭州发现三例自北京输入的非典病例；

2003年4月21日，济南确诊了山东省第一例非典病人，系在山西太原被感染；

2003年4月22日，安徽打工妹步某在深圳被感染后返乡；

2003年4月25日，在北京务工的张某被感染后返回重庆；

2003年4月30日，江苏省发现了首例非典病例，系在北京被感染；

2003年5月3日，江西省首次发现首例非典，因在北京务工而被感染；

2003年5月10日，澳门发现首例非典患者。

3. 跨境传播也很容易。全球化条件下疾病传播的再一个特点是，疾病很容易从一个国家传播到另一个国家。传统的社会条件下，由于交通的原因，也由于各国经济相对比较独立的原因，导致人口和货物的跨境流动相对较少，因此跨境传染的可能性也就比较小。但是在全球化条件下，由于交通运输技术发达，经济深入一体化，各国在政治和文化方面交流广泛，导致人员和货物的跨境流动大量发生，从而给疾病在国家之间的快速传播创造了条件。例如，2002年有超过1亿人到美国旅行，2000万只野生动物被带入美国，这还不包括走私入境的动物和非法入境的人员。据世界银行统计，货物出口和服务业由1980年的2.6万亿美元增长到1994年的6.3万亿美元。这种人口和货物的大规模快速移动造就了一批全球搭便车者——病毒、寄生虫、细菌和昆虫。比如说疯牛病，最早发生于英国，但是随着英国牛肉及其制品的大量出口，不过几年光景，人畜共通的疯牛病已在法、瑞、葡萄牙、比利时等欧洲国家出现。遭感染的动物饲料蛋白质，最近还传出可能已输到世界各地70多个国家和地区，包括亚洲的日本、中国台湾地区、韩国和新加坡等。导致该病传播到了许多国家。再比如说非典，最早发生于中国的广东，但是在随后不到半年的时间里，迅速传播到20多个国家和地区，导致远隔重洋的加拿大多伦多市也成了重灾区。此外，艾滋病、禽流感等疾病也都发生了跨境大范围传播。

第三，在全球化条件下，同样类型的传染病具有更严重的社会危害后果。在全球化时代，由于分工的高度发达和全球经济的一体化，频繁的人口流动和货物运输已成为生产和生活的基本方式。然而这种方式又为疾病的传播提供便利。于是，当疾病传播发生后，人们为了阻止疾病的传播，可能限制人口和货物的流动，这样势必破坏原有的社会条件，使得社会的生产限于瘫痪，社会的基本功能被窒息，从而造成及其严重的危害后果。举例来说，由于发生严重的非典疫情，世卫组织先后对我国广东、北京、山西和我国香港地区、我国台湾地区以及新加坡等国家和地区发布旅游警告，导致前往这些地区务工、经商、旅游的人员急剧减少。由于这种影响，2003年广交会的交易额和往年相比大幅度减少，有些国家甚至取消了前往北京的政治访问。根据北京大学中国经济研究中心和北京大学卫生政策与管理研究中心的学者们推算，非典对中国经济的影响总额为2100亿元。[①] 再比如，1996年3月，欧盟为防止疯牛病传播，对英国牛肉实施进口禁令；世界上其他进口英国牛肉的国家也向英国牛肉关闭了大门，这使英国牛肉出口受到致命打击。仅1997年，英国屠杀的感染了疯牛病或被怀疑染病的牛就超过10万头。欧盟的三年禁令，使英国丧失了欧盟内部的牛肉市场，牛肉出口损失达42亿英镑，英国的畜牧业从此一蹶不振。

由于全球经济一体化，如果某一个地区出现动荡，其他国家的经济也会受到影响。这是因为，任何一个国家，尤其是发达、开放的国家，对国际社会具有严重的依赖性：需要从其他国家进口原料，需要出口本国生产的货物；人力资源需要引进或者输出，因此，它们或者做不到完全限制人员流动和货物进出口，或者要承受巨大的损失。对于某些全球性的传染病，比如疯

[①] 海闻、赵忠、王健、侯振刚：《"非典"流行对北京市及全国经济影响的初步分析》，载《政策性研究简报》2003年第36期（总第378期）。

牛病、禽流感和艾滋病等等，除非一个国家和国际社会完全隔绝和封闭起来，否则很难阻止疾病传入。一些经济大国在全球经济或者区域经济中发挥重要的角色，如果该国经济因为传染病而受到影响，有关国家势必被殃及。比如说，中国的经济在东亚乃至全球都具有重要的影响力，一些国家的产品和原料主要与中国进行贸易，因此，如果中国的经济因为非典受影响，那么全球经济，尤其是亚洲经济将受到沉重打击。

对于全球经济中这种唇亡齿寒的关系，我们可以用"疯牛病对大豆期货价格的影响"来说明。在西方国家，屠宰牲畜后将下脚料制作成肉骨粉用做饲料。疯牛病发生后，肉骨粉往往被视作最主要的传染途径而被禁止使用。肉骨粉的替代品主要是豆粕，因此发生了疯牛病后如果仅采用禁止肉骨粉的措施，豆粕的需求将增加，大豆价格会因此而上涨。但是如果疯牛病非常严重以至于大量地屠宰销毁牛，那么对粕类的总体需求会减少，大豆价格降低的可能性更大。2000年9—10月欧盟地区疯牛病的形势不断加重，于是欧盟政府采取了更为严格的措施，其中之一就是禁止使用肉骨粉，这使欧洲对美国大豆和豆粕的进口需求大幅增加，成为CBOT大豆期货和豆粕期货2000年10—12月上涨的主要原因之一。但是到后期欧盟在遏制疯牛病的过程中杀掉了越来越多的牛，欧盟对美国大豆和豆粕的需求开始回落，这成为形成2001年初开始的CBOT大豆和豆粕期货下跌行情的重要原因。① 看似毫不相干的两件事物——疯牛病和大豆的期货价格——在分工高度发达、经济深入一体化的全球化环境中被联系起来了。由此出发，我们不难想象，对各种产品的生产和消费都产生影响的非典，不可避免地对全球经济产生影响。由此可见，在全球化背景下，即使是发达国家，也无法在传染病的海洋中成为幸存的安全岛。

而更严重的是，上述三个方面是结合起来产生危害的：人类种群之间的接触日益密切导致疾病更易于发生；疾病发生后更可能在特定城市和社区迅速传播；人口和货物的频繁、快速流动，使得疾病更可能大面积地甚至全球化范围内爆发。这种形势表明，在全球化条件下，传染病防治具有更大的外部性。一方面，由于平均每个人在单位时间内要接触更多的新环境，接触更多的陌生人，使用更多的来自更远地方的物品，所以个人通过个人卫生来预防疾病的能力下降了，人们更不安全了。一个人染病，危害的不仅仅是他本

---

① 吉粮：《美国疯牛病对大豆价格所造成影响分析》，www.china-ah.com/subject/madcattle/memo.php?id=566。

人，同时还威胁到更多的人，这些人可能是同车的乘客，可能是单位的同事，也可能是商店的顾客；可能是亲戚、朋友、同事，也可能是毫无关系、万里之遥的外国人、陌生人。另一方面，由于分工的高度发达，经济上的紧密联系和一体化，使得疾病的传播所威胁的，不仅仅是健康和生命，而且还威胁到整个国家甚至全球的社会秩序和经济安全。从正面来说，保证每一件物品的清洁，保证每一个人的健康，将使得更大范围内个人免于疾病，保证正常的交易秩序和社会安定免于破坏。这种外部性，在非典、疯牛病、禽流感、艾滋病等疾病的传播与危害实际中，已经尽显无遗。

全新的疾病控制形势，更大的外部性，要求公共卫生治理模式作出一定的调整，实现更有效的治理。从理论上说，改革要求包括四个方面：（1）既然疾病控制在成本和收益上具有更大的外部性，那么就应该提供更大比例和范围的卫生公共产品；同时，对卫生公共政策和措施的科学性提出了更高的要求。（2）对民族国家的治理提出了两方面的要求：第一，民族国家应当具有更强大的行动能力，保证能够按照政策和形势的需要提供公共卫生产品。第二，民族国家将以双重身份进行治理，一方面对国内社会负责，以公共权利益的名义进行治理；另一方面对其他国家、国际社会承担义务，这种义务可能是约定的，也可能是新型的国际道德和伦理观念所要求的。（3）疾病传播在全球范围内的巨大外部性要求全球联合行动，实施协调治理，因此需要探讨这种治理的方式和机制，保证全球治理的公正和效率。（4）新型的制度和实践需要新型的理论和观念的支持，因此需要针对新型的疾病控制形势革新相关的理论，型塑全球化条件下的伦理、道德和责任观念。那么，当前的公共卫生治理模式是否实现了这样的改革要求？存在哪些问题？

三、传染病控制的制度与实践

在传统的社会条件下，传染病控制主要由民族国家负责。在全球化条件下，这种治理方式的显著变化是，一方面，民族国家继续发挥作用，但是其角色和身份发生了一定的变化；另一方面，成立了一些国际组织，在国际组织的组织和协调下，进行了传染病控制的全球治理。下面分别描述一下这两方面的变化。

1. 民族国家作用的变化

在传统的社会条件下，公共卫生治理主要是民族国家的任务。但是随着全球化因素的增加，民族国家的作用不仅没有削弱，反而大幅度增强，这在发达国家尤其明显。

首先，在民族国家的公共政策中，公共卫生治理的地位日益重要，卫生保健工作成为其主要职责之一。这方面有很多例证。一是发达国家加大了对公共卫生的投入，提供了更多的公共卫生产品。世卫组织20世纪70年代建议，医疗卫生费用应占到国家GDP的5%，这种建议本身就反映了对公共卫生的强调，而发达国家还要高于这个水平，普遍接近10%，美国甚至曾达到了17%。二是发达国家普遍建立了完备的公共卫生体系，包括疾病信息监测，突发公共卫生事件的应急机制，药物和疫苗开发的投入，等等。以美国为例，早在20世纪80年代初就建立了疾病控制中心，旨在监测疾病信息，预防和控制疾病。进入21世纪后，为了适应疾病控制形势的变化，美国CDC（疾病控制中心）制定了《预防突发性传染病：21世纪新对策》的行动纲领。和1994年的版本不同的是，一方面，这项新对策除了涵盖已知的疾病，像疟疾、肺结核之外，还进一步将目标转向突发性传染病，像埃博拉病毒、汉他病毒等；另一方面，提高了监控机关的层级，将急性传染病的监控单位从卫生部门提高到国家安全最高机关CIA（美国中央情报局），加强和完善了应对公共卫生突发事件的紧急行动机制，而这些机制在9·11事件、炭疽事件的刺激下，又得到进一步的强化，由于有了这些比较完备的控防机制，非典在美国没有大规模爆发。作为一个人员流动频繁的大国，在国际上非典疫区的感染和死亡人数不断增加的同时，美国仅发现56例患者，迄今无死亡记录，这应归功于美国疾病控制的公共政策。此外，日本、欧洲也都是发达的、人员流动频繁的国家，但是都没有出现非典的流行，这同样应归功于这些国家的公共政策对公共卫生的重视和富有成效的疾病控制机制。

其次，民族国家的作用还体现在，利用进出口禁令和边境口岸的检疫，御疾病于国门之外。比如说，随着疯牛病在英国等一系列的国家相继发生，民族国家随即采取了针对性的进口限制。例如，法国曾禁止从英国进口牛肉达6年之久，直至2002年10月2日禁令才解除。此后不久，2003年5月20日加拿大在阿尔伯达省北部发现第一例疯牛病，随后两个月时间里，先后就有35个国家禁止进口加国牛肉，加拿大于是陷入了疯牛病危机。2003年12月23日，美国农业部长召开新闻发布会，向媒体通报在美国华盛顿州发现一头怀疑患疯牛病的牛。截至12月26日，就有25个国家和地区宣布禁止进口美国牛肉及其相关产品，我国政府也采取了类似措施。由于某些化妆品含有动物原料，于是出现了疯牛病化妆品，许多国家相继禁止从发现疯牛病的国家进口特定种类的化妆品。我国政府也采取措施加强检疫，多次截获疯牛病化妆品。同样，由于亚洲一些地区相继发生禽流感，有关国家也纷纷发布进口禁令。在非典传播期间，一些国家为了防治非典，普遍采用限制人员进境、隔离观察等措施。

第三，民族国家作用的增强还体现在承担国际义务、促进国际合作方面。一种作用是向国际组织、国际社会通报本国的疫情，便于国际组织和其他国家及时采取措施防治疾病。比如说，在非典防治的中后期，我国政府积极向世界卫生组织通报疫情，介绍经验，提供材料，得到了世界卫生组织官员多次肯定。再比如，美国农业部发现一个疯牛病疑似病例后，便随即于当天公布了这一消息，尽管只是疑似，尽管这可能导致美国的牛肉及其制品出口受损。另一种作用是协助国际组织和其他国家控制疾病。比如说，由于中国 2003 年春夏发生严重疫情，国际社会纷纷向中国提供资金、物资援助。据我国商务部 6 月 5 日发布的统计数据，中国累计接受国际机构和外国政府的各类无偿援助金额（含承诺金额）约 3802 万美元，提供捐助的国家有日本、德国、英国、意大利、澳大利亚、美国、加拿大、新西兰等等。与此同时，中国也收到世界政要的道义支持。4 月下旬以来，法国总理拉法兰、欧盟委员会主席普罗迪、美国总统布什和英国外交大臣斯特劳等，或亲赴中国，或致函中国政府，或打电话给中国领导人，表示坚定地与中国站在一起，全力支持中国抗击非典。同样，在东南亚国家发生禽流感时，我国政府对疫情严重的越南、泰国、印尼、老挝、柬埔寨和巴基斯坦等国提供紧急援助或者道义的支持。

2. 国际组织的成立及其活动

鉴于传染病控制日益增长的外部性，国际社会已经广泛开展了公共卫生的全球治理，这种全球治理首先体现为成立一定的国际组织，缔结若干公约和协定，这些组织、公约、协定，以及不断增长的全球主义意识形态相互结合起来，形成了公共卫生的全球治理机制。

传染病的全球治理最显著的体现是世界卫生组织的成立及其开展的一系列活动。世界卫生组织（World Health Organization，WHO）属于联合国下属的一个专门机构，其前身可以追溯到 1907 年成立于巴黎的国际公共卫生局和 1920 年成立于日内瓦的国际联盟卫生组织。战后，经联合国经社理事会决定，64 个国家的代表于 1946 年 7 月在纽约举行了一次国际卫生会议，签署了《世界卫生组织组织法》。1948 年 4 月 7 日，该法得到 26 个联合国会员国批准后生效,世界卫生组织宣告成立,总部设在瑞士日内瓦。世界卫生组织的宗旨是使全世界人民获得尽可能高水平的健康。其主要职能包括:促进流行病和地方病的防治;提供和改进公共卫生、疾病医疗和有关事项的教学与训练;推动确定生物制品的国际标准。截至2003年5月,世界卫生组织共有192个成员国。

世界卫生组织所开展的一系列活动中,传染病控制是最主要的内容。1967年1月1日,世界卫生组织发动了消除天花的计划。天花在历史上是最令人生畏的传染病之一。在20世纪初期可以说每一个国家都经受过天花的肆虐。直到1967年,仍然有大约1000万—1500万人口患天花,其中大约有200万天花病人不治身亡,另有数百万病人因天花而致残。到1977年,世界卫生组织宣布,天花已经被消灭。受此鼓舞,世界卫生组织先后又开展了消灭小儿麻痹症、疟疾等疾病的计划。正是世界卫生组织卓有成效的工作,使得世界范围内的天花、小儿麻痹等疾病基本上被消灭了,极大地鼓舞了人类战胜传染病的信心。

在非典防治过程中,我们对世界卫生组织的作用的印象尤其深刻。自2002年11月在中国广东发现首例非典患者以来,截至2003年6月5日这种疾病蔓延到全球29个国家,全世界共有8403人感染,775人死亡。非典成了全球性问题,而这种突如其来的疫病使得很多国家政府措手不及。在各国积极防治非典的同时,世界卫生组织发挥了极为重要的全球治理作用:(1)世界卫生组织在2000年4月建立了"重大疫情全球警报系统"(The Global Outbreak Alert And Response Network,GOARN);(2)建立各国疫情信息通报制度和旅游警告制度;(3)协调各国科学研究合作,建立各国实验室沟通与合作的平台;(4)派出卫生专家对各国治理非典进行指导与监督;(5)世界卫生组织大会强化成员国的沟通与合作,促进国家间相互借鉴经验与教训。通过以上有效的机制与措施,世界卫生组织在这次全球共同抗击非典中起到了不可替代的作用,不仅增强了世界卫生组织在成员国以及世界上的权威与地位,同时大大提高了它的全球治理能力。[1]

鉴于艾滋病在全球传播日益恶化的形势,联合国艾滋病规划署(the Joint United Nations Programme on HIV/AIDS,简称 UNAIDS)经联合国经济和社会委员会通过,于1996年1月1日在日内瓦正式成立。它是由六个联

---

[1] 参见黄森《全球治理中的国际组织——以世界卫生组织对抗 SARS 为案例》,载《教学与研究》2003年第9期,第36—41页。

合国机构为更好地应对全球范围内的艾滋病流行而共同发起的，它们是，联合国儿童基金会（UNICEF）、联合国开发计划署（UNDP）、联合国人口基金会（UNFPA）、联合国教科文组织（UNESCO）、世界卫生组织（WHO）和世界银行（WORLDBANK）。作为全球 HIV/AIDS 防治行动的主要倡导者和领导者，联合国艾滋病规划署集中了发起组织从医疗卫生到经济发展方面的专家，其主要任务是领导并广泛地支持开展各项旨在预防艾滋病传播的活动，更有效地利用联合国系统的资源，降低个人和社区（以及特殊人群）对艾滋病的脆弱性和易感性，减轻艾滋病流行所造成的影响。这也是联合国系统的首次尝试。在全球水平，联合国艾滋病规划署所起的作用在于开发、研究、技术支持、宣传倡导和协调。同时，六个发起组织将艾滋病防治有关的活动和联合国艾滋病规划署的政策及策略密切整合进其各自的工作当中。

除此之外，有些国际组织虽然不是公共卫生方面的专业组织，但是也间接地参与了疾病的全球防治。比如说，世贸组织（WTO）中有关药品、食品、知识产权方面的贸易规则和争端解决机制同时也对疾病控制产生影响。在区域组织中，欧盟在英国疯牛病风波中所起的各种作用，也体现了疾病控制中的国际合作机制的一种类型。又比如，联合国下属的其他组织，比如联合国粮农组织、联合国气象组织、联合国环境规划署、个人人权保护机构等等，也都涉及疾病的全球治理，它们的作用或者是从环境、气候方面促进人类健康，或者是保护特定人群免受疾病威胁。

四、存在的问题

上述制度与实践，体现了人类社会对新型危机所作出的能动反应，体现了公共卫生治理模式的进步。但是，相对于疾病控制的严峻形势而言，这些应对和进步还不够充分，还存在值得反思和改进的地方。

1. 第三世界国家缺乏必要的行动能力

尽管疾病控制需要全球联合行动，但是每一项政策和措施的最终落实，还有赖于民族国家的政府机构体系，因此民族国家的行动能力将影响到本国和全球社会疾病控制的成效。然而，和发达国家的行动能力不断增强相反，在全球化的环境中，第三世界的民族国家，尤其是其中新独立的主权国家，被极大程度地边缘化了，其行动能力被严重削弱。与此不相称的是，越来越复杂、繁重的国际义务又要求加强民族国家的能力，这些义务包括实施特定的政策和措施控制疾病。随着二战以来多边条约体制的膨胀，被执行的国际义务的数量急剧地增加了。联合国秘书处现在成了486份多边条约的存放处，其中只有33份是在1945年之前签署的。此外，地区性的公约体制也不断增扩。这种公约义务的膨胀既表现在数量方面，也表现在质的方面。最近的文件要求国家改变政府机制的每一个领域的法律和实践：从环境问题到刑事司法，到贸易的非关税壁垒、卫生和安全的规章等几乎所有方面。

乔治·H.福克斯分析了新独立的主权国家是如何被边缘化的。他借用了杰克逊和罗森伯格的理论，首先区分了经验上的国家和法律上的国家。经验上的国家强调事实上的权威，即国家在事实上对于一定的领土和人口所拥有的专断的力量和在主权领域内采取各种行动的能力。法律上的国家是通过国际法产生的，能宣布拥有权利和承担义务的拟制的实体。福克斯指出，广大新独立的主权国家在国际关系中具有法律上的主权国家的地位，但是作为经验上的主权国家则十分脆弱。这种脆弱集中体现为严重的社会异质性；公民和国家之间缺乏认同感和亲和力；忠诚通常只有在种族、宗教或地区层面上才能感受到；普通群众对国家缺乏义务感，政府机构的各种管理目标只有通过强制才能实现；公职人员的招募和安排中存在着各种裙带关系；自私自利的独裁政权；低质量的、非专业化的管理；缺乏全国范围内的政治参与，等等。所以导致这种脆弱的主权国家，首先是因为国际社会在划分新独立国家的边界时，没有充分考虑边界内各种种族或文化群体整合的可能性，而新独立的主权国家又无法像西方发达国家那样经历一个很长的历史时期来培育社会的一致性。其次，作为全球化的意识形态的自由主义主张弱化国家主权，在这种意识形态推动下的全球化又进一步边缘化了新独立的主权国家。[①]

民族国家行动能力欠缺的弊端在一些传染病的控制中充分暴露出来了。联合国秘书长安南在《千年报告》中指出，在世界各地患有艾滋病毒/艾滋病的将近3600万人中，有2300多万人生活在撒哈拉以南的非洲地区。在科特迪瓦，平均上课的每一天都有一名教师死于艾滋病。今天在博茨瓦纳出生的普通儿童预期寿命为41岁，而没有艾滋病时，预期寿命应是70岁。在南部非洲情况最严重的城市里，40%的孕妇艾滋病病毒检验呈阳性，每10名儿童中就有1名以上的母亲因艾滋病死亡。到2010年，估计撒哈拉以南的非洲地区将有4000万孤儿，多数是由于艾滋病毒/艾滋病所致。津巴布韦政府的推算表明，到2005年，艾滋病毒/艾滋病将消耗国家保健预算的60%，

[①] Gregory H. Fox, Strengthening the State, Indiana Journal of Global Legal Studies, Fall 1999; Volume 7, Issue 1.

甚至这一数额仍然完全不够用。艾滋病大批地夺去了年富力强、有技能、受过教育的人的生命，对每一个受影响的国家和整个区域必然带来悲惨的后果。而之所以出现这种流行，一个重要的原因在于政府由于贫穷、战乱、腐败等原因，没有能力实行有成效的治理措施。同样，在非典爆发的过程中，我们也看到了我国政府在危机的控制能力方面的某些不足。比如，无法成功号召民工不要返乡，甚至让大学生待在学校也难以做到；一些患病的民工在被送往医院的过程中逃跑；地方官员中渎职现象严重；许多措施都缺乏法律依据，削弱了政府抗击非典行动的规范性和权威性。显然，这些不足增加了非典控制的难度。

2. 第三世界国家的公共卫生福利在当前的国际政治经济秩序中被边缘化

第三世界民族国家行动能力不足削弱了公共卫生治理的能力，而不公正的国际政治经济秩序使得这种状况雪上加霜。公共卫生专家和科学家们指出，发达国家的卫生形势已经经历了重大的转变：从传染病是首要的死亡原因的阶段过渡到了各种慢性病，例如心脏病、肺病和癌症等，成为首要的健康负担的阶段。然而广大发展中国家还远远没有实现这一转变，它们在新的千年里将遇到公共卫生的双重负担：持续的，甚至不断增长的传染病负担；不断增长的各种非传染性疾病及其导致死亡的负担。对于这一现状，全球化不仅没有使之改变，反而使之恶化了。大卫·P. 菲德勒具体分析了导致这种恶化的原因。

首先，在国际贸易过程中，产品的流动可能使疾病在世界范围内传播。但是这种影响对发达国家和发展中国家的影响程度是有区别的。发达国家经常运用 SPS① 争端解决机制限制从发展中国家进口危险货物。但是发展中国家却没有足以匹敌的手段来限制发达国家违反国际贸易法律、危害国内健康的行为。令人担心的是，发达国家运用国际贸易法律和国际贸易组织打开了发展中国家的烟草市场以便发达国家的公司出口烟草，而这直接影响到发展中国家国内的健康状况。"西方的烟草公司成功地运用了国际贸易法，自由主义的胜利和不断全球化的西方文化穿透了发展中国家的市场和千百人的肺"。

其次，结构调整方案对发展中国家的公共卫生条件造成了负面影响。结

---

① SPS 即《卫生和植物检疫措施协定》（Agreement on the Application of Sanitary and Phytosanitary Measares），是《世界贸易组织协议》附件1A中的一项法律文件。

构调整方案是世界银行和国际货币基金组织以贷款为条件要求发展中国家进行的全面改革，以期解决发展中国家严重的经济问题。然而，改革方案压缩了发展中国家在卫生福利方面的财政支出，使得原本薄弱的卫生条件雪上加霜。而且，这种改革最终失败了，并导致了持续的、更为严重的贫困，使得发展中国家无力解决现存的传染病问题和正在出现的非传染性疾病问题。

第三，"与贸易有关的知识产权协议"等文件组成的国际知识产权体制对发展中国家的健康条件也有重大的负面影响。这种负面影响首先表现为对知识产权的过度保护而使得药品价格最贵，导致世界上 1/3 的人口无能力购买必要的药品，而这些人口又主要集中在发展中国家。与识产权保护有关的另一问题是西方国家的药品公司把发展中国家中的一些传统疗法拿回总部进行分析、化验，提炼出化学成分，然后申报专利，制造出可以在全球获益的疗法又高价销回发展中国家，可是又不给发展中国家任何回报。一些学者批评这种做法为"双重劫掠"或"双重殖民主义"。[①]

3. 民族国家的义务和责任不清

疾病的全球治理需要各个主权国家广泛参与并履行各自的义务，承担各自的责任。虽然有些国家在特定情况能够履行一定的义务，但是也存在义务不清和怠于履行的情形。这里的问题包括两个层面：一是主权国家在疾病的全球治理中应当履行哪些义务；二是以什么机制去保证或者督促主权国家履行义务。

首先是主权国家应当履行哪些义务的问题。翟米森（Dale Jamieson）教授探讨了西方道德和法律传统中比较突出的两种责任范式，即因果范式和能力范式。因果范式强调，在环境、卫生等方面，一个国家只对本国造成的后果负责。能力范式则强调，在全球变暖及其对人类健康造成威胁的情境下，由那些在其位者或有能力者承担起防止或缓和气候变暖的责任，而不考虑因果关系。[②] 目前发达国家多主张因果范式，发展中国家多主张能力范式。但是这两种道德范式单独运用都存在不足。对于因果范式来说，许多危害后果是难以查明原因的，或者很难精确化。比如就非典来说，它的起源就是一个谜，尤其是在非典肆虐的紧急情况下，更是难以查明。再比如，禽流感这样

---

① David P. Fidler, Neither Science Nor Shamans: Globalization of Markers and Health in the Developing World, Indiana Journal of Global Legal Studies, Fall 1999; Volume 7, Issue 1.
② 参见翟米森《全球责任：伦理、公共卫生与全球环境变化》，载《印地安纳全球法律研究杂志》第 5 卷第 1 期（Indiana Journal of Global Legal Studies, Vol. 5, Issue 1）。

的传染病已经有上百年的历史了，我们很难把它的发生和传播的责任归于特定的某个国家。由于这些原因，所以因果范式常常难以落实。更重要的是，当负有责任的国家没有能力控制全球性的灾害时，因果范式就更显不足了。能力范式的不足则表现为这种范式和自由主义的道德理念不符，而且不利于形成正确的激励。

其次，还存在一些国家不履行显见的义务的事例。一个事例是，英国1986年证实第一例疯牛病之后，对疯牛病能感染人类的现实一直隐瞒到1996年才正式承认，这不仅使英国民众产生上当受骗的感觉，也使疯牛病传播到世界许多国家和地区，引起全球范围的"恐牛症"。不过几年光景，人畜共通的疯牛病已在法国、瑞士、葡萄牙、比利时等欧洲国家出现。另一个事例是我国政府在非典爆发初期，没有及时公布疫情，使得本国和其他一些国家错过了非典防治的最佳时期。再一个事例是，2004年1月26日，泰国总理他信承认隐瞒禽流感，使得禽流感传播到其他国家和地区。这些事例表明，国际社会需要建立一定的机制，督促各主权国家积极履行义务和承担责任。

4. 缺乏有效的国际合作机制

缺乏有效的国际合作机制这一问题在非典防治过程中体现出来了。根据一些学者的总结，这种不足主要表现在三个方面：首先，国际制度在低度政治领域的建设非常有限。按照目前国际制度建设的现状，在涉及国家安全、领土争议等国家传统安全与利益的高度政治领域进行较多的国际合作，也有针对性地进行了一些制度设计与建设。而在疾病预防与治疗、生态环境保护、打击恐怖袭击等低度政治领域内开展合作非常有限，在这一领域内进行的国际制度建设也刚刚起步，尚未形成规模。这种不足是这次非典危机逐渐升级的主要原因之一。其次，在现实主义国际关系理论的指导下，各国在国际制度建设中往往追求相对收益而非绝对收益，全球利益包含和超越国家利益的观念尚未占主导。第三，在全球治理框架中缺乏危机管理体系，使得危机爆发后，难以迅速动员全球社会紧急应对行动，从而导致危机不断升级。①

此外，缺乏有效的区域合作机制这一问题也表现出来了。由于中国在前

---

① 蔡拓：《试论全球问题对当代国际关系的影响》，《南开学报（哲学社会科学版）》1999年第1期，第2页；刘莹：《中国应对SARS危机中的国际合作》，载胡鞍钢主编《透视SARS：健康愈发展》，清华大学出版社2003年版，第314—316页。

期抗击非典工作中存在一些疏漏，使得其他东亚国家对中国有一定的不满情绪。非典危机之初，双方未能摒弃前嫌、精诚合作，而是积极自保或者单边谋求与发达国家或者国际组织之间进行合作。后来通过中国政府的不断努力，在全球合力抗击非典的国际环境下，东亚国家也逐渐开始与中国展开多方位的合作，积极实施统一的防疫措施。但是，如何建立制度化的区域合作机制，仍是非典过后需要总结和反思的一个重要问题。

5. 民族国家与国际组织的关系存在争议

在全球公共卫生治理中，需要处理好民族国家和国际组织的关系，而当前对于这种关系，理论上存在不同的看法，实践中也存在冲突。

首先，国际关系理论中的现实主义流派认为，国家是国际关系的主要参与者；国际体制的无政府性质决定了国家行为的逻辑就是追求权力；国家对权力的追求不可避免地导致国家之间的冲突与战争；国际法和国际组织是调和国家间权力斗争的暂时性机制，不会从根本上改变国际关系的性质；无论国家拥有什么样的国内政体类型，国际体制的无政府结构对所有国家都具有同等的效力。这种观点对公共卫生的全球化治理持怀疑态度，认为公共卫生是国家威权的一个元素，改善公共卫生是主权国家的单边控制行为。现实主义强调国家和权力，顺理成章，它认为国家公共卫生基础设施建设要远比国际化重要。通过强调国家公共卫生安全，现实主义从世界卫生组织的多边合作转向单边和双边努力，对传染病防治的国际化呼声和要求抱有审慎的态度。这种转向与其一贯奉行的对国际合作的怀疑态度是一致的，它主张不能对国际化抱有过分乐观和不切实际的幻想。

与现实主义对国家的关注相比，自由主义分析问题的出发点是个人。在国内问题上，自由主义通过提倡民主政治、财产私有和市场经济以促进个人自由。在国际事务中，自由主义通过以下途径促进个人的自由：（1）主张国家间经济是相互依赖的，这种依赖是通过各国人民之间的自由贸易建立的；（2）提倡依靠国际法和国际组织来缓和国家间的紧张关系；（3）促进民主和市场经济在全球的发展。在公共卫生全球化问题上，自由主义提倡全球化，鼓励国际贸易和旅游。自由主义的缺陷在于，自由主义奉行的市场全球化会削弱国家处理社会、经济和环境问题的能力，而这些问题恰恰是传染病滋生的社会原因。[①] 前面提到的结构调整方案就是自由主义理念的具体

---

① 王立峰：《全球化与公共卫生：西方观点之贡献及局限》，载朱景文主编《法律与全球化——实践背后的理论》，法律出版社 2004 年版。

化,其后果是削弱了第三世界国家对于公共卫生的治理能力。

在实践中,也存在民族国家和国际组织相冲突的实例。一个实例是,欧盟1999年就解除了对英国牛肉的禁令,但是法国却拒绝解除。欧洲法院于2001年12月13日裁定法国抵制英国牛肉是非法行为,但法国并没有立即执行这一裁定。英国认为,法国的做法显然超出了"防止疯牛病蔓延"的范围,因此指责法国实行贸易保护主义。法国则称本国的检测结果显示英国牛肉仍然不是"放心肉"。这里存在的一个问题是,欧盟作为超国家的区域性国际组织,它的决定在法国应当有怎样的效力?另一个实例是,在非典防治过程中,我国政府在和世界卫生组织合作方面,最初显然是不成功的,国际社会对我国一度也颇多微词。这两个实例表明,如何处理民族国家和国际组织的关系问题,还需要进一步探讨。

6. 国际组织的自身运作程序和方式还需要改进

在全球疾病控制中,国际组织自身的权力越来越大,可以采取的措施也越来越多。以世界卫生组织为例来说,在第56届世界卫生大会上,通过了一项授权决议,今后世界卫生组织无需得到其成员国提交的健康威胁报告就可以在其认为必要的时候对这一国家进行干预,同时决议还规定即使未经成员国邀请,世界卫生组织也可以派员展开实地调查。世界卫生组织职能的扩张对于进一步加强公共卫生的国际合作起到了一定的积极作用,但与此同时,也应当意识到,一个以世界卫生组织为中心的全球公共卫生合作框架也是存在缺陷的。如果世界卫生组织蜕变为庞大的官僚机构,对于促进公共卫生的全球合作反而会带来负面影响。

对于疫情严重的地区,世界卫生组织可以独立决定发布旅行健康警告。然而,这种警告的发布,对于被警告地区的经济、旅游将产生极大的消极影响,因此这种权力的行使需要十分慎重,并具有公正可信的程序。然而,在非典过程中,世界卫生组织对这一权力的运用曾遭到质疑。一个事例是,2003年4月23日,世界卫生组织发出正式通告,建议人们暂时不要去多伦多旅行。由于多伦多的经济占加拿大全国的1/5,这项旅行警告无疑会对当地乃至全国的经济造成冲击,所以世界卫生组织的这项旅行警告在加拿大引起强烈反响。多伦多市长对世界卫生组织的决定表示愤怒。加拿大卫生部负责公共卫生的保罗·格利也在记者会上说,卫生部已经向世界卫生组织提出了抗议:"今天早晨,加拿大卫生部和安大略省卫生部的高级官员,跟世界卫生组织的官员举行了电话会议。我们重申了我们的立场,我们认为世界卫生组织是基于已经过时的信息做出这项决定的。我们要求他们立即撤销这项旅行通知。"

另外，世界卫生组织对东亚多个地区发布了旅行警告，由此给东亚地区的经济造成严重的损失。对此《远东经济评论》发表署名文章，指责世界卫生组织过分夸张地回应非典疫情，以致引起恐慌，拖累亚洲经济。该文有关内容摘录如下：

> 沙士（非典型肺炎）值得认真关注。不过却不应引起目下的歇斯底里状态。现在香港的酒店几乎无人入住，亚洲大部分经济体系纷纷下调经济增长预测。容许事件发展至这个地步，实在荒谬之至。世卫在引发恐慌上的角色应该受到批评，警告沙士疫情可能比艾滋病更为严重的医学专家同样应受谴责。
>
> 世卫的多项旅游警告近乎荒诞，就越南发出的警告尤其怪异。在有八千一百万人口的越南，其实仅有六十三宗报告个案和五宗死亡个案。同样过分的是它警告旅客不要前往多伦多，但随即又在加拿大政府代表面前取消警告。那么是什么决定是否发出警告？医学真相还是政府游说？有关居民又应如何自处？是否应该离开？
>
> ……
>
> 恐慌令亚洲难承受
>
> 亚洲很难承受这种程度的恐慌。自一九九七年金融风暴以来，亚洲经济复苏步伐一直十分零碎。新加坡和香港的失业率均接近数十年高位，分别达百分之四点五和百分之七点七。韦里大爆炸令前往东南亚的旅客大减。伊拉克之战无补于事，印尼发生更多爆炸进一步削弱信心。
>
> 世卫似乎并不明白它可以有能力对商业和经济造成如此沉重的打击。但目空一切断然发出旅游警告的官僚作风，却是一种自我放纵，戏剧性有余而实效不足。亚洲数以千计人口失业、公司倒闭，不是因为沙士，而是因为沙士所造成的歇斯底里。世卫对此责无旁贷。但它现在是否已做好准备协助解决今次经济难关？还是以全球最昂贵城市之一为基地，拥有数百官员的它将会继续哗众取宠，任由发展中国家的数以千计平民赔上工作或公司？
>
> 世卫官僚作风自命不凡
>
> 世卫在实际医学工作上，究竟作出过什么贡献对抗沙士？病毒是由亚洲和欧美的研究员发现的；基因排序则由其他科学家列出的。再者现今研究员互相通报和分享资讯已成了常规，亦迅速非常。世卫至今所供

予的就只有自命不凡的官僚作风,再次提醒世人它是属于联合国组织的超凡地位。事实上,或许它的起源已说明一切。

沙士本身对亚洲经济影响有限。但伴随沙士而来的歇斯底里却不一样。而世卫须对此负起大部分责任。

转引自香港《文汇报》2003 年 5 月 17 日

再一个事例是,加拿大《星报》2003 年 5 月 2 日报道,世界卫生组织 3 月 12 日对全球发布警讯之前整整一个礼拜,便已掌握足以发布全球警讯的证据,不过世界卫生组织官员看着一堆资料(包括详述越南的医师护士受到呼吸道疾病感染的电子邮件等),却无任何行动。《星报》说,世界卫生组织官员早在 3 月 5 日就知道某个"高度传染性"的疾病感染了越南河内医院的医护人员。此外,世界卫生组织也知道这个传染病和中国东南部已传出的传染病类似。世界卫生组织并未解释为何迟迟不行动,不过世界卫生组织"传染病监测与反应中心"主任罗狄尔博士致函《加拿大医学会期刊》的信件暗示,世界卫生组织的反应的确慢半拍。他说:"若我们能在 3 月 12 日之前发布警讯,提醒国际提高警觉,多伦多的 SARS 疫情很可能不会这么严重。"当警讯传到多伦多时,为时已晚。疫情已在多伦多"斯加堡慈善医院"蔓延,只不过该院的医师以为治疗的是肺结核病患。[①]

第四个事例是,中国香港地区为了争取早日解除旅游警告,特区政府与世界卫生组织的谈判持续了 3 个多星期。2003 年 5 月 23 日下午,就在前一天世界卫生组织还寄言港人不要期望过高,世界卫生组织突然宣布解除对香港的旅游警告,人们甚至有些不相信。消息人士透露,这与国务院副总理吴仪的大力争取有关,也与世界卫生组织对中国内地抗击非典的情况满意有关。香港特区有关官员指出,特首董建华与卫生福利及食物局局长杨永强的幕后解说也应记一功,而"突破点"在于杨永强在参加世界卫生大会时与世界卫生组织有关方面沟通发现,香港在计算"治疗中个案"的方法与世界卫生组织有出入,于是重新整理病人资料,结果使香港具传染力的留院病人人数由 140 多宗大减至 59 宗,符合世界卫生组织要求———香港从旅游警告上除名其实是水到渠成的事。这个事例说明,世界卫生组织作出决定的

[①] 转引自《世界卫生组织坦言发布警讯太晚 SARS 疫情因之扩散》,载《扬子晚报》2003 年 5 月 3 日。

第十章 全球化条件下的法治实践——以传染病控制为例的研究　289

标准并不是很清楚。①

7. 充斥着冷战思维和老殖民主义观念

目前,在公共卫生的全球治理中,冷战思维和老殖民主义观念不时作祟。比如在抗击非典过程中,由于中国政府早期的一些失误,未能主动与国际社会合作、公开疫情,使得中国政府在世界上的声望受到贬损。与此同时,一些国外反华实力乘机诋毁中国,要求隔离中国,这不仅体现在严格禁止中国人入境,也包括对原本在其境内的中国人或华裔进行歧视。如果说在非典爆发之初对中国人采取这种态度还勉强可以理解,那么,中国政府和国际社会全面真诚合作之后依然坚持这种态度和措施,就是别有用心了。这些国家隔离中国的做法是出于其国家战略利益的考虑,并在媒体有失客观的宣传下推波助澜、愈演愈烈。② 毫无疑问,这是冷战时期的意识形态,部分是老殖民主义观念,是公共卫生全球治理中的不和谐音符。

五、对策和建议

鉴于全球化条件下传染病控制的严峻形势,针对当前公共卫生全球治理模式中存在的问题和缺陷,为了完善和加强这种治理,特提出以下五个方面的对策和建议。

1. 增强第三世界民族国家的行动能力

为了进行卓有成效的国际合作,并保证国际合作在事实上具有平等的性质,需要增强第三世界民族国家的行动能力。而要实现这一点,需要从三个方面入手。

首先,需要借用杰克逊和罗森伯格的理论,区分经验上的国家和法律上的国家,③ 跳出自由主义和现实主义之间的争论。根据这种区分,在全球化条件下,削弱的应当是民族国家的法律身份,它的独立的、排他的决策地位。这是因为,如何决策,民族国家不再只考虑本国的利益,还要考虑国际社会的要求,考虑国际组织制定的统一政策和措施。尽管这种要求目前基本

---

① 林志文:《世卫突然解除香港旅游警告始末:为何突然松口?》,载《人民日报·华南新闻》2003年2月26日。

② 刘莹:《中国应对SARS危机中的国际合作》,载胡鞍钢主编《透视SARS:健康愈发展》,清华大学出版社2003年版,第317页。

③ Robert H. Jackson & Carl G. Rosenberg, Why Africa's Weak States Persist: The Empirical and the Juridical in Statehood, 35 World Pol. 1.

上是道义上的，但是目前国际社会已经初步具备一些督促措施，因而其要求具有准法律的性质。相反，民族国家的行动能力却应当加强，而且一些发达国家的行动能力事实上已得到强化。这是因为，在更加复杂的社会环境中，民族国家需要执行更多的政策，履行更多的义务。有了这种区分后，我们就可以加强国家的行动能力建设而免受自由主义的批评，同时又能避免陷入现实主义所倡导的单边主义泥沼。

其次，增强第三世界民族国家的行动能力，需要一个良好的国际环境，需要国际社会的促进和支持。国际社会不要借助自身的某种优势地位把自己的制度和理念强加给发展中国家，而不顾各国的现实国情。在国家统一和民族自决权问题上，国际社会尤其需要采取慎重的态度。

鉴于新独立主权国家边缘化的不利后果，国际社会试图通过合法化国家政治机构而加强第三世界国家在经验上的能力。这种努力的基本框架是鼓励进行民主政治的转变，成功的选举被认为是这种转变的关键环节。但是这种努力的效果并不好。在许多国家，国际社会的努力就是监视选举和施加压力以保证选举获胜者能够顺利就职，因为在这些地方选举结果并不受到尊重。然而这种努力遭到了来自各个方面的批评。一是所谓"自由和公平"的选举，其标准无非是"公民权利与政治权利国际公约"的第25条。这条被联合国及其选举监督者解释和发展成为在不同国家多次反复运用的样板。二是选举的控制，或者与选举国家领导人相关的任何问题，被认为应该保留在国家国内事务的范围之内。第二个努力是通过多数人的民主部分地关注到了严重的异质性问题。国际法反映了在主流文化的同化趋势和保存少数群体的文化与认同之间谋得平衡的小心翼翼的努力。第三个努力是通过在发展中国家加强法治来促进合法的统治，以加强主权国家在经验上的能力。从非洲国家、拉美国家的改革结果来看，这些努力的收获并不大。在今后的全球化浪潮中，如何避免主权国家的边缘化，提高第三世界主权国家的行动能力，仍然是一个需要关注和解决的问题。[1]

第三，第三世界国家自身需要加强行动能力的建设。在这方面，发达国家的模式提供了许多可借鉴的经验和教训，可供参考。从历史经验来看，西

---

[1] Gregory H. Fox, Strengthening the State, Indiana Journal of Global Legal Studies, Fall 1999: Volume 7, Issue 1.

方资本主义国家主要依靠民主、自由市场和法治三个支柱,获得了行动能力。[①] 一是,民族国家依靠民主(包含着一系列的制度和理念)获得了政治上的权威,包容和整合了各种政治力量,教派、宗族、民族等各种力量通过共享民主原则而服膺于民族国家的统治。二是,自由市场的推行实现国家与市民社会的分殊,界定国家与社会各自的权力边界。通过这种分殊,使得民族国家得以集中力量于公共领域,从而保障了公共产品的供给。也正是这种分殊,为国家机构的专业化和科层化的推进提供了前提条件。三是,法治在两方面发挥了重要作用。一方面,法治强调制度化,从而避免了腐败、恣意和反复,提高了透明度和可预见性,保证了公共权力运行的效率;另一方面,法治在国家与个人之间维持了一定的平衡,维持了基本的社会秩序。正是由于西方国家这种成功的历史经验,所以法治化、民主化和市场化成为发展中国家促进社会发展、提高自身行动能力所广泛借鉴的模式,发达国家、国际组织有时也利用它们的优势地位把这种模式强加给发展中国家。

基于现有的历史经验和理论认识,可以说民主化、市场化、法治化是第三世界国家的发展的基本方向,但是在坚持这个方向的前提下,还要注意两个问题。一是在实现这个目标的具体途径上不能强求一律。新自由主义的结构调整方案,就犯了这样的错误。这种方案忽视第三世界国家的具体国情,在市场机制尚未建立和成熟的情况下,迅速弱化国家的监管职能和削减公共产品的供给。然而,从结果来看,这是一种操之过急、拔苗助长的改革,所以最终失败了。二是应当承认民主化、市场化和法治化具有多种类型,即使在西方国家阵营中,也存在各种模式共存的局面,而且很难说孰优孰劣。至于第三世界国家将选择什么模式,这要取决于各国的具体国情,取决于制度发展过程不断试错获得的经验和不断增进的智识。

2. 民族国家在市场化的过程中充分保证公共卫生产品的供给

大多数发展中国家都在经历着市场化的过程,这其中包括我国。而市场化的过程,很大程度上就是区分公共产品和市场产品的过程。在这个过程中,正确界定公共卫生体系的范围、明确公共财政投入的重点和市场监管的对象,对于公共卫生的有效治理具有非常重要的意义。

这里首先要批判新自由主义主导的结构调整方案,这套方案依托于世界银行和国际货币基金组织的地位优势强制推行,但是失败了。这套方案的一

[①] Maxwell O. Chibundu, Globalization the Rule of Law: Some Thoughts at and on the Periphery, Indiana Journal of Global Legal Studies, Fall 1999: Volume 7, Issue 1.

个核心内容,就是推行完全的市场化,削弱国家的监管,削弱公共产品的供给。从这套方案的失败中,我们应当总结出经验和教训,那就是市场机制的培育需要一个长期的过程,而在这个过程中,国家的监管、公共产品的供给不能放松。

关于公共产品和市场化的关系,非典的暴发给我们上了一课。改革开放以来,我国政府的疾病防治力度有所减小。这种力度还可以通过国际对比得到进一步的说明。2000年我国卫生事业费用占GDP比重的5.3%,这个数字刚刚高于世界卫生组织5%的最低限,而该比例在美国为13%,一般西方国家为8%—9%,日本低一些为7%—8%。我国卫生事业费中来自政府预算和社会公共卫生支出的比例仅为39.4%,该比例在高收入国家为71%。我国的卫生事业费占国家财政支出的比例仅1.71%,远远未达到"人人享有初级卫生保健"最低限度标准的8%,而该比例在美英等发达国家一般达到13%左右。[1]

更严重的是,原本不足的公共卫生资源并不是平等分配的。中国新闻社报道说,占中国人口20%的城镇居民,拥有全国80%的医疗卫生资源,农村则相反。海南省副省长林方略坦言,海南一些城市医院病床利用率不到40%,而广大乡村的医疗卫生网却名存实亡,医疗费用的快速上涨使很多农民"因病致穷"。[2] 农村卫生总费用中政府、社会和个人卫生投入的比重在1991年至2000年间发生了显著变化,政府农村卫生投入比重由12.54%下降至6.59%,社会卫生投入由6.73%下降至3.26%,而同期农民个人直接支付费用从80.73%上升到90.15%。乡镇医院的业务量不大,服务的利用率较低,接近70%的乡镇医院出现亏损或接近亏损的边缘。乡镇医院的业务收入以卖药为主,药品收入占收入的比重平均为65.7%,其中村级高达89.1%。[3] 在公共设施方面更是如此。国家每年上千亿元的财政开支用于城市基础设施建设,而农村享受到的极少,农村的基础设施建设、公益设施建设不得不通过从农村企业、农民头上摊派,以及集资、收费甚至罚款等方式来解决。现在,一些工程本应由国家财政出资的,但却采取"钓鱼"办法,上级拨一点为"诱饵",地方财政再挤一点,剩下大部分由乡村自行解决,

---

[1] 胡鞍钢主编:《透视SARS:健康愈发展》,清华大学出版社2003年版,第173页。
[2] 凤凰卫视2003年5月21日10:49消息:《中国基层医疗卫生体系正面临严峻考验》。
[3] 王健、陈秋霖:《SARS拷问农村医疗》,http://finance.sina.com.cn,2003年5月15日15:29,《21世纪经济报道》。

结果只能是向农民摊派集资。农民自己搞公共建设还有一个更重的负担，就是政府规定的10—20个劳动积累工、5—10个义务工，而绝大多数农村都取了最高数，即农民每年要出30个无偿义务工。多数乡村喜欢叫农民出钱，每个工出10—20元，仅此一项全国农民每年负担高达1000亿—2000亿元。但是，这一负担是不列入国家规定的5%范围的，也就是说在中央的政策里，这不是农民负担。①

由于公共卫生经费不足，分配严重不均衡，基本公共卫生服务的发展受到限制，无法实现对全体人口的广泛覆盖和改善公平的目标，整个社会疾病防御的能力也因此下降。而这种脆弱的公共卫生，使得非典这样的急性传染病很容易形成灾难性的传播。值得庆幸的是，非典之后，政府开始反思公共政策中的失误，一方面，加大了公共卫生领域的投入，尤其是对广大农村地区的投入；另一方面，意识形态上开始提倡全面协调的科学发展观，反对片面追求GDP的增长。

3. 明确民族国家的责任和义务

在如何确定民族国家的责任和义务问题上，能力范式和因果范式各有不足，但是又都有一定的合理性，因此需要结合起来。首先，在有能力承担国际责任和义务的情况下，就需要强调因果范式。比如说，向国际社会及时准确通报疫情，提供控制疾病的经验，配合国际组织的考察，等等，就需要以因果范式确定民族国家的责任和义务。

其次，有时因果关系能够确定，可是有责任的国家却没有能力控制疾病，这时应当强调国际社会的援助义务。这样强调的根据在于，一方面，由于疾病控制在全球范围内具有外部性，一个地区疫情泛滥，其他地区也难以幸免，所以有能力的国家必须伸出援助之手，才能确保包括本国在内的全球社会的安全。这里的依据，可以概括为功利主义原则。另一方面，是基于人道主义的考虑。如果一个地区为疾病所困而无力解决的时候，基于维护人类尊严的考虑，有能力的国家也应当伸出援助之手。在这里，人道主义的要求是超越于功利考虑的，具有先验的和绝对的性质。

第三，有时因果关系错综复杂，疫情发生地区又没有能力自己控制疫情，这时尤其要强调国际社会的援助。比如说，大多数发展中国家为各种传染病所困扰，而本国政府又没有能力解决，但是造成这种局限的原因却是十

---

① 《"城乡二元结构"究竟意味着什么？》，http://eobserver.com.cn/ReadNews.asp?NewsID=1208。

分复杂的。通常有第三世界国家自身的历史原因,但是,也有外部原因。正如国际关系理论中的批判理论所指出的,一方面,正是发达国家历史上的殖民掠夺和长期以来不公正的国际政治经济秩序扩大了南北差距,加剧了第三世界国家的贫穷与落后,无力加强本国的公共卫生建设;另一方面,当前的一些国际经济贸易规则,成了第三世界国家公共卫生福利被边缘化的直接原因,比如前面曾提到的国际贸易中的 SPS 争端解决机制的运用、知识产权的国际保护规则,等等。在这种情况下,除了功利主义和人道主义的考虑外,要求发达国家提供援助也是强调发达国家对自己历史上的行径负责,对发达国家自己所主导的国际政治经济秩序负责,因而又是因果范式的。

关于国际义务的明确和承担,中国政府在非典防治中后期的转变是值得称道的。汲取非典初期的教训,中国政府在 2003 年 4 月中旬改变了与国际社会的合作方式与态度。首先,在危机的准备期,也就是 4 月份,向全球正式通报疫情信息,参与病毒学与疫苗的研究方面的国际合作,允许世界卫生组织专家到中国进行传染病调查。其次,在危机的处理期,也就是 4 月下旬到 5 月份,建立了区域内疫情通报机制,就疫情、治疗、科研以及紧急事件的应对等信息进行通报;开展区内科研合作,交流防治非典的经验;协调出入境管理措施,加强对出入境人员的检疫与跟踪,避免非典在区域内蔓延。在第 56 届世界卫生大会上,中国表明了坚决抗击非典、为人民生命健康负责的立场,并诚恳承认中国在非典爆发之初在应对上存在的不足。第三,在危机善后期,通过国际研讨会等形式,评估东亚地区在经济与社会发展等方面受到非典负面影响的程度,通过推出新的旅游项目,提高服务水平,加速东亚地区旅游经济的复苏。[①] 这些积极的合作态度与方式树立了一个"负责任的大国"的形象,挽回了国家的国际声誉,促进了非典疾病的全球控制。对于中国政府的这种转变及其成效,有两点需要强调,一是中国政府负责任的举措值得各国政府在处理同类危机时借鉴,这些举措对促进公共卫生全球治理的制度与实践作出了贡献;二是对中国政府来说,还存在一个如何法律化和制度化的问题,只有进行经验和教训的总结提升,并形成稳定的制度模式,才能保证今后同类问题的处理不再出现非典初期的失误。

4. 完善国际合作机制

关于国际合作,目前已存在一定的机制并开展了一定的活动,问题是如

---

① 刘莹:《中国应对 SARS 危机中的国际合作》,载胡鞍钢主编《透视 SARS:健康愈发展》,清华大学出版社 2003 年版,第 320 页。

何加强和完善。根据前面三项的讨论，民族国家行动的能力增强、公共卫生投入的增加以及责任义务明确，可以为国际合作提供基础性的便利条件。但是，这些条件还需要借助完善的国际合作制度才能实现有效的全球治理。

完善国际合作机制，首先需要更新一个观念，就是不仅仅领土、战争问题危及国家安全，在全球化条件下，有更多的危险因素，它们足以危及一国甚至全球的安全，这些问题包括环境、能源、恐怖袭击以及本文所讨论的公共卫生。事实上，从结果来看，艾滋病、疯牛病、埃博拉病毒、非典、禽流感等疾病所造成的损失，不亚于一场战争。这一点我们可以从一些数据的对比中得到说明。据北京大学中国经济研究中心和北京大学卫生政策与管理研究中心学者们推算，非典对中国经济的影响总额为2100亿元。[①] 而据《今日美国报》2003年6月13日报道，美国在伊战中的费用不会超过626亿美元，虽然换算后比非典带来的损失高一倍，但是我们看到，这场战争劳师袭远，是花钱的战争，而且美国还可以通过石油涨价、战后重建等措施发一些战争财。所以和一般的战争相比，非典的破坏力毫不逊色。正是由于传染病具有如此大的危害，所以美国疾病控制中心进入21世纪后进行了改革，认为突发性传染病攸关国家安全，将其监管层级从单一卫生机关，拉高到CIA（美国中央情报局）。如果国际社会都能够像美国政府那样将疾病控制提高到国家安全的高度，那么疾病控制的全球合作机制的建设才会受到重视。

其次，为了应对更多不可预测的危机与挑战，除了各国内部需要建立和完善危机处理机制外，在国际层面上，也需要由相应的危机处理体系负责全球范围的危机与预警，制定应对预案以及统一规划应对危机，并通过实行一些措施促进危机后的经济复苏与社会发展。[②] 由于需要这样一个机制，世界卫生组织在2000年4月建立了"重大疫情全球警报系统"（GOARN）。这个系统是将各个机构和网络的人力、技术资源整合，通过制度性协调、合作，对世界突发疾病、传染病进行快速确认，作出反应。这个系统提供了一种合作框架，向全球社会提供专业技术支持，对各种突发威胁作出警惕并积极应对。其目标包括：面向全球健康安全；对抗全球性疾病爆发、传播；对受疾病影响的国家提供特别技术援助；建立对传染病的长期警惕状态以及能力建

---

① 海闻、赵忠、王健、侯振刚：《"非典"流行对北京市及全国经济影响的初步分析》，载《政策性研究简报》2003年第36期（总第378期）。

② 刘莹：《中国应对SARS危机中的国际合作》，载胡鞍钢主编《透视SARS：健康愈发展》，清华大学出版社2003年版，第316页。

设。基于这个系统,从 2003 年 3 月 12 日宣布第一则全球旅游紧急通告之后,世界卫生组织总部成立了非典紧急事态小组,24 小时监控全球疫情状况。① 现在的问题是,这个"重大疫情全球警报系统"还不完全具备危机处理机制的所有内容,在如何动员国际社会力量、处理和各主权国家的关系、自身的制度化建设等方面,都需要进一步完善。

第三,加强区域合作机制的建设。由于相邻的国家和地区之间人口和商品流通最为频繁密集,区域内的各国在体制、传统和文化方面均具有相似性,邻国之间的同伴压力(peer pressure)更有助于提高本地区各国加强公共卫生建设的积极性,地区之间存在着安全、经济、文化交流等全方位的合作,公共卫生的合作能够通过"议题关联"推动各国在其他领域的合作,因此地区性的公共卫生合作显得越来越重要。在东亚地区,中国日益成为地区经济发展的稳定器,地区间各种议题的合作均离不开中国的积极参与,加强和东亚其他国家和地区的公共卫生合作,在各个方面均符合中国的国家利益。②

在非典爆发之初,东亚地区由于缺乏区域合作机制导致疫情控制处于被动局面,但是在接下来的防治过程中,在中国政府的积极推动下,初步建立了一定合作机制,具体内容包建立区域内疫情通报机制,开展区内科研合作,加强出入境管理等等。现在的问题是,一方面这是一个临时性机制,因此需要制度化和经常化;另一方面,这是一个针对非典疾病的合作机制,因此如何将这个机制扩展为一个对于各类传染病的防治都富有成效的机制,是接下来需要探讨的问题。

2003 年 4 月底,温家宝总理出席中国—东盟非典特别会议并发表讲话。就如何进行区域合作,温家宝提议:(1)建立疫病防治通报机制。立即着手建立中国与东盟非典疫情、治疗和科研信息通报网络。按照共同商定的统一标准、规范和方法,及时通报疫情。相互分享防治经验和研究成果。加强双方在防治非典方面的信息交流、磋商与协调。(2)开展经验交流与合作研究。建议在当年 5 月双方联合举办一次防治非典高级国际研讨会,交流经验和探讨问题,中国愿做这次会议的东道主。同时,围绕非典流行规律、致病机理和临床诊断治疗等方面,开展合作研究与人员培训。中国决定出资 1000 万元人民币,设立一个专项基金,以支持与东盟国家开展各种合作活

---

① On The Ground And In The Air [Z]. http://www.who.org.
② 何帆:《全球化也会被疾病感染》,http://www.iwep.org.cn/html/ganran_hefan.htm。

动。(3) 加快卫生领域合作进程。尽快建立"10+1"卫生合作机制,近期以防治非典为重点,适时启动"10+1"卫生部长会议。(4) 协调出入境管理措施。为减少非典疫情对双方正常交往和人员流动的影响,建议尽早召开一次双方出入境管理官员会议,协调出入境管理政策与措施。(5) 努力减低疫情的负面影响。非典给本地区经济和社会发展带来了多方面的不利影响。建议召开一次中国与东盟专题研讨会,共同探讨应对之策。在这些建议中,包含着建立经常性合作机制的内容,为在东亚地区进行传染病的联合防治提供了比较可行的框架和思路。

5. 改善国际组织的工作程序和方式

由于非典控制中的实践和第56届世界卫生大会的改革,世界卫生组织在全球传染病控制中的权力和作用越来越大了,为了用好手中的权力,发挥更加积极的作用,需要改善国际组织的工作程序和方式。针对前面分析所指出的问题,改革完善的方向应当包括两个方面。

首先,应当加强世界卫生组织决策程序的改革,目标是保证决策的公正、效率和透明。对于那些开放性程度很高的地区来说,一个旅游警告所带来的损失是难以估算的。同样,何时撤销警告关系到一个地区何时能够步入正常的生产和生活秩序,意义十分重大。在2003年的非典防治过程中,因为世界卫生组织撤销了旅游警告,令香港各界欣喜若狂,港人当晚即在兰桂坊狂欢,特首董建华等政府官员也到场,这说明世界卫生组织的决定的影响有多大。因此,对于这样重大的决定,在程序上应当是公正、透明的。如何做到公正透明,可以借鉴程序法中的原则,比如决定的依据是事先确定的、明确的,决定前要听取有关地区的领导人的陈述,等等。

其次,应当建立问责制。从解除旅游警告后港人的狂欢中我们可以体会到这种警告所带来的政治经济和社会生活方面的巨大损失。同样,如果由于世界卫生组织的原因导致有关防治工作延误,或者错误地发布旅游禁令,其后果可能是灾难性的。对于这样重大的权力的行使,应当引进法治的基本原则,实行问责制。根据这种问责制,世界卫生组织造成的全球警讯发布整整一个星期的延误就应当有人承担责任,至少,必须作出解释,而不应该像实际情形那样不了了之。